우리는 99%에서 한사상으로

우리는 99%에서 한사상으로

초판 1쇄 발행 2013년 1월 9일

지은이 | 최동환

펴낸이 | 이의성
펴낸곳 | 지혜의나무
등록번호 | 제1-2492호
주소 | 서울시 종로구 관훈동 198-16 남도빌딩 3층
전화 | (02)730-2211 팩스 | (02)730-2210

ⓒ최동환

ISBN 978-89-89182-99-3   03380

* 잘못된 책은 바꾸어 드립니다.

Hanism

우리는
99%에서
한사상으로

최동환 지음

지혜의나무

목차

제2부 '1과 99'에서 한사상으로

제5장 '한의 기본 법칙 100=99+1'와 '우리는 100%'

제6장 평등의 시작—'45도의 혁명!'

제3부 새로운 문명과 한사상

제7장 한사상의 과정론 1—성통性通

제4부 행복론, 홍익인간론

제8장 한사상의 과정론 2—공완功完

제5부 한사상이 살아 있는 역사와 현실

제9장 역사와 현실이 한사상으로 행동한다

결론

저자 서문

1. 판도라의 상자는 열렸는가?

2011년 9월 17일 월가에서 시작하여 하루아침에 전 세계의 민중들의 입으로 '우리는 99%'(We are the 99%)라는 말이 퍼져 나갔다. 이는 오늘날 최상위 1%의 부자에 대해 빈부 격차에 대한 증오심으로 저항하는 99%인 민중의 대립 구도를 반영한다.

그런데 문제는 이 1과 99의 대립 구도이다. 놀랍게도 월가에서 울려 퍼진 이 목소리에는 인류의 원초적 행동의 틀이 담겨 있다. 그리고 인류가 처음 공동체를 만들 당시로 되돌아가자고 외치고 있는 것이다.

오늘날 인류는 눈부신 문명을 자랑하지만 인류의 가장 근본적인 사고와 행동의 틀은 여전히 구석기 시대에 만들어진 것이 그대로 남아 있다. 그리고 인류가 처음 국가 공동체를 만들 당시 99%인 민중들은 지난 3천년 간 동서양의 민중처럼 서로 분열하여 싸우며 소수의 권력자에게 지배되는 나약한 존재가 아니었다. 그 당시 민중의 힘은 지난 3천 년간 동서양의 그 누구도 상상하지 못할 정도로 강력한 것이었다.

그러나 이 구석기 시대 이래 전해진 1과 99의 대립 구도는 자체적으로 과정을 가지고 있으며, 그 과정은 민중들이 자체적으로 스스로를 파괴하는 악순환을 가지고 있다. 이는 얼핏 보기에는 희망적으로 보이지만 자세히 살펴보면 전혀 희망적이지 않다.

즉, 오늘날 오랜 망각 속에서 되살아난 우리는 99%라는 말에는 새로운 악순환의 새로운 주기가 닥쳐왔음을 의미하는 것이다. 그리고 이 1과 99의 대립구도가 만드는 악순환의 과정은 반드시 무서운 광기와 학살을 수반하는 것임이 역사를 통해 증명되고 있다.

그리고 한마디로 말하자면 이 1과 99의 대립 구도의 의미가 무엇인지, 그리고 그것을 어떻게 극복할지에 대해 체계적으로 설명할 수 있는 현존하는 지식은 아직 없는 것이다.

그러나 '우리는 99%'라는 말은 서양철학의 근원인 플라톤과 중화주의를 세운 동중서 이후 인류에게 망각되었던 아주 오래된 지식 체계가 다시 우리가 사는 세계 안으로 이미 거칠게 되살아나고 있음을 의미한다. 이른바 판도라의 상자가 열린 것이다.

플라톤과 동중서 이후 그 누구도 철학의 세계에서 1과 99와 그 개념을 입에 담은 사람이 없다. 99를 말하기 위해서는 먼저 플라톤과 동중서의 이원론과 아리스토텔레스의 논리학을 극복하고 새로운 통합론을 바탕으로 전혀 새로운 철학의 체계를 제시해야 한다.

그러나 알고 보면 이 1과 99의 악순환을 극복하는 방법론은 이미 오래전부터 우리의 가장 가까운 곳에 이미 존재하고 있었다. 바이블의 복음서에서는 이 99마리의 양과 1마리의 잃어버린 양으로 1과 99가 등장하며 복음서의 핵심이 되고 있다. 또한 이슬람의 코란에도 이 99는 신의 아흔아홉가지 이름으로 상징되어 심오한 의미를 담고 있다. 그런가 하면 우리나라와 몽골의 여러 전설과 신화에는 이 1과 99의 행동의 틀을 극복하는 방법론이 상징되어 그려지고 있다.

또한 이 시대에 와서는 이미 고전이 된 존 롤스의 『정의론』의 핵심 내용이 이 1과 99의 행동의 틀이 만드는 문제를 해결하는 실마리를 찾는 이론을 제시하고 있다.

이 지식들에는 1과 99의 행동의 틀이 만드는 악순환을 막고 새로운 차원의 사고와 행동의 틀로 전환점을 이루는 방법이 담겨 있다. 그러나 이 방법론들은 어디까지나 전환점이지 근본적인 방법까지는 아니라는 점이 문제인 것이다.

우리는 이 책을 통해 우리 한겨레의 행동의 틀인 한사상이 오랜 세월 동안 인류를 지배해 온 바로 이 1과 99의 사고와 행동의 틀이 만드는 악순환을 완벽하게 극복하는 이론 체계임을 충분히 확인할 수 있을 것이다.

2. 인간 제물, 아우슈비츠, 광주 학살

이 세상에서 가장 악독하고 비열한 인격의 인간이라 할지라도, 그가 누군가를 악으로 만들어 적으로 삼은 다음, 그 악을 처단하고 박멸하겠다고 말하는 순간, 그는 갑자기 요술처럼 선善이 된다. 철학이란 얼마나 편리하고 유용하며 또한 강력한 마법의 도구인가?

즉, 공동체 전체의 최상위 1%를 차지하는 지배자가 나머지 99%를 둘로 나누어 그 둘 중 하나는 선으로 만들고, 나머지 하나는 악으로 만들어 서로 싸우도록 이간질하여 전체를 지배하는 방법론이 곧 이원론이다.

이는 이른바 플라톤이 말한 훌륭한 거짓말이다. 그가 훌륭한 거짓말이라고 한 이 정치철학은 오랜 동안 진리로 통했고 또한 국가를 만들어 운영하는 방법론이 되어 왔다.

바로 이것이 동서양을 통해 수천 년간 한 줌도 안 되는 소수의 어릿광대들이 절대다수의 민중을 지배해 온 1과 99, 그리고 이원론의 마술이다.

그들 소수의 피에로들을 위해 철학자들은 참다운 도덕을 극소수를 위한 통치의 수단으로 만드는 속임수를 사용한다. 그리고 그들은 이 속임수를 진리로 포장하는 놀라운 말재주를 보여 준다. 그리고 이들은 참다운 정의正義로 국민의 생명과 재산을 지켜야 할 군대를 자신의 권력을 지키는 폭력의 수단으로 감쪽같이 전락시킨다. 이로써 국민의 생명과 재산의 보호해야 할 국민의 군대가 최상위 1%의 어릿광대들을 위한 사병私兵이 되어 99%인 민중들을 억압하는 민중의 적이 되는 것이다. 이렇게 해서 '속임수와 폭력의 지배 법칙 1=100-99'는 세상에 그 모습을 드러낸다.

이 속임수와 폭력은 시간이 가면서 더 큰 속임수와 더 강한 폭력을 사용하지 않을 수 없게 된다. 그리고 마침내는 속임수로서의 도덕은 광기狂氣가 되어 광란狂亂을 불러일으키고, 폭력으로서의 정의는 드디어 학살虐殺을 만들지 않을 수 없게 된다. 이렇게 해서 오랜 세월 동안 인류의 행동의 틀을 지배해 온 1과 99의 야만의 법칙인 '광기와 학살의 지배 법칙 -1=99-100'은 우리에게 그 무서운 모습을 드러낸다. 최상위 1%의 어릿광대가 권력을 획득하거나 유지하기 위해서는 반드시 99%의 민중에게 자기 대신 살해되어 줄 희생으로서의 제물을 필요로 한다.

인류의 역사는 이 야만의 법칙들이 지배하고 있다. 그리고 이상하게도 이 법칙들이 인류가 만든 사고와 행동의 틀을 지배하거나 커다란 영향력을 행사하고 있다.

우리는 아무 죄 없는 수백만의 여성들이 종교인과 권력자들에 의해 이루 말로 표현할 수 없을 정도의 치욕 속에서 고문을 당하고, 모든 재산을 빼앗기고, 많은 사람들이 보는 광장에서 불태워 죽임을 당한 마녀사냥을 알고 있다. 바로 그 야만의 법칙이 만든 것이다.

이 야만의 법칙은 수천만의 아메리카 대륙의 원주민들을 학살하는 일에도 그대로 적용되었고, 수천만의 아프리카 원주민을 납치하여 노예로 부려먹으며 평생을 짐승처럼 부려먹다가 지쳐서 죽게 만드는 일과 히틀러와 스탈린과 폴 포트의 대학살에도 작용하는 등 일일이 예를 들 수 없을 정도로 많다.

이 모든 대학살은 야비하고 무지한 거리의 범죄자나 깡패나 강도들이 우발적으로 한 일이 아니다. 이 대학살들은 그 시대의 가장 높은 교육과 교양과 지위와 직책을 갖춘 그 국가의 최고의 지식인들이 그 시대 최고의 철학의 원리에 의해 질서정연하게 계획하고 실행한 국가적 사업들이다.

인류 역사상 그 속임수와 폭력, 그리고 광기와 학살은 아우슈비츠에서 절정을 이룬다. 600만의 유태인들은 아리안족의 인종 우월주의라는 뻔뻔스러운 속임수와 군대의 폭력이 일으킨 광기로 인한 광란 속에서 모든 억울한 누명을 쓰고, 온갖 수치와 고통을 당하면서, 모든 재산을 약탈당하고, 집단 학살을 당한 것이다. 1과 99가 만드는 행동의 틀은 마침내 극단에 이른 것이다.

우리는 이 희생자 600만 명을 단순하게 생각하기 쉽다. 역사상 다른 모든 광기와 학살에 희생된 사람들과 마찬가지로 이들 한 명 한 명은 모두는 하나의 살아 있는 독립된 우주로서 가치가 있는 고귀한 생명들이었다. 그리고 이들의 삶이 계속 이어져 지금쯤 그 두 배나 세 배의 생명들이 우리와 함께 살아가고, 또 앞으로 계속 그 세대들이 이어져야 했다. 그러나 그 독립된 고귀한 우주들이, 그 생명들이 완전히 말살되어 사라졌음을 말한다. 이것이 또한 인류에게 닥친 모든 광기와 학살에 희생당한 삶에 대한 돌이킬 수 없는 공통된 결과이며, 동시에 절망과 슬픔이다.

이 아우슈비츠로 상징되는 대학살은 2차 대전 이후 수많은 지식인들에게 반드시 해결해야만 할 중요한 과제를 안겨 주었다. 아도르노는 "아우슈비츠 이후 서정시를 쓰는 것은 야만"이라고 했다. 『포스트모던의 조건』으로 포스트모더니즘을 처음으로 시대적 개념으로 제기한 리오타르는 이 책에서 아우슈비츠가 "기존의 지식 체계로서는 설명할 수 없는 심연[1]."이라고 했다. 데리다는 그의 『그라마톨로지』에서 서양 문명의 인종주의를 로고스 중심주의에서 찾아내 맹렬하게 공격한다.

---

[1] 리오타르, 『포스트모던의 조건』, 유정완 · 이삼출 · 민승기 역, 민음사, 1992년, 268쪽.

한나 아렌트는 그의 『예루살렘의 아이히만』에서 유태인의 학살 담당관 이었던 루돌프 아이히만이 "괴물 같지도 또 악마적이지도 않았다."[2]라고 말해 세계에 큰 충격을 주었다. 아이히만은 가정적이고 성실하고 평범한 공무원이었다는 것이다.

즉, 아이히만이 가지고 있었던 진정한 문제는 "그것은 어리석음이 아니라……사유의 진정한 불능성이었다."[3]는 것이다. 다시 말해 아우슈비츠 이후 누구나 언제든 상황이 주어지면 아이히만과 같은 악마가 될 수도 있다는 것을 알게 된 것이다. 이른바 악의 평범성이 그것이다.

리오타르는 『지식인의 종언』에서 아우슈비츠의 범죄는 현실적이었지만, 그것이 이성적이지는 않았다는 사실을 밝힌다. 그럼으로써 현실적인 것은 이성적이고, 이성적인 것은 현실적이라는 모든 교의는 무효화되었다는 것이다. 사회주의에서 노동자들은 당에 맞서고 있으며, 경제 공황은 자본주의의 근거를 부정해 버리고 있는 것이다. 이제 파시즘의 이념이니, 공산주의의 이념이니, 자본주의의 이념이니 하는 모든 거대 이야기는 무효화되는 것이다.

이는 곧 '속임수와 폭력의 지배 법칙 $1=100-99$' 전체를 부정하는 것이다. 그리고 이제부터는 아주 작은 수없는 이야기들의 입장에서 세상을 보려고 한다. 소수민족, 여성, 동성애자 등이다.

이들은 누구인가 소수민족은 곧 수백만 대학살의 대상이었고, 여성은 마녀 학살로 수백만이 죽었고, 동성애자 역시 학살의 대상이었다. 이들은 모두 '광기와 학살의 지배 법칙 $-1=99-100$'에서 희생이 되는 제물인 -1에 해당하는 사람들이다.

아우슈비츠는 서양 철학 2,500년을 결산한 세계적인 철학 대국 독일에

---

2) Hannah Arente, *Responsibiliyt and Jugment*, ed, Jerome Kohn, pp.159~160(정화열, 「악의 평범성과 타자 중심적 윤리」)[한나 아렌트, 『예루살렘의 아이히만』, 김선욱 역, 한길사, 2006년, 37쪽].

3) Hannah Arente, *Responsibiliyt and Jugment*, ed, Jerome Kohn, pp.159~160(정화열, 「악의 평범성과 타자 중심적 윤리」)[한나 아렌트, 『예루살렘의 아이히만』, 김선욱 역, 한길사, 2006년, 37쪽].

서 발생하여 전 세계의 많은 지성인들이 집요하게 파고들어 마침내 그 문제의 핵심을 찾아내게 되었다. 그리고 해결책도 리오타르 등에 의해 적극적으로 제시되었다. 이는 분명 인류에게 대전환점이 되는 중요한 성과들이었다.

그러나 제물이 되어 희생되는 사람들의 눈으로 세상을 본다고 이 1과 99의 사고와 행동의 틀에 담긴 문제가 해결될 수 있는가에 대해 묻고 있는 철학자를 나는 아직 한 사람도 본 적이 없다.

고통 받는 사람들의 입장에 서는 것은 얼마나 고귀한 생각과 행동인가? 그러나 1은 99만 보고, 99는 서로 분열하여 싸우면서 1만 보는 사이에 전체인 100이 만드는 균형과 조화를 통한 생명의 과정을 보는 사람이 아무도 없게 된 것이다. 그러면서 무엇이 거대 담론인지를 묻지도 않은 채 거대 담론을 비난만 하고 있었다. 그러는 사이에 결국 현대의 철학자들은 인간 개인과 국가와 문명에서 전체의 균형과 조화를 바탕으로 일어나는 거대한 생명의 과정을 통찰적으로 바라보고 이해하고 설명할 자신감을 완전히 잃어버린 것이다.

결국 이 아우슈비츠의 문제는 적어도 나에게 있어서만큼은 시작점이 종결점이 된 것이다.

그런데 나는 1980년 5월, 일단의 대한민국 정규군 최정예 부대 군인들이 환한 대낮의 대한민국 대도시 중심가에서 대한민국 국민들을 진압봉과 소총 개머리판과 총검으로 살상하는 과잉 진압4)5)과 더불어 일어난 걷잡

---

4) "이제는 비밀이 해제되어 누구나 접할 수 있는 보고서를 보면……광주에서 5월 18일 사건들이 터진 직후 글라이스틴은 워싱턴에 한국 군대가 길거리에서 시민들을 총검으로 찔러 죽인다고 보고했다. 정확한 말이었다." 헨리 스코트 스톡스(Henry Scott Stokesn), 「기자 사명과 외교 요청의 갈등 속에서」, 1980년 뉴욕타임스 서울 특파원으로 근무하다 5·18현장 취재(한국기자협회·무등일보·시민 연대 모임, 『5·18 특파원 리포트』, 도서출판 풀빛, 1997년, 56쪽).

5) 이는 사실상 군인들에 의한 폭동이었다. 놀라움과 분노로 가득 찬 시민들 앞에서 이들은 시위대를 추격하며 곤봉으로 때리고, 최루탄은 물론 총격까지 가하기 시작했던 것이다. 공수부대원들은 상점과 시내버스 안에까지 쫓아와서 젊은이들을 잡아 끌어냈다. 폭동은 계속 확산되었고 군인·경찰과 시위대 간의 충돌은 점점 더 격렬해져 갔다.

을 수 없게 된 혼란 속에서 총을 쏴 많은 시민들이 죽고 다치는 참혹한 현장6)에서 이 광기와 학살의 문제가 한꺼번에 해결되는 모습을 보았다.

즉, 이 속임수와 폭력, 나아가 광기와 학살 문제의 해결 방법은 세계적인 대학의 저명한 교수들의 연구실이나 철학 강의실 또는 고명한 수도자가 도를 닦는 산속의 수도장이 아니라, 1980년 5월 무자비한 학살 속에서 목숨을 걸고 있는 힘을 다해 인간다운 삶을 추구했던 광주 시민 80만이 세계인이 보는 앞에서 하나가 되어 움직였던 바로 그 행동에서 분명하게 나타난 것이다.

1980년 5월, 속임수와 폭력의 지배 법칙과 광기와 학살의 지배 법칙이 난폭하게 지배하던 바로 그 현장에서 광주 시민들은 스스로 차별 없는 하나가 되어 속임수를 참다운 도덕으로, 폭력을 참다운 정의로, 선전·선동을 참다운 중용으로 바꾸어 스스로가 스스로를 다스리고, 스스로가 스스로에게 다스림을 받으며 행동했다.

1980년 5월, 대한민국 광주 시민의 행동은 지난 오랜 세월 인류를 지배해 온 1과 99의 행동을 틀을 완전히 극복하는 전혀 새로운 행동의 틀에 의한 것이었다. 당시 광주 시민 80만의 행동은 지난 3천 년간 동서양의 그 어떤 철학자의 그 어떤 철학 이론도 설명하기가 불가능하다. 광주 시민은 지금까지 동서고금의 그 어떤 철학자의 상상력으로도 포착할 수 없었고, 아무리 탁월한 철학자들이라도 단 한 줄의 글로도, 단 한마디의 말로도 입에 올린 바 없었던 전혀 새로운 행동의 틀을 보여 준 것이다. 이는 기존의 동서양 철학 이론 전체를 뛰어넘는 전혀 새로운 차원의 철학 이론을 현실에서 보여 준 것이다. 나는 바로 이것이 한겨레의 한사상韓思想이라고 자신 있게 말한다.

테리 앤더슨(Terry Anderson), 『날아오는 총알을 피하여』, 1980년 AP통신 기자로 5·18현장 취재 (한국기자협회·무등일보·시민연대모임, 『5·18 특파원 리포트』, 도서출판 풀빛, 1997년, 28쪽).

6) 「12·12, 5·18 항소심 판결문 요지」, 『동아일보』, 1996. 12. 17.

그리고 나는 대한민국의 80만 광주 시민들이 목숨을 걸고 세계인에게 보여 준 그 행동이 생명의 과정을 설명하는 한사상의 이론 체계이며 과정적 민주주의였음을 이 책의 마지막인 '제5부 한사상이 살아 있는 역사와 현실'에서 증명證明할 것이다.

왜냐하면 이 책을 첫 페이지부터 끝 페이지까지 빠짐없이 꼼꼼히 읽고 이해했을 때 비로소 80만 광주 시민이 행동으로 보여 준 한사상도 이해할 수 있기 때문이다.

3. 실증성을 담보한 세계 최초의 철학 이론 한사상

1과 99의 행동의 틀은 인간 개인과 기업과 국가와 문명이 스스로 생각하고 스스로 행동하는 길을 차단한다. 한사상韓思想은 오랜 세월 동안 인간을 억압했던 1과 99의 행동의 틀을 완전히 극복하고 개인과 기업과 국가가 스스로 생각하고 스스로 행동하는 길을 처음으로 제시한다.

한사상韓思想은 1980년대 초 사우디아라비아의 공사 현장에서 300명의 노동자들이 나와 함께 수년 동안 공사를 수행하는 과정에서 진행된 철학 실험을 통해 발견되었다. 나는 사우디아라비아의 공사 현장에서 발견한 한사상이 한겨레의 고유한 경전들에 담겨 있는 사고의 틀과 동일하다는 사실을 확인했다. 즉, 천부경과 삼일신고와 366사를 비롯한 20여 종의 경전들이다. 그리고 그 경전 안에 내장된 그 사고의 틀을 설명하는 이론 체계가 한철학韓哲學이다. 이 사고의 틀로 행동의 틀을 설명할 때 한사상이다.

그리고 2000년대 초 이 한철학의 이론 체계는 우리나라의 세계적인 대기업의 연구소에서 새로운 에어컨을 설계하는 프로젝트에 내가 컨설턴트로 참여하면서 실험을 통해 증명證明되었다.

이 실험은 서양 과학의 실험과 동일한 실험이지만 그 실험 자체의 틀은

16

기존의 분석적 이론을 적용한 실험이 아니라 한사상의 통찰적 이론을 적용한 실험이었다.

기존의 과학이 하고 있는 분석적 방법의 실험은 살아 있는 생명체를 죽여 그 시체를 여럿으로 이리저리 분해하여 그 조각난 하나하나를 살펴본다. 내가 했던 통찰적 방법의 실험은 그와 반대로 죽어서 조각이 난 모든 부분을 하나로 통합하여 살아 있는 생명체로 다시 살려내어 하나의 전체를 이룬 다음 그 전체가 어떤 원리로 행동하는가를 살펴보는 통찰적 실험이었다. 이 실험은 먼저 실험의 틀을 바꾼 실험으로서 의미가 있다.

나는 이 연구소에서 통찰적 실험을 성공으로 이끌어 냄으로써 한철학의 생명의 과정의 핵심 이론이 누구나 동일한 조건에서 동일한 결과를 얻어 낼 수 있는 과학적인 엄밀성과 객관성과 구체성을 가지고 있음을 증명해 냈다.

노벨생리의학상을 수상하고 『우연과 필연』을 저술한 자크 모노는 "플라톤에서 화이트헤드에 이르기까지, 그리고 헤라클레이토스로부터 헤겔과 마르크스에 이르기까지 이 모든 형이상학적 인식론은 항상 그 철학을 만들어 낸 사상가의 도덕적·정치적 편견과 밀접하게 관련을 맺고 있다. 이들 이데올로기의 구축물은 이성에 자명한 것으로 표현되어 왔지만, 사실은 미리 품고 있었던 윤리·정치 이론을 정당화하기 위해 만들어진 후천적인 구조물이다."[7]라고 했다.

이 말은 지난 3천 년간 모든 철학자의 이론은 그 누구의 그 어떤 이론도 실증성을 전혀 확보하지 못한 단순한 가설에 불과하며, 거기에다 그 철학자의 사적인 도덕적·정치적 편견이 바탕이 되었다는 솔직담백한 고백이다.

하지만 이제 우리는 실증성을 과학 실험, 그것도 통찰적 실험의 성공을 통해 확보한 철학이라는 지금까지 전혀 알려진 바가 없는 새로운 틀을 제

---

7) 자크 모노, 『우연과 필연』, 김용준 역, 삼성판, 세계사상전집 31, 1982년, 333쪽.

시하는 새로운 철학의 출현을 보게 된 것이다.

이 실험에 의해 서양 철학 2,500년간 철학의 중요한 원리로 자리 잡았던 많은 이론들이 새로운 한철학이 설계하는 새로운 인간과 국가와 문명을 위해 그동안 차지했던 자리를 양보하게 된다. 가장 근본적이고 대표적인 것은 아리스토텔레스 논리학의 동일률, 모순율, 배중률이다. 그리고 아리스토텔레스의 가능태와 현실태 이론이다. 또한 플라톤과 이원론과 수직적 계층 구조도 포함된다. 또한 중화주의 2천년의 바탕을 세운 동중서董仲舒의 음양론陰陽論과 오행론五行論도 당연히 포함된다.

이 새로운 철학은 선진국인 미국이나 유럽 또는 일본에 유학을 가서 배워 온 것이 아니라, 그동안 온갖 구박과 천대와 서러움을 한꺼번에 모두 받아 오던 이 나라 이 땅의 고유한 한겨레 정신에서 나타난 것이다.

언제 어느 시대의 누구이든 내가 해온 방식과 같이 기존의 사고와 행동의 틀 전체를 새로운 것으로 제시하는 새로운 연구와 새로운 발견에 대해 기꺼이 받아들일 학자들은 그리 많지 않을 것 같다.

당연하게도 전 세계의 모든 대학교 중에서 이 한철학과 한사상을 가르치는 대학은 단 한군데도 없다. 나 역시 공사 현장에서 피땀 흘려 일한 동료 노동자 300명과 한겨레의 고유한 경전 천부경과 삼일신고와 366사를 비롯한 20여 종을 통해 배우고 연구했을 뿐 살아 있는 학자 그 누구에게도, 단 한마디도 배운 바가 없다.

그러나 이 한철학의 이론 체계는 명백하게도 과학적 실험으로 실증성을 담보한 세계 최초의 철학 이론이다. 동시에 철학의 이론 체계가 직접 전면적으로 적용되어 실험으로 실증된 세계 최초의 과학 이론이다. 이 실험을 부정할 수 있는 철학자와 과학자는 전 세계에 단 한 사람도 없을 것이다.

4. 위험한 시대와 한사상의 새로운 모험

인류의 역사에서 경제적인 위기는 주기적으로 찾아왔고, 그것은 대부분 정치적인 위기로 옮아갔다. 적지 않은 경우 그 위기는 전쟁으로 치달았다. 그리고 그 전쟁은 광기와 대학살을 낳았다.

그런 의미에서 리먼브러더스 사태 및 글로벌 금융 위기 발발은 현대 문명의 치명적인 결함을 알리는 사이렌 소리와 같은 것이었다. 이 경제 위기에 대처하기 위해 노벨 경제학상을 수상한 스티글리츠와 20여 명의 세계적 석학을 모은 유엔총회 전문가 위원회는 이른바 『스티글리츠 보고서』를 만들어 발표했다. 이는 먼저 이 세계 경제 위기가,

이론, 철학, 제도, 윤리, 책임, 정책 결정과 실행 등 전 분야에 걸쳐 발생한 총체적인 실패의 산물이다.[8]

라고 선언한다. 다시 말하면 지금까지 개인과 기업과 국가와 문명의 사고의 틀을 만들어 주었던 이론 철학과 행동의 틀을 만들어 주었던 행동철학이 모두 현실의 문제를 전혀 해결할 수 없는 엉터리였음을 분명하게 선언한 것이다.

스티글리츠는 『세계화와 그 불만』에서 "나는 시장뿐 아니라 정부도 실패할 수 있다는 사실을 연구한 적이 있었다.……그리고 나는 시장이 제 혼자 힘으로 모든 사회적 문제를 해결한다고 믿을 만큼 어리석은 사람도 아니었다.[9]"라고 밝힌 바가 있다.

현실 문제는 언제나 정부와 시장의 이원론에서 출발한다. 정부가 지나치게 힘을 가지면 비효율적인 사회주의의 모습이 되고, 시장이 지나치게

---

8) 스티글리츠 보고서, 『조지프 스티글리츠—세계 통화와 금융 체제 개혁을 위한 유엔총회 전문가 위원회』, 박형준 역, 도서출판 동녘, 2010년, 8쪽.
9) 조지프 스티글리츠, 『세계화와 그 불만』, 송철복 역, 세종연구원, 2003년. 13쪽.

힘을 가지면 이미 대실패로 판정이 난 레이건과 대처의 신자유주의와 같은 괴물이 되는 것이다. 그렇다고 이미 오래전 한계를 드러낸 케인즈주의로 되돌아갈 수도 없는 것이다.

그러나 정부와 시장이 어떤 관계를 가질 때 국가가 최적화될 수 있는가에 대해서는 케인즈와 스티글리츠뿐 아니라 지난 3천 년간 그 어떤 철학자도 그 정확한 모델을 제시한 적이 없는 전혀 새로운 영역에 대해 물음을 묻고 있음을 의미한다.

사실 지금까지의 이원론적 사고의 틀로는 그 누구도 왜 이 같은 과제가 필요한지조차 생각할 수 없었다. 그러나 이 문제는 경제철학의 문제를 훨씬 넘어서 있는 정치철학과 경영철학의 문제이며, 윤리학의 문제이며, 예술철학의 문제이며, 의철학醫哲學의 문제이다.

한마디로 말하면 총체적인 문제이다. 이 총체적인 문제가 곧 한사상의 문제가 된다. 즉, 한사상은 개인과 국가와 문명이 행동하는 생명의 과정 안에서 이 모든 문제를 해결함으로써 또한 정부와 시장의 해결할 수 없는 딜레마를 해결한다.

지난 3천 년간 존재한 모든 철학자의 모든 철학을 파괴한 비트겐슈타인은 『논리철학논고』에서 철학의 올바른 방법에 대해 "말로써 표현할 수 있는 것, 즉 자연 과학 명제(철학과는 아무런 관련이 없는 것) 이외에는 아무것도 말하지 말 것."[10]이라고 했다. 다시 말하면 "말할 수 없는 것에 대해서는 침묵해야 한다."[11]고 말한 것이다.

비트겐슈타인의 이 선언은 한마디로 지금까지 존재한 모든 철학자에게 말할 수 없는 것에 대해서 한마디의 말조차 하지 말라는 것이다. "실로 이것은 우리가 생각할 수 있는 과거의 모든 내용이 무의미할 수밖에 없다는 확신."[12]을 피력하는 것이었다.

---

10) 비트겐슈타인, 『논리철학논고』, 김양순 역, 동서문화사, 2011년, 6.53, 114쪽.
11) 비트겐슈타인, 『논리철학논고』, 김양순 역, 동서문화사, 2011년, 6.53, 114쪽.
12) H. J. 슈퇴릭히, 『세계철학사 하』, 임석진 역, 분도출판사, 1988년, 462쪽.

결국 철학자들은 자신이 아는 것, 그리고 말하고 싶어 하는 것으로 자신이 절대로 알 수 없는 것, 그리고 절대로 말할 수 없는 것을 무리하게 설명하려는 억지를 부린 것이 아닌가라고 스스로에게 묻지 않을 수 없게 된 것이다.

　그러나 이 한철학 이론 체계의 핵심 이론은 수천 년 전에 존재했던 한겨레 문명의 고유한 경전인 천부경과 삼일신고와 366사 등에 공통적으로 내장된 이론 체계이다. 이 이론 체계를 이미 우리나라의 세계적인 기업의 세계적 수준의 엔지니어들과 세계적인 수준의 실험 기구로 객관적이고 엄밀하고 구체적인 실험을 통해 과학적으로 명명백백하게 증명한 것이다.

　그러므로 이 책에서 설명하는 한철학과 한사상은 비트겐슈타인이 침묵해야 한다고 말하는 지금까지의 모든 철학과는 전혀 다른 차원의 철학이다. 한철학은 오히려 과학이 전혀 설명할 수 없었던 영역을 새로운 철학의 원리로 실험을 통해 증명함으로써, 전혀 새로운 과학의 영역을 발견한 것이다. 따라서 오히려 전 세계를 향해 큰소리로 말해야 마땅한 철학이고 사상인 것이다.

　이제 우리는 이 책에서 현실의 체험을 통해 발견하고, 우리의 고유한 경전에서 확인하고, 나아가 과학적 실험으로 증명된 한철학을 개인과 국가와 문명이 살아 있는 인간으로써 행동하게 하는 행동 철학으로서의 윤리학과 정치철학과 경제철학과 경영철학과 의철학醫哲學, 예술철학으로 확장할 수 있는 계기를 가지게 된 것이다. 말하자면 한사상이다.

　이는 기존의 모든 행동철학들의 바탕을 이루는 근거가 과연 근거가 있는 것이었는지에 대해 묻고 한사상의 행동철학으로서의 여러 철학들을 설명하는 일이다.

　이는 또한 이미 오래전 존재했던 한겨레 문명의 사고와 행동의 틀을 이 시대에 맞게 복원하여 한사상으로 발전시키는 일이다.

5. 신 코페르니쿠스의 대전환과 신 르네상스, 그리고 「45도의 혁명」

코페르니쿠스와 갈릴레오는 기존의 지구 중심설을 태양 중심설로 바꾸면서 기존의 사고의 틀을 완전히 180도로 바꾸어 놓았다. 그 사정은 다빈치의 최후의 만찬에서 상징적으로 보여 준다. 다빈치 이전의 그림은 신의 눈으로 세계와 인간을 보는 그림이었다. 그러나 다빈치는 인간의 눈으로 신을 보고 있다.

코페르니쿠스의 대전환은 초월적이고 신적인 신중심주의를 밀어내고 세계의 현상과 변화의 원리가 자연에 있다는 자연주의가 자리 잡게 되었다. 이 자연주의는 진화론을 발전시킨다. 그런데 진화론만큼 과대평가된 이론도 많지 않을 것이다. 나는 과학자들이 진화론에 대해 그것이 불변의 진리라도 되는 듯 열을 내어 찬양하는 모습을 볼 때면 마치 오늘날 우리가 세계에서 목격하고 있는 총을 든 야만적인 원리주의 종교의 경직성을 보는 것 같은 섬뜩한 느낌이 든다.

진화론을 철학에서 구현한 사람은 니체였다. 그는 '신은 죽었다'고 주장했다. 그리고 신을 살해할 만큼 인간이 위대하다면 '우리 자신이 신들이 되어야 하지 않을까?'라는 본심을 그만 입 밖에 내놓아 버렸다.

사람들에게는 다윈이나 니체의 주장이 마치 엄청난 철학적 혁명이라도 되는 것같이 보일지 모르지만 나는 전혀 그렇게 생각하지 않는다. 사실 그들은 그 어떤 상상력도 가지고 있지 못했다. 그들의 이론은 단지 아리스토텔레스가 말한 신에서 무생물까지 위에서 아래로의 수직적 계층 구조의 관점을 뒤집고 신을 제거한 다음 아래에서 위로의 수직적 계층 구조를 만든 것, 단지 그뿐이었다.

이원론과 수직적 계층 구조라는 원리를 아무리 수없이 180도로 뒤집어도 그것은 여전히 이원론과 수직적 계층 구조이다. 변한 것은 아무것도 없다. 나중에는 그나마도 거꾸로 뒤집을 것이 너무 궁해져서인지 모르겠지만, 뒤샹은 그만 화장실에 있어야 할 소변기를 미술 전시장에 거꾸로 뒤집어 설치했다. 그리고 그것은 새로운 예술의 창조 정신을 상징하는 것으로 지금까지도 여기저기서 칭송받고 있다.

옥스퍼드 대학교의 석좌교수인 도킨스는 아리스토텔레스의 철학적 창조론의 신의 자리에 유전자를 바꾸어 앉혀 놓았다. 그리고 인간은 이기적인 유전자를 보존하기 위해 프로그램 된 생존 기계라고 주장한다. 나는 이렇게 비참할 정도로 헐벗고 굶주리고 가난한 종류의 상상력을 너무나 많이 보아 이제는 그만 질리고 말았다.

하버드대학에서 생물학을 가르치는 윌슨은 스스로 과학 정신이 종교보다 우월하다고 생각한다. 그리고 "전통 종교를 진화 생물학의 기계론적 모델로 설명할 수 있는 가능성을 갖게 되었다."[13]고 주장한다. 참으로 고통스러운 상상력이다.

진화론이 창조론을 뒤집었다면 그것은 단지 뒤집어진 창조론에 불과하다. 도대체 새로운 무엇이 단 하나라도 있단 말인가?

다윈에서 도킨스와 윌슨 등 모든 과학자들은 단지 코페르니쿠스의 대전환에서 만들어진 자연주의의 원칙을 끝도 없이 반복할 뿐이다. 바로 여기서 자연주의의 허구가 나타난다.

코페르니쿠스 이후 발생한 자연주의는 그것이 어떤 형태의 무엇이든 자신이 무너뜨린 신중심주의의 문제점이 거꾸로 뒤집혀 나타나기 마련이다. 마치 새로운 정신의 영역이 재발견된 것이라도 한 듯 요란하게 시작한 유럽 문명의 르네상스Renaissance는 잘못 놓인 이원론과 수직적 계층 구조를 거꾸로 뒤집어 다시 잘못 놓은 것에 불과했다.

따라서 사람들은 이제는 점차 통합이 필요하다는 것을 느끼기 시작했다. 그러나 통합이든 융합이든 그것을 입에 올리고 싶은 사람은 아리스토텔레

---

13) 에드워드 윌슨 『인간의 본성에 관하여』, 이한음 역, 사이언스북스, 2002년, 275쪽.

스 논리학의 동일률, 모순율, 배중률부터 극복해야 한다. 그리고 가능태와 현실태의 이론을 극복해야 한다. 그다음 통합이든 융합이든 그것을 설명할 수 있는 새로운 생명의 과정론부터 제시해야 한다. 하지만 사람들은 우물 가에서 숭늉을 찾듯 일의 선후를 모르고 성급하게 통합이나 융합부터 주장하는 것이다.

그러나 신중심주의는 물론 코페르니쿠스의 대전환과 르네상스의 문제를 극복하고 참다운 인간과 국가와 문명이 새롭게 시작하는 새로운 코페르니쿠스의 대전환과 참다운 르네상스는 여기 우리가 살고 있는 이 한겨레 공동체에서 오래전부터 준비되고 있었다.

한겨레 문명의 한사상은 아리스토텔레스 논리학의 동일률, 모순율, 배중률 그리고 가능태와 현실태의 이론을 혁명적으로 발전시켜 이원론을 통합론으로 혁신시킨다. 그리고 수직적 계층 구조를 수평적 평등 구조로 전환하는 혁명적인 발전을 이룬다.

그 시작이 누구도 배제하지 않고 모두가 하나의 전체가 되는 '우리는 100%'이다. 그리고 잘못 놓인 이원론과 수직적 계층 구조를 생명의 과정이 가능하도록 올바르게 통합론과 수평적 계층 구조로 위치하게 만드는 '45도의 혁명'이다.

이를 계기로 1과 99의 야만의 행동 법칙은 한사상의 생명의 과정으로 혁신하는 것이다. 신 코페르니쿠스의 대전환과 신 르네상스, 그리고 『45도의 혁명』은 이미 우리 한겨레 공동체에서 시작되었다.

6. 단군조선, 흉노, 신라·가야와 훈족, 카자르 제국, 아쉬케나지 유태인

우리가 한겨레 문명의 한사상을 현실 세계에서 발견하고 그것을 경전에

24

서 확인하고 실험을 통해 증명했다면, 이제 한사상이 역사를 통해 어떻게 세계를 움직였나를 확인할 필요가 있다.

한겨레 문명의 한사상은 단군조선 이전부터 만들어져 단군조선을 통해 전해진다. 그리고 단군조선의 한사상은 단군조선을 함께 이루었던 많은 민족들에게 큰 영향을 주었고 훗날 그들이 자신들의 국가를 세웠을 때 중요한 정치철학으로 사용되었다.

이 책에서는 단군조선에서 시작한 한사상이 우리 한겨레가 세운 국가 중에서 신라와 가야와 유라시아 대륙의 동쪽과 서쪽을 연결하는 흉노 제국과 훈 제국, 그리고 카자르 제국으로 이어지는 이 모든 나라의 행동의 원칙인 윤리학과 정치철학을 하나로 연결하고 있었음을 확인한다.

우리는 그 과정과 증거를 이해함으로써 우리 한겨레의 한사상의 실체는 물론, 그 영향이 미친 역사를 한 눈에 가늠해 볼 수 있을 것이다. 또한 그 성과는 오늘날 우리 한겨레와 세계사를 움직이는 흐름과도 연결하여 생각할 수 있는 근거가 될 수 있을 것이다.

특히 최근 독일의 베렌트와 슈미트 박사는 자존심 높았던 유럽 문명 전체를 단숨에 거친 말발굽으로 짓밟아 뭉개 버린 유럽의 정복자 훈족이 신라와 가야에서 출발했다고 주장함으로써 우리의 이와 같은 관심에 누구보다 앞서 동참하고 있다. 이 학자들은 독일 공영방송 ZDF TV에서 방영한 『스핑크스, 역사의 비밀』[14])에서 확고한 고고학적 증거를 가지고 방송 다큐멘터리를 만들어 그 내용을 방영했다.

신라와 가야는 그 이전에 있었던 진한과 변한의 지역에서 일어났다는 점에서 이미 단군조선의 후신인 삼한과 연관이 있다. 그리고 이 독일 학자들에 의해 자연스럽게 드러난 훈족의 정치철학도 단군조선의 것을 본뜬 것임이 드러났다.

---

14) 자유베를린방송사 편집자이자 TV 다큐멘터리 작가이자 연출자인 앤스 페터 베렌트와 미국 코넬대학과 베를린 공대 교수였던 아이케 슈미트 박사가 추적한 다큐멘터리 시리즈.

단군조선과 신라와 가야, 그리고 훈족이 윤리학과 정치철학 이외에 역사학과 고고학적으로 다시 하나가 되고 있는 것이다. 그리고 훈족이 망한 후 아바르족과 불가르족의 나라를 거쳐 사바르족이 카자르 제국을 세운다.

12만 명의 상비군을 가지고 있었던 당대 최강의 카자르 제국은 원래 사바르 민족이 세운 사바르라는 나라에서 온 이름이다. 사바르라는 말은 우리 말 새밝이라는 말과 통하며 이는 곧 신라라는 말과 같은 의미이다. 즉, '신라新羅=새新＋벌羅=새벌=새밝=아침에 떠오르는 태양'이 되는 것이다. 카자르 제국은 곧 우리말로 새밝 제국이고, 이는 곧 신라와 같은 의미이며, 역시 아침에 떠오르는 태양을 상징하는 조선朝鮮과도 같은 의미이다.

이렇게 단군조선은 신라와 가야, 그리고 훈족에 이어 카자르 제국까지를 여러 모로 하나로 엮고 있다. 그런데 이 카자르 제국은 유대교를 받아들였다. 이로써 당대 최강의 기마민족 국가가 유대 국가가 된 것이다.

학자들은 이 유대 국가인 카자르 제국의 멸망 후 세계 도처로 흘러간 그 유민들이 오늘날 전 세계의 유태인들의 대다수인 이 아쉬케나지 유태인들이라고 한다. 즉, 이스라엘의 텔아비브대학교의 중세 유대 역사 교수인 폴리악(A. N. Poliak)이 카자르 제국의 유민들이 오늘날 유태인의 대다수인 아쉬케나지 유태인이라고 주장한 이래 많은 사람들이 이 학설에 관심을 가지고 있다.

물론 우리가 이 모든 민족과 국가들에서 특히 관심을 갖는 것은 윤리학과 정치철학이다. 이 책에서는 인종이나 민족적인 측면은 가능한 한 제외했다. 가령 한겨레와 유태인을 민족적으로나 인종적으로 연결할 수 있다는 식의 주장에 대해서 나는 큰 관심이 없다. 다만 이 연구를 통해 한사상과 유라시아 대륙을 지배했던 민족들의 역사가 하나로 연결되면서 그 양 끝에서 우연히 한겨레와 유태인이 만난 것, 그뿐이다. 역사적으로 전혀 연결점이 없었던 유태인이 한겨레와 철학적으로, 또 그 철학이 이어 준 역사로 연결될 수 있는 것이라면 우리는 그것이 무엇인지 학문적으로 밝혀야 할 필요가 있다.

그리고 나의 이 연구에서 신라와 가야는 결코 유라시아 대륙 끝의 한반도 남쪽의 작은 나라가 아니다. 유럽 대륙을 거칠게 짓밟았던 그 강력했던 유럽의 정복자 훈족이 출발한 나라이며 바탕이 되는 나라일 수 있다. 그리고 이 증거들은 유라시아 대륙을 가로질러 유럽을 정복한 훈족의 막강한 기마 무사들이 곧 신라의 화랑花郎일 수 있다는 사실을 설명하고 있다. 서양인에게 기적의 무기였던 훈족의 활은 고대 한겨레의 활과 연결이 된다. 또한 훈족이 유럽에서 확보한 막대한 금은보화와 신라의 대릉원의 고분 발굴에서 발견된 금은보화는 하나로 연결될 수도 있다. 신라와 훈족과 연결되는 것은 한두 가지가 아니다.

그것이 무엇이든 신라와 가야인들은 이 유라시아 대륙을 가로질러 일어나는 이 고대 세계 최대의 기개와 용기와 풍운과 연결되어 있다. 이미 고대 세계에 한겨레의 한사상이 유럽 대륙을 휩쓸어 버린 이 사건은 이제 막 세계로 뻗어 나가는 우리 한겨레에게 중요한 참고가 될 것으로 생각한다. 나는 이 내용을 이 책의 마지막 제5부에서 설명할 것이다. 이 세계사의 중심에서 밝혀지는 한사상의 윤리학과 정치철학은 이 책을 처음부터 찬찬히 읽었을 때, 보다 더 쉽게 이해할 수 있기 때문이다.

7. 이 책을 쓰는 과정

책을 쓰는 동안 봄, 여름, 가을, 겨울이 꿈결같이 두 번 바뀌는 것을 보았다. 시간은 너무나 빠르고 무정하게 지나가 버린다. 하지만 뒤돌아보면 해 놓은 것이 별로 없고, 앞을 보면 여전히 할 일이 태산이다.

이 책은 우연하게 기회가 마련되어 훌륭한 식견을 가진 여러분이 미리 원고를 읽고 독자의 입장에서 무엇이 문제인지를 말해 줌으로써 독자에게 더 가까이 갈 수 있는 디딤돌이 되어 주었다. 그리고 특히 광주민주화운동과 제주 4·3 사건을 설명하는 일에는 당사자의 관점이 중요했다. 따라서 이 사건을 직접 경험한 분들이나 관련이 있는 분들과 또 이 사건에 대해 전문적 지식을 가진 분들이 직접 원고를 읽고 문제점과 보완할 점을 미리 찾아내는 과정을 거쳤다.

이 모든 과정에서 소중한 조언을 주신 분들 중에는 이전에는 일면식도 없는 분들도 있었다. 그럼에도 불구하고 친절하고 자세하게 도움을 받을 수 있었다. 여기서 그 고마운 분들의 이름을 말하는 것보다는 그분들께서 도움을 주신 부분에 대해 한사상의 이론 체계로 분명하고 자세하게 설명하는 것이 그 친절과 도움에 보답하는 길이라고 생각한다. 짧은 시간이었지만 이 책을 쓰면서 이 모든 훌륭한 분들의 친절한 의견을 듣고 값진 대화를 나눌 수 있었음은 큰 행운이었다.

생각해보면 2001년부터 3년간은 한겨레의 고유한 경전의 내용을 이론철학으로서의 한철학으로 설명하기 위해 집중적으로 연구했고 그 후 그 연구결과를 축적하고 다짐으로서 한철학이 자리를 잡았다. 그리고 2010년 겨울부터 지금까지는 이 이론철학으로서의 한철학을 행동철학인 한사상으로 설명하는 일 한 가지에 모든 힘을 기우렸다. 그 결실로 이 책이 나올 수 있었다.

이 일을 하는 동안 아내는 언제나처럼 가정을 따뜻하고 정답게 잘 보살펴 주었다. 나는 아내와 딸과 아들에게서 늘 힘을 얻는다.

이 책을 준비하고 쓰는 동안 새재님은 힘이 되어 주셨다. 그리고 한샘님, 새벽님, 강성경님, 한우리님, 한마음님, 그리고 김윤실님, 고석환님, 김일호님, 김일영님은 소중한 마음을 함께했다.

제1부

1과 99의 행동의 틀

제1부는 1과 99의 행동의 틀이 만드는 과정을 설명한다. 인류는 먼저 200만 년 동안 수렵 채집 시대를 거쳐 '원초적 행동의 틀 99=100−1'을 만들었다. 이는 1만 년 전 농경 혁명 시대에 와서 그 형태를 새롭게 바뀐 환경에 맞게 변형시킨다. 그리고 새로운 환경에 맞게 신의 살해와 왕의 살해가 일어난다.

　3천 년 전 쯤 살해당하던 왕이 99%의 민중 위에 군림하는 대역전이 일어난다. 이때부터 인류는 '속임수와 폭력의 지배 법칙 1=100−99'가 지배하게 된다.

　그리고 이 속임수와 폭력은 필연적으로 '광기와 학살의 지배 법칙 −1=99−100'으로 발전하게 된다. 그리고 2011년 미국의 월가에서 다시 '원초적 행동의 틀 99=100−1'을 의미하는 '우리는 99%'가 터져 나왔다.

　결국 인류의 역사는 이 1과 99의 행동의 틀이 만드는 과정이 만드는 악순환의 역사였다. 이제 이 악순환이 다시 시작된 것이다.

제1장 원초적 행동의 틀 99=100-1

현대 문명은 눈부신 발전을 하였다고 자부하지만 현대인의 행동의 틀을 살펴보면 우리의 조상들이 수렵 채집 시대와 농경시대를 살아오며 사용하던 원초적인 행동의 틀이 그대로 남아 있다.

인간은 "적어도 200만 년 전에서부터 1만 3천 년 전까지 모든 사람들은 약 50~150명으로 이루어진 긴밀한 수렵 채집 공동체에서 살았고 외부인과 마주칠 일이 별로 없었다."[15]

지금 우리가 컴퓨터와 자동차와 지하철과 비행기를 사용하며 편안한 집에서 살고 있다 해도 우리의 사고와 행동의 틀은 여전히 수렵 채집 시대의 공동체에 머물러 있을 수밖에 없는 것이다.

"1만 2천 년 이전에는 인류는 기본적으로 평등주의자였다. 그들은 사회 계급 없이 최소한의 정치 계급만 존재하는, 이른바 평등 사회에서 살았다. 모든 사람이 집단의 결정에 참여했으며, 가정 밖에서는 어떠한 지배자도 존재하지 않았다."[16]

구석기 시대와 신석기 시대는 식량의 획득 방법과 석기의 종류로 구분되기도 한다. 즉, "구석기 시대는 타제 석기를 사용한 식량 채집 시대이고, 신석기 시대는 마제 석기를 사용한 식량 생산 시대."[17]이다.

---

15) 마크 판 퓌흐트·안자나 아후자, 『빅맨』, 웅진씽크빅, 2011년, 223쪽.
16) 마크 판 퓌흐트·안자나 아후자, 『빅맨』, 웅진씽크빅, 2011년, 145쪽.
17) 정수일, 『고대문명 교류사』, 사계절, 2001년, 71~72쪽.

신석기 시대는 1만 년 전 또는 1만 2천 년 전부터 시작되었다고 한다. 이 신석기 시대가 되면서 농경과 목축의 혁명이 일어나고 정착 생활이 시작된다. 이 혁명은 너무도 새로운 것이었다.

이 신석기 혁명이 얼마나 새로운 것인지 감을 잡기 위해 200만 년 전에서부터 오늘날까지를 24시간이라고 가정해 보자. 이 시계가 23시 59분을 지날 때까지도 최근의 1만 3천 년은 아직 시작조차 하지 않는다.[18]

우리 인간에게 이 신석기 시대에 일어난 농경 혁명은 너무나 생소해서 아직도 여전히 인간에게는 수렵 채집 시대의 사고와 행동의 틀이 더 크게 자리 잡고 있는 것은 당연한 현상이다. 이 신석기 시대는 청동기 시대[19]를 거쳐 철기 시대가 된다.

이제 농업 혁명은 산업 시대로의 혁명을 맞는다. 18세기 중엽에 시작하여 이제 겨우 250년밖에 되지 않은 산업 혁명 이후 산업화 시대는 인류역사에서는 계산하기도 어려울 정도로 짧은 순간에 지나지 않는다.

거기에다 이 산업 시대마저도 1955년까지를 지배하고 그 후 1965년에 걸쳐 정보화 시대가 시작되었다.[20] 이것이 다니엘 벨이 말하는 후기 산업 사회이든, 앨빈 토플러가 말하는 정보화 사회이든, 피터 드러커가 말하는 지식 사회이든, 아니면 다른 무엇이든 산업 시대와 다른 새로운 시대가 지금 와 있는 것만은 틀림없다.

우리가 사는 이 한겨레 공동체는 1960년대에 농경 시대에서 산업 시대로의 혁명을 맞아 1990년대에 이 새로운 후기 산업 시대를 시작하고 있다. 우리는 남들이 250년 걸린 산업화 시대를 불과 30년도 안 되어 이루고, 이제 후기 산업 사회의 선두를 향해 나가고 있는 것이다.

---

18) 마크 판 퓌흐트 · 안자나 아후자, 『빅맨』, 웅진씽크빅, 2011년, 228쪽.
19) 2백만 년이나 되는 석기 시대를 놓고 넉넉잡아도 2천~3천 년밖에 안 되는 청동기 시대는 시간적으로 대비가 잘 안되고, 뒤에 이른 철기 시대로 4천여 년을 경과해 청동기 시대는 그 반에도 미치지 못한다. 정수일, 『고대문명 교류사』, 사계절, 2001년, 131~133쪽.
20) 앨빈 토플러, 『제3의 물결』, 홍갑순 · 심정순 역, 동아문예, 1986년, 27쪽.

하지만 그 어떤 변화이든 우리 인류가 200만년 이래 굳어진 원시적 사고와 행동의 틀을 바꾸기에는 역부족일 것이다. 바로 그 원초적 행동의 틀을 간단명료하게 설명하고 있는 말이 2011년 미국의 월가에서 시작되어 전 세계로 퍼져 나간 '우리는 99%'이다. 이 말에는 인간의 사고와 행동의 틀을 근원적이고도 광범위하게 지배하는 대원칙인 '원초적 행동의 틀 99 =100−1'이 숨어 있다.

그것은 인간이 수렵 채집하던 시대로부터 시작하여 농업 혁명의 시대를 거쳐 산업 시대를 넘어 오늘날에 이르기까지를 모두 지배하는 강력한 행동의 틀이다.

놀랍게도 지난 3천 년 동안 이 인간 행동의 원초적 원칙에 대해 모든 학문의 근원인 철학은 애써 숨기고 왜곡하고 있다. 즉, 오늘날 민중들은 '우리들은 99%'를 주장하지만, 철학자들은 처음부터 '우리들은 1%!'를 주장하고 있다는 사실이 그것이다.

서양 철학의 뿌리가 된 플라톤은 하나(一)와 여럿(多)에 대해 그의 대화편의 『파르메니데스』에서 말한다. "요컨대 만일 하나가 존재하지 않는다면 아무것도 존재하지 않는다고 말해도 무방하지 않겠나?"[21]이다.

이 말은 1이 존재하지 않으면 99의 존재가 무슨 의미가 있겠는가라고 묻는 말과 같다. 플라톤은 분명히 최상위 1%의 편에 서서 민중인 99%가 최상위 1%에 의해 규정되고 복속되는 존재로 표현하고 있다. 그리고 플라톤 이후 철학자들이 신을 주장하던, 이성을 주장하던, 정신을 주장하던, 의지를 주장하던 모두가 99%를 지배하는 이 최상위 1%를 말하고 있는 것이다.

그러나 플라톤과 그의 제자들은 결코 99를 입에 올리지 않는다. 왜냐하면 그는 이 99를 둘로 편을 갈라 서로 싸우게 만드는 이원론으로 철학의 바탕을 만들었기 때문이다. 따라서 플라톤 이후 그 누구도 99라는 숫자는

---

21) 플라톤, 『플라톤 전집』 제6권 「파르메니데스」, 최민홍 역, 성창출판사, 1986년, 248쪽.

물론 그 통합적인 개념을 입에 담지 못하는 것이다.

이제 2011년 이후의 민중들은 요컨대 그 하나인 1이 도대체 우리 99인 민중에 왜 필요한가를 묻는 것이다. 그리고 그들은 플라톤이 분리시켰던 둘이 하나로 통합되어 99를 만들어 그것으로 1인 최상위 1%를 압박하고 있다.

동양도 똑같은 말을 하고 있다. 『주역』의 「계사전」에서 태극을 이렇게 말한다.

"역에는 태극이 있으니, 이것에서 양의가 생겨나고, 양의에서 사상이 생겨나고, 사상에서 팔괘가 생겨난다. 팔괘는 길흉을 정하고, 길흉에서 대업이 생겨난다."[22]

여기서의 태극은 1이다. 그리고 그 1에서 2인 양의와 4인 사상과 8인 8괘가 생겨나고 그것에서 인간의 길흉과 대업이 생겨난다는 말이다. 한마디로 말하면 태극인 1에서 나머지 전체인 99가 생겨난다는 것이다. 그런데 그 1은 음양으로 분리되고 그것은 수직적 계급 구조로 분리됨으로써 절대로 99가 될 수 없다. 이것이 동중서의 음양과 오행의 이원론이 된다.

이 말과 플라톤이 『파르메니데스』에서 말한 하나와 여럿과 무슨 차이가 있는가? 놀랍게도 동양과 서양의 철학자들은 3천 년 전이라는 거의 동일한 시기에 동일한 거짓말과 속임수를 주장한 것이다. 그리고 이들의 학설이 그 시대 이후 다른 모든 학문을 지배해 온 것이다.

이 계사전의 주장은 동중서의 중화주의中華主義에 그대로 받아들여져 동중서 이후 2천 년간 변함없이 중국을 지배해 온 철칙이 되었다. 우리나라의 조선 시대에도 소중화를 주장하며, 이 중화주의의 이원론과 수직적 계급 구조를 그대로 받아들였다.

이제 2011년 민중들의 입에서 먼저 터져 나온 '우리는 99%'가 무엇을 의미하는지를 정확하게 설명하지 못하는 철학은 적어도 2011년 이후부터

---

22) "易有大極 是生兩儀 兩儀生四象 四象生八卦 八卦定吉凶 吉凶生大業『易經』, 「繫辭上傳」)."

는 쓸모없는 죽은 철학이 될 수밖에 없게 된 것이다.

나는 이 '1과 99의 행동의 틀'은 스스로 과정을 만들며, 그 안에는 세 가지의 상태가 있음을 설명할 것이다. 그리고 그 과정은 최종적으로 한사상이 설명하는 생명의 과정으로 연결됨을 설명할 것이다.

즉, 첫째가 '원초적 행동의 틀 99=100−1'이다. 먼저 인류가 수렵 채집 시대로부터 농경 시대에 이르는 동안 '원초적인 행동의 틀 99=100−1'을 형성했음을 설명할 것이다. 이른바 1인 왕과 신을 99인 민중이 살해하는 이른바 '왕의 살해'와 '신의 살해'에 이르는 행동의 틀을 설명한다. 사실 인류는 가장 긴 역사 동안 99%의 민중이 1%의 왕을 세우고, 또 그들을 살해하고 새로운 왕을 선출해 왔다. 신도 마찬가지이다.

둘째로 '속임수와 폭력의 지배 법칙 1=100−99'이다. 이는 최상위 1%의 지배 계층이 속임수와 폭력으로 99%를 억누르고 지배하는 법칙이다. 이는 민중들에게 선출되어 민중을 지배하다 민중들에게 살해당하던 왕들이 오히려 속임수와 폭력을 사용해 대중들을 지배함으로써 발생한 윤리학과 정치철학적 대반전을 의미한다.

인류에게 이 대반전이 일어난 시기는 고작 3천 년 전 무렵에 지나지 않는다. 이 반전을 주도한 대표적인 철학자가 서양에서는 플라톤이고 중국에서는 중화주의를 주장한 동중서이다.

동서양에서 등장한 대반전은 윤리학과 정치학이라는 아름다운 이름으로 폭력인 군대의 지원을 받으며 최상위 1%의 이익을 위해 99%의 민중을 지배하는 수단이 되었다.

그럼으로써 99의 민중들은 왕을 살해하던 그 기나긴 세월 동안의 경험을 완전히 망각하고 아무리 길게 보아도 고작 3천년에 지나지 않는 이 '속임수와 폭력의 지배 법칙 1=100−99'만을 기억하고 있는 것이다.

그런데 이 '속임수와 폭력의 지배 법칙 1=100−99'는 그것만으로 끝나지 않는다. 속임수는 언제나 더 교활한 속임수를 낳고 폭력은 언제나 더 잔인한 폭력을 낳기 마련이다. 이 속임수와 폭력은 철학자들의 도움을 받아 이원론으로 발전하고 나아가 수직적 계층 구조를 이루어 99%의 민중들 스스로가 스스로를 반으로 분리하고 여러 계층으로 나누어 서로 반목하고 서로 투쟁하게 된다.

세 번째가 '광기와 학살의 지배 법칙 $-1=99-100$'이다. 지배자들의 교활한 속임수가 점차적으로 진행되어 마침내 극단에 이르면 결국 광기와 광란으로 귀착되기 마련이다. 그리고 폭력이 마침내 극단에 이르면 결국 학살로 귀착되기 마련이다.

이 광기와 학살의 지배 법칙은 마녀사냥과 유태인 학살, 인디언 학살, 흑인 학살, 스탈린과 폴 포트의 학살 등으로 역사에서 이미 충분히 증명되었다. 우리나라에서는 조선의 왕 씨 학살과 제주도 4·3 학살과 광주 학살 등이 있다. 이 모든 학살은 곧 인류의 자살이며 자멸이다.

이 광기와 학살의 지배 법칙은 가면 갈수록 교묘하고 교활해지기 때문에 민중들은 그 지배 법칙을 알지 못한 채 지배를 당하기 마련이다. 가령 로마 시대의 콜로세움에서의 피의 향연이나 오늘날 극한까지 가는 오락과 식탐食貪을 유도하는 티티엔터테인먼트와 같은 것들이 그것이다.

그러나 이 지배 법칙의 수혜자인 최상위 1%의 피에로들은 너무나 뻔뻔하고 탐욕스럽기 때문에 마침내 민중들은 더 참지 못하고, 견디지 못하여 스스로를 자각하게 된다. 그럼으로써 이 과정은 다시 처음으로 되돌아갈 수밖에 없다.

바로 그것이 마침내 오늘날 월가에서 터져 나와 세계를 휩쓰는 '우리들은 99%'가 의미하는 '원초적 행동의 틀 $99=100-1$'이다. 이는 인류가 처음 시작했던 행동의 틀로 다시 되돌아온 것이다. 악순환의 새로운 주기가 우리가 사는 이 시대에 다시 새로운 모습으로 나타난 것이다.

'우리들은 99%'를 지배하는 1과 99의 행동의 틀에 한계가 있다는 사실은 분명하다. 99%인 민중이 최상위 1%의 코미디언들을 살해한다 하더라도, 새로운 최상위 1%의 피에로들이 다시 민중들을 지배할 수밖에 없는 악순환이 무한하게 반복되는 구조이기 때문이다.

따라서 민중들은 이제 최상위 1%의 어릿광대를 살해하는 것이 문제가 아니라 이 1과 99의 행동의 틀 그 자체에서 벗어나는 것이야말로 근본적인 문제임을 깨닫게 된다. 그것이 곧 그 누구도 배제하지 않고 이루어지는 공동체의 개념인 '우리는 100%'이다. 이것이 한사상의 '한의 기본 법칙 100=99+1'이다.

이 책에서 설명하는 한사상은 바로 이 한의 기본 법칙에서부터 시작한다. 그리고 우리 한겨레 공동체가 역사를 통해 만들었고 또 지금도 만들고 있는 모든 역동적인 행동은 이 한의 기본 법칙을 바탕으로 하지 않고서는 성립될 수 없다.

그러나 한사상에서 이 한의 기본 법칙은 단지 생명의 과정을 위한 최소한의 기본 법칙에 불과하다.

'원초적 행동의 틀 99=100-1'은 인간이 200만 년 동안 수렵 채집 시대를 살아오며 만들어진 사냥꾼 무리들에게서 시작되었다. 사냥꾼이 사냥꾼이기 위해서는 사냥감이 필요했다.

여기서 사냥꾼 집단은 99%이고 사냥감은 1%이다. 사냥은 집단 지능과 집단 폭력에 의해 진행되며, 사냥감을 살해하고 그 피와 고기를 얻음으로써 즐거운 축제로 끝난다. 인류가 200만 년 동안 사용한 이 집단 지능과 집단 폭력, 그리고 피와 고기 및 축제는 인간의 의식 자체를 만들어 낸 것이라고 해도 과언이 아닐 것이다.

수렵 채집인들에게 어느 듯 사냥감들은 토템이 되어 숭배되기 시작한다. 부족 사람들은 숭배하는 토템 동물에게 모든 죄를 뒤집어씌우고 그 동물을 제물로 삼아 죽임으로써 부족 전체의 안녕을 기원하게 된다.

마침내 동물을 제물로 삼아 죽이던 관습은 인간을 제물로 삼아 죽이는 것으로 대체된다. 토템 동물을 숭배하면서 제물로 삼아 죽이듯, 제물이 된 인간을 죽이고 그를 숭배한다. 제물이 된 인간은 죽어서 신이 되는 것이다. 이제 인류에게 신의 살해가 시작된 것이다.

신의 살해와 왕의 살해는 그 근원이 같다. 공동체의 단위가 커지면서 인간은 자신들을 다스릴 왕을 세우고 숭배한다. 그리고 그 왕이 쇠약해지거나 임기가 다 되면 즉시 살해한다. 또는 왕이 되고자 하는 자가 왕을 살해한다.

오늘날도 모든 권력을 휘두르던 최상위 1%의 어릿광대들이 그 이름이 왕이든 대통령이든 아니면 다른 무엇이든 99%의 민중들에게 비참하게 살해당하는 일이 종종 일어난다.

무솔리니가 도망가다 총살되어 밀라노의 광장에 거꾸로 매달려 모욕을 당한 일, 차우셰스쿠의 비참한 종말, 카다피의 비참한 종말 등은 인류가 국가를 세운 다음부터 오랫동안 해 오던 관습이 이 시대에 다시 살아난 것이다. 이른바 '원초적 행동의 틀 99=100−1'의 부활이며, '우리는 99%'이다.

1. 수렵 시대 사냥꾼과 '우리는 99%'

남자와 여자의 본질적 성격은 인류가 수렵가·살해자와 채집가·양육자로서……단단히 벼려졌다.[23] 사냥꾼은 남성들 위주로 이루어진다. 당시 인간은 여성들의 채집만으로도 생존에는 충분할 정도의 식량을 마련할 수 있었다. 남성들을 사냥터로 내몬 사람들은 다름 아닌 여성들이다.

(1) 왜 남성만 사냥꾼이 되었나?

영장류 동물학자 앨리슨 졸리는 현존하는 영장류가 270종에 달한다고

23) 레너드 쉴레인, 『알파벳과 여신』, 조윤정 역, 파스칼북스, 2004년, 211쪽.

추정한다. 이 중에서 오직 31종의 영장류만이 월경을 한다. 그러나 인간 여성을 제외하고는 모두 출혈량이 미미하다.[24] 가임 여성은 임신을 하지 않는 한, 4주마다 대략 40~80밀리리터(큰 스푼 7-8개)의 피와 함께 자궁 막을 떨어뜨린다.[25]

그렇다면 이제 인간 여성들이 매달 소모하는 출혈의 문제는 인류 전체의 존속에 결정적인 영향을 미치게 된 것이다. 피에는 여러 가지 성분이 있지만 특히 철분과 단백질이 문제가 된다.

그런데 이 철분과 단백질은 다른 동물의 피와 살에서 가장 손쉽게 얻을 수 있다. 그렇다면 인류가 다른 동물을 사냥하여 그들의 피와 살을 얻는 것은 선택이 아니라 필수가 된 것이다.

(2) 사냥은 남성들의 본능

오늘날도 이 구석기 시대 인류의 초창기의 관습은 그대로 남아 있다. 한 가지 예를 들어 보자. 남성들이 자신의 마음을 빼앗아 간 여성들의 마음을 얻기 위해서 하는 일을 살펴보자. 쉴레인은 『자연의 선택 지나 사피엔스』에서 이 부분을 설명한다. 먼저 최고급 레스토랑에서 피가 흐르는 스테이크를 먹는 저녁 식사에 초대하는 것이다. 그리고 고급 촛대에 촛불이 켜진 식탁에서 가능하다면 벽난로에 장작이 타고 있다면 더 좋을 것이다.

이 고급스러운 분위기의 정체는 무엇인가? 바로 수렵 시대의 사냥꾼 남성들이 사냥해 온 짐승의 고기를 밤에 장작불 위에서 그것을 절실하게 필요로 하는 여성들과 함께 구워 먹는 바로 그 분위기인 것이다. 그럼으로써 여성은 월경과 출산과 수유로 잃어버린 철분과 단백질을 보충함으로써 인류가 건강하게 존속할 수 있었던 바로 그 생동감 넘치는 삶의 현장에서의

---

24) 레너드 쉴레인, 『자연의 선택 지나 사피엔스』, 강수아 역, 들녘, 2003년, 47쪽.
25) 레너드 쉴레인, 『자연의 선택 지나 사피엔스』, 강수아 역, 들녘, 2003년, 47쪽.

분위기 바로 그것이다.

그리고 현대 남성들이 사랑하는 여성과 이 고색창연한 이 식사를 마치고 백화점에 들러서 사랑하는 여성에게 모피 코트를 사 준다면 그 여성은 자신도 모르는 사이에 남성의 마음을 받아 줄지도 모른다.

왜냐하면 인간 여성에게 있어서 짐승의 고기와 그 짐승의 가죽이야말로 인류가 된 이래 생존을 위해 가장 필요로 하던 철분과 단백질을 상징하는 것이기 때문이다. 여성들에게 모피 코트는 오늘날 우리가 모피 코트라고 부르는 것 이상의 심원한 가치가 모피 코트가 아니라 여성들의 잠재의식 속에 눈에 보이지 않게 숨어 있는 것이다.

이제 사냥은 남성들에게 본능이 된 것이다. 무엇보다도 자신의 자식을 낳아 줄 여성의 생존을 위해, 그리고 그녀의 마음을 얻기 위해 사냥은 피할 수 없는 절대적인 것이 되었다. 이 사냥의 본능은 현대인에게 여러 가지 면에서 깊게 각인이 되어 있는 것이다.

(3) 사냥꾼과 '우리는 99%'

인류는 지구상의 포식자들 중 가장 최근에 출현한 종이다. 인류는 단 2백만 년 동안 포식자에게 잡아먹히던 동물에서 포식자도 잡아먹는 포식자가 되었다. "우리의 살생 기술 진보는 그중에서도 마지막 10만 년 동안에 집중적으로 일어났으며, 뾰족한 창도 그 역사가 4만 년을 넘지 않는다."[26]

사냥에 있어서 인간 외에 다른 포식 동물은 암컷들이 주도적 역할을 한다. 그러나 인류에게서만은 사냥은 남성들의 전유물이다. 남성은 사냥, 그리고 여성은 채집과 출산 및 양육이 그것이다. 또한 인간은 사냥과 더불어 불을 지배함으로써 비약적인 발전을 하게 되었다.

수렵 채집 시대의 공동체의 핵심적인 사냥 무리는 대략 10명 정도로서

---

26) 레너드 쉴레인, 『자연의 선택 지나 사피엔스』, 강수아 역, 들녘, 2003년, 168쪽.

한창때인 성인 남성들로 이루어져 있었다.[27] 그 목표는 곧 사냥감이다.

사냥꾼 공동체에서 사냥꾼들은 언제나 대상이 되는 짐승을 그들의 최상 단에 놓는다. 그리고 그들의 목적이 된 대상인 짐승을 잡기 위해 서로 의논하고 합의하고 협동하는 것을 본능처럼 익혀야 했다.

여기서 사냥꾼 전체가 여럿이라면 대상인 짐승은 하나이다. 인간이 가장 무서운 포식자가 될 수 있었던 원인은 바로 이 여럿이 만들어 내는 협동력이었다. 그리고 그 대상이 되어 피와 살을 제공할 수 있는 짐승을 하나인 1로 설정할 수 있는 능력이었다.

바로 '원초적 행동의 틀 99=100-1'이 그것이다. 그 대상이 인간 개인의 몸무게의 열배 또는 그보다 훨씬 거대한 코끼리나 들소, 고래 등이라해도 여럿이 단결하고 협동하는 능력을 가진 인간에게는 잡아먹힐 수밖에 없었다.

2. 신의 살해와 '우리는 99%'

농경이 시작된 신석기 혁명은 무엇보다 먼저 의식주를 수렵 채집에서 얻는 것이 아니라 농경에서 얻게 된 혁명이다. 이제 인간은 농사를 지을 대지가 갖는 계절적 순환에 모든 것이 달려 있게 되었다. 그러나 2백 만년 이상 지속된 '원초적 행동의 틀 99=100-1'의 공동체 운영 원리가 사라진 것은 아니었다. 단지 그 형태가 조금 수정된 것에 불과했다.

즉, 이제부터 수렵 채집 공동체 99의 사냥꾼 무리는 농사꾼 무리가 되었다. 그리고 사냥꾼에게 필요한 사냥감 대신 농사를 위해 제물이 되어 죽어줄 희생으로서의 1이 필요하게 되었다.

---

27) 레너드 쉴레인, 『알파벳과 여신』, 조윤정 역, 파스칼북스, 2004년, 58쪽.

(1) 신석기 시대와 '우리는 99%'

농경 혁명 이후에도 인류는 여전히 수렵 채집 시대의 자유와 평등을 누리는 공동체를 유지하고 있었다. 즉, "고고학자들은 기원전 7000년~4000년의 기간 동안 수많은 초기 농경 공동체에서 폭력이 사라졌음을 암시하는 흥미로운 증거를 제시하고 있다.……주거지의 유물들을 세밀히 조사해본 결과, 고고학자들은 전쟁 무기가 나중의 문명화된 사회의 특징적인 가정용 기구보다 많지 않음을 밝혀냈다. 그들이 묘사한 신들은 창이나 낙뢰를 들고 다니지 않았다.……소수가 다수에 의해 지배되었다는 증거는 거의 찾아볼 수 없었다.[28]

소수를 상징하는 최상위 1%의 지배자가 다수를 상징하는 99의 민중을 지배하기 시작한 것은 그리 오래전이 아니라는 말이다.

(2) 신석기 농업 혁명과 민주주의

1만 년 전 발생한 농경 혁명은 국가를 탄생시켰다. "농경 사회가 되자 식량을 더 이상 공유할 필요가 없어졌다. 권력을 가진 자에게 식량은 넘쳐났고 또 식량을 비축해 둘 수도 있었다. 이러한 단순한 사실이 전혀 다른 사회구조 및 관계 역학을 만들어 냈을 것이다. 그 결과 정착 사회, 직업(이제 식량을 찾아다닐 필요가 없으므로), 그리고 우리가 앞으로 살펴볼 부패가 생겨났다."[29]

이제 과거 사냥을 위해 발전시켰던 집단 지성은 농업 기술을 위해 그 능력을 발휘했다. 그 결과 여러 도구와 기술을 발전시키고 그에 따른 새로운 직업도 생겨났다. 그리고 국가가 탄생한 것이다.

---

28) 레너드 쉴레인, 『알파벳과 여신』, 조윤정 역, 파스칼북스, 2004년, 61쪽.
29) 마크 판 뷔호트·안자나 아후자, 『빅맨』, 이수정 역, 웅진지식하우스, 2011년, 184쪽.

국가는 왕을 필요로 하게 되었다. 그러나 그 씨족과 부족 공동체는 여전히 99%로서 강력한 힘이 있었다. 이 새로운 정치 제도는 과거 수렵 채집 시대에 마련된 사냥꾼 집단으로서의 99%와 사냥감으로서의 1%의 사고와 행동의 틀의 연장이었다. 즉 원초적 민주주의로서 민중은 99%이며 왕은 1%였다.

(3) 짐승 제물과 '원초적 행동의 틀 99 = 100 − 1'

피와 살을 얻기 위해 시작한 수렵의 관습은 이제 농경과 유목의 시대에 와서 공동체의 결속을 위해 짐승을 제물로 사용하는 보다 추상화된 관습으로 바뀌기 시작한 것이다. 이제 짐승을 제물로 바치는 집단적 행동은 그 짐승을 살해함으로써 그들 부족의 집단적인 죄의식을 없애는 의미를 지니게 되었다. 그리고 짐승을 죽여서 희생시키는 제의를 통해 내부적인 통합을 얻기 시작한 것이다. 이를 위해 주기적으로 동물을 희생시키는 관습이 널리 행해졌다.

그들은 희생되는 동물이 그 집단의 죄를 없애 주기를 기대한다. 즉, 그들 수렵가들은 토템이 되는 동물을 정하고 주기적으로 토템 동물을 잡아 정성스럽게 먹이를 주고 기른다. 그리고 때가 되면 이들을 죽여서 자신들의 죄를 대신 갚아 줄 것을 기대하며 죽인다. 즉, 부족들은 희생을 시킬 동물을 성스러운 원의 중심에 있는 말뚝에 매단다. 그리고 "부족의 일원들은 당황해서 으르렁거리는 이 동물에게 다가갔다. 부족민들은 저마다 하는 말들을 다른 이들이 들을 수 없을 만큼 떨어져서, 하지만 토템을 묶고 있는 가죽 끈 반경 바로 바깥에서 자신이 지난해에 어떤 금기를 어겼는지 토템에게 낱낱이 들려주었다. 마지막 고백이 끝나면 전체 부족은 마법의 원 안에서 동물 주위를 돌며 춤을 추었다. 격한 음악과 환각 물질이 그들을 광란 상태로 몰아넣었다. 그 뒤 주술사는 갑작스럽게 음악을 멈추게 했다. 이를 신호로 전체 부족민들은 미친 듯이 비명을 질러 대며 다 함께 제물이 된 동물에게 달려들었다. 살해는 보통 순식간에 이루어졌다. 모든 사람이 참여하여 모든 사람들이 피로 뒤범벅이 되었기 때문에 어떤 한 사람이 토템의 죽음에 대해 전적인 책임을 지지 않을 수 있었다."30)

이 여럿의 부족민이 1로 설정된 토템을 죽이는 방식은 200만 년 동안 수렵 채집을 하면서 인간의 본성으로 굳어진 사냥감에 대한 집단 살해의 의식과 동일한 것이다. 이 방법은 북방 유목 민족들인 훈족과 몽골족이 적군을 유인하여 포위한 다음, 모두가 함께 소름끼치는 무서운 소리를 지르며 적군을 학살하는 그 유명한 전술과 동일한 것이다.

이는 여럿인 공동체 전체의 구성원의 통합이 하나인 희생 동물에 의해 유지되는 일반적인 방식인 것이다. 즉, '원초적 행동의 틀 99＝100－1'이 그것이다. 여기서 200만 년 동안 행해지던 사냥과 다른 점은 희생이 되는 동물이 추상적인 영역을 담당하기 시작한 것이다.

즉, 99인 공동체 구성원에서 1인 희생 동물이 성스러운 존재가 되면서 전체 100을 조직하는 원리가 되기 시작한 것이다. 이제 희생이 되는 짐승은 단지 여성들의 철분과 단백질의 결핍을 위한 공급원으로서 피와 살을 제공하는 대상이 아니게 된 것이다. 그 짐승들은 신과 소통하는 지극히 성스러운 존재가 된 것이다.

이제부터 공동체인 99가 통합적인 집단인 100이 되기 위해 제물이 되어 살해되는 희생 동물인 1은 더욱더 중요해졌고 더욱더 필수 불가결의 존재가 되기 시작한 것이다.

(4) 제사와 축제

사냥은 부족 집단이 대상이 되는 짐승에 대해 집중을 하고 추적을 해서

---

30) 레너드 쉴레인, 『알파벳과 여신』, 조윤정 역, 파스칼북스, 2004년, 324쪽.

죽여 그 피와 고기를 먹음으로써 하나의 과정이 끝난다.

이 수렵 채집의 사냥이 농경과 유목을 하는 신석기 시대가 되면서 그 사회적 행동이 생존을 위해서가 아니라 집단의 단합을 위해 그 성격이 바뀌게 된다. 그것이 곧 제사이며 축제이다. 물론 이 제사와 축제에서도 요구되는 제물의 핵심은 수렵 시대와 동일하게 짐승의 피와 살이다.

제사는 수렵 채집 사냥과 마찬가지로 부족 집단이 모두 모인다. 그러나 직접적인 생존을 위해서가 아니라 과거 수렵 채집 사냥꾼들이 가졌던 결속력을 부족 차원에서 되살리기 위해서이다.

제사에 소나 돼지 등의 짐승이 희생으로 사용되는 것은 사냥에서 짐승을 잡아 그 피와 고기를 먹는 것과 동일하다. 즉, 사냥은 제사와 동일한 형식을 사용하며 그 대상이 짐승인 것이다.

축제 역시 사냥과 동일한 형식을 가진다. 원래 축제와 제사는 그 출발이 동일한 것이었다. 수렵 채집에 짐승을 죽이고 노래와 춤을 추며, 그 죽인 짐승을 제물로 사용하는 것이 곧 축제이며 제사인 것이다.

오늘날은 결혼과 잔치 등의 경사에 닭이나 양 또는 돼지나 소를 잡아 손님을 대접하는 형식에서 이 축제와 제사의 형식이 남아 있다. 이 역시 희생을 통해 전체 가족이 단합하는 형식을 갖는 것이다.

(5) 인간 제물과 '우리는 99%'

동물을 희생시켜 부족민들의 죄를 씻어 주고 또 그들의 어려움을 신에게 전달하게 해주는 관습은 수렵인·채집인들에게 보편적이었다.

이 같은 집단의식은 공동체를 하나로 결속해 주고 그 구성원들의 유대감을 하나로 결속시켜 주는 현실적인 효과가 있었다. 이것이 다른 동물과 인간의 근본적인 차이이다.

특히 농경 시대가 되면서 인류는 제물이 되는 동물 대신 인간 자신을 살해하여 제물로 삼는 관습이 생겨났다. 짐승 대신 인간을 살해하여 제물로 삼는 이 관습은 농경 혁명 이후 고대 세계에서는 뿌리 깊은 것이었다. 농경 사회의 인류가 자연이 순환하는 원리를 발견한 다음부터는 제물이 되는 인간이 바로 이 순환 원리의 지속을 위해 희생되기 시작한 것이다.

인간을 제물로 삼아 살해하는 관습은 최근까지도 광범위하게 퍼져 있다. 19세기 중엽까지 인도 벵골의 드라비다족의 하나인 콘드족은 이 인간 제물을 돈을 주고 샀다. 또는 그들은 이미 제물로 희생된 부모의 자식이다. 그들은 경건하게 이 인간 제물을 숭배하고 존경한다.31)

여기서 제물이 될 희생자는 민중들에게 신처럼 숭배되며 존경을 받게 되는 것이다. 군중들은 음악에 맞추어 희생자의 주위에서 춤추고 대지를 향해 풍작과 적당한 기후와 건강을 달라고 빌게 된다.

민중들은 제물이 될 희생자를 강제로 납치한 것이 결코 아니다. 희생자는 신성한 존재로 추앙받으며 자발적인 형식을 취한 것이다. 따라서 민중들은 제물에게 죄를 지은 것이 아니다.

그리고 그 민중들은 인간 제물을 죽여서 그 시체 조각을 갈가리 찢어 참가자 전원이 한 조각씩을 가진다. 그들은 집에 돌아와 그 시체 조각을 풍작을 기원하며 땅에 묻는다.32) 이 방법은 훗날 왕을 살해하는 방식과 동일하다. 즉, 뒤에 설명할 로마 최초의 왕 로물루스는 이렇게 살해되었다.

농경 시대부터는 '원초적 행동의 틀 99=100−1'에서 살해되어 희생이 되는 성스러운 제물이 동물 대신 인간 자신이 되는 경우가 생겨난 것이다. 즉, 이제부터 인류가 '우리는 99%'라고 말할 때 그 희생이 되는 1이 제물이 되는 짐승이 아니라 제물이 되어 살해되는 인간 자체가 되기 시작한 것이다.

그리고 99%의 민중들이 1%의 인간 제물을 죽이고도 양심의 가책을 받

---

31) 미르치아 엘리아데, 『종교형태론』, 이은봉 역, 한길사, 1996년, 450~451쪽.
32) 미르치아 엘리아데, 『종교형태론』, 이은봉 역, 한길사, 1996년, 450~451쪽.

지 않기 위해 집단 지성을 사용해 도덕적, 신학적 장치를 마련한다. 즉, 99%의 민중들은 이 1%의 인간 제물을 죽이면서 그 희생자를 최대한 공경하고 존숭하여 신으로 숭앙한다. 아니, 이제부터 그 인간 제물이 곧 신이 되는 것이다. 인간에게 신은 이렇게 만들어진 것이다.

그 비참하게 살해되는 제물이 신이 될 때 그 신격화된 인간을 죽인 공동체 전체는 범죄자가 아닌 종교적 숭배자라는 엄숙한 가면을 쓸 수 있게 되는 것이다.

이제 단지 여성들의 월경과 출산과 수유로 인해 짐승들의 피와 살이 필요해서 만들어진 사냥꾼 집단은 인간 제물을 죽여 그 피와 살로 공동체를 유지 발전시키는, 거룩하지만 야만적인 종교 집단으로 그 모습을 바꾸기 시작한 것이다. 즉, 신은 살해되기 위해 만들어지므로 반드시 살해되어야 하며, 그 신의 신성한 피와 살로 공동체는 유지되기 시작하게 된 것이다.

(6) 신의 죽음

이제 성스러운 제물로서의 희생자는 겨울에 죽었던 대지가 봄에 다시 태어나는 거룩한 신의 역할을 담당하게 되었다. 이제부터 1로서의 거룩한 신은 99로서의 공동체 전부를 위해 살해되어야 하는 존재가 된 것이다. 고대 문명에 있어서 공동체 전체에 의해 제물이 되어 죽임을 당했다가 다시 살아나 신이 되는 구조는 매우 보편적인 것이었다.

우리나라의 울릉도에 관광을 가는 사람들 대부분이 들르는 성하신당聖霞神堂에 얽힌 전설은 제물이 되어 살해된 인간이 죽어서 신으로 다시 태어나는 전형적인 예를 따르고 있다.

즉, "조선 선조 때 강원도에서 입도한 순회사 일행이 태하리에 유숙하며 도내 순찰을 하였다. 순회사는 출항하기 전날 꿈에 동남동녀 두 사람을 남겨 두고 가라는 해신海神의 지시를 받았는데, 다음날 떠나려 하니 예상 못한 풍파가 일어 배를 띄울 수가 없었다. 며칠을 기다렸으나 바람이 멎지 않으므로 순회사는 꿈을 생각하고 동남동녀에게 태하리에 가서 두고 온 담뱃대를 가져오라 명하였다. 태하리로 가는 남녀를 뒤로 한 채 돛을 올리자 배는 순조롭게 항해할 수 있었다. 몇 년 뒤 순회사는 다시 울릉도에 들어와 순회하게 되었는데, 두 남녀가 꼭 껴안은 형상으로 백골이 된 것을 보았다. 이에 고혼을 달래기 위해 사당을 지어 제사를 지내게 되었는데, 3월과 9월에 풍년과 해상의 안전을 비는 제사가 지금도 이어지고 있다."[33]

불행하고 불쌍한 이 동남동녀는 항해를 하기 위해 승객 전체를 위한 희생의 제물이 되어 버림받아 죽었다가 신이 되어 지금까지도 울릉도 도민과 관광객들의 숭앙을 받고 있는 것이다.

프레이저의 『황금가지』는 바로 이 신의 살해 부분을 풍부한 자료를 통해 설명하고 있다. 프레이저는 아티스와 아도니스, 그리고 오시리스와 이시스, 디오니소스의 예를 들어 제물이 되어 죽임을 당했다가 다시 살아나 신이 되는 구조를 대단히 자세하게 설명하고 있다. 이는 농경 시대 이후 고대 문명을 설명한다.

쉴레인도 "역사상 수많은 신앙계에서 이러한 의식의 흔적을 찾아볼 수 있다. 킹구(티아마트의 아들)나 오시리스, 디오니소스, 그리스도의 이야기도 이 전통의 연속선상에 있다.[34]"라고 말하고 있다.

3. 왕의 살해와 '우리는 99%'

왕의 살해는 1만 년 전 농경 혁명이 시작된 공동체가 급격히 커지면서

---

33) 한국정신문화원, 『한국민족문화대사전 16』, 웅진출판사, 1996년, 592쪽.
34) 레너드 쉴레인, 『알파벳과 여신』, 조윤정 역, 파스칼북스, 2004년, 324쪽.

시작되어 최근까지도 성행했던 인류의 보편적인 관습이다. 왕은 제물이 되어 살해되기 위해 민중들에 의해 왕위에 앉혀진 것이다.

이제 수렵 채집부터 공동체 운영 원리였던 '우리는 99%'의 도식인 99＝100−1에서 제물로 희생되는 대상은 야생 짐승에서 잡혀 온 토템 짐승이 되고, 이는 다시 인간 제물이 되어 죽어서 신이 되고, 그 신은 다시 살해되어 제물이 되기 위해 선출된 왕이 되기 시작한 것이다.

고대인들은 자연의 운행이 이 왕의 생명에 의지하고 있다고 믿기 시작했다. 이 왕이 죽는다면 세상에 큰 위험이 닥칠 것으로 생각한 것이다. 이 위험을 피하는 방법은 오직 하나이다. 왕의 생명력이 쇠약해지는 기미가 보이자마자 왕을 살해하는 것이다. 그리고 즉시 건강하고 활동적인 후계자를 세우는 것이 최선의 방법으로 생각하기 시작한 것이다. 이는 고대인들의 자기 합리화이자 자기기만이었다.

이처럼 왕의 살해가 가능하기 위해서는 무엇보다 그 국가의 권력이 왕이 아닌 민중에게 있어야 한다. 그리고 왕은 그 민중이 선출하는 방법을 택하고 그 기간도 미리 정하는 것이다. 그 기간이 아니더라도 왕이 쇠약하면 죽이는 것이다. 여기에 원초적 민주주의가 있는 것이다.

그런데 이와 같은 자기 합리화와 자기기만을 제거하면 무엇이 남는가? 그것은 집단 살해이다. 그 이유는 인간이 수렵 채집 200만 년 동안 본성으로 굳어진 집단 살해의 쾌감을 잊지 못하기 때문이다. 200만 년 이상 굳어진 인간의 야수성 중에는 길들여지기가 불가능한 면이 있다.

인간의 이 참기 어려운 이 피와 살에 굶주린 폭발적인 야수성은 인류의 역사에서 주기적으로 표출된다. 물론 그 명분은 시대마다 그럴듯하게 포장되어 있지만 그 실체는 동일하다. 인간은 지구가 생긴 이래 지상에 출현한 야수들 중 가장 포학하고 무자비한 야수라는 사실이다. 그것도 집단 살해를 선호하는 거친 야수라는 점이다.

(1) 왕을 민중이 살해하는가? 아니면 왕이 되려는 자가 살해하는가?

왕의 살해에는 두 가지의 방법이 있다. 하나는 99%의 민중이 왕을 세우고 임기를 정하여 임기가 끝나거나 아니면 쇠약해졌을 때 살해하는 방법이다. 다른 하나는 왕이 임기가 끝나거나 쇠약해졌을 때 누군가 왕이 되고자 하는 자가 왕을 죽이고 대신 왕이 되는 방법이다.

이 두 가지 중 첫 번째 방법은 가장 오래 된 방법으로 99%의 민중들이 수렵 채집 사냥꾼 시절부터 축적되어 본능처럼 굳어진 집단적 살해의 야수적 충동을 만족시키는 것이다. 두 번째 방법은 99%의 민중들이 직접 왕을 살해하지 않아도 됨으로써 민중들이 부담을 덜 느껴도 되는 방법이다.

(2) 절대 권력을 가질 때 그 대가는 목숨이다

로마 제국의 초기 시대의 왕들은 주기적으로 살해되었다는 것이 정설이다. 로마 최초의 왕 로물루스의 최후에 대한 기록은 플루타르크가 지은 『플루타르크의 영웅전』에 등장한다. 로물루스가 원로원 의원들을 무시하고 정사를 독단으로 처리함으로써 원로원 의원들을 분개하게 했다는 것이다.[35]

그런데 로물루스는 아무도 모르게 옷자락 하나 남기지 않고 행방불명이 된 것이다. 민중들이 원로원 의원을 의심한 것은 당연한 일이었다.[36][37]

---

35) 로물루스는 왕이 되자 그는 민중들의 뜻을 받아들여 정권을 민중의 손에 돌려주게 되었으며 알바 사람을 통치하기 위해 1년 임기의 집정관을 임명했다.……로물루스는 원로원과 협의도 하지 않은 채, 전쟁에서 빼앗은 땅을 병사들에게 나눠주고, 잡아온 볼모를 모두 돌려보내기로 하는 등 마음대로 국가의 일을 처리해 버렸다. 플루타르크, 『플루타르크 영웅전 전집 Ⅰ』, 이성규 역, 현대지성사, 2000년, 80~84쪽.
36) 로물루스가 홀연히 자취를 감추어 버리자, 세상의 불평과 의심은 원로원으로 쏟아졌다. 사람들은 그러한 일이 원로원이 합의하여 결정한 것이라고 생각했기 때문이다. 플루타르크, 『플루타르크 영웅전 전집 Ⅰ』, 이성규 역, 현대지성사, 2000년, 80~84쪽.
37) 플루타르크, 『플루타르크 영웅전 전집 Ⅰ』, 이성규 역, 현대지성사, 2000년, 80~84쪽.

플루타르크는 로마의 첫 번째 왕인 로물루스의 죽음에 대해 최소한 세 가지의 설을 소개하고 있다. 그가 사라진 곳은 1) 불카누스 신전 2) 의원들만 모인 곳 3) 도시 밖 '염소의 늪'이라는 곳에서 민중 집회를 주재하고 있을 때의 세 장소 중 하나인데, 그중 염소의 늪이 가장 유력하다는 것이다.[38]

사람들은 이제 불카누스 신전에 모였던 의원들이 로물루스를 죽인 후 그 시신을 갈가리 찢어 한 조각씩 품에 숨겨서 돌아갔다고 생각했다.[39]

혹자는 염소의 늪에서 대중 집회를 하던 중 폭풍우가 일자 대중들은 뿔뿔이 흩어지고 귀족들이 로물루스에게 가까이 모여 섰다는 것이다. 비가 그치자 대중들은 왕을 찾았으나 원로들은 그가 하늘로 휘말려 올라갔으며 이제 그들에게 좋은 왕이 아니라 자애로운 신이 되어 주리라 말했다.[40]

왕을 살해하여 신으로 격상시키는 전형이 여기서 그 모습을 드러내고 있다. 로물루스가 갑자기 사라진 데 대한 이 세 가지 설은 모두 원로원 의원들이 살해한 것으로 말해지고 있다. 오늘날 그 누구도 로물루스가 하늘로 올라가 신이 되었다고는 믿지 않을 것이다.

이는 서양 문명의 뿌리인 로마에서부터 왕의 살해가 시작되었다는 말이다. 그것도 사냥꾼의 집단 살해 방식과 인간 제물을 살해하던 방식 그대로 처참하게 살해되었다는 말이다. 로마의 가장 위대한 황제였던 시저의 살해에도 동일한 원리가 적용된다. 에드워드 기번은 『로마 제국 쇠망사』에서 이렇게 기록했다.

"시저는 집정관이나 호민관에 머물렀다면 평화롭게 통치할 수 있었겠지만, 왕이라는 칭호를 바랐으므로 로마인들은 무장하여 항거한 것이다."[41]

---

38) 플루타코스, 『플루타코스 영웅전 1』, 이다희 역, 2010년, Human & Books, 90~93쪽.
39) 로물루스는 갑자기 사라졌고 시신의 그 어느 부분도, 찢어진 옷가지조차도 발견되지 않았다. 혹자는 불카누스 신전에 회동한 의원들이 로물루스를 덮쳐 죽인 뒤, 시신을 토막 낸 다음 각각 한 토막씩 옷에 숨겨 가져갔다고 추측한다. 플루타르크, 『플루타르크 영웅전 전집 Ⅰ』, 이성규 역, 현대지성사, 2000년, 80~84쪽.
40) 플루타코스, 『플루타코스 영웅전 1』, 이다희 역, 2010년, Human & Books, 90~93쪽.

즉, 99인 민중이 1인 황제를 살해한 것이다.

국가가 처음 생겼을 때 왕이 된다는 것은 곧 제물이 되어 민중들에게 살해당한다는 것을 처음부터 인정하는 계약을 받아들였다는 것을 의미하는 것이다. 바로 이 계약이 1인 왕과 99인 민중과의 계약이다. 이는 대단히 오랜 세월 동안 세계의 거의 모든 지역에서 행해지던 일반적인 관습이다.

노벨문학상 수상자 E. 카네티는 그의 저서 『군중과 권력』에서 아프리카 왕들의 특징에 대해 이렇게 말했다.

> 왕들은 백성들과 일종의 계약을 맺는다. 그는 직위를 수락할 때 어떤 대가를 치르더라도 살아남겠다는 폭군의 주장을 포기하는 통치자이다. 그는 특정 기간이 지나면 그의 목숨을 선뜻 바치겠다고 선언한다.[42]

바로 이 계약이 1인 왕과 99인 민중과의 계약이다. 왕이 된다는 것은 곧 제물이 되어 민중들에게 살해당한다는 것을 처음부터 인정하는 계약을 받아들였다는 것을 의미하는 것이다.

카자르 제국은 아틸라가 이끌던 훈족의 제국의 후예로서 유럽과 이슬람과 러시아의 중간에 위치한 광대한 영역을 차지하고 있었던 국가이다. 이 카자르 제국의 "왕의 통치 기간은 40년이다. 만약 그가 이날을 하루라도 초과하면 그의 부하들과 시종들이 '그의 이성은 이미 흐려졌고 그의 통찰력은 분별력이 없다'라고 말하면서 그를 살해한다."[43]

또 다른 기록은 이들의 왕의 즉위에 대해 이렇게 말한다. "그들이 이 카칸을 즉위시키기를 바랄 때 그들은 명주 밧줄을 그의 목에 걸고 그것을 조인다. 그리고 나서 그들은 그에게 묻는다. '당신은 얼마나 오랫동안 통치할 생각이십니까? 만약 그가 그 정한 해가 되기 전에 죽지 않는다면 그는

---

41) 에드워드 기번, 『로마 제국 쇠망사』, 강석승 역, 동서문화사, 1988년, 83쪽.
42) E. 카네티, 『군중과 권력』, 강두식 역, 학원사, 1993년, 399쪽.
43) 아더 쾨슬러, 『열세 번째 지파』, 최윤정 역, 에스라하우스출판부, 2010년, 49쪽.

그 기간에 도달할 때 살해된다."44)

이렇게 살해될 것을 알고 기간을 정하고 왕위에 오른 왕들은 정당한 것이다. 이들은 결코 어릿광대나 개그맨이나 피에로가 아니다. 이들은 속임수와 폭력에 의지하지 않고 권력을 가졌으며, 그 대가를 목숨으로 치렀기 때문이다.

그러나 아무 대가 없이 오직 속임수와 폭력으로 최상위 1%가 되겠다는 사람들은 이 지상 최대의 야수들을 지배하는 권력자가 되어 그들을 다스리는 일을 한갓 코미디로 아는 어리석은 개그맨에 불과한 것이다.

이처럼 왕이 민중들에게 살해당하기 위해 왕좌에 앉혀진다는 사실은 얼마 전인 19세기까지도 아프리카와 아시아의 여러 나라들에서 상식으로 통하던 인류의 가장 오래된 관습이었다.

옛날 인도의 역사가는 이렇게 말한다. "군주의 자리를 세습적으로 계승하는 자가 거의 없는 것은 벵골의 기이한 관습 때문이다.……왕을 죽이고 그 자리에 오르는 자는 누구나 곧 왕으로 인정된다. 귀족, 고관, 군인, 백성들은 모두 그에게 복종하고, 그를 선왕과 다름없이 존중하고 묵묵히 그의 명령에 따른다."45)

이러한 관습은 벵골에만 있었던 것이 아니라 세계 곳곳에 있었다. 이 같은 관습은 옛날 수마트라 북쪽의 파시에르 소왕국에도 있었다. 그것에 관해서 우리에게 전하는 옛 포르투갈의 역사가 드 바로스는 그 왕국의 백성들은 언제든 '왕을 죽여라'고 외치면서 길거리를 누비고 다니면 왕족 중 왕이 되고픈 사람이 왕을 죽여 하루 동안 자리를 지키면 합법적인 왕이 되는 예를 기록하고 있다.46)

이같이 왕을 살해하고 새로운 왕이 되는 관습은 고대 슬라브족 사이에도 있었다. 즉, "포로였던 군(Gunn)과 자르메릭(Jarmerik)이 슬라브족의 왕과

---

44) 아더 쾨슬러, 『열세 번째 지파』, 최윤정 역, 에스라하우스출판부, 2010년, 49쪽.
45) J. G. 프레이저, 『황금가지』, 신상웅 역, 동서문화사, 2007년, 415쪽.
46) J. G. 프레이저, 『황금가지』, 신상웅 역, 동서문화사, 2007년, 415쪽.

왕비를 죽이고 도망쳤을 때, 그들을 추적하던 원주민은 돌아오면 왕의 자리를 계승할 수 있다고 고함쳤다. 그것은 고대인의 공공연한 규정에 따라 왕을 살해한 자가 왕위를 계승하도록 되어 있기 때문이다."[47]

따라서 인류에게 있어서 본격적인 신학이 신의 살해에서 시작한다면, 정치철학은 왕의 살해에서 시작한다. 즉, '우리는 99%'이다.

(3) 신성한 왕의 엄숙한 살해

비록 수렵 채집 시대만큼 완전한 평등 사회는 아니었다 해도 절대 왕권이 들어서기 전까지 이 '왕의 살해'라는 전 인류적 정치철학으로 인류는 민주적인 평등을 향유할 수 있었다.

남부 인도의 퀠라케어(Quliacare) 주의 경우는 그 기간은 12년이었다. 그곳을 방문한 적이 있는 한 여행가는 그 기간이 끝나면 모든 민중과 다음 왕이 보는 앞에서 자기의 몸을 칼로 갈가리 찢어 스스로 죽는 장면을 기록했다.[48]

민중들은 제물로 삼기 위해 왕을 선출하고 제물이 되기 전까지 그 왕에게 복종한다. 왕은 제물이 되기 전까지는 신과 같은 존재로서 존경을 받으며 권력을 행사할 수 있다.

1881년에 작성된 다른 선교사의 기록에는 서아프리카의 에그바(Egba)족과 요루바(Yoruba)족의 관습에 관한 다음과 같은 기록이 있다. "이 나라의 관습 중에서 가장 기이한 것 중 하나는 말할 것도 없이 왕을 심판하여 살해하는 것이다. 왕이 그 권리를 남용하여 백성들의 미움을 샀을 때에는 그 중신들 중 한 사람이 '잠자리에 들 것'을 요구한다. 이것은 '음독하여 죽으라'는 의미이다. 만약 왕이 마지막 순간에 용기를 잃어 실패하면, 친구 한

47) J. G. 프레이저, 『황금가지』, 신상웅 역, 동서문화사, 2007년, 416쪽.
48) J. G. 프레이저, 『황금가지』, 신상웅 역, 동서문화사, 2007년, 412쪽.

사람이 그를 위해 이것을 도와준다.49)"

"콩고의 주민들은 그들의 사제왕, 즉 치토메가 자연사하면 세계는 멸망하고, 그의 힘과 덕망으로 지탱한 땅은 즉시 붕괴되고 말 것이라고 믿었다. 그래서 그가 병에 걸려 회복할 기미가 보이지 않으면, 그의 후계자로 운명지워진 자가 밧줄이나 몽둥이를 들고 사제 집에 가서 그를 교살하거나 때려죽인다.50)."

(4) 중국에서의 왕의 살해

중국에서의 왕의 살해가 성행했다면 의아하게 생각하겠지만 자세히 살펴보면 중국에서 왕의 살해는 일상적이었다.

① 성군 탕의 살해

중국의 전설적인 요순시대堯舜時代가 끝나고 하夏 왕조가 우禹에 의해 세워진다. 그리고 주지육림과 애첩 말희로 유명한 마지막 왕인 걸桀을 그 제후국이었던 탕湯이 왕좌에서 내몰아 죽이고 은殷나라를 세운다.

그리고 탕왕이 나라를 다스릴 때 7년 가뭄이 든다. 탕왕이 아무리 기우제를 드려도 비가 오지 않자 사관史官으로 하여금 점을 치게 했더니 그 점괘가 사람을 제물로 바쳐야 한다는 것이었다. 탕은 백성을 죽일 수 없으니 내가 제물이 되겠다고 땔나무 위에 올라 막 불을 피워 스스로 타 죽으려는 참에 비가 왔다는 것이다. 하늘이 감동하여 비를 내려 주었다는 것이다.

그런데 이 대목을 두고 박재서는 "7년 가뭄을 극복하기 위한 탕의 헌신은 무엇을 의미하는가? 결론적으로 탕은 살해된 것이다."51)라고 주장했다. 나는 이 주장이 매우 큰 설득력을 가진 것이라고 생각한다. 화가 난 민중

---

49) J. G. 프레이저, 『황금가지』, 신상웅 역, 동서문화사, 2007년, 410쪽.
50) J. G. 프레이저, 『황금가지』, 신상웅 역, 동서문화사, 2007년, 400쪽.
51) 정재서, 『이야기 동양신화』, 김영사, 2010년, 342쪽.

들을 달래는 길은 왕이 스스로 제물이 되어 죽는 도리밖에는 없었을 것이기 때문이다. 속임수와 폭력은 통하지 않기 때문이다.

그리고 이 은나라의 말기에 폭군 주紂가 출현한다. 이때 주나라의 주 무왕이 주왕을 죽이고 천하를 차지한다. 이 역시 왕을 살해한 자가 왕이 되는 방식이다. 중국 고대사는 왕의 살해의 원칙이 그대로 지켜졌음을 말하고 있다.

② 주나라 유왕幽王의 살해

중국 주나라는 동주 시대와 서주 시대로 나뉜다. 그 전환점은 동주의 왕을 살해함으로써 서주 시대가 열리게 되는 것이다. 이후 수도를 낙양洛陽으로 옮기게 되었고, 동주東周 시대가 시작되었다. 이 동주東周 시대가 우리가 잘 아는 제후들이 패권을 다투는 춘추전국 시대이다. 정말로 유왕이 그토록 어리석었는지는 알 수 없는 것이다. 분명한 것은 결국 유왕은 그 신하인 신후申候에게 살해당했다는 사실이다.

③ 춘추 시대의 군주 시해

우리는 춘추전국 시대가 유왕의 살해로 시작했음을 알고 있다. 그런데 동중서는 그의 『춘추번로』에서 군주를 살해한 사건이 무려 36건[52]에 이른다고 한탄하고 있다. 이 정도면 중국에서 왕의 살해가 일상적이었다고 볼 수 있는 것이다.

(5) 한겨레 공동체에서의 왕의 살해

한겨레 공동체에서 왕의 살해가 있었다면 역시 의아해 할 것이다. 그러

---

[52] "患乃至於弑君三十六" 동중서董仲舒, 『춘추번로春秋繁露』 제10편, 「盟會要」, 남기현 해역, 자유문고, 2005년, 154쪽.

나 왕의 살해는 부여에서 시작하여 조선 왕조에까지 광범위하게 나타난다.

① 삼국지 위서 동이전—부여에서의 왕의 살해나 퇴위

옛날 부여에 장마가 들거나 가뭄으로 기후가 고르지 않아서 오곡이 익지 않으면 왕에게 허물이 있기 때문이라고 여기는 풍습이 있었다. 그래서 일부 사람들은 왕을 갈아치워야 한다고 했고, 또 다른 일부 사람들은 왕을 죽여야 마땅하다고도 했다.[53] 이 부여의 풍습은 저 훈족의 후예인 카자르 제국의 풍습과 비슷하다는 사실은 관심을 끄는 것이다.

② 고구려의 왕들의 살해

고구려는 부여를 이어 세워진 나라로서 부여의 풍습과 비슷하다. 부여에서 왕을 살해한 정확한 기록은 찾기 어렵지만 고구려는 무려 세 번에 걸쳐 왕을 살해한 기록이 있다.

1) 고구려본기 고구려의 모본왕의 살해

"4년에 왕의 포학이 날로 심하여 항상 사람을 깔고 앉고, 사람을 베고 눕되 사람이 혹시 움직이면 용서 없이 죽였으며, 간하는 신하가 있으면 활로 당기어 쏘았다. 6년 겨울 11월에 두로杜魯가 그 임금을 시弑하였다."[54]

2) 삼국사기 고구려국 본기 제3 차대왕의 살해

"차대왕은 충신 고복장을 죽이고, 선대왕인 태조왕의 원자 막근을 죽이는가 하면 옳은 말을 하는 신하들을 죽이는 등 횡포가 심하였다. 겨울 10월에 연나조의椽那皂衣 명림답부明臨答夫가 백성이 견디지 못함을 이유로 왕을 시弑하니, 호를 차대왕次大王이라 하였다."[55]

---

53) 『三國志』 제30권, 魏書 30, 烏丸鮮卑東夷傳 夫餘條
54) 김부식, 『삼국사기』, 고구려국 본기 2, 모본왕慕本王
55) 김부식, 『삼국사기』, 고구려국 본기 3, 차대왕次大王

3) 삼국사기 고구려국 본기 제5 봉상왕烽上王의 살해

"9년 봄 정월에 지진이 있었다. 2월에서 7월에 이르도록 비가 오지 않고 흉년이 드니 백성은 서로 잡아먹을 정도였다. 8월에 왕은 국내의 남녀 15세 이상 된 자를 징발하여 궁실을 수리하니, 백성은 식량 결핍과 역사役事의 피곤으로 인하여 도망하였다. 창조리가 간하기를, "천재天災가 거듭하여 연곡年穀이 익지 못하고 백성은 의탁할 곳을 잃으니, 장정은 사방으로 유리되고 노약은 구렁텅이에서 구르는데, 이제 하늘을 두려워하고 백성을 근심하여 공구하고 반성할 때입니다. 대왕께서는 이를 생각지 않고 굶주린 사람을 목석木石의 역사로 괴롭히니 백성의 부모 되신 뜻에 매우 위배되는 것입니다. 하물며 가까운 이웃에 상경한 적국이 있으니, 만약 우리의 피폐함을 틈타서 오면 사직과 민생을 어찌합니까. 원컨대 대왕께서는 깊이 생각하십시오" 하였다. 왕은 성내어 말하기를, "임금이란 백성이 우러러보는 바다. 궁실이 장려하지 않으면 위엄과 무게를 보일 수 없는 것인데, 지금 국성이 과인을 나무라는 것은 백성의 칭찬을 구하는 것이다." 하였다.……조리는 왕이 고치지 못할 것을 알고 또 해가 미칠까 염려하여 물러나 여러 신하와 동모하고 (왕을) 폐위하였으며, 을불乙弗을 맞이하여 왕을 삼았다. 왕은 (화를) 면치 못할 것을 알고 목매어 죽으니 두 아들도 또한 따라 죽었다. 봉산의 들에 장사 지내고 호를 봉상왕烽上王이라 하였다."56)

---

56) 김부식, 『삼국사기』, 고구려 본기 5, 봉상왕烽上王

제2장 속임수와 폭력의 행동의 틀 '너희들은 99%!'

속임수와 폭력의 지배 법칙 1 = 100 − 99

국가가 생긴 이래 전쟁은 필연적이었고 그 전쟁은 인간이 수렵 시대 이래 가지고 있는 집단적 폭력과 살해라는 야수성을 만족시키는 현장이었다. 이 국가 간의 전쟁으로 패배한 국가의 백성들은 집단적 살해 충동에 의해 학살하거나 아니면 노예로 삼아 짐승 대신 사용하여 생산력을 높일 수 있었다.

이제 왕은 군인들에게 상으로 노예와 약탈한 물건을 줄 수 있게 되었다. 군대는 왕과 함께 지배층이 되어 일반 시민과 노예를 지배할 수 있게 된 것이다.

여기서 군대는 폭력暴力을 제공하는 물리적인 지배력이었고, 철학자들은 최상위 1%가 99%를 지배할 수 있도록 이원론과 계층 구조를 만들어 주는 정신적인 지배력이었다. 이 두 가지의 지배력을 바탕으로 이제 최상위 1%의 지배자들은 절대다수의 99%를 차지하는 민중들에게 살해당하지 않아도 될 수 있었다. 뿐만 아니라 철학자들이 제공한 이원론의 힘으로 절대다수의 민중들이 세뇌됨으로써 민중들은 스스로 분열하고 자기들끼리 싸우는 바보들이 되고 말았다.

이제 민중들이 나라를 만들고 왕을 세우고 그들을 살해하던 원초적 민주주의는 망각 속으로 사라졌다.

4. 폭력의 탄생 : 고릴라와 '너희들은 99%'

인간은 같은 영장류인 고릴라와 침팬지에서 떨어져 나와 인간이라는 독특한 종을 이루었다. 이를 뒤집어 말하면 인간 안에는 여전히 고릴라와 침팬지와 같은 속성을 가지고 있다는 말이 된다.

"사람과 침팬지 보노보는 비교적 최근인 600만 년 전 공통 조상에서 분화한 만큼 게놈 차이가 가장 적다. 1.3%다. 고릴라의 게놈은 사람과 2% 다르다.[57)

즉, 인간과 침팬지는 유전적으로 1.3%가 다르고 고릴라는 2%가 다르다는 말이다. 결국 이들은 유전적으로 98~99%가 같다는 말과 같다. 이는 인간이 얼마나 영장류와 비슷한지를 잘 말해 준다. 바로 이 영장류적 속성이 오늘날 우리 인류의 가장 큰 문제가 되고 있는 것이다.

(1) 고릴라와 독재의 탄생

우리는 고릴라와 공통된 조상을 공유하는데, 고릴라의 리더는 독재자이다.[58) 고릴라는 수컷 우두머리가 독재를 펼치며, 모든 정치적 권력을 독점한다. 물론 암컷과의 짝짓기도 독점한다.

다른 영장류들과 마찬가지로 인간은 약자를 지배하고 착취하려는 성향을 가지고 있다.[59) 이는 인간에게 고릴라의 속성이 여전히 남아 있음을 말하는 것이다.

인간이 고릴라와 침팬지와 다른 점은 사회를 이루며 서로가 서로를 돕는 성향과 더 자유롭고 민주적인 성향이 그들보다 압도적으로 강하기 때

---

57) 변태섭 기자, 『인터넷 한국일보』, 2012. 07. 08.
58) 마크 판 퓌호트·안자나 아후자, 『빅맨』, 이수정 역, 웅진지식하우스, 2011년, 151쪽.
59) 마크 판 퓌호트·안자나 아후자, 『빅맨』, 이수정 역, 웅진지식하우스, 2011년, 168쪽.

문이다. 인간은 다른 영장류와는 달리 서로 함께 도우며 민주주의를 함으로써 그들보다 더 크고 강하고 효율적인 공동체를 만들 수 있었던 것이다.

따라서 민주주의가 그리스에서 시작되었다는 말은 맞지 않다. 민주주의는 지난 200만 년간 인간의 행동의 틀인 '원초적 행동의 틀 99=100−1'이 의미하는 원초적 민주주의에서 먼저 찾아야 할 것이다.

"우리 인간의 조상들은 인구 밀도가 낮은 지역의 사바나에 살면서 떠돌아다니며 생활을 하는 수렵 채집인이었다. 이들은 불만을 품고 있는 다른 구성원들과 함께 포악한 권력자를 뒤로한 채 언제든지 무리를 떠날 수 있었다.……성공한 리더가 되기를 바란다면 부하들이 떠나지 않게 그들의 행복을 보장하고 그들을 보호해야 했다. 이 때문에 평등주의와 민주주의가 생겨났을 것이라고 우리는 생각한다."60)

하지만 고릴라 사회의 고릴라들은 아무리 우두머리가 독재를 한다 해도 무리를 떠날 수 있는 자유가 없다. 바로 그 점이 인간과 고릴라의 근본적인 차이이다.

(2) 고릴라 문명으로의 퇴보

인간이 고릴라와 다른 점은 무리를 떠날 자유가 있다는 것이다. 그런데 과거 중국의 진나라가 천하를 통일할 수 있도록 진나라를 가장 완벽한 전쟁 기계로 만든 사람이 곧 유명한 상앙商鞅이다. 그는 모든 백성을 엄격하게 통제할 수 있도록 다섯 가구에서 열 가구가 서로를 감시하는 상호 감시제相互監視制를 만들었다. 그리고 누구도 나라를 벗어나지 못하게 꽁꽁 묶었다. 이는 부국강병의 한 방법으로 진나라가 천하를 통일하게 만드는 일에 기여했다.

이 진나라의 상호 감시제는 인간 공동체를 고릴라나 침팬지 공동체의

---

60) 마크 판 퓌흐트·안자나 아후자, 『빅맨』, 이수정 역, 웅진지식하우스 2011년, 160쪽.

수준으로 격하시킨 것이다. 이같이 민중들을 그 나라에서 탈출할 수 없도록 침팬지 수준의 국가로 만드는 정책은 20세기에 와서 히틀러의 독일과 스탈린의 구소련과 동구권과 같은 강력한 전체주의 국가에서도 받아들여 졌다. 이는 속임수와 폭력의 극단에 이름으로써 인간 공동체를 고릴라나 침팬지 수준으로 퇴보하게 만들 수 있었다. 오늘날 자본주의가 돈을 빌려 쓰게 하는 부채로 민중들을 꽁꽁 묶어 놓는 것 또한 이와 본질적인 면에 있어서 크게 다르지 않을 것이다.

(3) 과학 기술을 가진 고릴라 문명

현대 문명의 과학 기술에 대한 자만은 하늘을 찌르듯 무모하다. 마치 유럽의 중세 때 종교가 기고만장하던 모습과 어쩌면 그토록 판에 박은 듯 똑같은가?

하지만 현대 문명의 구조를 깊게 살펴보면 여전히 최상위 1%의 지배자가 모든 권력과 부를 독점하고 있다. 이는 인간이 수렵 채집 시대부터 발전시킨 민주주의와 평등주의의 모습은 아닌 것이다. 이는 분명 인간이 고릴라나 침팬지의 수준으로 퇴보한 것이다. 단지 노골적인 폭력 대신 속임수로 이루어진 보이지 않는 폭력이 지배하는 점이 고릴라와 침팬지와 다를 뿐이다.

자세히 보면 현대 문명이 단지 철학적 속임수와 과학적 기술을 가진 고릴라나 침팬지 수준에 지나지 않는 모습을 얼마든지 찾아낼 수 있다.

1920년대 라디오가 발명되었을 때 "라디오 시대에 관한 책들은 얼마나 많은 미국인들이 자신만만하게 라디오 발명이 민주주의를 증진시키며, 교육을 개선하고, 종교를 새롭게 할 것이라고 믿었는지를 묘사하고 있다.61)" 그러나 과연 라디오가 그렇게 중요했나? 또 라디오가 정말로 민주주의를

---

61)케빈 필립스 『부와 민주주의』, 오삼교·정하용 역, 도서출판 중심, 2004년, 437쪽.

그토록 발전시켰던가? 오히려 그 반대가 아닌가? 히틀러가 바로 이 라디오를 악용한 정치가가 아니었던가? 라디오 없는 히틀러가 있을 수 있었겠는가?

1927년 봄, 무디스 투자 서비스Moodys Investors Service 대표는 현재의 문명이 완전에 가까워지고 있다고 주장했다.[62] 그런가 하면 자동차 억만장자 헨리 포드는 1929년 『기계와 새 메시아』라는 책에서 "기계는 인간이 세상에서 설교와 선전, 혹은 책을 통해 하지 못한 것을 성취하고 있다. 항공기와 라디오는 경계를 모른다.……이들은 다른 어떤 시스템도 할 수 없었던 방식으로 세계를 묶어 준다. 보편적 언어로서의 영화, 거리를 좁혀 주는 비행기, 국제적 프로그램을 방송할 라디오. 이런 것들이 곧 세계에 완전한 이해를 가져올 것이다.[63]"라고 주장했다.

그런데 이들 문명의 이기라는 것들이야말로 최상위 1%의 지배자들을 위한 교묘한 정치적 수단이 아니었던가? 이들이 자신 있게 떠든 것은 거리의 약장수들이 자신의 약을 팔려고 떠드는 말과 무엇이 달랐나?

1920년대에 자신만만했던 이 기술에 대한 맹신들은 지금 이 시대에 과연 어떻게 들리는가? 아니 오히려 기계 문명 이전의 농경 문명은 지속 가능한 문명이었지만 기계 문명은 지속이 불가능한, 불안하기 짝이 없는 문명이 아니었던가?

이 무모한 자신감은 오늘날 우리가 인터넷과 SNS, 생명 공학 등에 갖는 맹신과 무엇이 다른가? 그럼에도 불구하고 근본적인 정치철학적 구조는 여전히 최상위 1%가 99%의 민중을 지배하는 구조에서 달라진 점이 조금이라도 있는가?

과학적 기술이 현재의 문명을 완전에 가깝게 만들고 또한 세계에 대해 완전한 이해를 가능하게 해준다고 믿는 것은 그야말로 과학 기술에 대한 맹신

---

62) 케빈 필립스 『부와 민주주의』, 오삼교·정하용 역, 도서출판 중심, 2004년, 440쪽.
63) 케빈 필립스 『부와 민주주의』, 오삼교·정하용 역, 도서출판 중심, 2004년, 438쪽.

이다. 이는 거리의 야바위꾼들의 야비한 속임수와 하등 다를 것이 없다.

이는 지난 3천 년간 신이 인간의 모든 것을 해결해 주리라고 믿던 종교적 맹신이 그 맹신의 대상을 과학적 기술로 바꾼 것에 지나지 않는다. 이는 결국 과학 기술을 가진 고릴라 문명에 지나지 않는다고 말한다면 지나친 말일까?

5. 속임수의 탄생과 '너희들은 99%!'

최상위 1%의 지배층이 절대다수인 99%의 민중들에게 살해당하지 않기 위해서는 가장 먼저 99%의 민중을 분열시켜 서로 싸우도록 만들어야 한다. 여기에는 인종 차별과 남녀 차별, 빈부 차별, 신분 차별, 지역 차별 등 인간과 인간을 편 가르는 모든 차별이 해당되는 것이다. 한마디로 말하면 편 가르기야말로 속임수가 바탕이 된 동서양의 윤리학과 정치철학의 핵심이다.

그 첫 번째 방법론이 이원론이다. 이 이원론은 99%의 민중들이 서로 둘로 편을 갈라 서로가 서로를 부정하고 박멸하게 만드는 것이다. 이렇게 함으로써 최상위 1%의 지배층은 이제 서로 둘로 분열되어 싸우는 민중들을 쉽게 지배할 수 있게 되는 것이다. 이는 조개와 황새가 싸우는 동안 지나가던 어부가 이 둘을 모두 취하는 어부지리를 소수의 지배자들이 철학을 통해 계획적으로 획득하는 것이다.

이 이원론의 편 가르기가 이른바 '분할하여 지배하라!'는 원리이다. 이 이원론의 구조는 수직적 계층을 이루는 것이 특징이다. 즉, 99%의 민중을 둘로 나누어 한쪽을 상부 구조에 둠으로써 최상위 1%의 편에 서게 하고, 나머지 한쪽을 하부 구조에 둠으로써 피지배 계층이 되게 하는 것이다.

이 이원론과 수직적 계층 구조가 적용되기 시작한 공동체에서는 그 이

전의 민주주의와 평등주의가 사라지기 마련이다. 따라서 인간이 만든 공동체가 가지는 인간적인 능력이 사라지고 대신 바보가 되어 고릴라 집단으로 퇴보한 무력한 인간 이하의 인간들의 집단이 출현한 것이다.

서양의 플라톤의 철학과 중국의 동중서의 철학은 바로 이 이원론으로 민중을 분할하여 최상위 1%가 다스릴 수 있도록 정교하게 설계한 것이다. 우리는 이제는 지난 3천년 동안 마치 철학자들이 엄청난 고뇌 속에서 사유를 통해 만들어진 것처럼 여겨지는 이 이론 체계가 사실은 사유를 통해서가 아니라 그 이전 구석기 시대 이래 전해지는 1과 99의 행동의 틀에 약간의 변형을 가한 것에 지나지 않음을 알게 된 것이다.

이들의 철학이 인류에게 최악의 무질서 상태를 막아 준 공로가 있다면 그것은 아마 진실일 것이다. 그러나 이들의 철학이 인간이 자율적으로 스스로를 자기 조직화하여 조화와 균형 속에 참다운 질서 상태를 창조할 기회를 박탈했다는 말은 틀림없는 진실인 것이다.

(1) 속임수와 폭력이 광기와 학살의 바탕이다.

역사상 일어난 모든 학살을 감행한 망나니들은 떳떳하게 고개를 들고 당당하게 피해자들을 학살했다. 반면에 영문도 모르고 제물이 되어 살해되어야 했던 아무 죄도 없는 피해자들은 번쩍이는 총칼 앞에서 고개를 숙이고 마치 정말로 죽을죄라도 진 것처럼 항의나 반항조차도 하지 못하고 죽어 갔다. 그리고 그 학살은 다시금 이 뻔뻔스러운 지배를 정당화하는 악순환을 부른다. 인류에게서 이 악순환이 완벽하게 깨어진 것은 대한민국의 광주에서였다.

6. 속임수의 제1단계 이원론

속임수가 속임수로써 효과적으로 작동하기 위해서는 속이는 사람조차도 그 속임수가 속임수라는 사실을 몰라야 한다. 그리고 속임수가 완전한 속임수가 되기 위해서는 그 속임수는 반드시 만고불변의 진리로 엄숙하고 거룩하게 포장되어야만 한다.

이 고릴라의 진리를 가르쳐 온 인류의 스승들을 보라! 그들의 초상화나 동상, 그리고 그들이 쓴 글의 문체를 보라! 위엄에 가득 차고 신비롭기까지 하지 않은가? 베버가 말했던 바로 그 카리스마가 철철 넘쳐 보이지 않는가? 이들이 얼마나 뛰어난 속임수를 사용했는지 오늘날 일반인은 물론 철학을 하는 학자들까지도 이 속임수를 철석같은 진리로 알고 있는 사람이 많다.

그러나 카리스마란 단지 최상위 1%를 차지하면서도 민중들에게 살해당하지 않으려는 어릿광대들의 유치한 눈속임에 불과한 것이다.

(1) 플라톤의 훌륭한 거짓말

플라톤은 국가를 만들기 위해 선의의 거짓말이 필요하다고 주장한다. 바로 여기에서 서양 철학 2,500년간을 지배한 속임수와 거짓말의 철학화가 이루어졌다. 그는 『국가』에서 이렇게 말한다.

> "한 가지 훌륭한 거짓말을 함으로써 누구보다도 통치자들 자신이 곧이듣도록
> 할 수 있는, 만약에 그것이 불가능하다면, 나머지 시민이라도 곧이듣도록 할
> 수 있는 어떤 방도[64]"를 설명한다.

---

64) 플라톤, 『국가』, 414b.

플라톤은 그 거짓말을 누구보다 먼저 통치자 자신부터 믿어야 한다고 말한다. 그것이 안 되면 시민들이라도 믿도록 만들어야 한다는 것이다. 무릇 훌륭한 사기꾼이 되려면 무엇보다 먼저 자신부터 완벽하게 속여야 하는 것이다. 플라톤의 이 거짓말은 그의 이원론과 수직적 계층 구조의 바탕이 된다. 플라톤은 이 이원론과 수직적 계층 구조를 만들기 위한 거짓말을 마치 어느 나라에나 있는 개국 신화와 같이 만들자고 한다. 플라톤은 이렇게 말한다.

> 그러니 이 이야기를 그들이 곧이듣도록 할 어떤 방도를 자네는 가지고 있는 가? "이들 자신이 곧이듣도록 할 방도는 결코 없습니다. 그렇지만 이들의 아들들과 그들의 후손들, 그리고 또 그 이후의 다른 사람들이라면, 곧이듣도록 하는 방도는 있을 것입니다."65)

이 이원론이자 수직적 계층 구조를 새로운 이상 국가에서 개국 신화처럼 만들면 당대에는 사람들이 믿지 않겠지만 계속 밀어붙인다면 두 세대 다음부터는 믿을 것이라는 것이다. 거짓말도 정말처럼 계속해서 거듭해서 우기고 세월이 지나면 사람들은 정말처럼 믿게 된다는 것이다. 히틀러와 괴벨스의 거짓말의 원천이 바로 이것이다.

과연 플라톤과 동중서의 이원론과 수직적 계층 구조의 거짓말, 속임수는 계획적으로 만들어진 터무니없는 속임수지만, 지난 2천 5백 년간 동서양에서 불변의 진리처럼 받아들여지고 있는 것이다. 그리고 바로 그 속임수가 모든 철학 원리의 바탕이 된 것이다.

따라서 이제는 이 속임수로서의 이원론과 수직적 계층 구조가 동양과 서양 모두 사고의 틀로 굳게 자리 잡게 되어 이것들 없이는 머릿속으로 생각하는 것조차 불가능하게 된 것이다. 이제는 오히려 한사상과 같이 정

---

65) 플라톤, 『국가』, 414d.

상적인 사고의 틀이 주어져도 그것이 무엇인지 도무지 생각조차 할 수 없고, 나아가 큰 거부감을 느끼게 된 것이다. 참으로 놀랍지 않은가? 이 터무니없는 거짓말의 위력이!

(2) 플라톤의 이원론

플라톤 철학의 핵심은 최상위 계급인 철인이 그 다음 계급인 무인 계급, 즉 군인들을 자기편으로 끌어들여 그 군대가 그 다음 계급인 생산자를 지배하는 속임수에 있다.

바로 이 원리가 현상계와 이데아계, 그리고 최상의 영역에는 태양과 비교되는 선의 이데아로 구분되는 것이다. 인간의 육체는 인간을 어두운 동굴 안에 묶어 놓는 쇠사슬과 같은 것이다. 육체가 있는 한 인간은 그림자의 세계를 산다. 이것이 현상계이다.

인간이 쇠사슬을 끊고 자유를 얻어 동굴 밖으로 나가면 태양빛이 가득한 진리의 세계인 이데아계가 펼쳐진다. 그리고 그 가장 높은 곳에는 이데아의 이데아이며, 선의 이데아가 존재한다.

플라톤의 이데아와 현상계는 그 최상단의 선의 이데아를 합하면 선의 이데아와 이데아, 그리고 현상계로 이루어진 삼원설이 된다. 여기서 선의 이데아는 곧 최상위 1%의 지배자를 말하므로 사실상 이원론인 것이다.

말하자면 전체가 100이라면 선의 이데아는 1이고 이데아와 현상계는 99이다. 그러나 이데아와 현상계는 분리되어 이데아가 현상계를 지배하는 상태가 된다. 따라서 99는 둘로 분리되어 서로 다투게 되는 것이다.

플라톤 철학에서 현상계와 이데아가 통합해 우리는 99%라는 말은 절대로 할 수 없다. 아니 서양 철학 전체에서 우리는 99%라는 개념이 생각될 수 없는 것이다. 그러나 국가가 처음 만들어졌을 때는 어느 국가든 우리는 99%였다.

(3) 플라톤의 정의론

플라톤의 『국가』는 정의론을 주장하는데, 그가 말하는 정의로운 사람은 계층별로 나누어진 영혼의 각 부분에 주어진 일을 잘하는 사람이다. 물론 그 주어진 일을 잘한다는 것은 최상위 1%의 지배를 위해 99%의 민중이 왕을 죽이지 않고 서로 반목하되 왕에게는 고분고분 맡은 일을 잘해야 한다는 것이다. 그것이 그에게는 정의라는 말로 표현된다.

그 영혼 중 최고의 영혼이 곧 이성으로 오로지 철인만이 이 이성을 제대로 사용할 수 있으므로 진정한 의미에서 정의로울 수 있는 사람인 것이다. 다시 말하면 그 철인이 곧 최상위 1%의 지배자라는 말이다. 플라톤에게 이 철인으로서의 왕이 곧 플라톤 자신이다. 철학적으로 말하자면 존재론적으로 실재적인 현상계와 실제로 존재하는 이데아의 이원론으로 나눌 때 철인만이 실제로 존재하는 참다운 존재인 것이다.

플라톤은 왜 이같이 인간 공동체의 99%의 내부를 둘로 편 가르기 하고 또 그것을 여러 계층으로 나누었는가? 플라톤이 가장 두려워한 것은 민중이 99%가 되는 힘을 가지는 민주 정체이다.

플라톤은 이 '우리는 99%'가 말하는 민주 정치 체제를 철학을 통해 종식시키고자 했다. 그럼으로써 민중들에게 살해당하지 않는 지배 체제를 구축하려고 한 것이다. 그 같은 귀족 정체를 위해 반드시 필요한 것이 바로 훌륭한 거짓말인 것이다. 이 거짓말로 민중들을 속일 수 있다면 민중들은 자신들이 속한 계층을 신이 부여한 거부할 수 없는 명령으로 받아들이게 되는 것이다. 그렇게만 된다면 최상위 1%의 지배 계층은 더 이상 민중들에게 살해당하지 않아도 되는 것이다.

그는 인류 최초로 속임수가 인간의 고정관념固定觀念으로 자리 잡도록 만든 철학자이다. 우리는 역사를 통해 여러 가지 악의적인 속임수가 고정관념이 되어 그것이 폭력을 부르고 광기를 부르고 나아가 학살을 부르는 세계사를 움직인 거대한 공식이 되었음을 확인하게 될 것이다.

7. 속임수와 폭력의 근원—수직적 계층 구조

서양 문명에서의 수직적 계층 구조는 곧 현대 문명의 수직적 계층 구조의 바탕이 된다. 이는 플라톤의 속임수에서부터 수직적 계층 구조는 시작되었다. 그리고 아리스토텔레스에 의하여 확고하게 굳어진다. 이로써 이제 통합된 민중으로서의 99는 역사에서 완전히 망각되고, 99인 민중을 여러 층으로 분리시켜 계층화된 사회 구조가 고정관념이 된다.

(1) 플라톤의 계층 구조

플라톤이 말하는 이 훌륭한 거짓말은, 아니 어처구니없는 속임수는 헤시오도스의 다섯 가지 종족 분류 방식에 따라 종족으로 나누는 계층 이론을 끌어들인다. 헤시오도스는 인간의 다섯 시대 이야기를 한다. 인간들에게는 황금시대, 은시대, 청동시대, 영웅시대, 철시대가 이어진다. 우리가 사는 이 시대는 철시대이다.

플라톤은 이를 "황금족과 은족, 청동족, 그리고 철의 종족.66)"으로 나누면서, 그의 이른바 훌륭한 거짓말이 철학에서 공식화된다. 더 자세히 말하면,

"신이 여러분을 만들면서 여러분 중에서도 능히 다스릴 수 있는 이들에게는 탄생 시 황금을 섞었는데, 이들이 가장 존경받는 것은 이 때문입니다. 반면에 보조자들에겐 은을 섞었습니다. 하지만 농부들이나 다른 장인들에게는 쇠와 청동(구리)을 섞었습니다.67)"이다.

---

66) 플라톤, 『국가』, 547a.

여기서 황금족은 철인哲人이며 은족은 전사이다. 플라톤은 이렇게 사회를 수직적인 계층 구조로 만드는 것이 신의 의도된 계획이라고 말하는 것이다. 이른바 그가 창조한 새로운 개국 신화이다. 이는 당시 그리스에 많이 있는 철학자들을 도저히 설득할 수 없는 허구이므로 필요한 훌륭한 거짓말이라고 미리 말한 것이다. 이 다섯 부족은 간단히 말하면 지배하는 자로서 철인과 전사, 그리고 지배 받는 자는 농부와 장인으로 이루어진 이원론이다.

여기서 플라톤의 이원론은 하나의 공식을 만든 것이다. 즉, 이원론은 속임수와 폭력으로 지탱된다. 그 속임수는 철학자가 철학 이론을 만들어 뒷받침한다. 그리고 폭력은 군대가 맡는다. 여기서 철학자가 군대를 설득하여 지배 세력이 되어야만 이 이원론이 성립하는 것이다.

그래서 플라톤은 황금족은 철학자, 은족은 전사들로서 보조자라고 말하는 것이다. 나머지 농부나 장인은 쇠와 청동으로 피지배자가 되는 것이다. 플라톤의 철학의 기본 골격은 이 거짓말을 바탕으로 만들어진 것이다. 이는 최상위 1%의 어릿광대가 99%의 민중들을 지배할 수 있도록 설계된 정교한 속임수이다. 그러나 어떤 경우든 우리는 99%라는 말은 할 수 없다. 플라톤은 그 99%의 민중을 여러 계급으로 나누어 서로가 서로에게 반목하며 싸우도록 설계했기 때문이다.

그리고 이 속임수를 연출하는 코미디언이 엄숙하게 권위를 가진 듯 보이게 위장하는 방법이 카리스마이다. 결국 모든 카리스마는 모두 코미디인 것이다.

(2) 아리스토텔레스의 계층 구조

아리스토텔레스는 세계와 만물을 세분화하여 "세계를 무생물, 식물, 동

---

67) 플라톤, 『국가』, 415a.

물, 생명, 정신, 신으로 구분한다."[68]라고 주장하며, 본격적인 층 이론을
주장한다.

이 층 이론은 "아우구스티누스처럼 암석적인 것·식물적인 것·동물적
인 것·천사적인 것·신으로 구분하기도 했다. 중세기 형이상학에 있어서
처럼 존재를 신·천사·인간·자연으로 구분하기도 했으며, 야스퍼스에
있어서와 같이 자연·인간·절대자로 구분."[69]하는 등의 방법으로 다양하
게 말해지는 것이다.

아리스토텔레스의 가능태와 현실태도 동등한 것이 아니라 가능태보다
현실태가 우위인 층 이론이다.

이 층 이론은 20세기에 와서도 최고 수준의 철학자들에게서 변함없이
이어진다. 즉, 하르트만과 칼 포퍼와 캔 윌버 등이 그들이다. 한 번 정해진
속임수는 고정관념이 되어 마치 진리라도 되는 것처럼 릴레이를 하면서
이어지는 것이다. 그리고 그 끝에 가면 그것이 속임수에서 시작되었다는
사실조차 까맣게 잊게 된다.

---

68) 소광희 외 2인, 『철학의 제 문제』, 지학사, 1983년, 264쪽.
69) 소광희 외 2인, 『철학의 제 문제』, 지학사, 1983년, 264쪽.

제3장 인간 제물人間祭物과 '너희들은 1%'

광기와 학살의 지배 법칙 $-1 = 99-100$

공동체의 구성원들이 서로 돕고 힘을 합쳐 자연을 최적화하고 인간 사회를 최적화하여 모든 인간이 모두 행복하도록 노력하는 정상적인 철학은 지금까지 알려지지 않았다.

대신 최악의 무질서 상태를 막는 최소한의 사회 유지 방법이 마치 진리처럼 사용되었다. 즉, 극소수의 최상위 1%의 지배자들이 99%의 민중을 지배하기 위해 99%의 민중을 둘로 나누고 계층화하는 속임수를 사용하고 그 속임수를 유지하기 위해 폭력을 사용하는 방법론이다.

권력자들은 이 속임수와 폭력을 사용함으로써 결국은 인간을 제물로 사용하는 광기와 학살을 사용하여 권력을 유지하려는 유혹을 받기 마련인 것이다.

8. '광기와 학살의 지배 법칙 $-1 = 99-100$'

인간 제물은 왕을 살해하는 대신 살해당하는 대상이 되어 민중들에게 대리 만족을 얻도록 고안된 것이다.

결국 민중들은 왕을 살해하는 대신 자신의 일부를 왕에게 제물로 내어주어 살해하는 방식으로 자신을 기만하며 만족을 얻기 시작한 것이다. 그 제물은 최하위 1%를 상징한다.

최상위 1%의 어릿광대가 최하위 1%의 인간 제물에 대해 '너희들은 1%'라고 자신 있게 외쳤다 해도 그 효력이 현실에서 나타나기 위해서는 99%의 민중 스스로가 스스로에게 도덕과 정의와 중용을 포기해야만 한다.

이것이 바로 사람들이 제물이 되어 살해되기 전에 먼저 철학적으로 죽게 만드는 철학적 학살이다. 현실의 학살은 반드시 철학적 학살에 근거한다. 그 철학적 학살은 반드시 '속임수와 폭력의 지배 법칙'에 의지한다.

민중들이 이 진실을 분명히 알지 못하는 한 이 비극은 인류가 멸종되는 순간까지 계속될 수밖에 없다. 그 순간까지 학살되기 싫으면 학살에 참여하라는 '광기와 학살의 지배 법칙'이 진리가 되는 것이다.

9. 왕들의 대리 살해

왕들은 자신이 죽는 것을 대신해서 제물이 되어 죽어 줄 희생자를 찾는 방법을 찾아냈다. 그것은 왕의 대리 살해였다.

바빌로니아의 사카이아라는 축제에서 그 예를 찾을 수 있다. 이 경우 왕은 사형수에게 5일간 왕좌에 앉히고 왕의 특권을 마음껏 누리게 해준다. 왕의 권력을 휘두를 수 있게 해주고, 마음에 드는 후궁들을 가질 수 있게 해주고, 진수성찬을 마음껏 즐기게 해준다. 그리고 5일째 되는 날 그 사형수 왕을 살해함으로써 왕의 대리 살해가 일어나게 되는 것이다. 이는 왕을 살해하는 관습을 전과 같이 지속하지만, 왕은 죽지 않아도 되게 만듦으로서, 민중을 속이는 매우 교활한 방법이라고 할 수 있다.[70]

---

70) 역사가 베로수스에 따르면 바빌로니아에는 사카이아라는 축제가 있었다. 그것은 로우스의 달

이 왕의 대리 살해 방법은 지난 3천 년간 최상위 1%를 차지하는 지배자가 그 이름이 무엇이든 사용해 온 방법이다. 다만 이처럼 고대에 있어서 대리 살해를 당하는 희생자는 단 5일간이라도 왕권을 마음대로 행사할 수 있었다. 그러나 지난 3천 년간 대리 살해를 당해 제물로 죽어야 하는 대다수의 희생자들에게는 오직 치욕과 고통 외에는 아무런 혜택도 없었고 그 대리 살해의 규모도 대량 학살에 이르는 잔인무도한 것이었다.

10. 아즈텍의 광란과 학살, 그리고 '너희들은 1%'

중남미에 있었던 아즈텍 제국은 태양신에게 인간의 심장을 바치지 않으면 태양이 식어 세계에 종말이 온다고 믿었다. 그들은 전쟁을 하여 포로를 잡아 그들을 태양신의 제물로 삼아 바침으로써 아즈텍 제국은 존속할 수 있었다.

이 태양신과 제물의 관계는 아즈텍 제국의 최상위 1%인 황제와 신관이 99%인 대중들에게 살해당하지 않기 위해 대리로 제물을 삼아 희생시키는 전형적인 구조를 이루고 있다. 태양신이나 세계의 종말 같은 말들은 이 왕들의 대리 살해를 그럴듯하게 꾸미는 포장에 지나지 않는 것이었다.

"멕시카는 인신 공양을 매일 실시했다. 한 해 평균 3,000~4,000명이 희생당한 것으로 추정된다. 멕시카인이 남긴 글과 예술 작품 중 다수에서 이 풍습이 묘사되어 있다. 희생자의 목숨은 사람들이 바친 제물을 태양에 전달한다고 여겨졌던 전쟁의 신, 위칠로포치틀리 앞에 바쳐졌다.……사제

16일부터 시작하여 5일간 계속되었고, 그동안 주인과 종의 위치가 바뀌어져 종이 명령하면 주인이 그들에게 복종했다. 또 사형이 언도된 죄인에게 왕의 옷을 입혀 왕좌에 앉히고, 마음대로 명령을 내리고 먹고 마시고 즐기고 왕의 후궁과 동침이 허용되었다. 그러나 5일째 되는 날 왕의 옷은 벗겨지고 매를 맞고, 교살되거나 찔려 죽었다. J. G. 프레이저, 『황금가지』, 신상웅 역, 동서문화사, 2007년, 421쪽.

하나가 흑요석 단검으로 희생자의 심장을 도려내 끄집어낸다. 그런 다음 아직 뛰고 있는 심장은 태양을 향해 높이 치켜 올린 채 사제는 기도문을 읊는다.……이 과정이 끝나면 심장은 절차에 따라 불태워지고 희생자의 신체는 토막토막 잘린다. 몸통은 여러 마리의 개에게 먹이로 던져 주고 팔과 다리는 옥수수, 고추와 함께 먹는 것이 이 의식이 이어지는 과정이었다."[71)

이 대리 살해의 사고와 행동의 틀이 존속하기 위해서는 제물이 되어 대신 죽어 줄 전쟁 포로를 잡아 올 군대가 필요하다. 그리고 99%의 민중들은 이 전쟁 포로들이 제물로 살해됨으로써 최상위 1%인 황제와 신관들을 살해하고 싶은 집단 살해의 욕망을 망각한다. 이 인간 공동체는 광란과 학살이 지배하는 공포의 공동체인 것이다.

아즈텍의 군대는 코르테스의 군대의 포로들을 잡아 제물로 삼아 희생시키기도 했다. 코르테스가 포로로 잡았던 황제가 죽은 후 1520년 7월 1일 자정 아즈텍의 수도 테노치티틀란을 벗어나 도망치려 했다. 그러나 코르테스와 그의 부하들 중 아즈텍의 전사들에게 붙잡히거나 죽은 스페인군은 600명 정도였다.

"붙잡힌 이들을 그냥 감옥에 수감시키기엔 분이 풀리지 않았는지, 부상으로 신음을 내는 데도 아랑곳하지 않고 대신전 층계를 따라 질질 끌고 올라갔다. 도착한 후에는 흑요 석검으로 심장을 도려내고 목을 베어 낸 뒤 남은 몸통을 내던져 사제들이 먹도록 했다.[72)

아즈텍 제국이 살아남으려면 코르테스의 군대를 모두 포로로 잡아 저 피라미드 위에서 심장을 꺼내 태양신에게 바치고 그 몸을 먹어야 했다. 그러나 그들은 그렇게 하지 못했다.

따라서 이제 군대는 99%인 민중을 억압할 수도 없고, 포로를 잡아 와

---

71) 조지프 커민스 『잔혹한 세계사』, 제효영 역, 시그마북스, 2011년, 40쪽.
72) 조지프 커민스 『잔혹한 세계사』, 제효영 역, 시그마북스, 2011년, 48쪽.

왕 대신 제물로 삼아 대리 살해를 해서 달랠 수도 없게 것이다. 그리고 그 최상위 1%를 상징하는 황제 몬테수마가 스페인 군대의 포로가 된 채 죽은 것이다.

이제 영원할 것 같았던 아즈텍 제국은 먼저 '광기와 학살의 지배 법칙 −1=99−100'이 무너지고 그 다음 제국 자체가 순식간에 무너진 것이다. 이 아즈텍 제국이 야만스러운가? 그렇다면 현대 문명을 바라보고 아즈텍 제국과 무엇이 다른지 살펴보라!

11. 콜로세움의 광란과 학살, 그리고 '너희들은 1%'

콜로세움은 왕의 대리 살해가 가장 교묘한 방법으로 일어나는 현장이었다. 그 형태는 과거 토템이 되는 동물을 공동체 전체가 집단 살해하는 방식과 비슷하다. 다만 콜로세움은 수만 명의 로마 시민이 한자리에 모여 제물이 되는 인간과 동물이 살해되는 모습을 보고 즐긴다는 것이 다른 점이다.

콜로세움은 인간이 200만 년 동안 굳어진 사냥감에 대한 집단 살해의 의식이 보고 즐기는 오락으로 변한 형태라는 점에서 대단히 중요한 전환점을 만들고 있다. 오늘날 현대인들이 TV와 영화와 각종 스포츠 등을 보고 즐기는 관습의 배경은 바로 이 콜로세움에서 찾을 수 있다는 점에서 이 콜로세움은 과거가 아니라 현재 진행형이다.

로마의 콜로세움은 지배자가 99%의 민중을 지배하기 위해 광기와 학살을 국가를 운영하기 위한 정책으로 사용하여 성공한 삐뚤어진 천재의 작품이다. 에드워드 기번은 『로마 제국 쇠망사』에서 다음과 같이 전한다.

"콜로세움이 서 있는 한 로마도 서 있을 것이다. 콜로세움이 쓰러지면 로마도 쓰러질 것이다. 로마가 쓰러질 때 세계도 쓰러질 것이다."[73]

---

73) 에드워드 기번, 『로마 제국 쇠망사』, 강석승 역, 동서문화사, 1988년, 503쪽.

오늘날 서양인이 만든 이 현대 문명은 로마와 비슷한 점이 많다는 점에서 로마 제국을 지탱하게 만든 콜로세움은 여러 면에서 중요하다.

로마 제국의 성장기에는 민중들이 전쟁에 참가하고 전리품으로 부자가 되는 길이 열려 있었다. 그러나 로마 제국이 유럽과 아프리카와 아시아까지 판도를 넓히는 과정에서 값싼 농산품이 홍수처럼 몰려오고, 값싼 노동력인 노예가 넘쳐 나게 되었다. 그리고 군대도 로마 제국의 시민이 된 야만인들로부터 충원되었다.

이제 로마의 중산층은 몰락하고 국가가 정복지에서 받은 공물에서 나눠 주는 빵과 세금으로 지은 목욕탕, 그리고 콜로세움에 세워진 제물들이 희생이 되어 죽어 가는 모습을 즐기는 신세가 되었다. 유명한 '빵과 서커스'가 그것이다. 그러나 사냥꾼의 본능은 여전히 남아 있어 콜로세움의 잔인한 희생자들의 살과 피를 즐기며 자신의 한심한 처지를 잊을 수 있었다. 이는 오늘날 후기 산업 사회에서 전면적으로 몰락해 가는 중산층의 모습과 놀라울 정도로 상황이 비슷하다.

콜로세움의 민중들이 검투사들이 싸우다 패한 검투사에게 죽음을 황제에게 요구하는 것은 이러한 맥락에서 이해할 수 있는 것이다. 로마의 황제는 엄지손가락을 아래로 내림으로서 승리한 검투사는 패배한 검투사를 모든 민중들이 보는 앞에서 살해한다.

그리고 제물이 되어 희생될 사람들을 콜로세움의 경기장 안에 강제로 끌어 모아 놓고 그 안에 굶주린 사자와 호랑이를 풀어서 사람들을 죽이게 만드는 것이다. 굶주린 야수들이 인간들을 죽여서 잡아먹는 그 모습을 보기 위해 로마 시민들은 경기장을 가득 채웠을 것이다. 그리고 그 순간 정작 죽이고 싶은 로마 황제를 죽이는 일은 완전히 망각하게 된 것이다.

이 콜로세움에서 일어난 최상위 1%가 99%의 민중을 지배하기 위해 제물이 되어 죽어야 할 최하위 1%에게 '너희들은 1%'라고 말하는 구조는 그 후 서구 문명에서 여러 가지로 그 형태를 바꾸며 일어났다. 그리고 지금은 전 세계적인 규모로 일어나고 있다. 이것이 뒤에 설명할 티티엔터테인먼트74)이다.

12. 노예와 '너희들은 1%'

최상위 1%의 왕에게 노예는 그들의 군대에게 선물할 수 있는 중요한 재산으로서 군대를 자기편으로 끌어들이는 중요한 정치적 장치이다.

아리스토텔레스는 『정치학』에서 이 정치철학의 논리를 철학 이론으로 체계화함으로서 노예에 대한 선입감先入感과 고정관념을 창조한다.

아리스토텔레스는 그의 『정치학』에서 "예컨대 노예를 정당하게 획득하는 방법은 일종의 전쟁 기술 또는 사냥 기술이다."75)라고 단언한다. 아리스토텔레스는 보다 자세하게 노예와 사냥과 전쟁의 관계를 설명한다. "사냥은 재산 획득 기술의 일부인 만큼, 어떤 의미에서 전쟁 기술은 본성적으로 재산 획득 기술의 하나이며, 이런 기술은 들짐승은 물론이요, 지배받도록 태어났음에도 이를 거부하는 인간들에게 사용해야 한다. 이런 종류의 전쟁은 본성적으로 정당하기 때문이다.76)

마침내 인류가 사냥에서 짐승의 새끼를 잡아 와 가축으로 삼은 것과 전쟁터에 나아가 노예를 획득하는 관습은 아리스토텔레스에 의해 문명국가에서 정치철학적으로 재산 획득의 정당한 수단으로 정당화된다.

(1) 국가와 군대, 그리고 철학자와 노예

---

74) 지미 카터 미국 대통령의 안보 보좌관이었던 즈비그뉴 브레진스키가 만든 말로서, 기막힌 오락물과 적당한 먹거리의 절묘한 결합을 의미한다.
75) 아리스토텔레스, 『정치학』, 1256b 30.
76) 아리스토텔레스, 『정치학』, 1256b 20.

그리스의 도시 국가는 이미 노예 계급이 생산을 위한 도구로 사용되는 사회 구조를 가지고 있었다. 그리스의 민주주의는 노예 계급을 제외한 자유민들 사이에서 다수에 의한 정치일 뿐이었다. 노예를 지배하고 거느림으로써 시간이 남게 된 자유민이 그 남는 시간의 무료함을 달래기 위해 시작한 것이 그리스 철학이다. 아리스토텔레스가 주인은 노예가 반드시 할 줄 알아야 하는 것을 시킬 줄만 알면 된다는 말이 그것이다.[77]

바로 이 부분이 우리 한겨레의 한사상과 그 출발점에서부터 다르다. 한사상은 가장 힘들고 어려운 국가적인 치산치수 사업을 사람들이 힘을 모아 피와 땀과 눈물을 흘리면서 그것을 극복하는 과정에서 발생한 것이다.

프리드리히 엥겔스는 그리스의 시민과 노예의 숫자에 대해 이렇게 밝힌다. "아테네 전성기에 자유 시민의 숫자는 여자와 아이를 포함하여 대략 6만이었고, 남녀 노예는 36만 5천 명, 그리고 피보호민—외국인과 해방된 노예—은 4만 5천명이었다. 이리하여 성인 남자 1명당 적어도 18명의 노예와 2명 이상의 피보호민이 있게 되었다."[78]

도대체 노예 제도가 자연스러운 것이 되지 못한다면 어떻게 노예를 생산 수단으로 하는 사회가 존재할 수 있겠는가? 아리스토텔레스는 이렇게 말한다. "어떤 사람들은 본성적으로 자유민이고 어떤 사람은 노예인데, 후자에게는 노예 제도가 유익하고 정당함이 분명하다."[79]라는 결론을 내린다. 이제 드디어 이 그리스의 철학자는 고릴라 사회보다 못한 인간 사회를 철학에서 창조했다. 적어도 고릴라는 고릴라를 노예로 삼지는 않기 때문이다.

---

77) 주인은 노예를 획득하는 것이 아니라 노예를 부림으로써 주인이 되기 때문이다. 그러나 노예를 부리는 것은 위대하거나 고상한 지식이 아니다. 주인은 노예가 반드시 할 줄 알아야 하는 것을 시킬 줄만 알면 되기 때문이다. 그래서 이런 번거로운 일에서 벗어날 수 있을 만큼 살림이 넉넉한 주인들은 노예의 관리를 집사에게 맡기고 자신들은 정치와 철학에만 전념하는 것이다. 아리스토텔레스, 『정치학』, 1255b 30.
78) 프리드리히 엥겔스 『가족의 기원』, 김대웅 역, 도서출판 아침, 1985년, 134쪽.
79) 아리스토텔레스, 『정치학』, 1254b 39.

(2) 아메리카의 흑인 노예와 '너희들은 1%'

철학자의 이론 없이 노예는 합법화될 수 없으며 선입감을 형성할 수 없고 나아가 고정관념이 될 수 없다. 인간을 노예로 삼을 수 있는 근거는 아리스토텔레스에서 나타난다. 그리고 흑인을 노예로 삼을 수 있는 근거는 철학자 몽테스키외의 저서 『법의 정신』에서 나타난다. 그는 흑인을 노예로 삼는 것은 당연하다는 새로운 학설을 주장했다.

> 흑인을 노예로 부릴 권리를 옹호해야 한다면 나는 다음과 같이 말할 것이다.······문제의 노예들은 머리부터 발끝까지 온통 검은 빛이고, 코는 문드러질 대로 문드러져서 동정의 여지마저 없는 이들이다. 누구도 그토록 지혜로우신 하느님께서 영혼을, 그것도 착한 영혼을 그런 시꺼먼 육신에 넣어 주셨으리라고는 생각할 수 없다. 피부색이 인류의 본질을 구성한다는 것은 너무도 당연한 생각이다.······이들을 인간이라고 가정하는 것조차 불가능하다. 이들을 인간이라고 가정하면 우리들 자신 또한 하느님의 자식이 아니라고 믿기 시작할 것이기 때문이다.[80]

철학자가 새로운 선입감과 고정관념을 창조하는 기술자임을 잘 보여 주고 있다. 이 놀라운 새로운 학설에 따라 흑인을 무차별로 납치하여 노예로 삼는 일은 당연한 것이다. 그리고 실제로 "아프리카의 흑인들은 1,200만에서 1,500만 명 정도가 강제 이주되었다."[81] 그리고 "아메리카에서 4,000만 명이나 되는 흑인의 목숨을 앗아 갔다."[82] 가나의 아치모타대학의 훼지 교수는 아프리카에서 끌려간 노예의 수를 세기별로 계산된 통계를 통해 보다 자세한 사정을 말해 준다. 즉, "16세기 90만 명, 17세기 275만 명, 18세기 400만 명, 19세기 700만 명, 계 1,465만 명."[83]이라고 밝혔다. 그리고 상

---

80) 몽테스키외 『법의 정신』, 유미영 역, 일신서적, 1991년, 291쪽.
81) 장 메이메, 『흑인 노예와 노예 상인』, 지현 역, 시공사, 2002년, 21쪽.
82) 하워드 진, 『오만한 제국』, 이아정 역, 당대, 2001년, 11쪽.

품인 흑인 노예를 한 명이라도 더 배에 싣기 위해 콩나물시루가 되어야 했던 "항해에서 지옥같이 끔찍한 노예선에서 고통 속에 죽어 간 흑인은 무려 150만에서 200만 명에 달했다."84) 이 같은 대규모의 노예사냥이 가능했던 것은 이 노예사냥으로 인해 이익을 얻는 상위 1%의 집단이 군대와 철학자를 활용할 수 있었기 때문이다.

미국의 흑인 사상가 듀보이스는 이렇게 말한다. "유입된 노예 5명 중 평균 한 명의 니그로가 행해 도중 또는 아프리카에서 죽은 것으로 보인다. 즉, 노예무역에서 적어도 6천만 명의 니그로가 고향에서 사라졌다고 보아야 할 것이다."85)

상상할 수 있겠는가? 사실상 6천만 명을 집단 학살한 것과 마찬가지다. 아니 그냥 학살한 것이 아니라 죽을 때까지 짐승 대접 받다가 죽었으니 이는 어떤 학살보다 더 야비하고 잔인무도한 학살이다. 바로 이것이 '광기와 학살의 지배 법칙 $-1=99-100$'이 아니고 무엇이겠는가?

그런데 백인들은 그 흑인 노예들에게 새로운 도덕을 전파했다. 즉, "노예 제도가 흑인들을 그들의 고장에서 겪어야만 했을 견딜 수 없는 굴종과 학살로부터 구제했으며, 그들로 하여금 보다 나은 삶을 누릴 수 있도록 했다고 단언했다."86)는 것이다.

이제부터는 생사람을 납치해서 노예로 잡아다가 평생을 부려먹고 지쳐서 죽을 때까지 학대하고 그 자식들까지 대대로 노예로 부려먹는 이 백인들이 오히려 이 새로운 도덕으로 흑인을 구제한 자비스러운 구원자가 된 것이다. 도덕을 지배의 수단으로 악용하는 일은 플라톤과 동중서 이래 오랜 것이지만 이 흑인 노예에 대한 백인의 새로운 도덕은 그 수단으로 변질된 도덕 중에서 극단에 이른 것이라 하겠다.

---

83) 와다히키 히로시, 『세계 역사의 큰 줄기 작은 줄기』, 이희건 · 이선아 역, 가서원, 1994년, 137쪽.
84) 와다히키 히로시, 『세계 역사의 큰 줄기 작은 줄기』, 이희건 · 이선아 역, 가서원, 1994년, 57쪽.
85) 와다히키 히로시, 『세계 역사의 큰 줄기 작은 줄기』, 이희건 · 이선아 역, 가서원, 1994년, 137쪽.
86) 장 메이메, 『흑인 노예와 노예 상인』, 지현 역, 시공사, 2002년, 21쪽.

이제 백인은 명실공히 최상위 1%가 되어 최하위 1%의 흑인을 마음대로 학살하고, 납치하고, 죽을 때까지 부려먹는 '광기와 학살의 지배 법칙 −1＝99−100'을 고상한 도덕의 이름으로 당당하게 사용하게 된 것이다. 그리고 흑인들은 이해할 수 없는 이 잔혹한 속임수와 폭력과 광기와 학살이 마치 받아들여야 할 운명이라도 되는 듯 굴복하지 않을 수 없었다.

13. 마녀사냥과 광란과 학살, 그리고 '너희들은 1%'

마녀사냥은 유럽과 아메리카 대륙까지 포함한 서양 문명 전체의 최상위 1%가 민중들에게 살해당하는 대신 수많은 죄 없는 여성들을 학살하고 그녀들의 재산을 약탈하고 성적 노리개로 삼기 위해 운영한 거대한 범죄적 사업이었다. 이 여성들은 당시의 집권자들을 위해 대리 살해당한 것이다.

마녀사냥과 같이 서양 문명 전체를 대상으로 수많은 여성들이 학살당하기 위해서는 반드시 그 철학적 근거가 필요하다. 그 근거는 우선 아리스토텔레스에게서 찾아진다. 여성을 노예화하여 지배하기 위해서는 먼저 그 논리로 선입감을 만들고 그것을 고정관념으로 굳혀야 한다. 아리스토텔레스는 이렇게 말한다.

"생명 있는 것은 혼과 몸으로 구성되는데, 이 중 전자는 치자이고 후자는 피치자이다.……몸에 대한 혼의 지배는 주인의 지배와 같고 욕망에 대한 지성의 지배는 정치가나 왕의 지배와 같다.……수컷은 본성적으로 더 우월하고, 암컷은 열등하다. 그래서 수컷이 지배하고, 암컷은 지배받는다. 그리고 이런 원칙은 인간관계 전반에 적용되어야 한다.[87]."

이 열등한 여성을 남성이 지배해야 한다는 학설은 곧 동중서의 중화주의의 것과 동일하다. 즉, '남존여비男尊女卑'이다. 그 다음 마녀사냥을 합법

---

87) 아리스토텔레스 『정치학』, 1254a28.

화하는 내용은 직접적으로는 바이블에서 나타난다. 오리시마 쓰네오는,

"구약 바이블의 출애굽기 22장 18절의 '마녀를 살려 두어서는 안 된다'는 모세가 한 말로서 후에 마녀재판관들이 목청 높은 인용에 의해 유명해지고 마녀 박해를 정당화하는 근거가 되었다."[88]라고 말한다.

(1) 마녀사냥의 구조

먼저 어떤 대상에 대해 속임수에 의해 악이라고 하는 선입감先入感을 형성한다. 그리고 그것이 민중들 모두에게 고정관념固定觀念으로 굳어진다면 그 다음 그 불행한 대상을 집단 살해하는 광기와 학살은 이처럼 하나의 문명 전체에서 국가적으로 운영하는 공적 사업이 당당하고 떳떳하게 일어난다.

오랜 시간이 지난 이 시대에 와서 이 죄 없는 여성들을 학살한 일은 그 누구도 이해할 수 없다. 그러나 그 학살이 일어난 그 시대의 민중들에게는 죄 없는 여성을 학살하는 것이 고정관념이 된 것이다. 그리고 서양 문명 전체가 그 학살이 지극히 당연한 것으로 받아들여져 반드시 죄 없는 여성들을 온갖 수치스러운 고문을 다한 후 학살하지 않으면 안 되는 일로 받아들여진 것이다.

언제나 대중의 생각은 최상위 1%를 위한 야비한 속임수를 위해 조작되고 조종되어 온 것이다. 자신의 권력의 유지를 위해 수많은 여성들을 대리 살해한 당시의 권력자들은 너무 쉬운 방법을 찾아낸 것이다.

(2) 마녀사냥과 이중 정신병

"어떤 사람들은 여자들의 행동이 마녀 열풍을 부추기는 하나의 요인이었다고 주장했다. 이 이론에 따르면 여자들 중 일부는 정말로 자기 자신

---

88) 오리시마 쓰네오, 『마녀사냥』, 조성숙 역, 현민시스템, 1998년, 21쪽.

을 마녀라 믿었고, 따라서 남자들을 두렵게 했다. 이것은 일종의 집단적 '이중 정신병'으로 한쪽의 광기가 다른 쪽의 망상을 강화시키는 것이다(이중 정신병에 걸린 두 사람은 깊은 감정을 공유하고 따라서 항상 같은 정신적 장애 또한 공유한다).89)"

결국 마녀사냥에 걸려들어 야만스러운 고문을 통해 엄청난 고통을 당하고 끝내 화형 당해 죽어 간 여성들 중 일부는 죽기 전에 육체적 정신적으로 파괴되어 자신이 정말로 마녀인 줄 알고 죽음을 당한 것이다.

말하자면 '너희들은 죽어야 할 마녀야! 마녀야! 마녀야!'를 수십 번, 수백 번, 수천 번 주입시키면 정말로 자신들이 죽어야 할 마녀인 것으로 인식하게 될 수 있다는 말이다.

이 같은 가해자의 야만성이 피해자에게 공유되는 이중 정신병이야말로 가장 무서운 결과를 낳은 것이다. 이 이중 정신병은 최상위 1%의 망나니들이 99%의 민중들에게 살해당하지 않기 위해 제물로 삼아 죽이거나 박해하는 '너희들은 1%'로 규정된 대상들에게는 그 대상이 누구든 상관없이 언제나 일어날 수 있다. 바로 이 점이 너무나 무서운 것이다. 이는 자아가 완전히 파괴됨을 의미하기 때문이다.

(3) 마녀사냥의 합리화와 제도화

1484년 12월 5일자 마녀재판에 관한 로마 교황 인노켄티우스 8세가 장문의 법황 교서에서 발췌한 아래의 내용은 로마교황이 파견한 이단 심문관이 자유롭고 강력하게 마녀재판을 실행할 수 있도록 각지의 주교에게 협력을 요청하고 있는 기록이다.

"요즘 북부 독일 라인 강 유역에서 많은 남녀가 가톨릭에서 벗어나 마녀가 되어 남색마, 여색마에게 몸을 맡겨서 여러 가지 불길한 요술을 부려

---

89) 레너드 쉴레인, 『알파벳과 여신』, 조윤정 역, 파스칼북스, 2004년, 525쪽.

전답의 작물과 과실을 썩히고, 태아와 가축의 새끼를 죽였으며, 사람과 가축에게 고통과 병마를 주고 남편은 성 불능, 아내는 불임이 되는 등 많은 사람들에게 재앙을 주고 있는 것에 우리는 크나큰 슬픔과 고통을 느낀다.……그래서 우리는 그 심문관이 자유롭게 모든 방법을 동원하여 어떤 사람이라도 교정시키고, 투옥시키고, 처형하는 권한을 가져야 한다는 것을 명한다."[90]

마녀재판으로 처형된 여자들은 1484년 로마교황 인노켄티우스의 교서 발표 이후 30만 명이라는 설과 900만 명이라는 설[91] 등이 있어 어느 것이 옳은지 알 수 없다.

슈프랑거와 같은 종교 재판관은 마녀가 실제로 존재하며 신비한 능력을 가지고 있다고 단언했다. 특히 여자들에게 많은 이유는 여자들은 날 때부터 불만에 차 있고 인내심이 부족해서 악령의 꼬임에 쉽게 넘어가기 때문이라고 생각했다.'[92]

결국 여성들은 남성보다 열등하기 때문에 마녀가 된다는 것이며, 그래서 그들을 감금하고 고문하고 태워 죽여야 한다는 결론에 이르게 되는 것이다. 이는 놀랍게도 아리스토텔레스의 학설이다.

신교들도 이 학살에 동참했다. "나는 이 마녀들에 대해 조금도 동정심이 없다. 루터가 말했다. '나는 그들 모두를 화형시킬 것이다' 칼뱅은 '성서는 우리에게 마녀는 존재하며 마녀는 절멸시켜야 한다고 가르치고 있다'…… 개신교도들은 뒤늦게 이 광란의 발작에 뛰어든 신참자들이었지만 거의 기쁨에 넘쳐 마녀사냥에 나섰다."[93]

---

90) 오리시마 쓰네오, 『마녀사냥』, 조성숙 역, 현민시스템, 1998년, 8~9쪽.
91) 오리시마 쓰네오, 『마녀사냥』, 조성숙 역, 현민시스템, 1998년, 194쪽.
92) 김영진, 『광기의 사회사』, 민음사, 1999년, 25쪽.
93) 레너드 쉴레인, 『알파벳과 여신』, 조윤정 역, 파스칼북스 2004년, 527쪽

(4) 집단적 광기와 마녀재판

최상위 1%가 99%인 민중에게 살해당하지 않기 위해서는 99%의 민중을 반으로 나누어 그 반을 자기편으로 만들어 그 자기편이 나머지 반을 부정하게 만드는 것이다. 그리고 제물이 될 최하위 1%를 만들어 모두가 이 제물을 학살하는 데 가담하게 만드는 것이다. 즉, 학살당하지 않으려면 학살에 참여하라는 것이다. 이것이 집단적 광기의 정체이다. 즉, 사회 정의로 둔갑한 '광기와 학살의 지배 법칙 −1=99−100'의 모습이다.

당시 서양 문명에서는 마녀사냥에서 아무 죄 없는 사람들을 마녀로 몰아 고발하는 거짓 고발자들이 직업화되었다. 이 거짓 고발자들, 이른바 검침자라고 하는 자들이 그들이다.

"영국에서는 검침자들이라고 하는 마녀 탐색자들을 고용하였고, 그들은 소녀나 여자들을 넘긴 대가로 후한 보상금을 받았다.……17세기 중반의 한 검침자는 교수대 위에서 한 사람당 20실링을 얻기 위해, 잉글랜드와 스코틀랜드에서 220명 이상의 여자들을 죽게 했다고 자백했다."94)

1602년 부르고뉴 상크로드 지방의 최고 재판장인 앙리 보게의 마녀론의 권두 헌사와 서문을 발췌한 내용을 보자.

"독일에서는 마녀를 불태운 화형 기둥을 세우는 데 쩔쩔매고 있는 실정입니다. 스위스에서는 마녀 때문에 전멸된 마을이 많이 있습니다. 로렌느(프랑스 동북부)를 여행하는 사람은 마녀를 붙들어 매는 형틀을 수없이 발견하게 될 것입니다.……매일매일 나라에서 이 고장으로 보내는 마녀는 수를 헤아릴 수 없으며……샤를르 9세 때(1550~74년)에 트로와 제세르(당시의 처형리)가 말한 대로 프랑키아에만 30만의 마녀가 있다는 것이 진실이라면, 프랑스의 마녀가 완전히 제거되었다고는 믿을 수 없습니다. 더 먼 나라들의 일은 말씀드리지 않습니다. 아니, 어느 지방이든지 수천, 수만의 마녀가 벌

---

94) 칼 세이건, 『악령이 출몰하는 세상』, 이상헌 역, 김영사, 2001년, 142쪽.

레처럼 지상에 끊임없이 퍼지고 있는 것입니다. 우리에게 한 가닥 인정이 있고, 인간이라 불릴 만한 가치가 있다면, 이들 마녀를 벌하지 않고서는 못 견디는 것이 자연스럽지 않습니까? 어느 로마 황제가 로마인 전부를 단 한 방에 모두 죽여 버리고 싶다고 했던 것처럼, 저도 모든 마녀를 한 다발로 만들어 단 한 번에 불태워 죽였으면 하고 생각합니다.[95]

'광기와 학살의 지배 법칙 −1=99−100'은 이처럼 너무도 당당하고 떳떳하게 도덕이 되고 정의가 되어 유럽의 모든 도시의 중앙 광장에서 대낮에 모든 사람들이 보는 앞에서 여성들을 장작불 위에서 불태워 학살하고 있다.

(5) 마녀재판과 종교인의 물욕

모든 교황 중에서 가장 미신적이고 탐욕적이며 가장 잔인했던 요하네스 22세의 교서(1318년 2월 27일자)가 결정적인 역할을 한다. "1320년 8월 22일에는 카르카손느(프랑스)의 이단 심문관에게 마녀는 이단자로 처분하고 그 재산은 반드시 몰수할 것을 명했다.[96]

한 무고한 희생자는 이런 기록을 남겼다. "당신들이 바라고 있는 것은 내 몸과 내 혼을 망치게 하는 것뿐만 아니라 내 집, 내 재산 일체를 빼앗는 것일 것이다."[97] 그녀는 이 여성 학살의 본질을 정확하게 읽었다.

성직자들 간에는 "이단자의 시체에 따라 붙는 재산 몰수권을 획득하기 위해 이미 부패되어 가고 있는 시체를 성직자들끼리 빼앗는 일은 드물지 않았다. 또 심문관들은 결과를 기다리지 않고 재산 몰수를 집행한 일도 있었다."[98] 성직자들이 약탈하는 죄 없는 여성들의 재산이 이 거대한 범죄

---

95) 오리시마 쓰네오, 『마녀사냥』, 조성숙 역, 현민시스템, 1998년, 9쪽.
96) 오리시마 쓰네오, 『마녀사냥』, 조성숙 역, 현민시스템, 1998년, 53쪽.
97) 오리시마 쓰네오, 『마녀사냥』, 조성숙 역, 현민시스템, 1998년, 145쪽.
98) 오리시마 쓰네오, 『마녀사냥』, 조성숙 역, 현민시스템, 1998년, 157쪽.

의 핵심이기 때문이다. 이제 권력을 유지하기 위해 대리 살해할 대상을 손쉽게 찾아내어 학살하고 또 그 희생자의 재산까지 약탈하여 부를 누릴 수 있게 된 것이다.

(6) 마녀재판의 감금과 고문

마녀로 몰린 죄 없는 여성들이 감금되었던 감옥의 환경은 이렇게 설명된다.

"피고는 자백을 거부했기 때문에, 또다시 태양빛이 비치지 않는 원래의 감방으로 돌아갔다. 한 조각 깔 짚도 없는 땅바닥에 요는커녕 음부를 덮을 것 이외에는 몸에 걸칠 천 조각 한 장 없이 똑바로 누워 있을 수밖에 없었다. 좌우의 팔은 각기 벽에 고정된 밧줄로 잡아당겨져 있다. 두 다리도 마찬가지이다. 그리고 몸 위에는 견딜 만한 무게의 쇠와 돌로 된 추가 얹혀 있었다."99)

그 고문은 이렇게 말해진다. "중세의 고문에서 우리를 가장 놀라게 하는 것은 과장 없는 악마적 야만성보다는 오히려 고문 종류의 이상스런 다양성과 거기에 나타나 있는, 말하자면 기술적 수완이다."100)

1590년 스코틀랜드의 왕 제임스 6세가 직접 주재한 마녀재판의 피고가 당한 5단계의 고문에는 그 다양한 고문의 일각이 나타나 있다. 당시 스코틀랜드 뉴스 속보에 의하면,

"(1) 먼저 밧줄 장치로 목을 비틀어 구부러뜨리고, (2) 다음으로 뜨겁게 한 철 구두를 신겼다. (3) 양손의 손톱 전부가 펜치로 뽑힌다. (4) 그 손톱 자리에 두 개씩의 바늘이 푹 찔러진다. (5) 다시 한 번 철 구두를 해머로 강타, 양발은 구두와 함께 두들겨져 으깨지고, 뼈와 살은 부서지고, 피는

---

99) 오리시마 쓰네오, 『마녀사냥』, 조성숙 역, 현민시스템, 1998년, 113쪽.
100) 오리시마 쓰네오, 『마녀사냥』, 조성숙 역, 현민시스템, 1998년, 109쪽.

구두에서 흘러넘쳤다."101)

마녀로 지목되어 학대받다가 죽어 간 스코틀랜드의 한 가련한 여성은
이런 말을 남겼다.

"나는 아무 죄도 범하지 않았습니다. 그러나 나는 그날그날 빵 값을 벌
지 않으면 안 되는 가난뱅이입니다. 일단 마녀의 혐의로 체포된 이상은 설
령 방면된다 해도, 이런 나에게 먹을 것을 줄 사람도 방을 빌려 줄 사람도
있을 리가 없을 것입니다. 그냥 굶어 죽을 수밖에 없습니다. 근방 사람들은
나를 때리기도 하고 개가 덤벼들도록 부추기기도 했습니다. 그렇게 살 바
에는 차라리 죽는 편이 낫다고 생각하여 있을 수도 없는 거짓 자백을 한
것입니다(그렇게 말하고 그 여죄수는 격렬하게 울어댔다)."102)

속임수와 폭력이 광기와 학살로 이어질 때 그 제물이 되는 희생자는 이
처럼 무력할 수밖에 없다. 서양 문명 전체가 미쳐 날뛰는데, 힘없는 여성
한 사람이 도대체 무엇으로 어떻게 저항할 수 있었겠는가?

모든 학살에 있어서 총칼을 든 학살자 앞에 내몰린 여성들은 짐승보다
도 못한 극히 저질적이고 야비한 남성들에게 성적으로도 견디기 어려운
치욕을 당하는 비도덕적인 경우는 너무나 흔하다.

그러나 이와 같은 학살의 현장에서 여성들이 굴복하지 않고 떨치고 일
어나 스스로의 힘으로 참다운 도덕을 복원하여 행동하는 중심이 될 수 있
다는 사실이 1980년 5월 광주에서 전 세계인이 보는 앞에서 증명되었다.

(7) 사드 후작과 사디즘

사디즘의 원형이 바로 이 마녀재판이었다. 서양 철학에서 천재적인 철
학자를 들라고 하면 이 마르키 드 사드를 제외하기는 불가능할 것이다. 사

---

101) 오리시마 쓰네오, 『마녀사냥』, 조성숙 역, 현민시스템, 1998년, 106쪽.
102) 오리시마 쓰네오, 『마녀사냥』, 조성숙 역, 현민시스템, 1998년, 139쪽.

드 후작으로 알려진 그는 프랑스 실존주의자 시몬 드 보부아르가 말한 것처럼 사드의 작품들은 "니체, 스티르나, 프로이트, 초현실주의를 예고하는 것."[103]이다. 그는 천재성이 너무나 번뜩번뜩하여 광기마저 느끼게 한다.

이 사드 후작의 『악덕의 번영』과 『소돔의 120일』은 그 어떤 사람도 흉내 낼 수 없는 놀라운 상상력이 나타나 있다. 사람들은 이 책을 읽고 너무나 터무니없고 뻔뻔한 상상력이라고 치를 떨며 욕한다. 그런데 그 상상력은 다름 아닌 우리가 다루고 있는 이 마녀사냥의 재판 기록을 사드 후작이 읽음으로써 응용된 것이지 그의 상상력은 결코 아니었다. 사드는 이렇게 말한다.

"종교 재판론과 종교 재판 사료를 보내 달라고 요구한다.……집필하려면 책에 둘러싸여 있어야 한다. 그렇지 않으면 환상 소설밖에 쓸 수 없는데 나에게 그런 재능은 없다."[104]

유명한 사드의 『악덕의 번영』과 『소돔의 120일』은 바로 죄 없는 여성들을 고문하고 재판한 실제적인 기록을 토대로 하고 있음을 알 수 있다.

14. 아메리카 인디언과 광란과 학살, 그리고 '너희는 1%'

유럽의 최상위 1%의 지배자들이 아메리카 대륙에서 계속 지배자가 되는 방법은 그들 대신 제물이 되어 희생이 되어 줄 최하위 1%를 만드는 일이었다. 그들은 아메리카 대륙에서 너무나 쉽게 그 제물이 되어 줄 대상을 찾았다. 그들이 바로 아메리카 대륙의 원주민인 소위 인디언으로 불리는 사람들이었다.

---

103) 시몬 드 보부아르, 『사드는 유죄인가』(마르키 드 사드, 『악덕의 번영』, 김문운 역, 동서문화사, 2011년, 11쪽).
104) 마르키 드 사드, 『악덕의 번영』, 김문운 역, 동서문화사, 2011년, 579쪽(해설).

"스태너드는……토착 미국인들이 겪어야 했던 학살의 무게와 의미를 규명하는 데 혼신의 힘을 기울였다. 죽은 사람의 숫자와 비율로만 본다면 아메리카 인디언의 학살, 즉 미국인의 홀로코스트가 유태인 홀로코스트보다 더 극심했다고 주장했다. 또한 그는 숫자로는 5,000만 명 내지는 1억 명, 비율로는 전체 인구의 90 내지 95퍼센트에 달하는 인디언이 지금의 미국 땅에서 자기 의사와 상관없이 죽음을 당했으며, 인디언 학살에 동원된 방법도 유태인 학살 때와 크게 다르지 않았다고 역설했다."[105]

5천만에서 1억에 달하는 미국 토착민인 인디언이 학살당했고 그 비율은 전체 인디언 인구의 90~95퍼센트였다면 이는 사상 유래가 없는 대학살인 것이다. '광기와 학살의 지배 법칙 −1=99−100'이 인종 학살을 대상으로 한 것은 아우슈비츠가 처음은 아닌 것이다.

이들 인디언들은 그들이 당한 비극에 대해 세계인에게 호소하고 알리지조차 못했고 지금도 그러하다는 점에서 더더욱 비참하다.

오늘날 미국의 인디언들은 그야말로 전체의 최하위 1%가 되고 말았다. 최상위 1%가 존재하기 위해서는 '너희는 1%'라고 말해야 할 대상이 필요하다. 그 대상의 수가 많다면 그 수는 줄여서라도 그렇게 해야 하는 것이다. 미국의 원주민인 인디언들은 거의 다 몰살당했다.

"콜럼버스의 정복과 지배가 얼마나 가혹한 것이었는지는 그가 이곳을 통치하고 있던 1493년에서 1496년까지 3년간 300~400만으로 추정되는 에스파뇰라 섬 주민의 3분의 2가 생명을 잃었다는 사실에서 여실히 드러난다. 섬의 인구는 1509년 4만 명, 1511~1512년에 2만 명, 1514년에는 1만 3천~1만 4천 명으로 줄었다. 그리고 1518~1519년에는 겨우 천 명의 인디오가 살아남았을 뿐이다."[106]

이 일은 단지 전체 아메리카 대륙에서 벌어질 종말론에 대한 예행연습

---

105) 최호근, 『제노사이드』, 책세상, 2005년, 110쪽.
106) 와다히키 히로시, 『세계 역사의 큰 줄기 작은 줄기』, 이희건 · 이선아 역, 가서원, 1994년, 231쪽.

에 불과했다. 지난날 콜럼버스의 친구였던 도미니크회 신부인 바르톨로메데 라스카사스는 콜럼버스를 이렇게 고발한다.

"폭압적이며 극악무도한 소행 탓에 남녀, 어린이 모두 합쳐 1,200만 명 이상이 잔학하고 비도덕적으로 살해당했다는 것은 분명한 사실이다. 그뿐만 아니라 1,500만 이상의 인디오가 희생되었다고 하더라도 그것이 진정 거짓이 아니라고 생각한다. (그 주요 수법 중의) 하나는 부정하고 잔혹하며 피비린내 나는 폭압적인 전쟁에 의한 것이다. 또 어떻게 해서든 신체의 자유를 되찾으려는 영주나 용감한 남성들을 전부 살해하고 살아남은 사람들을 노예로 부려 지난날의 인간을 짐승보다 못한, 더할 수 없이 가혹하여 끔찍스러울 정도로 견딜 수 없는 상태로 몰아넣어 탄압하는 방법이다."107)

아메리카 원주민들은 이처럼 '광기와 학살의 지배 법칙 $-1=99-100$'에 의해 종족 자체가 말살되다시피 하고 그나마 살아남은 사람들은 짐승만도 못한 처지에서 노예가 되었다는 것이다.

그들은 그 광기와 학살이 왜 일어나는지도 모르고, 저항다운 저항조차 해보지 못하고 멸종에 가까운 대학살을 당한 것이다.

15. 아우슈비츠와 광란과 학살, 그리고 '너희는 1%'

유럽의 최상위 1%의 지배자들은 그들 대신 제물이 되어 죽어 줄 최하위 1%의 희생자가 필요했다. 그들이 바로 유태인이다. 다시 말하자면 99%인 유럽인 전체가 자신들의 한 부분으로 살아가던 자신들의 일부인 유태인을 유럽을 지배한 최상위 1%인 히틀러라는 망나니에게 제물로 내어 준 것이다. 유태인 학살의 문제는 결코 유태인의 문제가 아니다. 그것은 유럽인 전체의 문제이다.

---

107) 와다하키 히로시, 『세계 역사의 큰 줄기 작은 줄기』, 이희건·이선아 역, 가서원, 1994년, 233쪽.

이 아우슈비츠의 대학살을 위해서는 속임수가 필요하며, 이 속임수를 선입감先入感으로 만들고 그것을 고정관념固定觀念으로 굳히는 철학자가 필요하다. 아우슈비츠에도 물론 이 준비 과정은 충분히 마련되었다.

유태인에 대한 속임수와 폭력은 1~2백 년에 만들어진 것이 아니다. 그보다 훨씬 오래전부터이다. 유태인이 유아를 살해해 생피를 마신다는 이야기를 오늘날 믿을 사람은 아무도 없을 것이다. 그러나 이 이야기는 유럽에게 이미 오래전부터 고정관념으로 내려오던 이야기들이다. 『희생양』의 저자 르네 지라르는 이같이 말한다.

"중세의 우리 선조들은 유태인이나 나병 환자들이 샘물에 독약을 풀었다는 헛된 이야기나 제의적인 유아 살해, 마녀 추방, 달빛 아래서 행해진 바쿠스 축제 등을 사실로 여기고 있었다."108)

유럽에서 중세는 대체로 476년 서로마 제국이 멸망하고 4~6세기 게르만 민족의 대이동이 있었던 5세기부터 시작하는 것으로 본다고 할 때 유태인을 최하위 1%로 만들기 위한 속임수와 폭력은 최소한 1,500년 전부터 시작된 것으로 볼 수 있다.

유태인이 유아를 죽여 피를 마신다는 그 제의적인 유아 살해는 놀랍게도 21세기인 지금도 여전히 주장되고 있다. 유스터스 멀린스는 우리가 살고 있는 이 시대에 다음과 같은 주장을 한다.

"유태인은 본래 기생 민족이어서 생존을 계속하기 위해서는 비유태인 숙주의 신선한 피를 늘 공급받아야 하기 때문에 생피를 마시는 의식을 신봉한다."109)고 했다. 그리고 유태인들은 아이들을 죽여 피를 마시는데, "유태인에 의한 그리스도교 아이들의 살해는 보통 중요한 축제 기간 중에 행해졌다."110) 그는 기독교 문명 대 유태인이라는 대립 구도를 만들고 있다. 바로 이것이 '광기와 학살의 지배 법칙 −1＝99−100'에서 유태인을 −1인 학살

---

108) 르네 지라르, 『희생양』, 김진식 역, 민음사, 1998년, 68~69쪽.
109) 유스터스 멀린스, 『미국은 점령되었다』, 강영길 역, 동서문화사, 2003년, 98쪽.
110) 유스터스 멀린스, 『미국은 점령되었다』, 강영길 역, 동서문화사, 2003년, 106쪽.

의 제물로 만든 속임수이다.

이 오래된 속임수와 폭력이 쌓이고 쌓이면 결국 언젠가는 광기와 학살로 이어지고 마는 것이 세계사가 숨기지 못하는 야만적인 공식이다.

모든 학살에는 철학자들이 만들어 내는 선입감과 고정관념이 직접 관련되어 있다. 아우슈비츠에는 니체가 만든 선입감과 고정관념이 문제가 된다. 니체는 인류를 승려 계급과 전사 계급이라는 이원론으로 나눈다. 니체는 승려 계급의 상징을 유태 민족으로 보고 전사 계급의 상징을 독일 민족으로 본다.

"기사적 귀족적 가치 판단은 억센 육체, 젊고 풍요하고 넘치는 건강 및 그것을 지니기 위하여 필요한 여러 가지 조건, 즉 전쟁, 모험, 수렵, 무도舞蹈, 투기鬪技 및 일반적으로 억세고 자유롭고 쾌활한 행동에 속하는 것."111) 이라고 말한다. 반대로 승려 계급은 최악의 적이라고 말한다. 왜냐하면 그들은 가장 무력無力한 자이기 때문이라는 것이다.

"그들에게 있어서는 그 무력한 데서 증오가 태어났으며, 이윽고 그것이 기괴하고 불쾌한 것, 가장 정신적이며 가장 유독한 것에까지 성장한다. 세계사에 있어서 거대한 증오자는 항상 승려였었다. 가장 영리한 증오자도 또한 승려였다—승려적 복수 정신에 비하면, 대개 다른 모든 정신 같은 것은 거의 문제도 되지 않는다."112)는 것이다. 이와 같이 니체가 규정한 패배자이고 노예로서 복수심에 가득 찬 승려들로서의 유태인이라는 선입감과 고정관념은 히틀러를 비롯한 나치의 뇌리에 깊게 각인된 것으로 볼 수 있다.

거기에 저 유명한 문필가 셰익스피어가 만든 유태인에 대한 선입감과 고정관념으로서의 수전노 샤일록도 유태인의 선입감先入感에 크게 작용했을 것이다.

---

111) 니체, 『도덕의 계보』, 박준택 역, 박영사, 1981년, 27쪽.
112) 니체, 『도덕의 계보』, 박준택 역, 박영사, 1981년, 27쪽.

우리는 이미 니체의 이 이원론 자체가 '속임수와 폭력의 지배 법칙 1＝100−99'에 불과함을 안다. 그리고 이 속임수와 폭력이 결국 광기와 학살로 이어짐도 잘 알고 있다.

그런데 관점을 다르게 하여 이 문제를 볼 수도 있을 것 같다. 즉, 유태인의 대다수인 아쉬케나지 유태인이 전사 중의 전사인 카자르 제국의 기마 전사로서의 유대교도들의 후예라면 니체는 무어라 말할 것인가? 무력無力한 유태인이 아니라 당대 최강의 무력武力을 지닌 유태인이 되는 것이다. 이 내용은 이 책의 뒤에 35절에서 다시 다루어 보자.

내가 말하고자 하는 것은 최상위 1%의 지배자들이 99%의 민중들에게 살해되지 않기 위해서는 반드시 자기들 대신 제물이 되어 죽어 줄 최하위 1%의 희생자가 필요하다는 것이다.

아우슈비츠는 이 인류가 가지고 있는 본능과도 같은 이 행동의 법칙에 따라 벌어진 '광기와 학살의 지배 법칙 −1＝99−100'의 학살 중 가장 잘 알려졌고 또 가장 비참했던 사건 중 하나인 것이다.

여기서 최상위 1%의 지배자는 아리안 민족이었고 99%는 인류 전체였으며, 아리안 민족이 세계를 정복하여 지배하면서 인류 전체에게 멸종당하지 않기 위해 유대 민족은 종족 전체가 제물이 되어 희생되어야 했다.

나는 최근 이 책을 쓰기 위해 유태인에 대한 자료를 도서관에서 찾아보다가 큰 충격을 받았다. 유태인의 음모론에 대한 책이 너무나 많았기 때문이다.

그중 눈에 띈 책의 내용에서는 유태인의 "600만 명 학살은 터무니없는 이야기."113)라는 주장이었다. "전쟁 뒤 유태인 선전 담당관들은, 하루에 6명의 시체밖에 처리하지 못하는 2개의 작은 소각로에서 수백만 명의 유태인들이 소사燒死당했다고 하는 터무니없는 이야기를 꾸며 내, 세계를 즐겁게 했다."114)는 것이다.

---

113) 유스터스 멀린스『미국은 점령되었다』, 강영길 역, 동서문화사, 2003년, 206쪽

또한 "1917~1940년, 유태인들은 러시아에서 2천만 명의 그리스도인들을 학살했다. 이것은 유럽 역사상 가장 흉악한 정치적 학살이었다."[115])는 것이다. 이와 같은 주장은 지금도 여전히 유태인은 없어져야 할 악마와 같은 존재로 보인다.

그 외에도 유태인들은 거의 모든 전쟁과 혁명의 배후이며, 그들에게 거스른 사람들은 무자비하게 암살당했다는 이야기들이 즐비하게 나열되어 있다. 그래서 그와 같은 책들을 읽으면 유태인은 악마 그 자체라고 생각이 될 정도이다. 아우슈비츠는 끝난 것이 결코 아니었다.

그런데 유태인이 정말로 세계사의 모든 범죄의 원흉이고 자신들을 반대하는 사람들에 대해 잔학한 암살을 밥 먹듯 한다면 도대체 내가 이 끔찍한 반유대주의 책들을 우리나라의 공용 도서관에서 어떻게 그토록 많이 만날 수 있었을까? 그리고 그 많은 책들의 저자들은 벌써 암살되었어야 하지 않겠는가?

독일인들은 저 유명한 칸트가 『순수이성비판』에서 "독일에서 철저성의 정신이 소멸하고 있지 않으며……"[116])라고 스스로 밝혔듯이 철저함을 자랑으로 삼는 사람들이다.

독일은 2012년 11월 15일(현지 시간), 독일 정부가 유태인 홀로코스트(대학살) 피해자 중 아직 보상을 받지 못한 경우 신청하면 지금이라도 보상하겠다고 밝혔다. "쇼이블레 장관은 이어 '독일 정부가 전 세계 10만 명의 홀로코스트 생존자에게 생계를 지원할 것'이라면서 '동유럽에는 8만 명이 (이번 조치로) 보상을 받게 될 것'이라고 말했다."[117])

독일인들이 유태인 6백만 학살이 사실이 아니라면 전후에 피해국에서 사죄하고 보상하는 철저한 반성의 노력을 할 이유가 없을 것이다.

---

114) 유스터스 멀린스 『미국은 점령되었다』, 강영길 역, 동서문화사, 2003년, 206쪽.
115) 유스터스 멀린스 『미국은 점령되었다』, 강영길 역, 동서문화사, 2003년, 187쪽.
116) 칸트, 『순수이성비판』, XL.Ⅱ.
117) (베를린=연합뉴스) 박창욱 특파원, 2012. 11. 16.

아우슈비츠를 잊지 않는 철학자들이 인류의 정신에 기여한 공헌은 크다. 이들은 플라톤과 아리스토텔레스 등의 철학자들에게 의해 만들어진 이 속임수와 폭력의 행동의 틀을 아드르노와 리오타르와 데리다, 푸코 등이 철학적으로 파헤치는 치열한 노력을 했다는 점이다. 그리고 한나 아렌트는 아이히만의 재판정에 직접 기자로 참관하며 그 내용을 『예루살렘의 아이히만』에 담아 출판했다.

그리고 이들 철학자들은 아우슈비츠에서 발견한 철학적 해결 방법으로 인종 문제, 여성 문제, 동성애 문제 등에 적용함으로써 최하위 1%의 제물로 삼았던 소수 인종들과 여성, 그리고 동성애자들의 입장을 살피기 시작했다는 점이다.

이들은 모더니즘을 거대한 이야기로 규정하고 그것에 대한 작은 이야기를 다루고 있다. 이것은 현대 문명의 문제를 거대한 폭력에 희생된 소수의 약자인 유태인과 여성, 그리고 소수 민족 등의 작은 이야기를 부각시키는 철학과 예술의 새로운 경향이다. 리오타르는 이렇게 말한다.

"보편성의 실현이라는 근대의 기획은 포기되거나 망각된 것이 아니라, 파멸되고 청산되었다는 것이다. 다수의 파멸 양식은 실제로 존재하며, 이것을 상징적으로 보여 주는 다수의 이름으로 존재한다. 「아우슈비츠」가 비극적인 근대의 미완성을 단적으로 보여 주는 이름일 것이다."118)

아우슈비츠야말로 근대가 파멸되고 청산된 상징이라는 것이다. 그리고 그 근대의 기획이란 거대한 이야기들이다. 자본주의, 공산주의 등 이 모든 거대 이야기들은 모두 신뢰를 잃고 파멸된 것이라고 주장하는 것이다.

리오타르가 유명해진 것은 이 말을 하고 얼마 있다가 정말로 공산주의가 무너졌기 때문이다. 포스트모더니즘은 이렇게 알려진 것이다. 그 중심에 서구 지식인들의 아우슈비츠에 대한 끊임없는 성찰이 있었던 것이다.

이들은 집요한 연구 끝에 최하위 1%로 제물이 되어 희생당하는 소수들

---

118) J-F 리오타르, 『지식인의 종언』, 이현복 편역, 문예출판사, 1993년, 81쪽.

의 입장을 변호하기 시작했다. 이것은 무엇인가? '광기와 학살의 지배 법칙 $-1=99-100$'에서 -1에 해당하는 희생자들의 입장에서 세상을 보자는 것이다.

-1에 해당하는 억울한 희생자의 제물의 눈으로 세상을 본다면 더 이상 '광기와 학살의 지배 법칙 $-1=99-100$'은 성립하지 않는다. 아우슈비츠의 문제는 밝혀진 것이다. 그러나 그렇다고 해서 1과 99의 행동의 법칙 자체가 사라진 것은 아니라는 점에서 여전히 불씨는 남아 있다.

나는 이 불씨조차 완전히 없애고 새로운 출발을 해야 한다고 믿는다. 그리고 그 방법은 '한의 기본 법칙 $100=99+1$'에서부터 찾을 수 있다고 생각한다.

(1) 히틀러의 자기 합리화

히틀러야말로 99%의 민중들에게 살해당하기에 가장 적당한 지배자였을 것이다. 그런 만큼 히틀러에게 자신을 대신해서 민중들의 제물이 되어 살해당해 줄 대상은 절실하게 필요했을 것이다.

그는 유태인에 대해 다음과 같이 말한다. "항상 다른 민족의 체내에 사는 기생충일 뿐이다.……유태인은 다른 민족의 국가 속에 생활하며 거기서 자신의 국가를 형성하고 있는데, 이 국가는 물론 외면적인 사정이 그 본질을 낱낱이 폭로해 보이지 않았던 동안에는 종교 공동체라는 명칭 아래 가장해서 행동하는 것이 보통이었다."[119]

히틀러는 유태인들이 '부르주아 계급을 봉건적 세계의 성을 파괴시키는 철퇴로 이용했다'[120]고 주장한다. 소위 봉건 세계를 파괴하고 자본주의 시대를 연 것에 대해 그 주된 세력이 유태인이라는 주장을 하고 있는 것이다.

---

119) 히틀러, 『나의 투쟁』, 이명성 역, 홍신문화사, 1988년, 137쪽.
120) 히틀러, 『나의 투쟁』, 이명성 역, 홍신문화사, 1988년, 141쪽.

또한 히틀러는 유태인이 마르크스 이론을 창시했다고 비난한다.

사실상 온갖 반유대주의의 이론이 모두 히틀러에게서 정리가 된 것 같다. 그 결과 다음과 같은 기록을 남기게 되었다.

"1941년 10월부터 독일 제국 철도의 강제 이송 열차들이 움직였고, 목적지는 처음에는 우지아 기가의 게토들이었고, 다음은 테레지엔슈타트와 동부의 절멸 수용소로 가는 중간 수용소들이었다. 반제 회의에서 제출된 프로그램의 상당 부분이 바로 이곳 동부 수용소에서 실현되게 된다. 6백만 명의 유태인들(이보다 많으면 많았지 적지 않다)이 유태인 문제의 최종 해결 과정에서 살해되었다[21]는 것이다.

그런데 당시 유럽에서 가장 부유했던 유태인들의 재산이 나치 독일의 누구에게 어떻게 약탈되었는지에 대해서는 알아볼 자료가 없는 것이 아쉬운 점이다. 유태인들의 막대한 재산은 분명 학살의 중요한 원인이었을 것이기 때문이다.

아우슈비츠는 '광기와 학살의 지배 법칙 −1=99−100'의 상징이 되었다. 그리고 그 문제가 무엇인지에 대해 역사상 처음으로 전 세계의 지성인들이 머리를 싸매고 집중적으로 연구했으며, 그 문제의 핵심도 밝혀졌다는 점에서 다른 광기와 학살과 구분된다.

16. 중국 역사의 광란과 학살, 그리고 '너희는 1%'

동중서 이후 중국은 무려 2천 년 동안 최상위 1%의 고릴라와 같은 지배자가 99%의 민중을 지배하는 속임수와 폭력의 지배 구조를 이어 왔다. 이른바 동중서가 말한 양존음비陽存陰卑의 이원론과 계사전繫辭傳의 태극−양의−사상−팔괘로 이어지는 1−2−4−8의 수직적 계층 구조가 바로 그것

---

121) 볼프강 벤츠, 『홀로코스트』, 최용찬 역, 지식의 풍경, 2002년, 26쪽.

이었다.

물론 동중서 이전에 진나라의 상앙의 법가 사상을 기초로 국가를 마치 전쟁 기계처럼 만들고 진시황과 이사李斯가 분서갱유를 단행했다. 그러나 "한 무제가 동중서의 대책을 채용하여 '육예의 과목, 혹은 공자의 학설에 해당하지 않는 것들은 전부 다 그 이념을 단절하고 나란히 행세하지 못하게 하자. 마침내 중국 사상의 대부분은 유가儒家로 통일되었고, 또 유가의 학은 경학經學으로 확정되었다."122)

진시황과 이사는 분서갱유를 단행하여 법가를 중심으로 하여 유가를 위시하여 다른 모든 학문을 말살하려고 했지만, 한 무제와 동중서는 거꾸로 유학을 제외한 모든 학문을 제외하고 중국 사상은 오직 유학만으로 통일했다. 이로써 중국은 2천 년간 중화사상이 동중서의 유학으로 굳어졌고 국가의 관리를 유학으로 뽑게 된 것이다.

"이후로 동중서에서 강유위康有爲에 이르기까지 책을 지어 주장을 수립한(著書立說) 인물은 거의 모두 그 학설의 독창성 여하를 막론하고 경학 속에서 그 근거를 찾아야 비로소 일반 사람의 신뢰를 얻을 수 있었다.……따라서 동중서에서 강유위까지는 경학 시대이다."123)

유가가 독존할 수밖에 없었던 이유는 단순한 것이다. 동중서가 최상위 1%인 한 무제에게 99%의 민중에게 살해당하는 대신, 그들을 지배하는 수단으로서의 유학을 제시했다. 한 무제로서는 대규모 군대를 동원하여 창칼을 사용하지 않고도 창칼을 사용하는 보다 더 강력하게 99%의 민중을 지배하는 효과를 내는 동중서의 문치文治를 마다할 이유가 없었을 것이다.

풍우란이 "유가의 독존獨存이란 사실상 '사상 대결 상의 승리'가 아니라 '유학의 관학화' 또는 '사상의 고착화'의 의미가 컸다."124)라고 말하는 것은 바로 이와 같은 이유를 말하는 것이라 하겠다.

---

122) 풍우란馬友蘭 『중국 철학사 상』, 박성규 역, 까치글방, 2007년, 639쪽.
123) 풍우란馬友蘭 『중국 철학사 상』, 박성규 역, 까치글방, 2007년, 639쪽.
124) 풍우란馬友蘭 『중국 철학사 상』, 박성규 역, 까치글방, 2007년, 639쪽.

강유위康有爲는 중국 근대사에서 가장 커다란 주목을 받은 인물로서 무술변법 운동戊戌變法運動의 지도자이다. 따라서 한나라의 동중서에 의해 세워진 이 중화주의는 청나라의 강유위까지 지속되었음을 의미하는 것이다.

동중서의 중화주의로 유학이라는 이름으로 내세운 철저한 이원론과 수직적 계층 구조가 과연 공자와 맹자의 순수한 유학이라고 생각하기에는 여러 가지로 무리가 있을 것이다.

동중서에 의해 굳어진 이 속임수와 폭력의 지배 구조는 대규모의 광기와 학살로 이어질 수밖에 없다는 사실은 중국의 역사에서 그대로 증명된다. 이 이원론과 수직적 계층 구조는 대동란으로만 해결될 수 있었기 때문이다. "중국의 역사는 토지 집중, 지방 호족 등 항거 세력, 방대하고 부패한 관료 조직 등은 대동란을 통해서만 파괴되고 소멸될 수 있었다."125) 중국의 대동란의 참혹성은 다음과 같이 설명될 수 있을 것이다.

> 중국에서 왕조 말기마다 발생했던 대동란은 세계사에서도 매우 보기 드문 현상이었다. (중략) 그리고 이러한 성격의 대동란은 모두 이상하리만큼 잔혹성이 포함되어 있다. 진한秦漢 교체기에 있었던 8년간의 전란으로 본래 2,000여만 명이었던 인구는 그 절반이 넘게 감소했다. 한말漢末의 대동란 역시 20년도 안 되는 짧은 시간에 6,000만이었던 인구를 2/3나 감소시켜 버렸다.126)

문제는 이 같은 발작적인 대동란이 일어나 대대적인 살육이 벌어진다고 해도 중국을 지배해 온 고릴라식 이원론과 수직적 계층 구조가 그대로 존속되는 한 해결되거나 달라지는 것은 아무것도 없다는 사실이다.

즉, 대동란에 의해 99인 민중이 1인 왕과 그 주변 세력을 제거했다 해도 그 99에서 다시 최상위 1%의 지배 세력이 나타나 똑같은 이원론과 수직적 계층 구조를 사용해 속임수와 폭력으로 다스리고 그것은 다시 민중들이

---

125) 김관도·유청봉, 『중국 문화의 시스템론적 해석』, 도서출판 천지, 1994년, 123쪽.
126) 김관도·유청봉, 『중국 문화의 시스템론적 해석』, 도서출판 천지, 1994년, 126쪽.

견딜 수 없는 학정 속에서 광기와 학살로 이어지면 또다시 99인 민중이 민란을 일으키거나 북방의 유목민이 왕을 제거하여 지배자가 되는 1과 99의 행동의 틀의 악순환이 곧 중국의 역사인 것이다. 물론 어떤 경우이든 문관들은 이 수직적 계층 구조를 유지하여 민중을 바보로 만들어 민중들의 피와 땀과 눈물을 약탈하며 권력을 누렸다.

따라서 중국의 역사는 보통 2백 년 간격으로 이 같은 대동란이 주기적이고 발작적으로 일어난 기록에 지나지 않는 것이다. 또한 바로 이것이 동중서와 사마천이 만들어 낸 중화주의의 실체이기도 하다.

이 이원론은 동아시아에서 오늘날도 크게 다르지 않다. 이웃 나라인 중국과 일본을 보라! 그 나라의 민중들로서는 속임수와 폭력의 지배 법칙이나 광기와 학살의 지배 법칙이 지배할 때조차도 국가 최고 지도자를 민중들이 권좌에서 끌어내리거나, 고통을 줄 수 있는 힘이 없다.

중국은 천안문 사태에서 99%인 민중이 가진 힘의 한계를 여실히 보여 주었다. 또한 중국 인민군이 일본 군국주의와 장개석 정부와 싸우면서 확보했던 인민을 위한 군대라는 높은 자부심도 크게 상처를 입었다.

도대체 자기 나라의 수도 중심가에서 인민을 탱크와 장갑차로 밀어붙이고 총으로 쏴 죽이는 그 군대가 인민의 군대인가? 천안문 사태의 진정한 본질은 도대체 중국은 왜 공산주의 혁명을 했는가에 대해 스스로 근본적인 의문을 가지게 되었다는 점이다.

군대를 앞세운 최상위 1%의 새로운 지배 계층이 인민을 이처럼 마음대로 탱크로 밀어붙이고 총으로 쏴 죽이고, 공산당 독재의 상위 1%의 권력자들이 나라 돈을 마음대로 도둑질하려고 혁명을 했는가?

결국 중국의 공산주의 혁명이란 지난 중국의 역사에서 2백 년마다 일어났던 대동란의 새로운 형태에 지나지 않았던 것임을 스스로 증명한 것이다. 아무리 13억 인구를 가지고 있으면 무엇 하는가? 민중이 모든 억압을 물리치고 스스로 행동하고 스스로의 피를 흘려 권리를 쟁취하려는 드높은 자부심과 자존심을 가지지 못하는 민중은 아무리 숫자가 13억이라 해도 그 숫자는 단지 숫자에 불과하다.

일본은 언제나 최상위 1%끼리 만들어지는 위에서부터의 혁명이 있었지, 우리처럼 99%인 민중에 의해 아래로부터의 혁명을 한 번도 경험해 본 적이 없는 나라이다. 일본 민중 99%는 너무 오랫동안 계층화되어 다시 99%가 하나가 되는 일은 불가능해 보일 정도이다. 그들 일본 민중이 다시 99%가 되어 기존의 최상위 1%를 끌어내릴 수 있다는 생각은 이미 일본인들의 사고와 행동의 틀에는 아예 없는 것으로 보인다.

즉, 일본의 민주주의는 민중들이 스스로 고귀한 피를 흘려 어렵게 만들어 낸 민주주의가 아니라 최상위 1%가 자신들의 권력을 유지하기 위해 만들어 낸 그들을 위한 정치 제도일 뿐이다. 그것이 아무리 잘 만들어진 제도라 해도 플라톤이나 동중서식의 이원론과 계층 구조일 뿐이다. 따라서 일본이야말로 속임수와 폭력의 지배 법칙이 작용하는 나라이며 언제든 다시 광기와 학살의 지배 법칙이 그 모습을 드러낼 수 있는 나라인 것이다.

그러나 우리 한겨레는 이 이웃나라 중국과 일본보다 인구와 영토는 작지만 대중들의 힘은 이들 인구를 모두를 모아 놓은 힘보다 훨씬 더 크다.

아마 전 세계의 그 어느 나라도 우리 한겨레 공동체가 세운 대한민국의 대중과 같은 강력한 힘을 가진 나라는 없을 것이다. 중국과 일본과는 달리 우리 대한민국에는 더 이상 독재자가 들어설 수 없는 강력한 민주주의 국가라는 점에 이의를 달 사람은 없을 것이다.

17. 스탈린과 폴 포트의 광란과 학살, 그리고 '너희들은 1%'

산업 사회는 최상위 1%의 자본가가 99%의 민중들에게 살해당하지 않기 위해 민중을 둘로 분리시킨다. 이 경우 이데아는 관리자이고 현상계는 노동자이다. 그 노동자들 중에서도 항상 최하위 1%가 있기 마련이다. 이들은 곧 자본가를 대신하여 고통 받고 죽어 가는 희생으로서의 제물이다.

마르크스는 자본주의의 틀인 자본가가 선이고 노동자가 악인 이원론을 거꾸로 뒤집었다. 그는 노동자가 선이고 자본가가 악이라고 주장한 것이다. 그래서 이제는 노동자가 자본가를 부정하는 사회를 만들자고 주장한 것이다.

(1) 에리히 프롬의 마르크스 옹호

마르크스의 책을 읽어 보면 도대체 스탈린과 폴 포트와 같은 어릿광대가 마르크스와 사제지간이라고는 도저히 믿겨지지 않는다. 이 점에 대하여 에리히 프롬은 이렇게 말한다. "마르크스가 한때나마 또 상당히 오랫동안 자유의 적으로 간주되었던 까닭은 스탈린이라는 광신적인 협잡꾼이 마르크스의 미명 아래 수많은 일을 저질렀기 때문이며, 또 서구 사회가 마르크스에 대해 지독히도 무지했기 때문이다."[127]

상당 부분 고개를 끄덕이게 하는 말이다. 스탈린이 협잡꾼이라는 말은 이미 우리에게 낯설지 않다. 그러나 마르크스의 고타강령을 읽어 보면 할 말이 없어진다. 마르크스는 분명히 스탈린과 폴 포트와 연결이 되기 때문이다. 즉, 마르크스는 분명히 '프롤레타리아트 혁명적 독재'를 말했기 때문이다.

(2) 고타강령과 프롤레타리아 독재

공산주의에서 프롤레타리아 독재는 당연한 것처럼 주장되지만 마르크스의 저서에서 프롤레타리아 독재는 『고타강령 초안 비판[28]』에 나오는

---

127) E. 프롬·H. 포핏츠, 『마르크스의 인간학』, 김창호 역, 동녘, 1983년, 73쪽.

다음과 같은 간단한 내용이 전부이다.

> 자본주의 사회와 공산주의 사회 사이에는 전자에서 후자로의 혁명적 전환의
> 시기가 놓여 있다. 또한 이 시기에 상응하는 정치적 이행기가 있으니, 이때의
> 국가는 프롤레타리아트의 혁명적 독재 이외에 다른 것일 수가 없다.[129]

(3) 프롤레타리아트 혁명적 독재와 학살

스탈린과 폴 포트는 구소련과 캄보디아를 사회주의 국가로 만들면서 혁명이라는 이름으로 대대적인 집단 학살을 감행했다. 놀라운 것은 스탈린만 해도 무려 2,000~2,500만 명[130]이 무시무시한 광기 속에서 학살당하였고, 폴 포트의 경우는 당시 700만 명의 캄보디아 전체 인구 중 무려 4분의 1가량에 해당하는 150만 명에서 200만 명[131]이 무시무시한 광기 속에서 학살을 당했다는 사실이다.

물론 이들이 무서운 광기 속에서 집단 학살이 일어난 이유는 간단한 것이다. 구소련과 캄보디아의 최상위 1%의 지배자가 되려는 스탈린과 폴 포트가 99%의 민중들에게 살해당하지 않고 그들을 지배하기 위해 자신들을 대신해서 제물이 되어 죽어 줄 희생자가 필요했기 때문이다. 이들은 단지 권력에 미친 어릿광대에 불과했다.

다만 이 경우는 사회주의라는 새로운 명분을 사용했다는 사실이 다른 여러 경우들과 달랐다는 점이 차이라면 차이였을 뿐이었다. 그러나 이제 20세기를 휩쓸었던 사회주의 광풍이 지나간 지금에 와서 보면 그들이 내

---

128) 칼 마르크스, 『고타강령 초안 비판』, 칼 맑스 · 프리드리히 엥겔스 저작 선집 제4권, 박종철출판사, 1990년, 385쪽.

129) 칼 마르크스, 『고타강령 초안 비판』, 칼 맑스 · 프리드리히 엥겔스 저작 선집 제4권, 박종철출판사, 1990년, 385~386쪽.

130) 최호근, 『제노사이드』, 책세상, 2005년, 242쪽.

131) 조지프 커민스, 『잔혹한 세계사』, 제효영 역, 시그마북스, 2011년, 342쪽.

세운 사회주의라는 명분과 역사상 속임수와 폭력이 광기와 학살로 변하는 다른 여러 경우들과는 조금도 차이가 없는 것임이 드러났다.

그들 공산 혁명가들은 단지 최상위 1%의 권력이 필요했고 그 권력을 가지기 위해 자신들 대신 죽어 제물이 되어 죽어 줄 최하위 1%의 희생자를 골라 끔찍한 광기 속에서 집단 학살을 했을 뿐이었다.

그리고 이들에게 제물이 되어 학살당한 희생자들은 영문도 모른 채 자신들이 큰 죄나 지은 것처럼 죽어 갔다. 그러나 보라! 이들을 학살한 혁명가들은 새로운 최상위 1%의 어릿광대가 되어 온갖 권세와 부귀를 마음껏 누리며 그 어느 자본가 부럽지 않게 살았다. 시간이 지나자 혁명 이전과 혁명 이후가 달라진 것이 아무것도 없게 된 것이다.

18. 조선의 왕 씨 학살, 제주도 4·3 학살, 광주 학살, 그리고 '너희들은 1%'

한사상은 국가의 정권이 시작할 때 대통합을 통해 국가를 이루는 대중이 하나가 되어 역동적으로 행동하는 길을 제시한다. 그러나 1과 99의 행동의 틀로 이루어지는 이원론과 수직적 계층 구조는 속임수와 폭력을 바탕으로 대중을 분할하여 지배하게 된다. 최악의 경우는 국가의 정권이 시작하면서 정권의 정당성에 문제가 있거나 정권을 강화하기 위해 저항하거나 저항할 가능성이 있는 세력을 희생의 제물로 삼는 광기와 학살의 지배 법칙으로 시작하는 경우이다.

한사상을 창조하고 운영해 온 우리 한겨레 문명의 나라들은 대통합으로 국가의 정권이 시작하는 경우가 일반적이다.

단군조선은 외부에서 온 한웅족과 만주의 토착 민족인 웅녀족의 대통합으로 생겨난 나라이다. 고구려는 부여의 왕자인 주몽과 만주의 토착 민족인 소서노족과의 대통합으로 이루어졌다. 신라는 6개 씨족의 대통합으로 만들어졌고, 가야는 김수로왕과 허황옥의 아유타국 세력과의 대통합으로 이루어졌다. 고려는 왕건의 정치력과 결혼 정책으로 각 지역의 여러 호족들과 대통합으로 이루어졌다.

이 한겨레 문명의 국가들이 지켜 온 이 대원칙이 무너졌을 뿐 아니라 최악의 경우인 광기와 학살의 법칙으로 국가의 정권이 시작한 것은 조선 왕조가 고려 왕조의 왕족인 왕 씨들을 대학살하면서부터였다. 그리고 대한민국의 이승만 정권이 시작하면서 1948년 제주도민 3만 명[132]을 학살한 4·3 학살이 일어났다. 그리고 이어서 전두환 정권이 권력을 장악하며 1980년 5월 광주 학살이 일어났다.

이 세 가지 학살 사건은 광기와 학살이 정권이 시작하면서 일어났다는 점에서 공통점이 있다. 그리고 그 첫 번째 사건인 왕 씨 학살은 고려 5백년을 통해 고려에서 가장 큰 성씨 중 하나였을 왕 씨 일족 전체가 학살된 사건으로서 대단히 큰 규모로 일어난 엄청나게 참혹한 사건이다.

그러나 그 서슬이 시퍼렇던 왕조시대를 살았던 조선왕조의 사관史官들은 조선 역사의 가장 부끄러운 사건인 왕 씨 학살을 조선왕조실록에 있는 그대로 정확하고 철저하게 기록함으로써 오히려 조선왕조를 기개 있는 선비들이 이끄는 자랑스러운 나라로 만들었다.

이와는 반대로 자유와 평등을 주장하는 민주주의 시대를 살고 있는 대한민국의 역사가들은 이같이 중대한 역사적 사실을 역사 교과서에 싣지 않았다. 그리고 조선의 역사를 기록한 다른 역사서에도 이 기록은 철저하게 지워져 있다. 그럼으로써 이 엄청난 왕 씨 대학살은 역사에서 은폐되어

---

132) 본 조사에서는 여러 자료와 인구 변동 통계 등을 감안, 잠정적으로 4·3 사건 인명 피해를 25,000~30,000명으로 추정했다. 1950년 4월 김용하 제주도 지사가 밝힌 27,719명과 한국전쟁 이후 발생한 예비검속 및 형무소 재소자 희생 3,000명을 감안한 숫자이나, 향후 더욱 정밀한 검증 작업이 필요하다고 판단된다.
제주 4·3 사건진상조사보고서작성기획단, 『제주 4·3 사건진상조사보고서』, 2003년, 제주 4·3 사건진상규명및희생자명예회복위원회, 537쪽.

오늘날 이 참혹한 대참사를 아는 사람이 거의 없는 실정이다.

이는 대한민국의 역사가들이 모든 교육 중에서 가장 엄숙해야 할 역사교육을 치졸한 속임수 체제로 변질시켰음을 말하는 것이다. 그리고 광기와 학살의 역사를 은폐하는 속임수 역사 체제는 반드시 새로운 광기와 학살을 낳는다는 것이 또한 역사의 엄숙한 교훈이다.

그 다음 이승만 정권이 시작되며 일어난 제주도 4·3 사건이다. 제주도는 도둑과 거지와 문이 없는 공동체로서 제주도민 모두가 하나가 되어 어떤 어려움도 문제없이 극복하면서 열심히 일하며 행복하게 살아왔다. 이는 한겨레의 한사상이 가장 완벽하게 보존된 공동체로서 자본주의와 사회주의가 최종적으로 도달해야 할 철학적 영역을 유감없이 보여주는 곳이다. 그리고 장차 세계의 유수한 학자들이 제주도민에게 그 놀라운 공동체 운영 방법을 배우러 와야 할 보물과 같이 소중한 지역이다.

그런데 이와 같은 제주도에서 1947년 3월 1일을 시작으로 1948년 4월 3일 발생한 소요 사태와, 그로부터 1954년 9월 21일까지 사이에 한겨레 공동체에서 가장 잘 보존된 한사상의 고귀한 정의와 아름다운 도덕과 모든 것을 소통하고 통합하는 중용이 순식간에 모두 다 파괴되었다. 그리고 그 대신 참혹한 학살과 문명사회에서는 도저히 상상조차 할 수 없는 부도덕이 자행되었고 또한 제주도민의 명예를 더럽히는 추악한 선전·선동이 대신 그 자리를 차지하면서 지상낙원과 같았던 제주도는 차마 눈뜨고 볼 수 없는 생지옥이 되어 버렸다.

이 세상의 어느 누가 자신 태어나 살아온 고장이 이렇게 생지옥이 되는 것을 두 눈 뜨고 바라보고만 있겠는가? 제주도민으로서는 이 날벼락 같은 상황을 도저히 받아들일 수 없어 강력하게 저항하고 항쟁했음은 당연한 일이었다. 그러나 그 과정에서 전체 인구 30만 중 3만 명이 학살당하고 8만여 명이 집과 삶의 터전을 잃은 것이다. 제주도민이 이 사건으로 입은 그 억울함과 한은 아직도 하늘에 사무쳐 닿을 정도이다.

그리고 또한 전두환 정권이 권력을 장악하는 과정에서 1980년 5월 광주에서 동일한 유형의 광주 학살이 일어나게 되는 것이다. 이 광주 학살의 진상 또한 상당 기간 동안 은폐되었었다.

따라서 조선의 왕 씨 학살과 1948년 제주도 4·3 학살과 1980년 광주 학살은 동일한 유형이면서 동시에 서로 연관성이 있는 것이다. 특히 대한민국의 역사가들과 언론이 역사를 속임수 체제로 만들었다는 문제를 여실히 드러내고 있다. 그럼으로써 대한민국에서 이 광기와 학살의 악순환이 되풀이되고 있는 것이다.

이 18절에서는 왕 씨의 집단 학살과 제주도 4·3 학살을 다루게 된다. 그리고 광주 학살은 이 책의 마지막 절인 36절에서 다루게 된다.

그리고 우리 모두는 신라와 고려와 조선의 후예이다. 그리고 또한 이승만 대통령이 초대 대통령인 대한민국에서 살고 있으며, 군 출신 대통령들이 이끌었던 이 나라에서 생활하며 살아왔다. 또한 그 과정에서 미국과 깊은 관계를 유지하고 있다.

따라서 이 지나온 역사는 싫던 좋던 한겨레의 역사이다. 이 역사 모두를 부정하고서는 우리의 존재 역시 설 곳이 없다. 우리가 지나간 역사에서 수치스럽고 잘못된 부분들을 분명히 밝혀야 하는 이유는 그 같은 문제들이 반복하는 악순환을 미연에 방지하기 위해서이다.

하지만 이 역사 전체를 모두 악으로 몰아세우고 새로운 어떤 것을 선으로 설정하는 것은 새로운 1과 99의 야만의 법칙의 악순환을 되풀이할 뿐이다. 우리는 역사에서도 좋은 점 나쁜 점 모두 인정할 수 있을 때 그 바탕 위에서 통합적인 한사상으로 미래를 설계하고 운영할 수 있는 것이다.

미국도 마찬가지이다. 이 세상 어느 나라든 자국의 이익을 위해 행동하지 우리나라를 위해 행동할 나라는 없다. 그동안 미국이 보여 준 빛과 그림자 중 어느 하나만이 미국의 모습이라고 보는 것은 전혀 현실적이 아니다. 그 빛과 그림자 두 가지를 하나로 통합해서 볼 때, 그것이 미국의 본모습인 것이다. 미국도 그 같은 통합적 관점에서 보고, 서로의 이익을 위해 협력하는 관계로 생각하면 미국은 여전히 가장 가까운 우방인 것이다. 그리고 국가가 생존하고 번영하기 위해서는 적도 친구로 만들어야 한다. 하물며 우방인 미국을 적으로 삼는 것은 국가의 생존과 번영을 포기하는 것과 같다.

한사상은 과거 전체를 악으로 몰아세우고 어떤 것이 새로운 선이 되는 역사적 이원론은 반드시 1과 99의 새로운 악순환을 만드는 위험한 것으로 의심한다. 그리고 그것이 이원론이라면 통합론으로 전환시킨다.

(1) 고려의 왕 씨 집단 학살

왕이 되려는 자가 기존의 왕을 죽이고 왕위를 찬탈하는 일은 중국이나 다른 나라에서도 흔하다. 이와 같은 사건은 이미 이 책에서 다루었듯이 하나의 역사적 법칙에 해당하는 일이다.

그러나 왕위를 찬탈하여 왕이 된 사람과 그 세력들이 이전의 왕의 씨족 전체를 학살한 예는 동서양의 다른 어느 역사에서도 찾아볼 수 없는 참으로 어이없고 부끄러운 우리의 역사의 치부라 할 것이다. 하지만 조선의 개국 당시 발생한 이 사건이 조선 왕조 차원에서는 다르게 다루어졌다. 즉, 조선은 이 부끄러운 역사도 엄연한 역사로서 반드시 기록으로 남겨 후대에 경계로 삼아야 한다는 투철한 역사의식이 있었다. 조선 왕조의 사관들은 이 사건을 조선왕조실록에 일일이 기록함으로써 조선의 선비들의 기개를 유감없이 발휘하고 있다.

이 왕 씨 학살의 명분은 김가행 등이 점쟁이에게 왕 씨의 운명을 점친 사건으로 이는 명분이라고 할 수조차 없는 실로 구차한 구실이었다. 이 사건을 계기로 조선의 조정에서 왕 씨들을 제거하자는 논의가 시작되어 결국 왕 씨 전체를 학살하는 일로 매듭이 지어진다. 이는 조선이 시작하는 그 순간부터 고려의 왕족 전체를 제물로 삼아 학살하는 광기와 학살의 지배 법칙이 자행되었음을 말하는 것이다.

조선의 태조 이성계는 위화도 회군 후 왕이 된 다음, 고려의 왕 씨 일족 전체에서 왕우王瑀의 삼부자만 남기고 모조리 죽이라는 명령을 내린다. 조선왕조실록은 아래와 같은 기록을 비롯하여 다른 여러 가지 세세한 기록을 남겼다.

─태조 3년 1월 16일(병진)─

참찬문하부사參贊門下府事 박위朴葳를 순군옥巡軍獄에 가두었다. 처음에 동래 현령東萊縣令 김가행金可行과 염장관鹽場官 박중질朴仲質 등이 국가의 안위安危와 왕 씨王氏의 명운命運으로써 밀성密城의 장님盲人 이흥무李興茂에게 점卜을 쳤는데, 일이 발각되자, 흥무興茂를 잡아 와서 순군옥巡軍獄에 가두고, 성헌省憲과 형조刑曹로 하여금 순군만호부巡軍萬戶府와 함께 그 일을 조사하게 하니, 흥무가 죄를 자백伏罪하였다.

"가행可行과 중질仲質 등이 박위朴葳의 말로써, 와서 점치게 하면서 말하기를, '고려 왕조 공양왕의 명운命運이 우리 주상 전하主上殿下보다 누가 낫겠는가? 또 왕 씨王氏의 가운데서 누가 명운命運이 귀한 사람인가?' 하므로, 내가 남평군南平君 왕화王和의 명운이 귀하다 하고, 그 아우 영평군鈴平君 왕거王琚가 그 다음이 된다고 하였습니다." 이에 박위를 가두고 순군巡軍에게 명하여 가행과 중질을 경상도에서 잡아 오게 하였다.

─태조 3년 4월 14일(계미)─

○ 왕 씨 일족을 제거하기 위해 관원들을 삼척, 강화, 거제도에 보내다. 양부兩府 각 관사와 기로들이 모두 말하기를, "왕 씨를 모두 제거하여 후일의 근심을 막게 하소서." 하였는데, 다만 서운관書雲觀·전의典醫·요물고料物庫의 관원 수십 인만이 마땅히 해도海島에 귀양 보내야 된다고 하므로, 도평의사사에 명하여 다시 의논하여 아뢰게 하였다.……"왕 씨를 구처할 일은 한결같이 각 관사官司의 봉해 올린 글에 의거하게 하나, 왕우王瑀의 삼부자三父子는 선조先祖를 봉사奉祀하는 이유로써 특별히 사유赦宥한다."

112

—태조 3년 4월 15일(갑신)—

○ 윤방경 등이 강화에 있던 왕 씨 일족을 강화 나루에 빠뜨려 죽이다.

윤방경尹邦慶 등이 왕 씨王氏를 강화 나루江華渡에 던졌다.

—태조 3년 4월 20일(기축)—

○ 손흥종 등이 거제도에 있던 왕 씨 일족을 바다에 빠뜨려 죽이다.

손흥종孫興宗 등이 왕 씨王氏를 거제巨濟 바다에 던졌다.

○ 중앙과 지방에 왕 씨의 남은 일족을 찾아 모두 죽이다.

중앙과 지방에 명령하여 왕 씨王氏의 남은 자손을 대대적으로 수색하여 이들을 모두 목 베었다.

이 조선왕조실록의 기록이 후대에 어느 정도 윤색이 되었다고 의심하는 학자들도 있다. 하지만 조선 왕조의 사관들의 기록이 없었다면 우리는 이 사건에 대해 알 수 없었다는 점에서 조선의 사관들은 이 학살에 대한 원한을 어느 정도는 이미 풀어 주고 있다.

그런데 도대체 조선의 조정의 신하들은 왜 이유랄 것도 없는 억지 이유를 핑계로 왕 씨 전체를 살해해야 한다고 그토록 강력하게 주장했고 또한 기어이 실행했을까? 새로운 집권 세력들이 당시 왕족인 왕 씨가 가지고 있었던 정통성과 영향력을 극복하기가 불가능하다고 생각했기 때문일까?

그리고 우리는 마녀사냥에서 여성들이 학살당한 배경에 그녀들의 재산에 대한 탐욕이 있었음을 알고 있다. 그렇다면 고려 5백 년간 왕족으로 만만치 않은 재산을 축적하고 있었을 이 왕 씨들을 학살했을 때 그 왕 씨들 전체가 가지고 있던 그 막대한 집과 전답과 노비는 누구의 것이 되었는지에 대해서도 같은 의문을 가져 볼 수 있을 것이다.

그리고 이때 왕 씨 씨족 중 살아남은 사람들은 모든 재산을 다 버리고 바다의 섬이나 산속으로 도피한 사람들 정도였을 것이다.

(2) 제주도 4·3 학살

후한서後漢書 동이열전東夷列傳의 예濊 조에서 우리의 조상들을 중국인들이 이렇게 설명하고 있다. 즉, "그 사람들은 서로 훔치는 일이 없어서 문을 닫지 않고 살았으며……"[133]

바로 이 고대 한겨레의 풍속이 최근까지 지속된 지역이 곧 제주도이다. 제주도를 상징하는 말인 삼무三無는 도둑 없고盜無, 거지 없고乞無, 대문 없다大門無는 것을 의미한다. 바로 이것이 한겨레의 재세이화와 홍익인간이 상징하는 한사상이 전면적으로 이루어지는 상태이다. 즉, 구태여 법이 없어도 인간이 지켜야 할 정의와 도덕과 중용이 자율적으로 지켜지면서 질서 있게 움직이는 공동체이었다.

즉, 과거 단군조선의 풍속을 최근까지 간직하며 범죄가 없고 근면하게 일하며 서로 간의 깊은 믿음 속에서 상호부조가 전면적으로 이루어지는 공동체로서 그 어떤 어려움도 극복하는 능력을 가지고 행복하게 살았던 지상낙원이 곧 제주도였다. 이 상호부조의 능력은 제주도식 두레인 '수눌음'[134]으로 재세이화를 상징하며 아직까지도 전해진다. 이는 제4부 행복론, 홍익인간론에서 설명할 재세이화와 홍익인간이 전면적으로 이루어지는 공동체였다.

제주도의 옛 이름인 탐라耽羅라는 말은 담로나 다라와 같은 말로서 '태양의 밝음의 영역'을 상징하는 두레를 의미한다. 두레는 33절 '성취상태—한의 제4법칙 81=36+45'에서 설명할 한사상의 핵심 개념인 재세이화를 상징하는 말로 홍익인간으로 이어지는 개념이다. 탐라의 경우 이 재세이화를 의미하는 두레의 개념이 나라의 이름으로 사용된 것이다.

세계의 모든 나라는 이처럼 인간이 이룰 수 있는 최적화된 공동체를 만

---

133) 기인종불상도 무문호지폐 부인정신其人終不相盜 無門戶之閉 婦人貞信.
134) 주강현, 『한국의 두레 1』,집문당, 1997년, 181쪽.

들어 운영해 온 제주도민에게 그 살아서 행동하는 한사상을 배우러 와야 할 입장에 있었다. 그러나 이 같은 제주도민에게 사회주의니 자본주의니 하는 제도는 오히려 제주도민이 오랜 세월 누렸던 공동체의 철학적 수준에 매우 뒤떨어지는 것들이었다.

그러나 "4·3때 빨갱이라는 손가락질 하나에 무수한 사람들이 즉결 총살됐고, 이후 역대 정권이 4·3은 북한의 사주에 의한 공산 폭동이라고 규정"[135]했다. 이렇게 제주도민을 공산 폭도로 누명을 씌운 것은 그 자체가 참으로 가당치도 않은 일이 아닐 수 없는 것이다. 훗날 세계인들이 제주도의 삼무三無와 수눌음에 담긴 한사상의 깊은 의미를 알게 될 때 제주도민에게 이와 같은 누명을 씌운 것은 큰 웃음거리가 될 것이 틀림없다.

이처럼 세계인이 부러워할 이상향에서 열심히 일하며 행복하게 살아가던 30만 선남선녀들이 대한민국이 세워지면서 갑자기 반드시 제거해야 할 악질적인 국가의 적으로 몰려 수만 명이 학살당하고 집을 잃은 이재민이 되었다. 그 과정에서 만들어진 차마 눈뜨고 볼 수 없는 참상은 이 꿈같은 지상낙원을 지옥으로 바꾸어 놓았다.

이른바 제주 4·3 사건이란 1947년 3월 1일을 시작으로 1948년 4월 3일 발생한 소요 사태와, 그로부터 1954년 9월 21일까지 제주도에서 발생한 무력 충돌과 진압 과정에서 주민들이 희생당한 사건으로 정의한다.[136] 이 집단 학살은 대한민국이 새롭게 출발하면서 바로 이 광기와 학살이 자행되었음을 말해 준다.

그리고 대한민국 국민의 생존권을 지켜야 할 정의를 생명처럼 여겨야 할 군대와 경찰이 대한민국 국민인 제주도민을 직접 학살하는 부정의가 발생했다는 점에서, 대한민국의 정의가 대한민국이 세워지면서 가장 먼저

---

135) 역사문제연구소·역사학연구소·제주 4·3 연구소·한국역사연구회 편 제주 4·3 제 50주년 기념사업 범국민위원회 간,『제주 4·3 연구』, 역사비평사, 1999년, 370쪽.
136) 제주 4·3 사건 진상 규명 및 희생자 명예 회복에 관한 특별법[濟州四·三事件眞相糾明─犧牲者名譽回復─關─特別法].

짓밟힌 곳이 또한 제주도라는 사실을 말해 준다.

또한 인간과 인간끼리 절대로 넘지 말아야 할 최소한의 도덕적 경계까지 무자비하게 짓밟았다는 점에서 큰 충격을 준다. 이는 당시 제주도에서 대한민국의 도덕이 단지 집권자의 정권 유지를 위한 속임수에 불과했음을 말하는 것이다. 그리고 제주도 사회의 소통과 통합을 이루던 깊은 믿음의 영역인 중용의 영역은 치졸한 선전과 선동에 의해 파괴되었다.

『제주 4·3 사건 진상 조사 보고서』는 제주4·3 사건에서 문명사회의 기본 원칙이 무시되었음을 지적했다. 그리고 법을 지켜야 할 국가 공권력이 법을 어기면서 민간인을 살상하고, 토벌대가 재판 절차 없이 비무장 민간인을 살상한 것은 중대한 인권유린이며 과오라고 규정했다.[137]

따라서 4·3 사건의 근본적 원인은 이 세상에서 가장 아름다운 도덕과 공정한 정의와 위대한 믿음으로 이루어진 중용이 통합된 낙원으로서의 제주도 사회가 새로운 권력을 차지하기 위한 최상위 1%의 권력자들이 자행한 도덕을 가장한 속임수와 정의를 가장한 폭력과 중용을 가장한 선전·선동에 의해 짓밟혔을 때 일어난 행동이라고 해야 옳을 것이다.

그리고 그 와중에서 제주도민은 그 후 토벌대에 의해 학살당한 피해자와 무장대에 의해 학살당한 피해자가 각각 발생하며 더욱더 그 비극이 심화되었다. 하지만 오랜 세월 동안 이어진 뿌리 깊은 제주도의 미풍양속의 전통으로 살아온 제주도민의 저력은 위대한 것이다. 그 저력은 이 4·3 사건의 비극을 어렵지 않게 극복하고 다시 그 위대한 미풍양속을 회복하고 있으며 또한 그리될 것이다.

이러한 시점에 원래의 아름다운 전통을 가진 제주도민으로 되돌아가려는 움직임으로써 평화의 섬의 논의는 적절한 것이라 할 수 있다. 즉 "이 시점에서 누가 누구를 탓하기 보다는 상생의 정신으로 서로 용서하고 화

---

137) 제주 4·3 사건 진상 조사 보고서 작성기획단, 『제주 4·3 사건진상조사보고서』, 2003년, 제주 4·3 사건 진상 규명 및 희생자 명예 회복 위원회, 539쪽.

해하는 분위기를 만들어 보자는 것이었다. 그런 과정에서 발전적으로 추진된 것이 '평화의 섬' 논의였다. 결국 제주도민들은 4·3이라는 혹독한 시련을 겪었기에 더욱 평화를 갈망하게 되었고, 끝내는 '평화의 섬'이란 이름을 얻게 된 것이다." 2005년 1월 27일 제주도는 정부로부터 '세계 평화의 섬'으로 공식 지정[138]받았다.

① 제주도 4·3 학살의 배경

태평양 전쟁 말기에 일본 군국주의자들은 6만 명의 군대를 제주도에 주둔시켰다. 그리고 제주도 전체를 요새화하는 공사에 제주도민을 동원시켰고 전쟁 물자를 공출함으로써 제주도민은 궁핍에 빠지게 된다.

만일 히로시마와 나가사키에 원자폭탄이 터지지 않았으면 일본군은 제주도민과 함께 끝까지 미국과 싸울 생각이었다. 그랬다면 많은 오키나와의 주민들이 희생되었듯 제주도민도 그렇게 희생되었을 것이다. 당시 일본군 참모총장의 지시는 다음과 같다.

> 오키나와 함락(1945년 6월 25일) 직후인 7월 13일 일본군 참모총장은 제주도 작전에 관한 특별 지시를 제17방면군 사령관에게 시달했다. 그것은 1)제주도 작전 목적은 적의 공해空海기지 설정 기도를 파쇄함에 있다. 이를 위해서 작전 초동에서 공세를 취할 것 2) 제17방면군 사령관은 1개 사단 병력을 남선南鮮에 준비하고, 제주도에 대한 적의 침공 공산이 다대해지면 적시適時 이를 제주도에 투입, 제58군의 전력을 증강할 것을 내용으로 하고 있다. 이 지시에 따라 8월 중순에 제주도에 120사단을 증파할 계획이었으나, 종전으로 실행되지는 않았다. 1945년 8월 15일 당시 제주도 58군사령부 휘하의 일본군 병력은 6만여 명에 이르렀다.[139]

---

138) 양조훈, 『제주 4·3 사건과 평화의 섬』, 3쪽, 2007년, 15쪽(논문).
139) 제주 4·3 사건 진상 조사 보고서 작성 기획단, 『제주 4·3 사건 진상 조사 보고서』, 2003년, 제주 4·3 사건 진상 규명 및 희생자 명예 회복 위원회, 59쪽.

결국 일본 군국주의자들은 미군이 제주도에 상륙하면 제주도민 20여 만 명을 요새화된 한라산으로 끌고 가 자신들의 전쟁에 제주도민을 희생시킴으로서 일본 군국주의 수호의 제물로 삼겠다는 계획이었던 것이다.

다행히 전쟁이 끝나 희생자가 없었지만, 이때 제주도민이 제주도 군사 요새화의 공사에 동원되고 군사 물자 공출로 인해 궁핍에 빠짐으로써 받은 압박은 매우 컸을 것이다.

4·3 학살은 대한민국 어느 곳에서나 일어날 수 있는 사소한 사건들로 시작했지만 제주도민의 입장을 조금도 고려하지 않은 군정과 중앙 정부의 행동은 제주도민에게 큰 이질감을 가져왔으며 저항감을 일으켰다. 그리고 그 과정에서 제주도 남로당원들이 앞장서 무장 봉기를 일으켰다.

그리고 군정과 이승만 정부는 제주도민의 입장에 대해 이해하려고 하지 않고 전쟁터의 적군에게 작전을 펼치기에도 너무 잔혹한 초토화 작전을 벌여 제주도의 중산간 마을을 불태우고 무고한 주민들을 무자비하게 학살함으로써 제주도민들은 생명과 생활의 터전을 잃게 된 것이다.

『제주 4·3 사건 진상 조사 보고서』는 1948년 제주도에서는 국제법이 요구하는 기본 원칙이 무시되었다[140]고 했다. 진상 조사 보고서에 의하면 4·3 사건의 책임은 초토화 작전을 집행한 연대장 등의 군 책임자와 미국과 이승만 대통령에 있음을 밝히고 있다.[141]

이 4·3 학살의 직접적인 배경에는 두 가지로 볼 수 있다. 하나는 미국이며 또 하나는 이승만 대통령이다. 이 학살의 원인이 미국의 군정 시대에 일어났다는 점에서 미국은 일정 부분 책임이 있다.

『제주 4·3 연구』는 이렇게 말한다.

---

140) 제주 4·3 사건 진상 조사 보고서 작성 기획단,『제주 4·3 사건 진상 조사 보고서』, 2003년, 제주 4·3 사건 진상 규명 및 희생자 명예 회복 위원회, 539쪽.
141) 제주 4·3 사건 진상 조사 보고서 작성 기획단,『제주 4·3 사건 진상 조사 보고서』, 2003년, 제주 4·3 사건 진상 규명 및 희생자 명예 회복 위원회, 37~539쪽.

제2차 세계대전 후 점령군에 대항하여 이처럼 격렬한 민중 반란이 분출된 곳은 어느 나라에도 없었다면 왜 그랬는가 알아봐야 할 일이 아닌가? 더구나 미국은 격렬한 민중 분출의 원인을 제공한 직접 당사자였다. 4 · 3을 가져온 도화선인 1947년 3 · 1 시위가 전국 각지에서 벌어졌을 때 다른 지역과는 달리 미군이 직접 개입하였다."[142]

미국은 2차 대전 후 점령지에서 한 번도 이와 같은 무장 투쟁이 없었는데, 제주도에서 처음으로 일어났다. 따라서 미국의 입장에서는 이를 철저하게 진압하지 않으면 다른 점령지에서도 같은 문제가 발생할 수 있다는 점에서 과잉 대응을 했다는 관점이다. 이 경우 2차 대전 이후 미국이 전 세계의 최상위 1%가 되어 패권을 유지하기 위해 제주도민이 최하위 1%의 제물이 되어 희생당한 것이다. 광기와 학살의 지배 법칙이 적용된 것이다.

제주 지역 미군 총사령관으로 딘 군정장관의 특명을 받은 최고 지휘관인 미 20연대장 브라운 대령은 "원인에는 흥미가 없다. 나의 사명은 진압뿐이다."[143]

라고 주장했다. 진압을 위해서는 반드시 사건의 원인을 알아야 대책을 세울 수 있다는 것은 가장 기본적인 상식에 속하는 일이다. 원인을 알 필요 없이 진압하겠다는 것은 무조건 군대의 무력을 사용하겠다는 말이다. 이는 진압을 하려는 것이 아니라 그 우악스러운 진압 자체가 오히려 더욱 거센 저항의 원인을 만들게 되는 것이다.

또 하나는 이승만이 대통령이 되어 정권이 시작되는 시점에 학살이 본격적으로 일어났다는 관점이다. 1948년 1월 21일 국무회의에서 이승만 대

---

142) 역사문제연구소 · 역사학연구소 · 제주 4 · 3 연구소 · 한국역사연구회 편, 제주 4 · 3 제50주년 기념사업 범국민위원회 간, 『제주 4 · 3 연구』, 역사비평사, 1999년, 130쪽.
143) 역사문제연구소 · 역사학연구소 · 제주 4 · 3 연구소 · 한국역사연구회 편, 제주 4 · 3 제50주년 기념사업 범국민위원회 간, 『제주 4 · 3 연구』, 역사비평사, 1999년, 130쪽.

통령의 발언을 보자.

미국 측에서 한국의 중요성을 인식하고 많은 동정을 표하나 제주도, 전남 사
건의 여파를 완전히 발근색원拔根塞原하여야 그들의 원조화는 적극화될 것이
며 지방 토색討索 반도 및 절도 및 악당들을 가혹한 방법으로 탄압하여 법의
존엄을 표시할 것을 요청한다.144)

제주 4 · 3 사건의 조속한 해결을 위해 가혹한 방법으로 탄압하라는 지
시였다. 이 같은 이승만 대통령의 지시는 검찰 조직까지 전달되어 구체적
으로 실현됐다.145) 그런데 이승만 대통령이 말하는 이 가혹한 방법으로의
탄압은 그 어디에도 법적 근거가 없는 것이다. 그러나 군 최고 통수권자인
대통령의 이 마녀재판은 그 어떤 현행법보다 더 강력한 힘을 발휘했고 그
것이 많은 제주도민의 생사를 가르는 일에 작용했을 것을 알 수 있는 것이
다. 여기서 문제의 계엄령이 등장하지만 이 역시 군대가 재판 없이 민간인
을 무차별 총살할 수 있는 권리를 가질 수는 없는 것이었다.『제주 4 · 3
연구』는 이렇게 말한다.

제주도의 양민 대량 학살도 위기감 때문이라기보다는 이승만의 통치 권력과
극우 반공 체제의 강화를 위한 것이었다고 해석할 수밖에 없지 않을까?146)

즉, 이승만 정부가 권력을 강화하고 극우적 공포정치를 펴는 데 이용147)

---

144) 별지 법검비法檢秘 제439호(1949년1월26일)『대통령 유시 통고에 관한 건』총유 제41호『내무
법무 관계』,『검찰 예규에 관한 기록』(제주 4 · 3 사건 진상 조사 보고서 작성 기획단,『제주 4 · 3 사건
진상 조사 보고서』,제주 4 · 3 사건 진상 규명 및 희생자 명예 회복 위원회, 2003년, 287쪽).
145) 제주 4 · 3 사건 진상 조사 보고서 작성 기획단,『제주 4 · 3 사건 진상 조사 보고서』, 제주
4 · 3 사건 진상 규명 및 희생자 명예 회복 위원회, 2003년, 287쪽.
146) 역사문제연구소 · 역사학연구소 · 제주 4 · 3 연구소 · 한국역사연구회 편, 제주 4 · 3 제50주
년 기념사업 범국민위원회 간,『제주 4 · 3 연구』, 역사비평사, 1999년, 161쪽.
147) 역사문제연구소 · 역사학연구소 · 제주 4 · 3 연구소 · 한국역사연구회 편, 제주 4 · 3 제50주
년 기념사업 범국민위원회 간,『제주 4 · 3 연구』, 역사비평사, 1999년, 140쪽.

120

했다는 것이다. 이 사실은 당시의 혼란한 정국에서 자신의 정치적 입지를 강화하기 위해 자신을 지지하는 세력의 내부적인 결속을 강화하고 외부적으로 자신의 정권의 무력을 과시하기 위해 누구라도 희생을 시킬 제물이 필요했다고 볼 수 있다. 4 · 3 학살은 이러한 목적에 의해 희생의 제물이 되었다는 관점이다. 이 역시 광기와 학살의 지배 법칙이 적용된 것으로 볼 수 있는 것이다.

미국과 이승만 정권이 정말로 당시의 혼란한 정국에서 제주도의 전략적 중요성에 의해 제주도가 안정되기를 바랐다면 제주도민에게 그토록 잔혹한 광기와 학살로 초토화 작전을 저지를 이유가 있었는지에 의문을 가지게 되는 것이다.

따라서 보다 더 큰 시각으로 4 · 3 학살을 볼 때, 당시 제주에는 냉전 체제 강화라는 국제 정치가 크게 작용148)함으로서 그 흐름에 맞추어 집권 세력이 국내의 권력을 강화하려는 의지에 의해 제주도민이 그 거대한 흐름에 의해 희생양이 된 것이라는 생각을 하게 된다. 당시 언론은 제주 사태가 "대공 투쟁의 전초기지로서 보다도 오히려 시험 무대"라고 분석했다.149) 『제주 4 · 3 사건 진상 조사 보고서』는 결론적으로 제주도는 냉전 최대의 희생자였다고 판단된다고 말한다.150)

② 저항의 시작

2차 대전 이후 제주도에는 귀환 인구가 급증했다. 1945년 당시 제주도 인구는 일본군을 제외하면 22만 명 안팎으로 추산된다. 이것이 1년 사이에

---

148) "미소 냉전이 제주 4 · 3 사건의 참혹함을 불러왔다는 것은 당시 언론의 공통된 인식이었다." 제주 4 · 3 사건 진상 조사 보고서 작성 기획단, 『제주 4 · 3 사건 진상 조사 보고서』, 제주 4 · 3 사건 진상 규명 및 희생자 명예 회복 위원회, 2003년, 289쪽.
■ 이 4 · 3 사건에서 미소 냉전의 중요성을 강조한 것은 성공회대학교 김동춘 교수의 의견이다.
149) 『서울신문』, 1949년 9월 1일(제주 4 · 3 사건 진상 조사 보고서 작성 기획단, 『제주 4 · 3 사건 진상 조사 보고서』, 제주 4 · 3 사건 진상 규명 및 희생자 명예 회복 위원회, 2003년, 289쪽).
150) 제주 4 · 3 사건 진상 조사 보고서 작성 기획단, 『제주 4 · 3 사건 진상 조사 보고서』, 제주 4 · 3 사건 진상 규명 및 희생자 명예 회복 위원회, 2003년, 539쪽.

28만 명을 넘어서게 된다.[151]미군정이 시작되며 경찰 병력이 확대되고, 경비대인 9연대가 창설되었다. 그리고 해방 이후 "제주도는 귀환자들의 심각한 실직난, 일본 노동 시장에서 보내오던 송금이 끊기고 대일 교역의 불법화, 그리고 생필품의 부족 현상까지 겹치면서 매우 곤궁하였다. 여기에다 1946년 콜레라의 만연과 극심한 보리농사 흉년까지 겹치는 사태를 맞이하게 되었다."[152]

이렇게 민심이 흉흉한 상태에서 1947년 3월 1일 이른바 좌파 세력이 주도한 시위 현장에서 경찰이 시위대에 발포하여 6명이 숨지고 6명이 부상당하는 3·1 사건이 발발한다. 이 사건이 뒤이어 진행될 4·3 사건의 기폭제가 되는 것이다.

1947년 3월 1일 오전 11시 제28주년 3·1절 제주도 기념식이 제주북국민학교에서 열렸을 때 2만 5천에서 3만 명의 군중이 모였다. 그리고 10개 면에서 각각 별도의 기념식이 열렸는데, 각 지방마다 수천 명이 모여들었다.

이날 오후 2시경 기념식이 끝난 후 허가받지 않은 가두시위가 시작되었다. 오후 2시 45분께 관덕정 앞 광장에서 기마 경관이 탄 말에 어린이가 채여 소란이 일어난 무렵에는 시위 행렬이 관덕정 광장을 벗어난 시점이었다. 기마 경관이 어린이가 채인 사실을 몰랐던지 그대로 가려 하자 주변에 있던 관람 군중이 야유를 하며 몰려들기 시작했다. 일부 군중들은 '저놈 잡아라!'고 소리치면서 돌멩이를 들고 쫓아갔다. 당황한 기마 경관은 군중들에 쫓기면서 동료들이 있던 경찰서 쪽으로 말을 몰았고, 그 순간 총성이 울렸다. 당시 관덕정 앞에는 육지에서 내려온 응원 경찰이 무장을 한채 경계를 서고 있었는데, 기마 경관을 쫓아 군중들이 몰려오자 경찰서를

---

151) 제주 4·3 사건 진상 조사 보고서 작성 기획단,『제주 4·3 사건 진상 조사 보고서』, 제주 4·3 사건 진상 규명 및 희생자 명예 회복 위원회, 2003년, 68쪽.
152) 제주 4·3 사건 진상 조사 보고서 작성 기획단,『제주 4·3 사건 진상 조사 보고서』, 제주 4·3 사건 진상 규명 및 희생자 명예 회복 위원회, 2003년, 98쪽.

습격하는 것으로 잘못 알고 일제히 발포한 것이다.[153]

광기와 학살의 피로 얼룩지게 한 제주 4·3 학살의 도화선은 이렇게 불이 붙은 것이다. 이날 발포는 분명히 지나친 과잉 진압이었음이 드러났다. 즉, "이 발포의 희생자들의 검안 결과 희생자 중 1명을 빼고 나머지는 모두 등 뒤에서 총을 맞은 것으로 판명되었다."[154] 도망가는 군중의 등 뒤에 총을 쏠 이유가 어디에 있었겠는가? 하늘을 향해 공포탄을 쏘아도 충분한 상황에 지나치게 과잉 진압을 한 것이다.

이로 인해 1947년 3월 10일부터 제주도에서 한국에는 유래가 없었던 민관 총파업이 시작되었다. 그리고 이 군정 당국은 총파업 관련자를 구속하고 파업 중인 간부들을 연행하여 취조하기 시작했다. 1947년 3·1 사건 이후 1948년 4·3 발발 직전까지 1년 동안 2,500여 명이 검속됐다.[155]

이제 사태는 되돌릴 수 없게 된 것이다. 이 과정에서 남로당은 세를 확장할 수 있었다.

이 경찰관에 의해 민간인들이 살상 당한 사건이 법관의 판결에 따라 공정하고 정상적으로 처리되었다면 제주도의 남로당원들이 그처럼 크게 발호하지 못했을 것이다. 그리고 군정 당국은 제주도민의 입장이 아니라 권력자의 입장에서 사태를 본 것이다. 바로 이것이 문제의 근원이라고 볼 수 있다.

③ 학살당하기 싫다면 학살에 참여하라—서북청년단의 문제

서북청년단은 북한이 공산화되며 사회주의자들에게 토지와 사회적 지위를 잃고 살해당하지 않기 위해 남한으로 내려온 사람들이 결성한 민간

153) 제주 4·3 사건 진상 조사 보고서 작성 기획단,『제주 4·3 사건 진상 조사 보고서』, 제주 4·3 사건 진상 규명 및 희생자 명예 회복 위원회, 2003년, 109쪽.
154) 「제주신보」, 1947년 4월 5일(제주 4·3 사건 진상 조사 보고서 작성 기획단,『제주 4·3 사건 진상 조사 보고서』, 2003년, 109쪽).
155) 제주 4·3 사건 진상 조사 보고서 작성 기획단,『제주 4·3 사건 진상 조사 보고서』, 제주 4·3 사건 진상 규명 및 희생자 명예 회복 위원회, 2003년, 128쪽.

단체이다. 이들은 공산주의자들에 의해 박해를 받았고 모든 것을 빼앗겼기 때문에 공산주의자에 대한 원한이 컸다.

생각해 보면 남에게 상처 입거나 박해를 받은 사람들은 자신의 경험한 것처럼 상처 입고 박해 당하는 사람들을 이해하고 감싸 주는 마음이 생기는 것이 보통이다. 그러나 상황에 따라서는 최악의 경우도 일어나기도 한다. 그것은 상처 입고 박해를 당한 피해의 보상을 받기 위해 거꾸로 똑같은 가해자가 되는 경우이다. 서북청년단이 바로 그 경우일 것이다.

그들은 제주도에서 입장이 180도로 바뀌었다. 그들은 북한에서 공산주의자들에게 모든 것을 빼앗긴 그 상태에서 제주도에 들어온 것이다. 그리고 가족과 함께 집과 토지를 가지고 살아가는 제주도민을 거꾸로 약탈하고 압박하는 입장이 된 것이다. 이제 학살당하는 입장에서 학살하는 입장이 된 것이다. 이른바 학살당하기 싫으면 학살에 참여하라는 격이 된 것이다.

서북청년단은 "우리는 이북에서 공산당에 쫓겨 왔다. 빨갱이들은 모두 씨를 말려야 한다."면서 극도의 증오심과 복수심을 안은 채 제주도에 들어왔다.156)

그리고 이들이 제주도에서 경찰과 군대의 보조 기능을 할 때 국가에서 아무런 봉급을 지급받지 않았다. 즉, "그들에게는 정규 봉급이 아예 없었다."157)는 것이다. 때문에 제주도민에게서 생활에 필요한 모든 것을 얻어 써야 할 입장이므로 민폐를 끼칠 수밖에 없었다.

도둑과 거지가 없는 지상 낙원인 제주도와 모든 것을 공산주의자들에게 빼앗긴 채 국가의 지원 없이 제주도에서 스스로 의식주를 해결해야 하는 이들의 삶은 애당초 크나큰 충돌의 소지를 안고 있었다. 그러나 서청의 위세는 "서청 하면 울던 아이도 울음을 멈춘다고 할 정도로 위세가

---

156) 역사문제연구소·역사학연구소·제주 4·3 연구소·한국역사연구회 편, 제주 4·3 제50주
년 기념사업 범국민위원회 간, 『제주 4·3 연구』, 역사비평사, 1999년, 317쪽.

157) 제주 4·3 사건 진상 조사 보고서 작성 기획단, 『제주 4·3 사건 진상 조사 보고서』, 제주
4·3 사건 진상 규명 및 희생자 명예 회복 위원회, 2003년, 143쪽.

등등했다."158)

서북청년단은 이승만이라는 국가 최고 지도자의 지지를 받아 제주도의 공산주의자들을 소탕하는 임무를 맡은 상태이므로 그들과 제주도민의 관계는 지배와 피지배의 관계가 된 것이다. 따라서 이들의 약탈과 폭력, 그리고 갈취와 같은 부정의와 부녀자 희롱 등의 부도덕은 피할 수 없었다.

그러나 오랜 세월동안 낙원 속에서 인간과 인간 사이에 넘어서는 안 되는 도덕의 선을 굳게 지키며 살아온 제주도민들은 이러한 서북청년단의 도덕적 타락과 부정의를 도저히 묵과할 수 없었으리라는 점도 쉽게 이해할 수 있는 일이다.

서북청년단은 1947년 3·1 사건 직후 전북 출신 유해진 지사가 부임하며 호위병 형식으로 서북청년을 활용한 것이 시초이며, 4·3 발발 직전까지 들어온 서청은 대략 5백~7백 명 선으로 추산된다. 두 번째의 입도는 4·3 발발 직후로 경무부장 조병옥의 요청으로 진압 요원으로 서청단원 5백 명을 급파했다는 것이다. 세 번째는 여순 사건 직후 최소한 1,000명 이상의 단원들이 경찰이나 경비대원으로 급히 옷을 갈아입고 진압 작전의 한 복판에 선 것이다.159) 당시 9연대 선임하사였던 윤태준은 이렇게 증언한다.

"서북청년 이놈들이 고얀 놈들입니다. 처녀를 겁탈하고, 닭도 잡아먹고, 빨갱이로 몰기도 하고, 이놈들이 사건을 악화시켰습니다. 진압을 하라고 했으면 진압만 하지……그래서 도망갈 길 없는 주민들이 더 산으로 오른 겁니다."160)

그러나 이 일은 국가의 치안을 위해 일하라고 해 놓고 무보수로 일을

158) 제주 4·3 사건 진상 조사 보고서 작성 기획단, 『제주 4·3 사건 진상 조사 보고서』, 제주 4·3 사건 진상 규명 및 희생자 명예 회복 위원회, 2003년, 143쪽.
159) 제주 4·3 사건 진상 조사 보고서 작성 기획단, 『제주 4·3 사건 진상 조사 보고서』, 제주 4·3 사건 진상 규명 및 희생자 명예 회복 위원회, 2003년, 267쪽.
160) 제주 4·3 사건 진상 조사 보고서 작성 기획단, 『제주 4·3 사건 진상 조사 보고서』, 제주 4·3 사건 진상 규명 및 희생자 명예 회복 위원회, 2003년, 382쪽.

시키고 알아서 의식주를 해결하라고 시킨 사람들이 더 큰 문제일 것이다. 서북청년단이 의식주를 해결하며 살기 위해서는 제주도민을 약탈하지 않을 수 없으므로 그 진압은 폭압이 될 수밖에 없고, 그 폭압을 피해 제주도민이 살기 위해서는 산으로 도망가지 않을 수 없고, 이는 다시 더 큰 병력의 투입과 잔혹한 학살을 유도하는 악순환의 구도를 만든 것이다.

따라서 이러한 사정을 두고 4·3 사건에 대한 가장 정통한 전문가는 "어느 면에서 제주도 사태를 유발시킨 것도 서청이요, 전율할 유혈극을 초래한 것도 서청이었다. 그 배후에는 조병옥과 이승만, 그리고 미군이 있었다."고 집약적으로 표현했다.[161]

양민 학살이 이승만 대통령의 허락에 의하지 않고는 불가능했다는 다음과 같은 증언이 있다.

> 1948년 12월 이 대통령이 서청총회(서북청년회 총회)에 참석하여 연설한 것을 듣고 제주도에 내려온 한 서청원은 대통령의 허락 없이 어느 누가 재판도 없이 민간인들을 마구 죽일 수 있는 권한이 있겠습니까? 이 대통령이 '죽이지 말라'고 했으면, 제주도에서와 같은 학살 사태가 있겠습니까? 라고 반문하고, 1948년 늦가을 서청원을 대거 투입하여 섬을 초긴장 상태로 만든 것은 대통령의 책임이라고 말한 것은 시사하는 바가 크다. 이승만은 1949년 4월 9일 제주도를 방문하여 잔존 폭도를 완전히 소탕하라고 지시했다.[162]

결국 최상위 1%의 지배자가 99%의 민중을 지배하는 과정에서 99%의 민중은 지배자의 편과 피지배자로 분리된 것이다. 지배자의 편이 곧 서북청년단과 군대와 경찰이고, 피지배자는 제주도민이다. 서북청년단과 군대와 경찰은 자신도 민중의 일부이면서 같은 민중을 희생의 제물로 삼는 일

---

161) 『G-2보고서』, 1948. 12. 6. 147쪽(역사문제연구소·역사학연구소·제주 4·3 연구소·한국역사연구회 편, 제주 4·3 제50주년 기념사업 범국민위원회 간, 『제주 4·3 연구』, 역사비평사, 1999년, 235쪽).
162) 역사문제연구소·역사학연구소·제주 4·3 연구소·한국역사연구회 편, 제주 4·3 제50주년 기념사업 범국민위원회 간, 『제주 4·3 연구』, 역사비평사, 1999년, 139쪽.

에 앞장선 것이다. 이 이원론에 바탕한 광기와 학살이 한겨레 공동체의 한 사상이 마지막까지 남아 있던 제주도에서 일어나 제주도민을 짓밟았다는 점에서 충격적이며 더욱더 참혹한 점이다.

④ 남로당의 무장 봉기

4·3 사건의 시작은 남로당 제주도당의 350명의 무장대로 시작했지만 이 사건에 제주도민 30만이 모두 연관되어 광기와 학살 속에 극심한 어려 움을 겪게 된 것이다.

제주도의 4·3 사건이 남로당 중앙당의 지령이며 그 배후에 북한과 소 련이 있다는 주장들도 있어 왔다. 이 주장의 배후에는 남로당 지하 총책을 지냈다는 박갑동의 글에서 비롯되었다고 한다.

박갑동의 글은 1973년 『중앙일보』의 연재물 「남기고 싶은 이야기」에서 처음 다루어졌고, 1983년에는 『박헌영』이라는 책자로 출간됐다[163]

그러나 도쿄에서 살고 있는 박갑동은 이 글에 대해 "내가 쓴 것이 아니 고 연재할 때 외부에서 다 고쳐서 그렇게 된 것이라고 해명했다.……그리 고 4·3이 5·10 선거 반대 투쟁이라지만 왜 유별나게 제주에서만 그랬겠 는가? 4·3은 서청과 경찰이 횡포를 부려 발생한 사건이다. 본격적인 무장 투쟁이 아니며 경찰과 서청에 대항하기 위해 제주도 안에서 자체적으로 일어난 것"[164]이라고 주장했다.

남로당의 제주도당 정치 위원이었던 이삼룡은 "중앙당 지령은 없었고, 제주도 자체에서 결정한 것"[165]이라고 했다. 1948년 지리산 진압군 사령 관을 지낸 백선엽(대장 예편)은 그의 저서 「실록 지리산」에서 "여순반란사건

---

163) 제주 4·3 사건 진상 조사 보고서 작성 기획단, 『제주 4·3 사건 진상 조사 보고서』, 제주 4·3 사건 진상 규명 및 희생자 명예 회복 위원회, 2003년, 162쪽.

164) 제주 4·3 사건 진상 조사 보고서 작성 기획단, 『제주 4·3 사건 진상 조사 보고서』, 제주 4·3 사건 진상 규명 및 희생자 명예 회복 위원회, 2003년, 163쪽.

165) 제주 4·3 사건 진상 조사 보고서 작성 기획단, 『제주 4·3 사건 진상 조사 보고서』, 제주 4·3 사건 진상 규명 및 희생자 명예 회복 위원회, 2003년, 163쪽.

은 결코 남로당 중앙의 지령에 의한 것이 아니었다. 4·3과 마찬가지로 당 말단에서 빚어진 자의적인 행동이었다."고 했다. 즉, "제주도의 특수 여건 이 김달삼 등의 선동에 의해 터진 것"[166]이라는 것이다.

이들의 무장 투쟁을 위해 확보한 무기는 99식 소총 27정, 권총 3정, 수류탄 25발, 연막탄 7발, 나머지는 죽창이었다. 일부 자료에서는 일본군의 무기를 확보, 대단한 무장을 했고, 심지어 기관총, 대포로 중무장을 했다고 표현한 글이 있으나 실제 확보된 총은 30정에 불과했다. 제주도 인민 유격 대 투쟁 보고서는 가장 중요한 수류탄과 휘발류탄을 구입 못해서 이것이 4·3 투쟁 실패의 결정적인 한 원인이 되었다고 서술하고 있다.[167]

제주도 남로당의 무장 봉기에 대해 『제주 4·3 사건 진상 조사 보고서』 는 남로당 중앙당의 지시가 있었다는 자료는 발견되지 않고 있다.[168]고 보 고하고 있다. 따라서 용의주도하지도 못한 봉기였던 것으로 보인다. 또한 무기도 변변치 못한 상태에서 시작한 것이다.

이러한 증언과 증거로 볼 때 4·3 사건이 비록 남로당 제주도당에 의해 일어난 것은 사실이지만 제주도 내의 특수한 여건에 의해 촉발된 것이지 국제 공산주의와 연계된 무력 혁명이나 북한과 연계된 폭동이라고 하기에 는 무리가 있어 보인다.

그러나 남로당 제주도당을 중심으로 한 무장대가 군경을 비롯하여 선거 관리 요원과 경찰 가족 등 민간인을 살해한 점은 분명한 과오이다. 그리고 김달삼 등 무장대 지도부가 1948년 8월 해주 대회에 참석, 인민 민주주의 정권 수립을 지지함으로써 유혈 사태를 가열시키는 계기를 제공했다.[169]

---

166) 제주 4·3 사건 진상 조사 보고서 작성 기획단,『제주 4·3 사건 진상 조사 보고서』, 제주 4·3 사건 진상 규명 및 희생자 명예 회복 위원회, 2003년, 163쪽.
167) 「제주도 인민 유격대 투쟁 보고서」(문정창 편, 「한라산은 알고 있다. 묻혀진 4·3의 진상」 1995년, 16~17 쪽),[제주 4·3 사건 진상 조사 보고서 작성 기획단,『제주 4·3 사건 진상 조사 보고서』, 제주 4·3 사건 진상 규명 및 희생자 명예 회복 위원회, 2003년, 161쪽.
168) 제주 4·3 사건 진상 조사 보고서 작성 기획단,『제주 4·3 사건 진상 조사 보고서』, 제주 4·3 사건 진상 규명 및 희생자 명예 회복 위원회, 2003년, 536쪽.
169) 제주 4·3 사건 진상 조사 보고서 작성 기획단,『제주 4·3 사건 진상 조사 보고서』, 제주

그리고 나중에는 이들 무장대들도 제주도민을 무차별 학살함으로써 무장 봉기를 일으킨 명분과 도덕성을 스스로 파괴했다.

"1948년 4월 3일 새벽 2시를 전후로 한라산 중허리 오름마다 봉화가 붉게 타오르면서 남로당 제주도당이 주도한 무장 봉기의 신호탄이 올랐다. 350명의 무장대는 이날 새벽 도내 24개 경찰서 지서 가운데 12개 지서를 일제히 공격했다. 또한 경찰, 서북청년회 숙소와 독립 촉성 국민회, 대동청년단 등 우익 단체 요인의 집을 지목해 습격하였다. 이는 1954년 9월 21일 한라산 금족 지역이 전면 개방될 때까지 6년 6개월간 지속된 유혈 사태의 시발이었다."[170]

이에 대해 미군정은 제주도의 해안을 봉쇄하고 경무부 공안국장 김정호를 사령관으로 한 제주 비상경비사령부를 설치한다.

그리고 5 · 10 선거가 이루어지지 못하고 무기 연기되자 미군정은 5월 20일 경 미6사단 예하 광주 주둔 제20연대장인 브라운 대령을 제주 지구 미군사령관으로 임명해 현지의 모든 진압 작전을 지휘 통솔하게 했다.[171]

그러나 11연대장 박진경 대령이 숙소에서 부하들에게 암살당하는 등 진압 작전은 순조롭지 못했다.

그리고 4 · 3 사건 초기에 진압보다는 무장대의 김달삼과 평화적 협상을 통해 해결하려고 한 제9연대장 김익렬 중령의 시도는 높이 평가할 만하다. 그는 협상에 성공했지만 사흘 만에 의문의 오하리 방화사건 등으로 협상은 깨어지고 그는 교체되었으며 마침내 강경 진압이 시작되었다.[172] 그러

---

4 · 3 사건 진상 규명 및 희생자 명예 회복 위원회, 2003년, 536쪽.

170) 제주 4 · 3 사건 진상 조사 보고서 작성 기획단, 『제주 4 · 3 사건 진상 조사 보고서』, 제주 4 · 3 사건 진상 규명 및 희생자 명예 회복 위원회, 2003년, 168쪽.

171) 제주 4 · 3 사건 진상 조사 보고서 작성 기획단, 『제주 4 · 3 사건 진상 조사 보고서』, 제주 4 · 3 사건 진상 규명 및 희생자 명예 회복 위원회, 2003년, 213쪽.

172) Hq. USAFIK. G-2 Periodic Report . No. 1097. Aprill 1. 1949(제주 4 · 3 사건 진상 조사 보고서 작성 기획단, 『제주 4 · 3 사건 진상 조사 보고서』, 제주 4 · 3 사건 진상 규명 및 희생자 명예 회복 위원회, 2003년, 190~201쪽).

▣ 김익렬 중령을 높이 평가해야 한다는 것은 성공회대학교 김동춘 교수의 의견이다.

나 김익렬 중령이 책임자로 계속 협상했다면 4·3 사건의 대참극은 미연에 방지할 수 있었을 것이라는 아쉬움이 있다.

⑤ 초토화 작전과 계엄령

1948년 8월 15일 대한민국이 수립되었다. 그리고 북한에도 다음 달 9일 공산주의 정권이 수립되면서 남북한은 본격적으로 대립하기 시작했다. 대한민국의 이승만 정부는 이 제주도 사태를 새 정권의 정통성에 대한 중대한 위협으로 인식하였다.

제주도 문제를 정권의 정통성에 대한 도전으로 인식하였다. 이승만 정부는 1948년 10월 11일 제주도 경비 사령부 창설과 11월 17일 계엄령 선포 등을 통해 강경 작전을 준비했다. 그리고 진압군은 소개된 중산간 마을을 불태우고 남녀노소 구분 없이 총살하는 등 강경 진압 작전을 전개했다.[173]계엄령은 재판 절차도 없이 수많은 인명이 즉결 처형된 근거로 인식돼 왔다.[174] 1948년 11월 중순부터 1949년 3월까지 약 4개월 동안 진압군은 중산간 마을에 불을 지르고 주민들을 집단으로 살상했다. 4·3 사건 전개 과정에서 가장 참혹한 상황이 벌어진 것이었다. 이 기간 동안 가장 많은 제주도민이 희생되었고 대부분의 중산간 마을이 불에 타는 등 글자 그대로 초토화됐다.[175]

이때 일어난 학살 중 몇 건을 예로 들어보자. 1948년 11월 13일 애월면 하가리에서는 9연대 군인들이 기관총으로 주민을 집단 학살했다. 이날 남편을 잃은 강응무는 "군인 세 명이 집으로 들어와 잠자던 남편을 끌어냈

---

173) 제주 4·3 사건 진상 조사 보고서 작성 기획단, 『제주 4·3 사건 진상 조사 보고서』, 제주 4·3 사건 진상 규명 및 희생자 명예 회복 위원회, 2003년, 286쪽.
174) 제주 4·3 사건 진상 조사 보고서 작성 기획단, 『제주 4·3 사건 진상 조사 보고서』, 제주 4·3 사건 진상 규명 및 희생자 명예 회복 위원회, 2003년, 276쪽.
175) 제주 4·3 사건 진상 조사 보고서 작성 기획단, 『제주 4·3 사건 진상 조사 보고서』, 제주 4·3 사건 진상 규명 및 희생자 명예 회복 위원회, 2003년, 241쪽.

다. 군인들은 사람들을 모아 놓고 기관총으로 쏘았다. 총알이 몸 여기저기 박혔는데, 빨리 안 죽으니까 그랬는지 칼로 목을 잘라 피가 낭자했다. 난 그들을 군인이 아니라 인간 백정으로 본다."고 말했다.[176]

애월면 소길리 원동마을은 1948년 11월 13일 이후 지도상에서 사라졌다. 이날 군인들이 원동에 온 것은 부근에 무장대가 있다는 첩보를 들은 듯했다. 이들은 무장대가 없자 애꿎은 주민들을 남녀노소 가리지 않고 총살했다. 고남보는 이날 졸지에 아버지와 동생들을 잃었다. 고 씨는 일곱 살 때 겪은 참혹한 그날을 이렇게 증언했다.

"군인들이 플래시를 들고 다니며 주민들을 집합시켰으니까 아직 어두웠던 새벽 다섯 시였을 것입니다. 군인들은 주민들 손을 뒤로 돌려 결박시킨 후 마치 굴비 엮듯 사람과 사이를 밧줄로 이었습니다. 그렇게 마을을 한 바퀴 도니까 주민 모두 묶이게 됐습니다.……군인들은 폭도가 있는 곳을 가리키라고 했지만 누가 그걸 알 수 있어야지요……그때 군인 한 명이 어디론가 무전을 치더니 '너흰 10분 내로 총살된다'고 했습니다. 곧 애월리 쪽에서 군인 차가 올라왔지요. 나는 급히 결박을 풀어 준비하고 있다가 그들이 경례하는 사이에 숲으로 뛰었습니다. 잠시 후 총소리가 요란하게 들렸습니다. 군인들이 시신 위에 식량과 이불을 엎어 놓고 불을 지른 후에 가 버렸습니다."[177]

그리고 미군 보고서에 의하면 이날 총살을 한 군인들은 그들의 학살을 전과로 보고한 것으로 되어 있다. 즉,

11월 13일 경비대의 작전으로 폭도들이 행원리에서 115명, 좌표 937-1133 지역에서 37명, 오등리 부근에서 4명 사살되었다.[178] 이 보고서에서의 좌표가

176) 제주 4 · 3 사건 진상 조사 보고서 작성 기획단, 『제주 4 · 3 사건 진상 조사 보고서』, 제주 4 · 3 사건 진상 규명 및 희생자 명예 회복 위원회, 2003년, 387쪽.
177) 제주 4 · 3 사건 진상 조사 보고서 작성 기획단, 『제주 4 · 3 사건 진상 조사 보고서』, 제주 4 · 3 사건 진상 규명 및 희생자 명예 회복 위원회, 2003년, 389쪽.
178) 제주 4 · 3 사건 진상 조사 보고서 작성 기획단, 『제주 4 · 3 사건 진상 조사 보고서』, 제주

바로 정확히 원동마을이었다.[179]

이렇게 무고한 주민들을 학살하고 그것을 폭도를 사살한 전과로 둔갑시
킨 것이다. 국가에서 가장 중요한 국민의 생명과 재산을 지키는 정의는 군
인의 몫인데, 그 정의가 이같이 제주도에서 이처럼 짓밟히고 있었다.

1948년 12월 10일 외도지서 주임 김영철을 비롯한 경찰과 대동청년단
원들이 개수동에 들이닥쳤다. 그들은 집집마다 수색하며 주민들은 속칭 비
해기동산에 집결시켰다. 그리고 피신한 청년들의 부모와 자식 등 이른바
도피자 가족을 골라내 집단 총살했다. 한편 이 총살극 때 어머니가 총에
맞아 쓰러지면서 지식을 감싸 안은 덕분에 그 아이만 살아남았다. 총살 대
상자 중 유일한 생존자인 당시 13세이던 안인행이었다. 그는 이렇게 증언
했다.

경찰들은 주민들은 비학동산에 모이게 한 후 자택 수색을 벌여 집에 남아 있
던 두 사람을 끌고 왔습니다. 광령리에서 소개해 온 부자인데 부친은 70대
노인이었고 아들은 35세 정도 됐습니다. 경찰은 먼저 아들을 패기 시작했습
니다. 보다 못한 부친은 우린 소개민이다. 아들은 4대 독자이다. 살려 달라고
애원했습니다. 그러자 부친을 구타했고 그 노인은 매를 견디지 못해 금방 죽
었습니다. 부친이 죽자 아들은 도망을 쳤지만 약 150m 정도 도망치다가 총에
맞았습니다. 그 장면을 보고 공포에 떨고 있는데, 이번에는 어떤 여자를 지목
해 끌고 왔습니다. 25세쯤 되는 임산부였습니다. 경찰은 그 여인의 겨드랑이
에 밧줄을 묶어 큰 팽나무에 매달아 놓은 후 경찰 3명이 총에 대검을 꽂아
찔렀습니다. 차라리 총을 쏠 것이지, 자마 눈뜨고 볼 수 없는 장면이었습니다.
모두들 고개를 돌리자 경찰은 잘 구경하라며 소리쳤습니다. 이어 경찰은 주
민들은 선별하기 시작했습니다. 소위 폭도 가족을 가리키는 것인데……나와

4·3 사건 진상 규명 및 희생자 명예 회복 위원회, 2003년, 389쪽.
179) 제주 4·3 사건 진상 조사 보고서 작성 기획단, 『제주 4·3 사건 진상 조사 보고서』, 제주
4·3 사건 진상 규명 및 희생자 명예 회복 위원회, 2003년, 389쪽.

동생은 어머니와 함께 묶였지요. 어머니의 눈물어린 호소로 10살 난 동생은 풀려났지만 나는 풀어 주지 않았습니다.……순간 총소리가 요란하게 나자 바로 옆에 나란히 묶인 어머니가 나를 덮치며 쓰러졌습니다. 총에 맞은 어머니의 몸이 요동치자 내 몸은 어머니의 피로 범벅이 되었습니다. 경찰들이 총에 덜 맞은 놈이 있을지 모른다며 일일이 대검으로 찔렀으나 그때도 나는 어머니의 밑에 깔려 무사했습니다.[180]

광기와 학살이 이처럼 악질적이고 비도덕적일 수는 없었다. 임산부를 총검으로 찔러 죽이고, 어미와 자식을 함께 묶어 죽이는 것은 차마 인간으로서는 하지 못할 일이다.

그리고 제주도는 원래 여신들의 섬이다. 신화를 현실의 거울이라고 할 때 여신들의 섬 제주도는 현실에서 강인하면서도 사랑으로 가득한 제주도 여성들이 역동적으로 삶을 살아가는 곳이었다. 토벌대 경찰의 광기로 가득 찬 총에 맞아 죽어 가면서도 자식을 살린 이 제주도의 어머니야말로 제주도 여신이 상징하는 제주도 여성의 강인하면서도 사랑으로 가득한 모습이 그대로 드러나고 있다. 그야말로 제주도의 어머니 나아가 한겨레의 어머니의 눈물겹도록 위대한 사랑이 4·3 사건이라는 극한상황에서 마치 신화처럼 살아나 자식의 목숨을 구하고 있다.

그리고 그 학살의 와중에서 서청과 군인과 경찰이 아무 죄 없는 제주도의 여성들에 도저히 인간으로서는 도저히 할 수 없는 끔찍한 짓을 한 경우도 많았다. 그러나 그 성도착적性倒錯的이며 금수보다 못한 내용은 차마 이 책에 담기가 불가능할 정도로 몸서리쳐지는 것이었다. 당시 제주도는 문자 그대로 생지옥이라고 해도 무방할 것 같다.

참으로 이 대목에 이르면, 제주 4·3 학살의 당사자인 제주도민의 깊은 한을 다른 지역 사람들은 도저히 헤아릴 수 없을 것 같다. 어찌 4·3 학살을

---

180) 제주 4·3 사건 진상 조사 보고서 작성 기획단, 『제주 4·3 사건 진상 조사 보고서』, 제주 4·3 사건 진상 규명 및 희생자 명예 회복 위원회, 2003년, 395쪽.

직접 겪어 보지 않은 사람들이 제주도민의 입장이 되어 이해할 수 있겠는가?

이때 집과 삶의 터전을 잃은 중산간 마을 주민들 중 2만 명 정도는 서청과 경찰과 군대의 학살을 피해 산으로 들어가 무장대와 합류하는 어이없는 악순환이 발생했다. 그러나 누가 이들에 대해 함부로 폭도라고 매도할 수 있겠는가? 학살당하지 않고 살기 위해서는 서청과 경찰과 군대를 피해 어쩔 수 없이 산으로 도망갈 수밖에 없는 처지였던 것이다.

그리고 이를 진압하는 군경은 가족 중에 한 명이라도 도피한 경우 그 도피자 대신 가족을 죽이는 대살代殺을 자행하기도 했으니, 이 참혹함은 말로 하기가 어려울 정도이다.

그리고 여기서 빠뜨릴 수 없는 것은 소위 무장대들이 저지른 학살이다. 『제주 4·3 연구』는 이렇게 밝힌다. "사태 말기에는 토벌대 편으로 기울었다고 판단한 일부 마을을 덮쳐 무차별 학살하고 식량을 약탈해 가기도 했다. 이런저런 형태로 무장대에게 희생당한 사람은 전체 사망자의 약 10분의 1에 해당한다. 어떤 판단을 했던 간에 노인과 어린아이까지 학살한 것은 어떤 이유로도 용납될 수 없는 일이었다."181)

이 무장대들의 제주도민 학살은 이들이 제주도민을 위해 총을 들고 무장봉기를 일으켰다는 명분을 완전히 상실하게 한 대단히 중대한 사건이다.

무장대는 4·3 초기에는 경찰, 서북청년단, 대동청년단, 또는 군·경에 협조하는 우익 인사들을 지목해 살해했지만, 1948년 11월 이후 초토화 작전이 벌어진 이후에는 자신들에게 협조하지 않고 토벌대 쪽으로 기울었다고 판단한 일부 마을을 지목해 주민들을 무차별 학살한 것이다.

결국 제주도민의 입장에서 볼 때 무장대와 토벌대 어느 누구도 진정으로 제주도민의 생존을 위해 싸운 세력이라고 생각하기 어렵게 된 것이다. 오히려 제주도민은 이들 양쪽 무장 세력 모두의 총에 학살당하는 입장이

---

181) 역사문제연구소·역사학연구소·제주 4·3 연구소·한국역사연구회 편, 제주 4·3 제50주년 기념사업 범국민위원회 간, 『제주 4·3 연구』, 역사비평사, 1999년, 372쪽.

된 것이다. 이는 당시 제주도민들이 얼마나 의지할 곳이 없이 어려운 처지였는지를 잘 말해 준다.

⑥ 피해 상황

1949년 3월 2일 제주도 지구 전투 사령부가 창설되었다. 9연대에 이어 2연대의 강경 진압 작전으로 무장대가 사실상 궤멸 상태인데도 사령부가 설치된 것은 5월 10일 열릴 예정인 재선거 때문이었다.[182] 이때 진압 작전과 함께 선무공작이 병행되었다. 제주도 지구 전투 사령부 유재홍 사령관은,

> 폭도 중에서 진짜 공산도배라는 것은 극히 적고 무지로 휩쓸리어 들어간 자가 많았다. 우리는 그들을 귀순시켜 피를 흘리지 않도록 노력하였다.[183]

고 했다. 제주도민에게 처음으로 제주도민의 입장을 이해하는 토벌군 지휘관이 출현한 것으로 보인다. 유재홍 사령관은,

> 제주도 사람이 싫어하는 서북 청년의 횡포를 막으면서 '과거의 일은 불문에 부칠 테니 안심하고 내려오라'고 선무했고 또 실제로 몇 군데 그렇게 한 결과 소문이 나서 매일 몇 천 명씩 내려오니까 2만 명이 금방 내려오게 되었다.[184]

실제로는 1만 명가량이 하산한 것으로 집계된다. 그럼에도 지휘관의 태도 변화에 따라 많은 사람을 살릴 수 있는 길이 열린 것이다. 제주도의 문제가 시작될 때 이 같은 분별 있는 인물이 권한을 가지고 일을 처리했다면

---

182) 제주 4 · 3 사건 진상 조사 보고서 작성 기획단, 『제주 4 · 3 사건 진상 조사 보고서』, 제주 4 · 3 사건 진상 규명 및 희생자 명예 회복 위원회, 2003년, 320쪽.
183) 제주 4 · 3 사건 진상 조사 보고서 작성 기획단, 『제주 4 · 3 사건 진상 조사 보고서』, 제주 4 · 3 사건 진상 규명 및 희생자 명예 회복 위원회, 2003년, 326쪽.
184) 제주 4 · 3 사건 진상 조사 보고서 작성 기획단, 『제주 4 · 3 사건 진상 조사 보고서』, 제주 4 · 3 사건 진상 규명 및 희생자 명예 회복 위원회, 2003년, 328쪽.

어찌 그와 같은 대참사가 일어났겠는가? 유혈 참극을 최소화할 수 있었을 것이다.

이제 1949년 5월 10일 재선거가 성공적으로 치러졌다. 그리고 1949년 6월에 무장대의 총책인 이덕구가 사살되었다. 이제 무장대는 궤멸 상태에 이르게 되었다.

제주 4·3 사건의 사상자 대다수는 경찰과 군대에 대항해 싸운 남로당 제주도 당원이라는 교전 당사자가 아닌 제주도민들이라는 점에서 문제가 있다.

얼마나 많은 제주 주민이 희생되었는가는 통계의 당사자마다 다르지만 "1948년 초부터 1949년 말까지 감소한 인구 25,000~30,000명을 전체 4·3 사건의 희생자로 보는 데 큰 무리가 없을 것이다."[185]

중산간 마을의 초토화로 집을 잃은 이재민은 더욱 더 많았다. 특히 1948년 소개령이 내려진 후 피해 상황은 더욱 컸다. 소개 작전을 완료한 직후 주한 미군 사령부의 기록에는 당시 상황을 다음과 같이 적고 있다.

> 모든 저항을 없애기 위해 모든 중산간 마을 주민들이 유격대에 도움과 편의를 제공하고 있다는 가정 아래 마을 주민에 대한 대량 학살 계획을 채택했다. 학살의 대부분은 9연대가 점령한 1948년 12월까지 자행되었다. (중략) 섬에 있는 주택 중 약 1/3이 파괴됐고, 주민 30만 중 1/4이 자신들의 마을이 파괴당한 채 해안으로 소개 당했다. 마을이 완전히 파괴되어 버린 45개 마을과 부분적으로 파괴당한 43개 마을로부터 피난민들이 해안 마을의 수용소로 이동해 왔다.[186]

---

185) 제주 4·3 사건 진상 조사 보고서 작성 기획단, 『제주 4·3 사건 진상 조사 보고서』, 제주 4·3 사건 진상 규명 및 희생자 명예 회복 위원회, 2003년, 356쪽.

186) Hq. USAFIK. G-2 Periodic Report . No. 1097. Aprill 1. 1949(제주 4·3 사건 진상 조사 고서 작성 기획단, 『제주 4·3 사건 진상 조사 보고서』, 제주 4·3 사건 진상 규명 및 희생자 명예 회복 위원회, 2003년, 509쪽).

집과 삶의 터전을 잃은 이재민들은 하루하루 비참하게 살아가야 했다. 자유신문은 이들의 모습을 이렇게 담고 있다.

산간 목축 지대는 물론 해안 지대 부락까지라도 우선 남원 북촌 동복 서귀포의 4·3 사건 후 소실된 가옥이 16,177호에 3,0461동, 양민 피해자 수 1,193명, 부상자 수 419명, 이재민 수 86,797명으로 차등此等 이재민은 식량 의류를 운반할 틈도 없이 피난한 관계로 문자 그대로 돼지우리처럼 만든 집 속 땅바닥에 건초를 깔고 그냥 기거하며 해초, 산초로써 그날그날을 겨우 연명하는 형편이고 누구 할 것 없이 허기에 신음하고 있으며, 집 내외는 악취가 진동하여 견딜 수 없었다. 방문을 열면 하늘을 쳐다보고 눈물만 지을 뿐 이 가련한 꼴을 바라보는 자 눈물 없이는 볼 수 없었다.[187]

참혹하게 죽어 간 제주도민의 억울함도 말할 수 없을 정도지만, 살아남았으되 집과 삶의 터전을 잃은 이재민 86,797명의 삶도 또한 말할 수 없을 정도인 것이다.

그리고 문제는 여기에 그치지 않았다. 사태의 와중에서 군경 토벌대에 의해 죽임을 당하거나 사법 처리를 받았다는 이유만으로 희생자 유가족들은 연좌제에 의해 감시당하고 사회 활동에 심한 제약을 받았다.[188]

죄 없는 양민들이 비참하게 학살당한 것만도 억울한데, 그 유가족이 이른바 빨갱이 가족의 딱지가 붙어 대물림을 한 것이다.

4·3 사건의 진상은 정부 차원의 조사로 상당수 밝혀졌다. 그러나 4·3 사건의 전체 모습을 살펴보기에는 아직도 자료가 부족하다. 장차 부족한 자료들이 메워지면서 이 사건의 의미는 새로운 차원에서 다시 이해할 수 있을 것이다. 그래서 보다 더 제주도민의 억울했던 일이 자세히 밝혀져야

---

187) 「자유신문」, 1949년, 3월 23일(제주 4·3 사건 진상 조사 보고서 작성 기획단, 『제주 4·3 사건 진상 조사 보고서』, 제주 4·3 사건 진상 규명 및 희생자 명예 회복 위원회, 2003년, 511쪽).
188) 제주 4·3 사건 진상 조사 보고서 작성 기획단, 『제주 4·3 사건 진상 조사 보고서』, 제주 4·3 사건 진상 규명 및 희생자 명예 회복 위원회, 2003년, 496쪽.

할 것이다.

또한 이제부터는 제주 역사상 가장 큰 시련을 맞아 이를 극복하기 위해 제주도민이 떳떳하게 정의와 도덕과 중용을 위해 당당하게 행동했던 사실들도 보다 더 자세하게 밝혀질 것이다. 그럼으로써 제주도민의 명예가 다시 회복될 날이 머지않아 찾아올 것으로 생각한다.

그리고 이 책에서 다룬 4·3 사건은 깊이 있는 연구가 되지 못했고 또한 분량도 적다. 그 이유는 4·3 사건이 중요하기 않아서가 결코 아니다. 그 이유는 오로지 이 사건에 대해 나의 연구가 부족한 이유 하나뿐이다. 오히려 4·3 사건은 한사상의 입장에서 볼 때 매우 소중한 연구의 가치가 있다. 제주도민은 이 세상에서 가장 한사상다운 삶을 잘 보존해 온 공동체를 운영하고 있었기 때문이다. 그리고 제주도민이 그 참혹한 시련을 겪고 극복하는 과정에서 한겨레의 한사상적인 요소가 당연히 포함되어 있기 때문이다. 그러나 아직 나의 부족한 연구 수준으로는 더 깊이 있게 설명할 능력이 없었다. 이 글을 마치면서 이 부분이 매우 아쉽다.

(3) 왕 씨 학살과 4·3 학살과 광주 학살

왕 씨 학살과 4·3 학살과 광주 학살은 모두 최상위 1%의 권력을 가지려는 사람들이 정권을 잡으면서 아무 죄도 없는 양민이 제물이 되어 광기와 학살에 의해 희생되었다는 공통점이 있다.

그러나 대한민국은 조선의 시작에서 일어난 왕 씨 학살을 은폐함으로써 중요한 교훈을 얻지 못했다. 그럼으로써 이승만 정권의 시작에서 동일한 유형의 제주 4·3 학살이 일어났다. 그럼에도 불구하고 대한민국은 여전히 왕 씨 학살과 4·3 학살에서 교훈을 얻지 못함으로써 1980년 똑같은 유형의 광주 학살이 일어나게 된 것이다.

우리는 우리를 부끄럽게 하는 역사일수록 만천하에 밝혀 스스로를 경계할 필요가 있다. 역사의 치부라고 은폐하는 것은 똑같은 실수를 거듭하는 악순환을 낳을 뿐이다.

이 왕 씨 학살과 4·3 학살과 광주 학살은 우리 한겨레 문명에서 정권이 새롭게 시작할 때 크게 대통합의 움직임이 일어났던 현상과는 정반대의 행동이었다. 즉, 한겨레 문명의 한사상과는 전혀 다른 1과 99의 야만의 행동의 틀인 것이 우리의 역사에서 일어났던 것이다. 우리 한겨레가 다시 한겨레의 한사상을 회복하여 한사상의 방식으로 행동해야 할 이유가 여기서도 충분히 설명되는 것이다.

제4장 코페르니쿠스와 '우리들은 99%'

원초적 행동의 틀 99 = 100 − 1

유럽의 중세인들은 유신론적 신이 중심이 되는 삶을 살았다. 1인 선한 신에 의해 창조된 99로서의 원죄를 가진 악한 인간은 모든 생각과 행동을 신에 의해 움직여야만 하는 것으로 여겨졌다. 물론 이 원죄를 가진 인간 99%는 다시 성직자와 신도로 분리되어 성직자가 신도를 지배한다.

그러나 이 모든 것이 코페르니쿠스 이후 대역전을 하게 된다. 코페르니쿠스의 대전환은 초월적 · 신적 존재를 무시하고, 세계의 모든 현상과 그 변화의 근본원리가 초월적 · 신적 존재가 아니라 자연에 있다고 보는 자연주의가 신중심주의를 대체하기 시작했다.

즉, 1인 신을 중심으로 하는 신중심주의가 그 1을 제거한 영역을 중심으로 하는 자연주의로 그 사고의 틀을 180도로 뒤집혀졌다는 의미이다.

즉, 신과 이데아가 현상계를 지배하는 사고의 틀에서 신이 사라진 것이다. 그리고 이 세상을 실제로 움직이는 기계론이 세상을 지배하기 시작한 것이다. 신중심주의는 자연주의로 대체된 것이다.

신이 사라진 세계에서 인간은 다시 다양한 '속임수와 폭력의 지배 법칙 1 = 100 − 99'를 끊임없이 새롭게 만들어 내고 있다. 신중심주의는 인간 중심주의가 되면서 그것은 다시 인종 중심주의, 국가 중심주의, 자본 중심주의, 당 중심주의, 유전자 중심주의 등으로 그 최상위 1%의 자리를 바꾸어 나갔다. 그러나 그 이름이 바뀌었다고 속임수와 폭력의 법칙이 조금이라도 바뀐 것은 아니다.

그리고 이 속임수와 폭력의 법칙은 반드시 '광기와 학살의 지배 법칙 — $1=99-100$'으로 이어진다는 사실을 우리는 역사를 통해 이미 확인했다.

이 자연주의 이후 아메리카 대륙의 원주민 몰살, 수천만의 흑인을 납치하여 죽을 때까지 부려먹기, 아우슈비츠와 광란과 학살, 스탈린과 폴 포트의 광란과 학살 등 이루 말할 수 없이 거대한 규모의 광기와 학살이 일어났다.

19. 신중심주의와 자연주의, 그리고 '우리는 99%'

플라톤이 만든 이데아와 현상계의 이원론은 수직 구조를 이루고 이는 다시 아리스토텔레스에 의해 여러 단계의 계층 구조를 만들어 냈다. 이는 중세 동안 신의 영역과 인간의 영역을 대립시키고, 또 이를 수직적 계층 구조로 나누는 신중심주의를 가져왔다.

신중심주의는 신학적 우주론으로 설명된다. 즉, "그들은 첫째 아리스토텔레스의 존재 계층론을 가져다가 그들의 교회 조직이나 세속적 계급, 즉 교황·대사교·사교/황제·왕·귀족의 위계를 정립하는 데 이용하였다. 아리스토텔레스와 알렉산드리아 천문학은 지구를 중심으로 달과 태양과 여러 행성이 계층을 이루면서 회전 운동을 한다는 프톨레마이오스의 우주론, 즉 지구 중심설이었다. 이 체계가 이제 신학적 위계로 바뀐 것이었다."[189]

코페르니쿠스와 갈릴레오 등은 이 지구 중심설을 태양 중심설로 바꾸어

---

189) 소광희, 『자연 존재론』, 문예출판사, 2008년, 126쪽.

버렸다. 이로써 아리스토텔레스 이후 신학이 채택한 1인 신을 중심으로 한 신중심주의적의 수직적 계층 구조는 자연을 중심으로 한 자연주의로 바뀐 것이다. 그리고 자연주의는 인간 중심주의가 되었다. 이로써 아리스토텔레스 이후 신학이 채택한 1인 신을 중심으로 한 신중심주의적의 수직적 계층 구조는 자연을 중심으로 한 자연주의로 바뀐 것이다. 그리고 자연주의는 인간 중심주의가 되었다.

그런데 정작 이 태양 중심설이 주장되면서도 태양의 중심에서 세계와 인간을 보는 관점은 제시되지 않았다. 그리고 한사상이 바로 전에는 유래가 없는 이 관점을 제시하면서 새로운 코페르니쿠스의 대전환과 새로운 르네상스가 만들어지고 있는 것이다.

(1) 에피쿠로스

인류의 역사에서 최상위 1%를 위한 이원론과 수직적 계층 구조의 발명자는 플라톤과 동중서이다. 그렇다면 그 반대편에서 이 추상적인 관념론을 반대하여 자연을 중심으로 하는 자연주의 철학의 기초는 에피쿠로스를 빼고는 생각하기 어렵다.

마르크스가 1839년 시작하여 1841년에 완성한 그의 박사 학위 논문은 『데모크리토스와 에피쿠로스의 자연 철학의 차이점』[190]이었다. 이 논문은 그 후 『경제학·철학 초고』와 『자본론』 등 여러 저서의 근본을 이루는 것이었다. 청년 마르크스는 자연 철학에 관심을 가졌고 그중에서도 데모크리토스와 에피쿠로스에 대해 관심을 가졌음을 알 수 있다.

데모크리토스는 초기 유물론의 완성자로서 원자론을 주장했다. 그에 의하면 모든 것은 물질적이고 따라서 필연적이다. 이 같은 유물론에 의하면

---

190) 칼 마르크스, 『경제학 철학 초고·자본론·공산당선언·철학의 빈곤』, 김문현 역, 동서문화사, 2008년, 650쪽.

사물이 아닌 신이나 인간의 마음이나 정신은 단지 원자의 운동에 불과하다. 특히 신은 인간이 만들어 낸 억측 중 가장 큰 것이다.

에피쿠로스는 그리스 말기의 유물론자이며 무신론자이다. 마르크스는 데모크리토스와 에피쿠로스의 차이점을 그의 박사 학위 논문에서 밝힌 것이다. 마르크스의 박사 학위 논문의 요점은 다음과 같다.

"데모크리토스의 주장에 따르면 일체가 필연적 운동이며, 거기에 자유라는 개념은 없었다. 자유가 없는 한 물질의 운동과는 다른 인간의 행위는 생각할 수 없다. 그러나 에피쿠로스는 아톰의 운동에는 직선적인 낙하운동이나 반발 운동 이외는 직선으로부터 구부러져 벗어나는 운동이 있음을 상정하였다. 그는 그것에서 말하자면 아톰의 자발성을 본 것이다. 그리하여 자유라든가 우연, 가능성 같은 것을 생각하기에 이른다. 여기에서 인간의 행위도 생각할 수 있다는 것이다. 에피쿠로스가 참다운 행복이요 인생의 목적이라고 한 '아타락시아(고요하고 평온한 정신 상태)'라는 쾌락은 괴로움으로부터 굽어 벗어남으로서 얻을 수 있다. 선은 악으로부터 벗어남으로써 실현이 가능하다. 행위의 목적은 바로 구부러져 벗어나는 것이다. 이렇게 하여 에피쿠로스는 설사 개인주의적이었다 하더라도 자유라든가 행위라든가 자기의식을 명백히 밝혔다. 유물론적 필연성 속에서 자유나 행위나 자기의식을 분명히 밝힌 점에서 에피쿠로스는 데모크리토스보다 뛰어나다. 그 사람이야말로 그리스 최대의 계몽가라 할 것이다."191)

이제 에피쿠로스는 마르크스에 의해 20세기에 다시 화려하게 부활한 것이다. 20세기는 물론 21세기인 지금도 큰 영향력을 가진 또 한 사람의 철학자인 니체 또한 에피쿠로스에 대해 지대한 관심을 가졌다. 니체는 거침없는 독설로 유명한 철학자지만 에피쿠로스에 대해서는 이렇게 극찬을 아끼지 않았다.

---

191) 칼 마르크스, 『경제학 철학 초고·자본론·공산당선언·철학의 빈곤』, 김문현 역, 동서문화사, 2008년, 652쪽.

"그렇다. 나는 에피쿠로스라는 인물을 분명 어느 누구와도 달리 느끼며, 그것을 자랑스럽게 생각한다. 나는 에피쿠로스에 관하여 무엇을 듣고 읽는 데에서 고대 오후의 행복을 음미한다. 햇볕을 흠뻑 쬐는 바닷가 절벽 위에서 에피쿠로스의 눈은, 그 너머 광대하게 펼쳐져 희게 빛나는 바다를 보고 있다...그런데 이러한 행복을 만들어 낼 수 있는 것은, 끊임없이 고뇌하는 자뿐이다. 이러한 눈앞에서 현존재의 바다는 잔잔해진다."192)

20세기를 마르크스와 니체가 지배한 시대라고 본다면 이 두 사람의 철학에 근본적인 영향을 준 사람은 다름 아닌 에피쿠로스이다.

코페르니쿠스 이후 신중심주의가 사라진 자리에 자연주의의 교조로서 에피쿠로스가 차지하는 것은 당연한 일이라 할 것이다. 마르크스와 니체는 이 흐름을 정확하게 읽음으로써 20세기를 이끌 수 있었다.

또한 마르크스와 니체에서 영향을 준 기본적인 바탕은 그의 유물론이며 무신론이다. 그는 "많은 사람들이 믿고 있는 신들을 부인하는 자가 불경신不敬神인 사람은 아니고, 많은 사람들이 안고 있는 사고를 신에게 밀어붙이고 있는 자들이 오히려 불경신인 사람인 것이다."193)라고 말한다. 이 한마디야말로 유사 이래 동서고금의 모든 신중심주의자들에 대한 가장 신랄한 공격일 것이다.

이 에피쿠로스의 자연 철학이 본격적으로 부활하기 시작한 것은 코페르니쿠스의 대전환부터이다. 즉, 코페르니쿠스는 그 이전의 신중심주의 우주론을 자연 중심주의 우주론으로 바꾸어 버린 것이다.

코페르니쿠스에서 다시 부활하기 시작한 이 자연 철학은 요원의 불길처럼 이전의 신중심주의를 태워 버리고, 그 신을 제외한 나머지의 자연을 중심으로 새로운 사고와 행동의 틀을 만들기 시작했다.

---

192) 니체, 『즐거운 지식』, 곽복록 역, 208쪽(니체, 『비극의 탄생·즐거운 지식』, 곽복록 역, 동서문화사, 2009년).
193) 디오게네스 라에르티오스, 『그리스 철학자 열전』, 전양범 역, 2008년, 동서문화사, 715~716쪽.

(2) 코페르니쿠스의 대전환, 그리고 갈릴레오와 다빈치

중세의 우주관은 우주의 중심은 지구이며, 달의 위에는 하늘나라가 있어 신과 천사들이 살고 있다고 굳게 믿었다. 코페르니쿠스와 갈릴레오 이전의 사람들은 모두 정말로 우리가 눈으로 보고 있는 저 하늘에 천사들이 살고 있다고 철석같이 믿고 있었던 것이다. 즉,

"물리적으로 인간이 사는 지구 위에 달과 태양과 여러 행성이 있듯이 신학적으로는 천상계에 병천사並天使 · 대천사大天使 · 황자천사皇子天使(權力天使) · 덕천사 · 지배천사 · 옥좌천사玉座天使 · 이익천사二翼天使(게르비움) · 육익천사六翼天使(세라프) · 등 아홉 천사가 있어 각자의 위계에 해당하는 별을 다스린다. 또 천사의 위계와 반대되는 방향으로는 단테의 신곡神曲이 보여주는 여러 단계의 지옥이 있다. 자연계는 4원소로 구성되어 있는데, 이것들도 무기물층 · 식물층(수령) · 동물층(감각) · 인간층(정신) 등으로 층을 형성한다. 이것을 또 인체에 유비적으로 적용하기도 한다. 그러니까 이것은 과학을 빙자한 신학 체계인 것이다."194)

갈릴레오가 진정으로 위대한 이유는 당시 모든 사람들이 천사들이 살고 있다고 철석같이 믿고 있던 달에 망원경을 들이대고 "그렇다면 내가 내 두눈으로 직접 천사들이 정말로 천상계에 살고 있는지 확인하겠다!."고 나섰다는 점이다.

과거 서양 문명은 신을 중심으로 인간의 모든 것을 설정했다. 즉, 최상위 1%를 상징하는 신은 선하고 99%의 인간은 악하다는 것이 그것이다. 그러나 코페르니쿠스 이래 신을 중심으로 생각하는 우주론이 그 근거를 잃고 말았다. 그 다음부터는 신을 중심으로 생각하는 신중심주의는 자연을 중심으로 생각하는 사고의 틀로 바뀌게 된다.

---

194) S. Mason, *Main Currents, of Scientific Thought*, p.48(소광희, 『자연 존재론』, 문예출판사, 2008년, 126쪽).

"코페르니쿠스의 지동설이란 말하자면, 논리와 추론의 산물이었다. 감각을 맹신하는 세상 사람들에게는 이 거대한 땅덩어리가 허공을 날아다닌다는 주장은 그야말로 황당한 소리에 지나지 않았다. 요컨대, 지동설은 '심증'도 '물증'도 없었던 것이다. 그러다가 17세기에 접어들어 최초로 강력한 지동설 물증을 들이댄 사람이 나타났다. 그가 바로 근대 물리학의 아버지로 불리는 갈릴레오 갈릴레이였다."195)

지금으로부터 400여 년 전인 1609년 갈릴레이는 자작 망원경으로 달의 모습을 본 순간 경악했다. 그때까지 완전무결한 구球로 알고 있었던 달이 기실은 수많은 분화구와 지구와 같이 산과 계곡을 가진 천체였던 것이다. 이는 아리스토텔레스 세계의 붕괴를 뜻하는 엄청난 발견이었다. 196)

이제부터 신의 영역으로 여겨졌던 우주에서 신은 제거되었다. 그리고 우주는 철저하게 과학의 법칙으로 움직이는 시계와 같은 기계가 되어 버렸다. 이제는 유신론적 신학 대신 기계론이 진리가 되는 과학의 시대가 도래한 것이다. 즉,

"근대 과학은……위계론과 목적론, 아리스토텔레스와 프톨레마이오스의 지구 중심적 우주론에 대한 투쟁, 즉 목적론적 설명과 천상의 세계를 걷어 내고, 파란 하늘의 아래와 위를 잇는 그대로 하나의 원리로 보고 기계론적으로 해석하는 학풍의 확립에서 출발한다."197)

이제 코페르니쿠스 이후 인간은 유신론적 신중심주의의 질서에 의해 수동적으로 행동하던 중세적 삶의 방식에서 벗어나기 시작했다. 대신 인간이 눈으로 직접 자신의 눈으로 보고 인간 스스로 판단할 수 있는 전혀 새로운 자연주의적 철학을 가지기 시작했다.

195) 이광식, 『천문학 콘서트』, 더숲, 2011년, 41쪽.
196) 이광식, 『천문학 콘서트』, 더숲, 2011년, 42쪽.
197) 소광희, 『자연 존재론』, 문예출판사, 2008년, 127쪽.

(3) 길을 잃은 자연주의와 인간 중심주의

이 자연주의와 인간 중심주의는 처음부터 길을 잘못 들었다. 이는 유신론적 신중심주의의 문제를 거꾸로 뒤집어 그 반대편에서 답습하는 어리석은 결과가 되고 만 것이다.

르네상스는 그 첫 단추를 잘못 꿴 것이다. 이러한즉 이 문제를 안고 시작한 과학은 물론 사회주의와 자본주의와 무정부주의 등 모든 것이 모두 다 근본적인 결함을 안게 된 것이다. 문제의 핵심은 바로 이 코페르니쿠스와 갈릴레오와 다빈치 등과 르네상스 전체가 범한 이 근본적인 오류에 있는 것이다. 한사상은 바로 이 오류를 바로잡고 새로운 시작을 하고 있다. 이 문제는 제6장 평등의 시작―'45도의 혁명!'에서 다루어진다.

20. 자본주의 붕괴론과 '우리는 99%' 그리고 한사상

로마는 단지 2,000명의 최상위 1%가 그 광활한 로마 제국의 영토를 나누어 가졌다. 그들 최상위 1%가 어떻게 99%의 민중들에게 살해되지 않을 수 있었을까? 오늘날 자본가들이 살펴보아야 할 놀라운 능력이 아닐 수 없는 것이다.

그 비밀은 군대의 정복 전쟁과 그 전쟁을 통해 잡아 온 노예에게 있었다. 민중들은 놀고먹어도 나라에서 주는 빵을 먹을 수 있었고 훌륭한 목욕탕에서 빈둥거릴 수 있었다.

그리고 그 비밀의 핵심은 콜로세움에 있었다. 로마의 황제들은 콜로세움에서 자신들 대신 제물이 되어 죽어 줄 희생자를 광기 속에서 살육할 수 있었다.

오늘날 자본주의는 이 로마와 판에 박은 듯 빼어 닮았다. 세계의 자본가들은 자본주의가 발흥한 지난 250년간 발생한 각종 전쟁을 통해 막대한 부를 쌓았다는 점에서 로마가 제국으로 확장한 것과 그 양상이 비슷하다.

오늘날 세계를 지배하는 최상위 1%의 자본가와 로마가 절정이던 시대에 토지를 독점한 최상위 1%인 2,000명은 극소수라는 점과 막대한 부를 독점하고 있다는 점에서 비슷할 것이다.

로마는 최상위 1%가 모든 것을 다 가지고 부귀영화를 누리면서 콜로세움으로 민중을 달랠 수 없었다. 이미 로마는 망해 있었다. 21세기의 자본주의의 최상위 1% 역시 모든 것을 다 가지고 티티엔터테인먼트로 지배하고 있다. 그리고 이에 대한 민중들의 응답이 2011년 뉴욕 월가에서 터져 나온 '우리는 99%'이다.

(1) 로마 시대 최상위 1%와 현대 자본주의 최상위 1%

99%의 민중이 왕을 세우고 정해진 시한이 되면 왕을 살해하고 새로운 왕을 세울 수 있던 시대에 그 나라의 재산은 민중들이 가지고 있었다. 그러나 최상위 1%를 상징하는 왕이 99%의 민중을 속임수와 폭력으로 지배할 수 있게 되면서부터 민중들의 재산은 어떤 명목으로든 왕과 귀족에게 빼앗기게 되었다. 왕권이 강화되고 나라의 크기가 커지면 커질수록 더욱더 그 양극화의 경향은 커져만 갔다. 그 대표적인 예를 로마 제국에서 찾을 수 있다.

"로마 제국의 네로 황제가 집권하던 서기 54년에서 68년까지 약 2,000명에 불과한 소수 사람들이 라인 강에서 유프라테스 강 사이의 토지 대부분을 차지했었다. 당시 전체 인구는 극소수의 부유층과 대다수의 빈곤층으로 크게 대별되었는데, 부유층의 경우에는 보통 부유층이 아니라 최고 부유층이었다."[198]

---

198) 모리스 버만, 『미국 문화의 몰락』, 심현식 역, 황금가지, 2002년, 33쪽.

동일한 말을 에드워드 기번은『로마 제국 쇠망사』에서 이렇게 말한다.

"이탈리아 각 지역은 본디 그 지방의 자유민들이 토지를 소유하고 있었다. 그 후 탐욕스러운 귀족들에게 매수되거나 빼앗기게 되어, 공화제 말기에 이르러 사유재산을 가진 시민은 불과 2,000명에 지나지 않는 상황이 된다."[199]

대제국 로마의 모든 부가 단 2,000명에게 집중되는 이 현상에서 이미 로마 제국은 멸망의 길로 가고 있었다. 왜냐하면 이처럼 극소수에게 부가 집중되면서도 절대다수의 민중을 정상적으로 다스리는 길은 존재할 수 없기 때문이다. 따라서 여러 가지 무리한 방법으로 나라를 다스릴 수밖에 없는 것이다. 현대 자본주의의 최상위 1%는 어떠한가?

"오늘날 이 지구상에 있는 358명의 초특급 부자들의 재산을 모두 합치면 지구촌 인구의 약 절반에 해당하는 25억 명의 전 재산을 합친 것과 비슷하다."[200]

현대 자본주의를 지배하는 최상위의 자본가의 재산이 전 지구적인 규모로 따져 볼 때 이 정도면 로마 시대의 최상위 1%와 비교하여 조금도 손색이 없어 보인다.

(2) 로마 시대의 콜로세움과 현대 자본주의의 티티엔터테인먼트

1995년 9월 미국의 샌프란시스코의 페어몬트 호텔에 의미심장한 모임이 있었다. 그 모임은 미국의 부유한 후원자들이 미하일 고르바초프에게 감사의 표시로 재단을 세워 주기로 했는데, 대략 5백 명 정도의 정치가, 경제인, 학자들을 불러 축배를 들고 있었다. 이 모임은 세계적인 브레인 집단으로서 21세기를 맞는 지구촌이 지향해야 할 새로운 문명의 길을 모

199) 에드워드 기번,『로마 제국 쇠망사』, 강석승 역, 동서문화사, 1988년, 394쪽.
200) 한스 페어 마르틴·하랄트 슈만,『세계화의 덫』, 강수돌 역, 영림카디널.

색하기 위해 이루어진 것이었다. 이들은 인류의 미래를 이렇게 간단히 결론을 내린다.

"이들 세계적인 실용주의자들은 인류의 미래를 한마디로 표현한다. 그것은 20대 80의 사회라는 말과 티티엔터테인먼트라는 말이다. 20대 80의 사회라는 말은, 다가오는 21세기에는 노동이 가능한 인구 중에서 20%만 있어도 세계 경제를 유지하는 데 별 문제가 없다는 말이다."201)

이 페어몬트 호텔에서는 완전히 새로운 사회 질서의 밑그림이 그려지고 있다. '탄탄한 중산층도 없고, 아무도 저항할 세력이 없는 부유한 나라'가 바로 그것이다.202)

(3) 현대 사회의 중산층의 몰락

MIT대학의 크루그먼과 하버드대학의 로렌스는 광범위한 자료에 근거하여 이렇게 말한다. "산업 노동자들이 자동화로 인하여 직업을 상실하게 될 것이라던 1950년대와 1960년대 동안에 팽배했던 우려가, 현재 제조 부분의 일자리 상실이 국제 경쟁 때문이라는 선입견보다는 훨씬 진실에 가깝다."203) 또한 국제 기계공 노동조합의 위원장이었던 윈피싱어는 제네바에 있는 국제 금속 노련의 다음과 같은 연구를 인용하고 있다. "향후 30년 이내에 세계 전체 수요에 필요한 모든 재화를 생산하는 데 있어서 현 노동력의 단지 2%만 필요하게 될 것이다."204)

일본의 컴퓨터 정보화 사회의 주창자인 마스다는 다음과 같이 말한다. "조만간 모든 공장들이 완전히 자동화될 것이고, 아마도 향후 20~30년 내에 사람을 전혀 필요로 하지 않는 공장들이 출현하게 될 것이다."205)

---

201) 노암 촘스키, 『그들에게 국민은 없다』, 강주현 역, 모색, 1999년, 26쪽.
202) 노암 촘스키, 『그들에게 국민은 없다』, 강주현 역, 모색, 1999년, 27쪽.
203) 제레미 리프킨, 『노동의 종말』, 이영호 역, 민음사 2001, 27쪽.
204) 제레미 리프킨, 『노동의 종말』, 이영호 역, 민음사 2001, 27쪽.

20:80의 사회는 이미 막을 수 없는 현실인 것이다.

(4) 콜로세움과 티티엔터테인먼트

우리는 이미 3장 「인간 제물人間祭物과 '너희들은 1%'」에서 콜로세움에서 벌어진 '광기와 학살의 지배 법칙 -1=99-100'을 통해 로마 제국에서 콜로세움이 얼마나 중요한지를 살펴보았다.

이는 로마 제국은 콜로세움에서 제물이 되어 죽어 줄 희생자를 계속 만들 수 있는 한 존재하며, 그럴 수 없을 때 무너짐을 말한다. 현대 자본주의에서 로마 제국의 콜로세움은 곧 티티엔터테인먼트라는 말로 요약이 될 수 있을 것 같다. 소위 티티엔터테인먼트는 지미 카터 미국 대통령의 안보 보좌관이었던 즈비그뉴 브레진스키가 만든 말이다. 이는,

> 즐기는 것을 의미하는 엔터테인먼트와 젖을 뜻하는 미국 속어 티쯔tits를 합친 말이다. 다시 말해 기막힌 오락물과 적당한 먹거리의 절묘한 결합을 통해서 이 세상의 좌절한 사람들을 기분 나쁘지 않게 만들 수 있다는 것이다.[206]

티티엔터테인먼트=기막힌 오락물+적당한 먹거리라는 말이다. 브레진스키가 말하는 현대 자본주의의 기막힌 오락물이 바로 로마 제국의 콜로세움에 해당하는 개념이다. 그리고 적당한 먹거리는 로마 제국에서 시민들에게 무상으로 나누어주던 빵에 해당하는 개념일 것이다.

그리고 브레진스키가 말하는 '이 세상의 좌절한 사람들'이란 자본주의 사회의 최상위 1%와 그들을 떠받치는 보조자인 상위 19%를 제외한 80% 정도의 민중에 대한 말일 것이다.

결국 자본주의를 지배하는 최상위 1%가 나머지 99%의 민중에게 살해

205) 제레미 리프킨, 『노동의 종말』, 이영호 역, 민음사 2001, 27쪽.
206) 한스 페터 마르틴·하랄트 슈만, 『세계화의 덫』, 강수돌 역, 영림카디널, 2002년, 27쪽.

당하지 않고 부와 권력을 유지하는 방법론으로 '티티엔터테인먼트=기막힌 오락물+적당한 먹거리' 정도면 가능하다는 말이 되는 것이다. '광기와 학살의 지배 법칙 −1=99−100'에서 티티엔터테인먼트가 콜로세움처럼 제물을 계속 만들 수 있는 한 자본주의는 지속될 수 있다는 것이다.

이 티티엔터테인먼트는 TV와 영화, 그리고 스포츠, 섹스 산업 등을 통해 전 세계를 콜로세움으로 만들겠다는 말과 같다. 또한 음식에 대한 절제를 잃고 맛있는 음식을 탐하는 천박한 인간을 만들겠다는 말과 같다.

또한 사드 후작이 내다본 『악덕의 번영』, 『소돔 120일』의 성적 타락의 세계가 또한 바로 이 티티엔터테인먼트의 세계가 아니겠는가?

(5) 티티엔터테인먼트와 새로운 제물

이 새로운 전 세계적 규모의 콜로세움에서 제물이 되어 죽어 가는 희생자는 사람들의 눈에 잘 보이지 않는다. 제물이 되어 희생되는 사람들은 다른 곳에 있다.

이 새로운 세계 공동체는 반드시 제물이 되는 희생자를 만든다. 그들은 지속적인 치열한 경쟁에서 반드시 지속적으로 도태될 수밖에 없는 중산층과 도태될 슬픔조차 기대하기 불가능한 하층민들이다. 그들은 티티엔터테인먼트와 음식을 탐하느라 폭동조차 일으킬 힘이 없다.

최상위 1%의 지배자와 그들을 보좌하는 소수의 상위 권력자를 제외한 80%의 민중들은 이 티티엔터테인먼트와 음식을 탐하면서 근근이 버티어 나간다. 그리고 최하위 1%의 희생자는 극심한 가난을 견디거나 아니면 견디다 못해 노숙자가 되거나, 그도 아니면 도저히 적응을 하지 못하고 감옥에 갇히는 신세가 되거나, 그것도 아니라면 조용히 자살을 택할 수밖에 없는 것이다.

현대의 희생자들이야말로 과거 콜로세움에서 피를 흘리며 죽어 가던 노예 검투사요, 죄수들이다. 또 저 중남미 아즈텍 제국의 피라미드 위에서 산채로 자신의 심장이 도려내어져 살해당하고 자신의 육신은 다른 사람들의 식사 거리가 되어 죽어 가는 전쟁 포로들이다. 이들 희생자들이 있음으로써 다른 중산층과 하층민들은 자신들의 불행한 현실을 잊고 그들보다는 낫다는 상대적 우월감이라는 비참한 위안을 가지게 된다.

그러나 오늘날 제물이 되는 희생자들은 자신들이 현대 사회의 제물이라는 사실을 알지 못하고 자신들이 무능해서 경쟁에서 도태되었다고 생각해 슬픔과 절망을 안고 고통을 받다가 죽어 간다.

또 하나의 중요한 희생자가 있다. 그것은 이유도 없는 전쟁에서 죽어야 할 이유도 모른 채 무수히 죽어 가는 군인과 민간인이다. 폭력이 속임수보다 훨씬 더 큰 속임수이듯, 전쟁은 가장 잔혹한 속임수인 것이다. 도대체 지금까지의 전쟁 중 대중의 참다운 삶을 위한 전쟁이 있기나 했던가?

이 현대 사회의 작동 원리는 고대 이래의 야만의 법칙과 조금도 다름이 없고 로마의 콜로세움과 다름이 없되 그 규모만 전 세계적으로 거대해졌을 뿐이다. 이제는 너무나 거대해져 그 전체를 보지도 못하고 그 안에서 극히 작은 부분만 보고 살다가 이유도 모르는 채 고통을 받으며 죽어 갈 뿐이다.

참다못한 민중들의 입에서 드디어 '우리들은 99%'가 터져 나왔다. 그러나 이는 새로운 악순환의 새로운 시작을 알리는 신호이다. 이 시대에는 누가 최상위 1%인가? 이번에는 누구의 목이 잘릴 것인가? 이번에는 어떤 망나니가 어디에서 나타나 무엇으로 누구를 대상으로 대학살을 벌일 것인가? 나는 '우리는 99%'라는 슬로건을 보고 무엇보다 이러한 걱정이 먼저 앞서게 된다.

(6) 마르크스와 슘페터를 넘어서

마르크스는 자본주의가 내부적인 결함으로 반드시 망한다고 했지만 그
와 반대로 슘페터는 자본주의는 성공함으로써 망한다고 했다.

그러나 자본주의가 망한다고 사회주의 세상이 온다고 생각하는 것은 크
나큰 오판이다. 아니 한사상으로 볼 때 자본주의와 사회주의를 논하는 것
자체가 큰 의미를 가지지 못한다. 왜냐하면 자본주의와 사회주의 자체가
자연주의의 아들들이기 때문이다. 자연주의는 그것이 무엇이든 반드시 자
연주의가 부정하고 배척했던 신중심주의의 문제가 유령처럼 거꾸로 뒤집
혀 나타나기 때문이다.

21. 살인 없는 학살과 '우리는 99%!'

희생당한 수많은 마녀들 중 단 한 명도 마녀가 없었듯이 영적 능력이나
초능력자가 현실에서 단 한 사람도 있을 수 없다는 것은 이미 명백하다.
저 달 위에 천사가 살고 있지 않듯 과학 법칙을 무시하는 영적 능력자와
초능력자는 있어 본 적도 없고, 있을 수도 없는 것이다.

여기에도 1과 99의 행동의 법칙이 작용하고 있다. 물론 그 99의 민중은
둘로 나누어 하나는 비굴하게 1인 영적 능력자나 초능력자들에게 아첨하
면서 이들의 손발이 되어 움직여 줄 지식인들과 폭력을 사용해 줄 하수인
이 지배 계층이 되고 나머지 하나는 이들에게 지배당하고 착취당하는 일
반 대중으로 만들어져야 한다.

이들이 지배하는 영역은 가장 미미하지만 어느 곳에나 존재하는 거대한
규모의 속임수와 폭력 나아가 광기와 학살의 법칙이 적용되는 영역이다.
즉, 사람들이 알지 못했던 유형의 학살의 현장이 바로 이 영역에 존재한다.

(1) 칸트와 『시령자의 꿈』과 스웨덴보르그의 신비주의

역사상 신비주의자로서 스웨덴보르그만큼 유명한 사람도 없을 것이다. 시인 브라우닝은 "영계에 관한 것을 분명하게 밝힌 저술은 스웨덴보르그 이외는 없고, 또한 믿을 수 있는 것도 그의 저술뿐이다."[207]라고 말하고 있을 정도이다.

스웨덴보르그의 『나는 영계를 보고 왔다』[208]를 소개하는 서문에는 "스웨덴보르그의 교령 능력交靈能力이나 천리안 능력이라는 보통 사람에게는 좀처럼 이해하기 힘든 불가사의한 능력에 대해서는 근엄하고 냉철하기로 유명한 독일의 철학자 칸트가 애써 책을 지어 『영계 예언자의 꿈』에 그것을 보증했을 정도이므로 우리들은 의심할 여지가 없을 것이다."[209]라고 적고 있다.

과연 이 서문처럼 칸트가 스웨덴보르그를 보증했을까? 이에 대해 칸트는 그의 『시령자視靈者의 꿈』을 통해 "스웨덴보르그는 단지 모든 시령자들 중에서 최고의 시령자일 뿐이고, 모든 광신자들 중의 광신자일 뿐이다."[210] 라고 말했을 뿐이다. 여기서 칸트가 스웨덴보르그를 보증했다는 말은 완전히 잘못 알려진 것임을 알 수 있다.

더 나아가 칸트는 "스웨덴보르그의 긴 저작은 완전히 공허하며, 어떠한 이성적 요소도 포함하고 있지 않다."[211]라고 딱 부러지게 잘라서 말하고 있다.

칸트는 스웨덴보르그가 경험적인 방법을 통해 예지계에 접근할 수 있다는 주장을 받아들이지 않았을 뿐 아니라 조롱하고 있는 것이다. 칸트는 영

---

207) 임마누엘 스웨덴보르그, 『나는 영계를 보고 왔다』, 河在麒 역, 대중출판사, 1975년, 16쪽.
208) 임마누엘 스웨덴보르그, 『나는 영계를 보고 왔다』, 河在麒 역, 대중출판사, 1975년.
209) 임마누엘 스웨덴보르그, 『나는 영계를 보고 왔다』, 河在麒 역, 대중출판사, 1975년, 14쪽.
210) 임승필, 칸트의 『형이상학자의 꿈에 비추어 본 시령자의 꿈』(철학 제98집, 한국철학회, 2009년, 115쪽).
211) 임승필, 칸트의 『형이상학자의 꿈에 비추어 본 시령자의 꿈』(철학 제98집, 한국철학회, 2009년, 115쪽).

적인 영역에 대해서는 인식의 영역에서 배제하고 있다.

따라서 칸트가 스웨덴보르그에게서 참고한 것이 있다면 학문으로서의 형이상학이 철저함과 엄격성을 잃는다면, 스웨덴보르그의 저술『나는 영계를 보고 왔다』에서처럼 귀신을 눈으로 볼 수 있다는 시령자들을 위한 신비주의적인 학문이 되거나, 광신자들을 위한 광기와 광란의 학문이 될 수밖에 없다는 두려움이었음이 분명한 것이다.

그런데 이 시대에도 스웨덴보르그의 그 놀라운 논법을 사용하는 사람들이 전 세계에 많다. 귀신을 눈으로 보는 것은 물론 귀신과 대화를 하거나 귀신을 인간의 의지대로 움직인다고 주장하는 것 등이 그것이다. 또한 과학 법칙을 무시하고 오히려 초월한다고 주장하는 초능력자들도 마찬가지이다. 또한 스웨덴보르그가 살아 있던 당시 그 놀라운 논법으로 많은 사람들에게 영향력을 행사했듯이 오늘날도 그와 같은 사람들이 많은 사람들에게 큰 영향력을 행사하고 있는 것이다.

만일 인간이 정말로 과학 법칙을 무시할 수 있는 영적 능력과 초능력을 가질 수 있는 경우 이들은 나름대로 민중을 지배할 수 있다.

그러나 초능력은 당연히 없지만 최상위 1%의 지배자가 되고 싶은 마음은 간절하다면 방법은 하나뿐이다. 그 방법은 오로지 속임수를 통하는 방법뿐이다. 또 속임수로 안 통하는 경우 폭력이 추가되는 것이다. 영적 능력이나 초능력을 가지고 있다고 주장하는 것은 자유이다. 문제는 이들 가짜 영적 능력자와 가짜 초능력자들이 속임수와 폭력을 사용하여 선량한 사람들을 제물로 삼아 희생시킨다는 점에 있는 것이다. 또한 이들의 뻔한 속임수에 쉽게 넘어갈 정도로 현대인들은 이 1과 99의 야만의 법칙이 만들어내는 이원론과 수직적 계층 구조에 이미 익숙해져 있다.

따라서 이들 쉽게 부귀영화를 누리려는 자들은 속임수와 폭력을 사용하지 않을 수 없게 된다. 또 그 속임수와 폭력이 계속되다 보면 결국은 광기와 학살로 이어지게 되는 것이다.

결국 그들이 최상위 1%의 권력을 가지고 99%의 민중을 지배하겠다는 전형적인 '속임수와 폭력의 지배 법칙 1=100−99'를 추구하기 때문이다. 그리고 그것은 결국에 가서는 '광기와 학살의 지배 법칙 −1=99−100'으로 가지 않을 수 없기 때문이다.

(2) 100만 달러를 주겠다. 내 눈앞에서 보여 다오!

<SBS—도전 백만 불! 초능력자를 찾아라>

어느 날 천사들이 살고 있는 달에 망원경을 직접 들이댄 사나이가 나타났다. 갈릴레오였다. 오늘날에는 이런 미신들은 거의 다 사라졌지만, 여전히 신비주의는 맹위를 떨치고 있고, 사람들은 달 위에 천사가 산다고 믿었던 것보다 조금도 못하지 않은 신비주의가 세상을 지배하고 있다.

이는 영적 능력 또는 초능력이라고 불리는 것이다. 만약 영적 능력과 초능력을 정말로 가질 수 있다면, 그 사람은 당장 그 정도에 따라 민중을 지배할 수 있을 것이다.

제임스 랜디(James Randi)는 바로 이 대목에서 출현했다. "그는 지난 96년부터 인터넷을 통해 '100만 달러 챌린지'를 진행하고 있다. 자신의 앞에서 초능력을 증명해 보이면 100만 달러를 주겠다는 것이다.[212]

우리나라에서도 2003년 2월부터 방송되었던 SBS '도전! 100만 달러 초능력자를 찾아라'에 많은 초능력자들이 출연했지만 단 한 사람도 제임스 랜디 앞에서 그의 초능력을 증명하지 못했다.

"제임스 랜디는 유리 겔라의 모든 초능력이 사기라는 사실을 증명했다. 이 같은 폭로에 유리 겔라는 피해액 1,500만 불을 요구하는 소송을 벌였지만 법정에서조차 초능력을 인정하지 못해 오히려 변호 비용 12만 달러를 제임스 랜디에게 배상해 줘야 했다."[213]

---

212) 정명진 기자, 『파이낸셜뉴스』, 2003. 02. 12.

갈릴레오가 망원경으로 천사들이 산다는 달나라를 들여다본 것과 똑같이 제임스 랜디는 이들 가짜 영적 능력자와 가짜 초능력자들의 속임수를 가차 없이 폭로한 것이다. 그는 "초능력자라고 주장하는 사람들은 실제 초능력을 가지고 있지 않으면서 속임수를 써서 부와 명예를 얻고 있습니다."[214]라고 말한다.

그 후 "초능력자는 물론 심령술사 등은 초능력자 기피 대상 1순위 제임스 랜디의 프로젝트를 받아들이지 않았다. 그들은 아무도 도전하지 않았던 것이다. 제안 전화는 끊어 버렸고 도전을 하겠다고 밝힌 후에도 몇 년이 넘는 시간 동안 제임스 랜디를 피해 다니는 등 그에게 초능력을 인정받은 사람은 아무도 없었다."[215]

제임스 랜디는 무슨 일을 한 것일까? 그는 결국 저 달 위에 천사가 살고 있었던 적이 단 1초도 없었듯이, 영적 능력이나 초능력을 가지고 있는 사람은 단 한 사람도 존재할 수 없음을 밝힌 것이다.

랜디는 "저는 이 세상에 초능력자가 없다고 믿습니다. 사람들이 더 이상 이러한 사기꾼들에게 속지 않도록 '100만 달러 챌린지'는 내가 죽더라도 10여 년간은 계속 할 수 있도록 조치를 취해 놓겠습니다."[216]라고 말했다.

결국 랜디는 새로운 수많은 작은 히틀러와 작은 스탈린들에 의해 전 세계의 보이지 않는 곳에서 광기와 학살이 일어나고 있음을 폭로한 것이다. 이 시대는 실제로 사람을 죽이는 학살보다는 그들 거짓 영적 능력 가짜 초능력자들의 제물이 되어 재산과 젊음과 순결을 잃고 폐인이 되는 간접 학살의 경우가 보편적인 학살이라고 할 수 있을 것이다. 이 간접 학살은 목숨을 잃는 직접 학살보다 훨씬 더 많은 수의 희생자를 낳고 그 고통도 직접 학살 못지않게 큰 것이다.

213) 조연경 기자, 『중앙일보』, 2012. 07. 29.
214) 정명진 기자, 『파이낸셜뉴스』, 2003. 2. 12.
215) 조연경 기자, 『중앙일보』, 2012. 7. 29.
216) 정명진 기자, 『파이낸셜뉴스』, 2003. 2. 12.

그러나 그들은 그 누구의 관심도 받지 못한 채 모든 것을 빼앗기고 학살당해 죽어 가는 것이다. 살인 없는 대학살은 명백하게도 우리가 사는 이시대에 우리 모두의 삶 바로 그 한가운데에서 진행 중이다.

학살되기 싫으면 학살에 가담해야 한다. 따라서 이 어릿광대들에게 희생당한 피해자들 중 일부는 새로운 거짓 영적 능력자와 거짓 초능력자가되어 새로운 제물이 될 희생자를 사냥하기 위해 혈안이 된다. 이는 1과 99의 행동의 틀이 보여 주는 실로 구역질나는 추악한 악순환의 모습을 적나라하게 보여 주는 실례이다.

(3) 한사상과 어릿광대

우리의 고유한 경전인 천부경과 삼일신고와 366사 등의 경전들이 1980년대에 다시 출현했다. 그리고 세간에서는 이 경전들 중 특히 천부경에 신비한 지식이 있다고 여겨져 그 이치만 알면 최상위 1%의 지배자라도 될수 있는 것 같이 생각되어 왔다.

특히 새로운 거짓 영적 능력자나 거짓 초능력자들 중에는 한사상과 개천, 홍익인간 등의 용어와 개념을 그들의 거짓 영적 세계와 거짓 초능력세계에 억지로 끌어다 붙여 악용하는 경우도 있을 것이다. 그 경우 그 속임수에 피해 입어 희생당하는 사람들은 더욱더 많아질 것이다.

그러나 천부경을 비롯한 한겨레의 고유한 경전에 담긴 한사상이 바로이들 거짓 영적 능력자나 거짓 초능력자들의 속임수와 폭력과 나아가 광기와 살인 없는 학살을 근본적으로 제거하는 이론 체계이다. 이 사실에 대해 그들 가짜 영적 능력자와 가짜 초능력자들과 그들에게 속는 피해자들은 아직 이해하지 못하는 것 같다. 참으로 안타까운 일이 아닐 수 없다.

제2부

'1과 99'에서 한사상으로

우리는 분명히 입장을 밝혀야만 한다. 이제부터는 더 이상 대중들이 자신들의 일부를 최상위 1%의 누구에게든 어떤 경우에서건 제물이 되어 희생되도록 내어 주어서는 안 된다고 말할 수 있어야 한다. 모든 대학살은 물론 인간이 노예가 되고 짐승이 되는 비극은 대중들이 자신의 일부를 불과 한 줌도 안 되는 망나니들에게 제물로 내어 주어 희생되도록 방치했기 때문에 발생하기 때문이다.

이 시대의 개인과 국가는 1과 99의 원초적 행동의 틀로 되돌아갈 것인가? 아니면 1과 99의 악순환의 고리를 끊고 누구도 배제하지 않고 '우리는 100%'라고 말할 수 있는 새로운 행동의 틀을 가지고 새로운 시대를 창조해 나갈 것인가를 결정해야 한다.

'우리는 100%'라고 말할 수 있는 사람들은 이미 민중이 아니라 대중大衆이다. 민중은 언제 어디서나 최상위 1%의 지배자와 최하위 1%의 제물이 되는 희생자들을 의식하고 그들에 의해 움직이는 99%이다.

그러나 '우리는 100%'라고 말할 수 있다면 더 이상 최상위 1%와 최하위 1%를 배제하지 않고 크게 하나가 된 공동체이다. 대중은 민중과는 전혀 다른 차원의 공동체를 만든다. 대중이 만드는 공동체의 기본 원리가 '한의 기본 법칙인 100=99+1'이다.

이 한의 기본 법칙에는 한 가지 더 중요한 혁명이 필요하다. 그것은 '45도의 혁명'이다. 플라톤과 동중서의 이원론과 수직적 계층 구조를 수평적 평등 구조로 바꾸는 혁신은 오로지 그 수직적 구조를 45도로 기울일 때에 한해서 수평적 평등 구조가 된다.

162

이 혁신을 통해 우리는 이원론을 통합론으로 혁신할 수 있는 계기를 마련하고, 수직적 계층 구조를 수평적 평등 구조로 혁신할 수 있게 되는 것이다. 철학에 있어서 이 두 가지의 결정적인 혁명은 지금까지 존재한 모든 철학이 막혀 있던 모든 벽을 허물고 전혀 새로운 영역으로 이끄는 문을 열어 준다.

제5장 '한의 기본 법칙 100=99+1'와 '우리는 100%'

모든 차별은 반드시 속임수와 폭력을 바탕으로 하고 그 차별은 억압과 굴종을 부르며 그것은 반드시 광기와 학살로 이어진다. 이 야만의 법칙을 극복하는 문명의 법칙의 시작은 차별을 차이로 인정하여 모두가 하나가 되는 것이다. 그래서 '우리는 99%'가 아니라 '우리는 100%'를 외칠 수 있어야 하는 것이다.

다시 말하면 우리는 1과 99의 행동의 틀도 과정이 있음을 알았다. 그리고 1과 99가 만들어 내는 사고와 행동의 틀 모두에서 1은 99를 의식하지 않을 수 없고, 99는 1을 의식하지 않을 수 없는 것이다. 따라서 정작 반드시 생각해야 하고 행동의 바탕이 되어야 할 전체로서의 100을 생각할 수 없는 것이다. 지난 3천 년간 동서양의 철학은 바로 이 함정에서 벗어나지 못했다.

그러나 한사상의 한의 기본 법칙 100=99+1은 공동체 전체에서 단 1%만 모자라도 그 공동체는 절대로 제 역할을 할 수 없다는 사실을 말한다. 다시 말해 처음부터 누구도 배제하지 않는 전체 100을 사고와 행동의 바탕으로 삼는 것이다.

이 100%로써 이루어진 하나의 전체는 지금까지 99%의 민중과는 다른 차원의 개념이 된다. 따라서 이 개념에는 민중과는 다른 새로운 이름이 필요하다. 따라서 나는 이 새로운 개념에 대해 위대하고 또한 거대한 민중이

164

라는 의미에서 '대중大衆'이라는 새로운 용어를 사용할 것이다.

22. 한의 기본 법칙 100＝99＋1

이 한의 기본 법칙 100＝99＋1은 공동체 전체에서 단 1%만 모자라도 그 공동체는 절대로 '우리'가 되지 못한다. 따라서 그 공동체가 발휘할 수 있는 능력이 대부분 사장되는 것이다. 즉, 하나의 전체를 조직하여 생명의 과정을 진행하기가 처음부터 불가능하다는 말을 하고 있는 것이다. 우리는 1과 99의 야만의 법칙을 극복하여 '우리'를 만드는 사고와 행동의 틀이 이미 오래전부터 존재해 왔지만 그것을 이해할 수 없었음을 살펴볼 것이다.

(1) 전체 다양성의 전체적인 통합의 법칙

우리는 이미 '우리'가 되지 못해 전체 100%에서 1%가 모자라 인간이 만든 모든 단위의 공동체에 어떤 문제를 야기할 수 있는가를 살펴보았다. 그리고 전체 100%를 이루어야 하는 당위성을 알 수 있었다. 이 100% 전체를 이루는 한의 기본 법칙이 곧 '전체 다양성의 전체적인 통합의 법칙'이다.

이는 벤담의 공리주의가 말하는 최대 다수의 최대 행복으로는 공동체가 처음부터 하나의 전체가 될 수 없으며, 나아가 공리주의로는 생명의 과정을 시작도 할 수 없다는 사실을 말해 주는 것이다. 그리고 자유 지상주의 또한 공리주의 이상으로 문제가 있는 것이다.

우리 사회에서 소외된 1%는 희생을 강요당한 여성과 비정규직, 중소기업, 등이 있을 것이며 독거노인, 노숙자 등의 경제적 약자와 국민으로서의 권리를 찾지 못하는 정치적 약자와 성적으로 또는 종교적으로 억울한 일을 당하고도 희생자가 되는 사회적 약자 등이 있을 것이다. 이들을 제외하고 다수결의 원칙으로 이루어지는 민주주의는 1과 99의 행동의 틀에 지나지 않는 것이다.

(2) 단군조선의 후예인 삼한에서 전해지는 한의 기본 법칙 100＝99＋1

영암의 월출산에는 아흔아홉 개의 골짜기가 있는데, 단 한 개의 골짜기가 모자라 영암이 서울이 되지 못했다.

이 전설은 전체가 100일 때 그중 1이 모자라 전남 영암이 서울이 되지 못했다는 이야기이다. 이는 한의 기본 법칙 100＝99＋1이 담고 있는 원리를 그대로 이야기 형식으로 전하고 있다. 이 전설은 월출산에 아흔아홉 골짜기가 있고 아흔아홉 암자가 있었다는 속설을 남겼다.[217]

최몽룡은 전남 영암 근처 나주 반남면에 마한 54개국의 핵심 국가였던 목지국이 있었다고 발표했다.[218] 전북 고창과 전남 화순은 세계적인 고인돌의 밀집 지역으로 유명하다. 그리고 세계에서 가장 많은 고인돌이 밀집되어 있는 지역이 바로 전남 지방이다. 대동강 유역 일대에 고인돌 무덤이 14,000여 기가 발견된 것에 비해 전라남도에서만 19,068기의 고인돌이 발견되었다.[219] 이는 마한이 단군조선을 계승한 마지막 정치 세력임을 말한다.

이 전설과 고인돌의 유적들은 단군조선을 계승한 삼한의 중심인 마한이

---

217) 문헌에 의한 기록으로는, "현재 월출산 주위에는 도갑사·천황사, 그리고 당진 쪽에 무위사가 있을 뿐이다. 그러나 문헌에 전해진 寺庵의 이름만 해도 50개소 이상이 확인되고 있으니 월출산에 아흔아홉 암자가 있었다는 俗傳을 가히 믿을 만하다."
全羅南道, 『月出山─바위 文化 調査』, 1988. 197쪽.

218) 최몽룡, 『羅州 地域 古代 文化의 特性─潘南面 古墳群과 目支國』. 최몽룡은 이 논문에서 목지국이 마한의 여러 나라들의 맹주국이며 그 위치를 나주의 반남면이라고 주장했다. 이 반남면은 영암의 월출산과 가깝다.

219) 최몽룡·김선우, 『한국 지석묘의 연구 이론과 방법』, 주류성, 2000년, 2쪽.
석광준, 『조선의 고인돌 무덤 연구』, 도서출판 중심, 2002년, 19쪽.

있었던 바로 그 자리에서 전해진다는 점에서 우리가 알 수 없었던 마한의 이야기를 들려주는 것이다. 즉, 단군조선의 정치력이 전설과 고인돌의 형태로 남아 있다는 중요한 사실을 미루어 알 수 있는 것이다.

이 전설은 전남 영암뿐 아니라 우리나라의 곳곳에 전해진다. 그리고 그 형태도 여러 가지라는 점에서 단군조선의 정치철학이 우리에게 얼마나 강렬하게 작용하고 있는지를 잘 말해 준다. 그리고 더 나아가 단군조선 이전에 있었던 초기 농경 사회의 전통을 말해 주는 것이기도 하다. 인천에 있는 한의 기본 법칙을 살펴보자.

"태조 이성계는 송도에서 한양으로 천도를 결심하고 무학대사를 시켜 도읍지를 물색하게 했다. 무학이 부평에 이르러 둘러보니 한강을 낀 벌판이 드넓었다. 더군다나 예로부터 '골짜기가 100개에 달해야 도읍지로서 탈이 없다'는 설을 따져 보더라도 부평은 도읍지로 손색이 없었다. 무학은 태조에게 아뢰었고, 태조도 흡족해 했다. 무학은 어명을 받들어 주안산侏雁山에 있는 주안사에서 산신제까지 지냈다. 태조가 신하들과 함께 부평에 당도해 지세를 살피고, 골짜기를 세어 보니 그 수는 한 개가 모자라는 아흔아홉 개였다. 한 개가 언덕으로 변해 있었던 것이었다. 이때 무학이 도읍지로 부평을 포기하면서 내뱉은 말이 '원통한 지고'였다. 이 말이 곧 '원통이 고개'로 됐다는 일설이 있다."[220]

이 전설은 영암의 것과 동일한 것이다. 이 심오하기 이를 데 없는 한겨레의 정치철학이 세월이 흐르면서 엉뚱하게도 한족의 풍수 이론으로 포장되어 있다는 점이 오늘을 사는 우리를 어이없고 쓸쓸하게 한다.

제주도에도 이와 동일한 전설이 전해진다. 즉, 제주시 서남쪽 한라산 중턱에 있는 '아흔아홉 골'은 크고 작은 골짜기가 아흔아홉 개나 된다고 하여 붙여진 이름이다. 영실의 오백 나한과 더불어 한라산의 절경으로 유명한 곳이다. 제주시 공원 남쪽 수림 지대에 주로 집중된 이 골짜기들은 한

---

220) 인천광역시, 『옛날 옛적에 인천은』, 인천광역시 역사자료관 역사문화연구실, 2004년, 319쪽.

라산 북서 사면의 고지대나 어승생악 동쪽에서 발원한다.

'아흔아홉 골'이라는 명칭의 유래에 얽힌 전설이 있는데, 이에 따르면, "아주 먼 옛날에 한라산에는 100개의 골짜기가 있었는데, 이곳에서 사자와 호랑이 등 맹수들이 백성들을 괴롭히자, 중국의 한 스님이 그 맹수들을 한군데에 몰아넣고 골짜기 하나를 없앴다. 그 후로 제주도에는 맹수가 없어지고 큰 인물도 나지 않는다."고 한다. 이로 인해 아흔아홉 골로 불리었고, 한자로는 '구구곡'으로 표기하기도 한다.[221]

이외에도 '대관령 굽이굽이 아흔아홉 고개'를 비롯하여, 경상북도 구미의 선산읍에도 어떤 임금이 서울을 정하려고 산골을 세어 보니 백 골짜기에서 하나가 모자라는 아흔아홉 골이라 서울이 되지 못했다는 이야기가 전해진다.

(3) 아흔아홉 상쇠 방울과 한의 기본 법칙 100=99+1

뿐만 아니라 우리나라 무속에도 동일한 것이 전해진다. 이는 우리나라 무속인들이 중요하게 사용하는 방울 중에서도 가장 중요한 위치를 차지하는 방울이 99개 달려 있는 아흔아홉 상쇠 방울이다.

"아흔아홉 상쇠 방울은 무당이 제일 중요하게 여기는 무구이다. 거의 모든 굿거리에서 사용되는 것이다.……방울이 99개가 달려 있으므로 '아흔아홉 상쇠 방울'이라고 한다."[222]

"아흔아홉 상쇠 방울은 주로 황해도 굿 큰무당이 사용한다.……아흔아홉 상쇠 방울의 일반적인 형태는 가죽 끈에 방울이 달려 있고, 수명을 상징하는 명(壽)쇠, 복을 상징하는 복(福)쇠, 무당의 말문을 열어 주는 명두쇠와 왕방울처럼 생긴 왕쇠가 섞여 있으며 길쇠가 10개 내외로 달려 있다.

221) 제주문화예술재단, 『제주 문화 상징』, 하나출판, 2008년, 154쪽.
222) 국립민속박물관, 『큰무당 우옥주유품』, 1995년, 92쪽.

간쇠는 타원형으로 생긴 평면의 쇠붙이인데 이것은 신과 연결하는 통로, 즉 길을 여는 구실을 하는 방울의 일종이다. 아흔아홉 상쇠 방울은 금속으로 만들어진 여러 개의 부착물들이 동시에 부딪치면서 소리를 내기 때문에 굳이 일반적인 방울의 형태를 갖지 않는다 하더라도 묶음에 속해 있는 쇠붙이는 방울로 인정할 수 있다.223)."

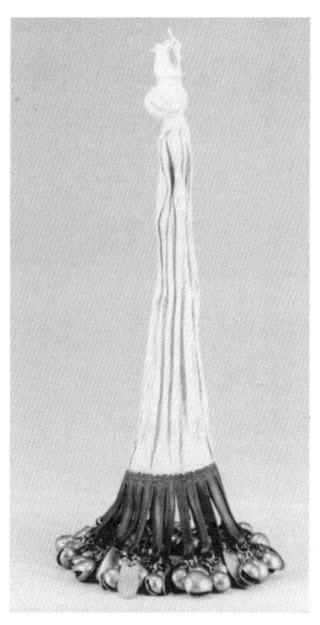

그림. 아흔아홉 상쇠 방울(국립민속박물관 자료)

이 아흔아홉 상쇠 방울이 의미하는 바는 실로 중요하다. 이 방울을 사용하는 자는 그 대상이 개인이든 사회이든 1이 결핍되어 전체가 99인 위기 상태가 된 상황에서 그 결핍된 1을 온전하게 하여 전체인 100을 이루어 생명의 과정을 진행하려는 행동임을 알 수 있다.

(4) 마적도사와 마고할미의 만남

또한 지리산 백무동百巫洞에도 동일한 이야기가 전해진다. 즉, 지리산은 오래 전부터 마고麻姑로 일컬어지는 성모 신앙聖母信仰이 전해지는 곳이다. 마고麻姑의 마麻는 삼을 말하는 것이며 고姑는 노고老姑로 할머니를 말하는 것일 때 이는 삼신할머니를 말한다고 할 수 있다. 이른바 모계 사회의 흔적을 잘 말해 준다. 이 마고로 상징되는 성모는 팔도 무당의 시조로 탈바꿈한다. 이곳에서 전해지는 구전은 100=99+1의 개념이 우리나라 전체 무당의 근원을 이루는 숫자로 설명된다.

---

223) 국립민속박물관, 『한국민속신앙사전』, 김창일, (주)디자인인트로, 2009년, 622쪽.

"어느 날 용유담에서 바둑을 두던 마적도사는 비가 오지 않는데 용유담의 물이 붉은 색을 띠며 불어나자 물길을 따라 거슬러 올라가 보니 천왕봉에서 천태산 마고할미가 소피를 보고 있더라는 것이다. 한 번 눈 소변이 이같이 엄청나게 물이 불어날 정도라면 배필이 될 만하다 하여 같이 살며 아흔아홉 명의 딸을 낳게 된다. 물론 딸은 전부 조선 팔도에 보내 무당이 되게 했는데 백무동은 지금 흰 백白, 군셀 무武자로 변했지만 예전에는 백 명의 무당이 있다 해서 백무동百巫洞이라 했다. 마고할미와 할미가 낳은 딸 아흔아홉을 합하면 백 명이 된다."[224]

우리나라 방방곡곡에 존재하는 이 '한의 기본 법칙 100=99+1'은 단군 조선의 정치철학은 물론 그 이전에 존재했던 1만 3천 년 전 농업 혁명 이후의 모계 사회의 모습도 이 무속인들을 통해 설명하고 있다. 마적도사와 마고할미의 만남은 한웅과 웅녀의 만남처럼 부계 사회와 모계 사회의 통합을 말하고 있는지도 모른다.

(5) 몽골의 신화와 한의 기본 법칙 100=99+1

우리나라의 여러 곳의 전설과 우리나라 무속의 상쇠 방울 등에서 발견되는 한의 기본 법칙은 몽골의 신화에서도 발견된다.

"99위의 텡그리[天神]가 군림하고 있는데 100위에서 1이 모자랐다. 혹한의 북쪽 세겔 세브지크 천天에 그곳을 다스리는 텡그리를 두지 않았기 때문에 100위가 되지 못하였다. 그것이 실수였다. 북쪽의 잊힌 하늘을 점령하려고 칸 튀르마스 텡그리와 아타이 우란 텡그리의 양자 사이에 쟁탈전이 벌어졌던 것이다. 쌍방이 각각 세실 세브지크 천에 접근해 있었기 때문에 서로 자기 지역이라고 주장했다. 할 수 없이 그들은 전쟁을 하여 승리를 거둔 자에게 소유권을 양도하기로 계약했다."[225]

---

224) 김대성 · 윤열수, 『한국의 性石』, 푸른숲, 1997년, 180쪽.

이 몽골 족의 신화는 내가 가장 먼저 소개한 100=99+1의 원리를 담고 있다. 이 신화는 신들의 세계를 그리고 있다. 전체 신의 숫자가 100인데 그중 1위의 신이 모자라 하늘에서 전쟁이 일어났다는 신화이다. 이 역시 전체 100이 모두 하나의 전체가 되어야 전체로서 신들의 기능이 발휘되는데 1위가 모자라 그 기능을 발휘하지 못하고 대혼란이 일어났다는 내용을 담고 있다.

(6) 이슬람과 한의 기본 법칙 100=99+1

이슬람 세계는 우리 한국인에게는 참으로 생소하다. 그런데 이 이슬람 세계에서 한의 기본 법칙을 설명하고 있다.

"알라의 이름에는 99가지 속성이 있는데, 알라의 100번째 이름은 낙타만이 알고 있다고 한다."[226]

이는 명백하게도 '한의 기본 법칙 100=99+1'을 말하고 있다. 코란에는 알라의 이름이 99개로 나타난다. 그리고 100번째 이름은 아무도 모른다는 것이다. 알라의 99가지 이름은 다음과 같다.

1. 은혜 2. 자비 3. 주권자 4. 성스러운 5. 평화 6. 진실한 7. 보호자
8. 전능한 9. 강점자 10. 최고급 11. 창조자 12. 무에서 만드는 자
13. 관례를 만드는 자 14. 용서하는 자 15. 정복자 16. 수여자
17. 부양자 18. 구제자 19. 전지한 자 20. 구속자 21. 확장하는 자
22. 깎아내리는 자 23. 고귀한 자 24. 명예를 존중하는 자
25. 겸손한 자 26. 모든 것을 듣는 27. 모든 것을 보는 28. 재판관
29. 공정한 자 30. 정교한 자 31. 깨닫는 자 32. 온후한 자

---

225) 장기근, 『중국 신화』, 대종출판사, 1975년, 237쪽.
226) 공일주(이슬람연구원 책임연구원), 『아랍 문화의 이해』, 대한교과서(주), 1996년, 153쪽.

33. 당당한 자 34. 용서하는 자 35. 감사하는 자 36. 탁월한 자

37. 위대한 자 38. 보호자 39. 떠받치는 자 40. 계산하는 자

41. 위엄 있는 자 42. 관대하고 인정 많은 자 43. 지키는 자

44. 귀를 기울이는 자 45. 포용하는 자 46. 현명한 자

47. 애정이 깊은 자 48. 영광스러운 자 49. 부활시키는 자

50. 증인 51. 진리 52. 수탁자 53. 강한 자 54. 신념이 변치 않는 자

55. 후원자 56. 칭찬받을 만한 자 57. 회계하는 자 58. 창시자

59. 원상 복귀시키는 자 60. 소생시키는 자 61. 파괴자

62. 살아 있는 자 63, 영원하고 자족하는 자 64. 감지하는 자

65. 뛰어난 자 66. 유일한 자 67. 창조의 영원한 섭리

68. 능력 있는 자 69. 널리 유력한 자 70. 촉진자, 조장자, 주동자

71. 억제자, 지연자 72. 처음 73. 나중 74. 명백한, 드러내는 자

75. 숨은 자 76. 통치자 77. 지고한 자 78. 정의로운 자

79. 가엽게 여기는, 측은하게 생각하는 자 80. 복수자

81. 엄하지 않은 자 82. 동정심 있는, 정상을 참작하는 자

83. 주권을 소유한 자 84. 장엄과 풍요의 주인 85. 공정한 공평한 자

86. 모으는 자, 수금하는 자 87. 자급하는 자 88. 부유하게 만드는 자

89. 주는 자 90. 보류하는 자, 억제하고 억누르는 자

91. 괴롭히는 자, 슬프게 하는 자

92. 도움이 되게 하는 자, 이익이 되는 자 93. 빛

94. 안내, 길잡이 95. 견줄 데 없는 자, 비교가 안 되는 자

96. 영원한 자 97. 상속자, 후계자 98. 지도자, 관리자 99. 참는 자[227]

또한 사히 알 부카리에는 "알라는 100가지 자비를 창조하셨습니다. 99가지 자비는 보관하시고 한 개의 자비를 그분의 모든 피조물들에게 보내

---

227) 공일주(이슬람연구원 책임연구원), 『아랍 문화의 이해』, 대한교과서(주), 1996년, 158쪽.

셨습니다.'228) 라고 했다. 그리고 이슬람교에서 사용하는 묵주의 일종으로서의 '수브하'는 99개의 구슬을 엮어 만드는데, 그 구슬은 각각 꾸란에 적혀 있는 알라의 99가지 이름을 의미한다.229)

이슬람의 경전과 관습에 나타난 1과 99의 비유는 지금까지 인류가 벗어나지 못한 1과 99의 행동의 틀을 단번에 극복하고 있다. 동시에 이는 현존하는 동서양의 철학을 극복하는 내용을 담고 있다.

코란을 비롯한 이슬람 경전, 그리고 이슬람의 관습들은 관심을 가지고 연구해 볼 가치가 충분히 있다고 보여 진다. 우리 한겨레의 고유한 사상과 어떻게 이처럼 동일한 말을 할 수 있는지 참으로 궁금해진다.

(7) 예수의 잃어버린 양과 한의 기본 법칙 100=99+1

기독교 경전 바이블에는 지금까지 살펴본 한의 법칙 100=99+1이 대단히 중요한 내용으로 나타나 있다. 이 대목은 내가 『단군과 예수의 대화』230)라는 책에서 깊이 있게 다루었던 내용이다. 그 예문만 간단히 정리하면 다음과 같다. "인자가 온 것은 잃어버린 자를 찾아 구원하려 함이니라."(눅 19:10)

예수는 자신이 이 세상에 온 목적이 바로 이 잃어버린 자를 찾기 위해서라고 선포했다. 이 선포야말로 4대 복음서에 담긴 모든 말씀의 바탕이 되는 진리를 담고 있음을 알게 해주는 것이다. 복음서의 말씀이 설명하는 잃어버린 자는 주로 헐벗고 굶주리고 병든 자들로 사회에서 소외된 사람들이다.

---

228) 알 함두릴라 카페, 하디쓰 목록 http://cafe.daum.net/eel56/MvFK/429.
229) 수브하는 알라의 이름을 기억하며 계속해서 사하다 등을 말하는 디크르 의식 중에서 타스비흐(염원)를 할 때 사용한다. 특히 수피 종단에서 종종 사용한다. 수브하는 원칙적으로 99개의 구슬을 엮어 만드는데, 이 구슬은 각각 꾸란에 적혀 있는 알라의 99가지 이름을 의미한다. 그러나 99개의 구슬은 하나로 잇기에 너무 많기 때문에 때로 33개, 혹은 66개의 구슬로 수브하가 제작되기도 한다. 수브하의 재료로 쓰이는 것은 나무, 마노, 호박, 진주, 플라스틱, 유리, 상아 등 다양하다. -위키백과, 수브하-
230) 최동환, 『단군과 예수의 대화』, 지혜의 나무, 2010년.

"너희 가운데 누가 양 백 마리를 가지고 있었는데 그중에서 한 마리를 잃었다면 어떻게 하겠느냐? 아흔아홉 마리는 들판에 그대로 둔 채 잃은 양을 찾아 헤매지 않겠느냐? 그러다가 찾게 되면 기뻐서 양을 어깨에 메고 집으로 돌아와 친구들과 이웃을 불러 모으고 '자, 같이 기뻐해 주십시오 잃었던 양을 찾았습니다.' 하며 좋아할 것이다."(눅 15:1~6)

여기서 양 100마리와 잃어버린 양 1마리와 나머지 99마리의 양에 대한 비유가 잘 설명되고 있다.

"너희의 생각은 어떠하냐? 어떤 사람에게 양 백 마리가 있었는데 그중의 한 마리가 길을 잃었다고 하자. 그 사람은 아흔아홉 마리를 산에 그대로 둔 채 그 길 잃은 양을 찾아 나서지 않겠느냐? 나는 분명히 말한다. 그 양을 찾게 되면 그는 길을 잃지 않은 아흔아홉 마리 양보다 오히려 그 한 마리 양 때문에 더 기뻐할 것이다. 이와 같이 하늘에 계신 너희의 아버지께서는 이 보잘것없는 사람들 가운데 하나라도 망하는 것을 원하시지 않는다."(마 18:12~14)

이 잃어버린 양의 비유는 곧 한의 기본 법칙 100=99+1과 동일한 내용임을 알 수 있다. 마지막으로 예수는 이 잃어버린 양의 비유가 곧 인간에 대한 것임을 직접 밝힌다.

"내가 너희에게 이르노니 이와 같이 죄인 한 사람이 회개하면 하늘에서는 회개할 것 없는 의인 아흔아홉으로 말미암아 기뻐하는 것보다 더하리라."(눅 15:7)

우리가 철학을 연구하는 입장에서 볼 때 내 종교와 남의 종교를 따지는 것은 기본적인 자세가 아닐 것이다. 어떤 종교를 가지고 있든 세계의 모든 종교의 경전들은 철학의 보물 창고라는 사실을 부인할 사람은 드물 것이다.

따라서 철학을 연구하는 입장에서 볼 때 바이블의 복음서는 대단히 중요한 가치가 있다. 특히 복음서는 예수의 말과 행동을 담은 기록이라는 점에서 다른 어디에서도 알 수 없는 예수의 참모습이 담겨 있기 때문이다.

우리가 살펴본 예수가 1과 99에 대해 언급하고 있는 말씀에 담긴 사고의 틀은 놀랍게도 지난 2천 년간 플라톤에서 데리다에 이르는 서양 철학자 전체가 제시한 사고의 틀을 훨씬 뛰어넘는 영역을 설명하고 있다.

그렇다면 예수의 말씀에 담긴 철학은 1과 99에 대한 내용 하나만으로도 서양철학 전체를 능가하고 있는 것이다. 지난 2천 년간 서양 철학자 그 누구도 예수가 설파한 100=99+1의 진리에 도달하지 못한 것이다. 복음서 안에 예수의 말씀에 담긴 진리가 어찌 이 1과 99에 대한 것뿐이겠는가?

서양의 철학자들이 지난 2천 년간 서양을 지배한 그리스 철학보다 비교가 안 되게 월등한 예수의 말씀에 담긴 그 심오한 철학의 세계를 이해하고 설명하려는 시도를 하지 않았다는 사실은 참으로 큰 의문을 남긴다.

곰곰이 생각해 보면 그동안 서양 철학자들이 그리스 철학의 그 편협한 이원론적 사고의 틀에 안주하는 이상 복음서에 담긴 예수의 진리가 설명하는 그 거대하고 심원한 사고의 틀은 절대로 받아들일 수 없었을 것임을 어렵지 않게 미루어 짐작할 수 있다.

나는 지난 2천년 동안 기독교가 그리스 철학을 받아들인 것은 오히려 예수의 말씀에 담긴 심오한 철학이 가려지는 결과가 되었다고 생각한다. 그리고 처음부터 서양 철학이 그리스 철학에 의지하지 않고 예수의 복음서에 담긴 철학을 바탕으로 연구했다면 지금까지 서양 문명이 경험했던 여러 문제점들은 처음부터 생기지 않았거나 이미 극복했을 것으로 생각한다.

23. 존 롤스의 정의의 두 원칙과 평등

평등만큼 오해가 많은 개념도 없을 것이다. 그동안 인류의 역사에서 최상위 1%의 지배자를 폭력 혁명으로 제거했다고 해서 평등한 세계가 만들어진 적이 단 한 번이라도 있었던가? 오히려 그 폭력 혁명으로 인해 수직 구조는 그대로 존속하되 최상위 1%를 차지하는 지배자만 다른 세력으로 교체된 것에 불과했다.

(1) 원초적 행동의 틀과 최대 다수의 최대의 행복

벤담이 주장한 공리주의의 원칙인 최대 다수의 최대의 행복은 최대 다수인 99%에게 만족하다면 극소수인 1%의 희생은 무시할 수 있다는 말이 된다.

공리주의功利主義는 유용성有用性을 극대화하는 논리를 담고 있다. 이 공리주의는 저 에피쿠로스가 말한 인간은 고통을 싫어하고 쾌락을 좋아한다는 쾌락주의를 바탕으로 한다.

벤담에 의하면 공리주의에 있어서 공동체는 허구일 뿐이다. 공동체는 개인의 총합일 뿐 다른 것은 아니다. 따라서 공동체는 그 행동을 통해 얻는 이익의 총합에서 그 총비용을 뺏을 때 얻을 수 있는 행복에 대해서 생각하는 것이다. 만일 그 이익의 총합에서 총비용을 뺏을 때 마이너스가 된다면 그 행동을 해서는 안 된다. 그리고 다른 모든 경우를 비교해 이익이 가장 큰 경우를 선택해야 하는 것이다.

이 공리주의는 민주주의에 부합한다. 민주주의에서 중요한 것은 표의 총합이기 때문이다. 그 다수결의 원칙에는 극소수 1%의 이익은 당연히 무시된다.

(2) 자유 지상주의

미국 상위 1퍼센트의 부자가 미국 전체의 부의 3분의 1을 소유하는데, 이는 하위 90%에 해당하는 사람들의 부를 모두 합친 것보다 많다. 그리고 상위 10%의 가정이 미국 전체 소득의 42퍼센트, 전체 부의 71퍼센트를 소

유한다.[231]

미국은 사실상 1%의 부자가 나머지 99를 지배하고 있음이 명백하다. 그리고 이 같은 현상은 대부분의 자본주의 국가에서 정도에 차이가 있는 정도이지 크게 보아 세계적인 공통 현상으로 볼 수 있다.

자유 지상주의는 여기서 상위 1%의 이익을 대변하고 있다고 할 수 있다. 자유 지상주의자들은 국가보다는 시장을 우선한다. 그리고 취약한 소수를 위해 재분배하는 정책은 다른 사람들이 누려야 할 권리를 침해한다고 생각한다.

이는 한사상이 말하는 '속임수와 폭력의 지배 법칙 1=100-99'를 근거로 한 것임을 알기에 어려움이 없다.

(3) 존 롤스의 정의론

존 롤스는 이미 고전이 된 명저『정의론』에서 다음과 같은 정의의 두 원칙을 제시한다. 즉,

> 첫째, 각자는 다른 사람에게 유사한 자유의 체계와 양립할 수 있는 평등한 자유의 가장 광범위한 체계에 대하여 평등한 권리를 가져야 한다. 둘째, 사회적·경제적 불평등은 다음과 같은 두 조건을 만족시키도록, 즉(a) 모든 사람들의 이익이 되리라는 것이 합당하게 기대되고,(b) 모든 사람들에게 개방된 직위와 직책이 결부되게끔 편성되어야 한다.[232]

롤스가 말하는 첫 번째 원칙은 마녀재판으로 말하자면 모든 사람들에게 기본적인 자유가 모든 시민에게 평등하게 허용되어야 한다는 것이다. 두 번째 원칙은 사회적 경제적 평등에 관한 원칙이다. 이 원칙은 사회의

---

231) 마이클 샌델,『정의란 무엇인가』, 김영사, 2009년, 87쪽.
232) 존 롤스『정의론』, 황경식 역, 이학사, 2003년, 105쪽.

구성원 모두에게 평등하게 소득과 부를 나누어야 하는 것을 말하지는 않는다. 그러나 사회 구성원 중 가장 불리한 사람들에게 혜택을 주는 사회적, 경제적 불평등만을 허용한다는 것이다. 이는 차등의 원칙이 보장되어야 함을 말한다.

그의 후임으로 하버드대학에서 철학을 가르치는 마이클 샌델은 정의의 두 원칙을 이렇게 간단히 정리한다.

1. 모두에게 기본적인 자유를 허용할 것.
2. 가장 불리한 사회 구성원에게 혜택을 주는 사회 경제적 불평등만을 허용할 것.[233]

롤스는 이 정의론으로 모두에게 기본적인 자유를 보장하고, 가장 불리한 최하위 1%를 공동체 안에서 함께 포함할 수 있는 평등을 가져올 수 있는 방법을 제시한 것이다.

과연 롤스는 20세기를 이끈 미국의 정신을 대표하는 하버드대학교에서 철학을 가르친 인물로서 부족함이 없는 것이다. 제자들이 따라 주지 않아서 미국에 문제가 생긴 것이지 스승은 훌륭했던 것이다.

롤스는 공동체 구성원 모두에게 이익이 될 수 있는 분배가 일괄적이고 단순한 평등 분배보다 더 좋은 분배라고 주장하는 것이다. 그는 공동체에서 가장 불이익을 당하는 계층에 대해 배려할 수 있는 공동체가 지속 가능한 공동체라고 생각한 것이다.

그는 단순하게 평등한 분배를 했을 때 가질 수 있는 최소의 몫보다 불평등한 분배를 했음에도 불구하고 그 가져갈 수 있는 몫이 단순하게 평등한 분배의 몫보다 더 크다면 가장 불리한 입장에 있는 사람에게는 불평등한 분배가 오히려 평등 분배보다 더 이익이라는 점을 주장한 것이다.

다시 말하면 부자가 자신의 이익을 추구하되 사회에서 분배의 혜택을

---

233) 마이클 샌델, 『왜 도덕인가?』, 한국경제신문, 2010년, 188쪽.

가장 적게 받고 있는 최소 수혜자에게 더 많은 분배가 돌아갈 수 있도록 도움이 된다면 이러한 불평등은 허용할 수 있다는 것이다.

롤스의 기획은 획기적이다. 드디어 한의 기본 법칙 100=99+1에 접근하고 있는 철학자가 출현한 것이다. 그러나 그의 정의론으로 과연 자유와 평등이 이루어질 수 있겠는가? 과연 그 두 가지 원칙으로 참다운 정의가 이루어질 수 있겠는가?

문제는 전혀 그렇지 않다는 점에 있다. 롤스의 방법론은 단지 공동체가 하나로 모여 함께 모두를 위해 생각하고 행동할 수 있는 가장 기본적인 바탕을 마련한 것에 지나지 않는 것이다. 진정한 정의론의 도착점이 아니라 진정한 정의론에 대해 생각하고 행동할 시작점이 겨우 마련된 것에 지나지 않는 것이다.

다시 말하면, 이제 겨우 한사상의 생명의 과정으로 가는 길을 찾은 것에 지나지 않는다.

24. 전체로서의 '온'과 화백和白이 설명하는 통합

전체로서의 100은 공동체의 모든 개인이 자신을 둘러싼 99와 각각 관계를 맺음으로서 하나의 거대한 유기적인 그물망을 이루어 전체를 이루고 있다는 말이다.

이 전체 100은 순수한 우리말로 '온'이라고 한다. 이 '온'에 대해 알아보고, 우리나라의 정치철학에서 '온'이 의미하는 화백和白에 대해서 알아보자.

(1) 100=온

누구도 배제하지 않고 전체를 이루었을 때 그것을 표현하는 가장 단순하면서도 가장 명확한 표현은 100이라는 숫자이다. 이 100을 순수한 우리 말로 '온'이라고 한다. 이 100은 단순한 100이 아니라 우주와 인간을 모두 100으로 압축한 것이다. 우리 한겨레의 가장 기본적인 사고의 틀이 이 '100=온'이라는 통합성에 두고 있는 것이다.

12세기 고려 시대의 계림유사鷄林類事에는 '백왈온百曰醞'234)이라는 기록 이 있다. 다시 말해 '100=온'이라는 말에서 우리는 고려 시대만 해도 100 을 '온'이라고 불렀다는 것을 알 수 있다. 우리말 온에 대한 내용은 월인석 보月印釋譜에서 "오는 다섯이요 백은 온이라."라는 내용으로235), 용비어천 가龍飛御天歌에서는 '모든 왜'를 '온 예'로 표현하고 있다.236)

신의 세계를 100인 '온'으로 보면 백신百神이지만 이 '온'을 인간으로 보 면 백성百姓이 되는 것이다. 이는 동일한 원리이다.

(2) 화백和白

신당서 신라전에는 "나라 일은 반드시 무리가 모여 의논하고 결정하는 데 이 제도를 화백이라 한다. 한 사람이라도 의견을 달리하면 채택하지 않 는다."237)고 했다.

이로써 화백은 만장일치제라는 특징을 가지고 있음을 말해 준다. 즉, 전 체인 100에서 1이 빠짐으로서 99가 되는 것을 처음부터 막는 제도인 것이 다. 이는 전체 100에서 1이 빠짐으로서 수도가 되지 못한 전설들과 또 하 늘에서 신들이 전쟁을 일으켰다는 몽골의 신화, 그리고 99상쇠 방울 등이 상징하는 모든 문제를 해결하는 방법론이 곧 전체에서 1인이라도 반대하

---

234) 孫穆 『鷄林類事』 강신항, 『계림유사 고려 방언 연구』, 성균관대학교 출판부, 1991년, 41쪽.
235) 五옹는다ㅅ시오百빅온오니라 강규선, 『월인석보주해』, 보고사, 1998년, 120쪽.
236) 52장에 "청請으로 온 예와 싸우샤 투구 아니 벗기시면 나라 소민을 살리시리잇가."라는 내용 에서 '온 예'는 '모든 왜倭'를 말하는 것이다. 즉, 온은 전체라고 설명하는 것이다.
237) 동이전, 김재선 등 역, 서문문화사, 1999년, 188쪽.

면 그 일을 중지한다는 화백 제도인 것이다. 이 화백 제도가 가지는 놀라운 의미는 한의 기본 법칙인 100＝99＋1의 의미를 알 때 비로소 드러나게 되는 것이다.

(3) 백제의 정사암 제도

『삼국유사』권2 「남부여조」의 비밀투표 기록에 의하면 수상인 상좌평上佐平을 투표로 선거했다고 전하는 정사암政事巖의 고사故事가 삼국유사에 전해지고 있다

"호암사虎巖寺라는 절이 있고, 그 옆에 정사암政事巖이라는 큰 바위가 있었다. 나라에서 장래 재상을 선출할 때에 후보자, 3~4인의 이름에 표시를 하고 밀봉하여 바위에 두었다가 얼마 후에 열어 보아 이름 위에 인적印跡이 많이 있는 그 사람을 재상으로 삼았으므로 정사암政事巖라는 이름이 생겼다."238)

그렇지만 이러한 합좌 제도를 가장 분명하게 알려주는 것이 바로 신라의 화백和白이다. 화백 회의는 국가의 귀족들로 구성된 합의체였는데, 여기에서 국가의 큰일들이 결정되었다. 화백 회의는 한 명이라도 반대하면 의결되지 못하는 만장일치에 따르는 것이 원칙이었다.

화백은 '한의 기본 법칙 100＝99＋1'이 이미 정치철학에서 사용되고 있었음을 보여 준다.

---

238) 三國遺事 2 奇異 2 南扶餘 前百濟 北扶餘已見上 : 又<虎嵓寺>有<政事嵓>, 國家將議宰相 則書當選者名或三四, 函封置嵓上, 須臾取看, 名上有印跡者爲相, 故名之

제6장 평등의 시작―'45도의 혁명!'

평등은 먼저 자신이 속한 공동체 안의 가장 어려운 처지에 놓인 사람들의 입장이 되어 그들을 이해하는 일에서 시작한다. 그리고 자신이 속한 공동체의 모든 사람들이 모두 다른 입장과 다른 처지에 있다는 사실을 받아들이고 이해할 수 있을 때 평등은 시작한다. 이같이 생각하고 행동하기 위해서는 먼저 이원론적이고 수직적인 사고와 행동의 틀을 극복할 수 있어야 한다.

그렇다면 이 평등에 대한 인식을 가장 크게 가로막고 있었던 것은 이원론의 바탕이 되는 소위 우주론이라고 하는 것이다. 그런데 지금까지 우리가 우주론이라고 부른 것은 과연 정말로 우주론을 설명하는 것인가? 우주론은 우주의 중심에서 만물을 볼 수 있을 때 우주론이다. 지구 위에서 우주를 보는 것은 어디까지나 지구론이지 우주론일 수 없다.

지금까지 동서양의 모든 철학은 우주론이 아니라 지구론에 그 근거를 두고 있다. 45도의 혁명이란 지구론을 우주론으로 바꾸는 대혁명을 의미한다. 이는 플라톤의 이원론과 아리스토텔레스의 이원론적 논리학 전체가 새로운 한논리학의 통합적 논리학으로 바뀌는 대혁명을 의미한다.

이 혁명을 통해 공동체를 이루는 모든 사람들이 모두 다른 처지와 입장을 가지고 있으면서 수평적 평등 관계가 이루어질 수 있는 것이다. 즉 공동체 안에서 모든 조직원들은 다만 각자의 위치에서 처해 있는 역할이 다를 뿐 인간으로서 모두는 자유롭고 평등한 것이다.

지구론은 언제나 180도의 혁명에 의지한다. 위에서 아래로, 아래에서 위로 뒤집는 것이 그것이다. 우주론은 먼저 '한의 기본 법칙 100=99+1'을 이룬 다음 이 지구론을 45도 기울임으로써 평등의 기초를 확보한다. 이는 이원론을 통합론으로 바꾸는 대혁명인 것이다. 동시에 수직적 계층 구조를 수평적 평등 구조로 바꾸는 대혁명인 것이다.

아래의 그림과 같이 180도가 아니라 45도로의 혁명을 설명한다. 45도로 기울이는 철학 원리의 기하학적 작업 안에 지난 3천 년간의 동서양의 수직적인 사고와 행동의 틀을 누구도 상상하지 못한 수평적인 사고와 행동의 틀로 대 전환하는 철학의 참다운 대혁명이 숨어 있었던 것이다. 여기에서 평등이 시작한다.

나는 이와 같은 사고와 행동의 틀의 대전환 나아가 대혁명을 '45도의 혁명'이라고 부르겠다. 바로 이 원리가 지난 3천 년간 동서양의 1과 99의 문제를 해결하고 모든 관념론과 경험론을 하나로 통합하여 생명의 과정으로 대전환할 수 있는 길이 활짝 열리는 것이다.

이원론에서 통합론으로

플라톤의 이데아와 현상계 그리고 동중서의 양존음비陽尊陰卑의
이원론은 그 자체가 이미 수직적 계층구조이다. 이를 45도 기우려
수평을 이루면 최상위 1%와 최하위 1% 없는 전체로 통합된다.

45도 기우려 수평적으로 눞힘

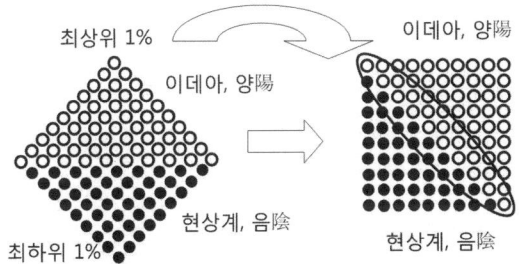

183

25. 우주의 중심에서 신의 영역과 인간의 영역을 보자!

그동안 신의 눈으로 우주를 본다고 생각한 신중심주의가 있었고, 인간의 눈으로 우주를 본다고 생각한 자연주의가 있었다. 이 두 가지는 다른 것 같지만 사실은 하나이다. 이원론과 수직적 계층 구조를 세워서 보거나 뒤집어서 보거나 그 바탕은 한가지이기 때문이다.

(1) 태양에서 본 지구와 인간

인간이 지구에서 하늘을 바라본다면 낮과 밤이 서로 교대하는 것으로 인식될 것이다. 바로 그 같은 관점이 이원론과 변증법의 기본 구조라고 할 것이다. 여기서 낮은 밝은 이데아의 영역이고 밤은 현상계로서의 어두운 동굴의 영역이라고 본다면 그것은 플라톤 이래의 이원론이 될 것이다. 그리고 양은 존귀하고 음은 비천하다고 본다면 중화주의의 이원론이 되는 것이다.

그런데 이 관점을 우주의 중심에 위치하게 하여 보면 이 모든 것은 전혀 다른 상태가 된다. 우주의 중심을 태양 또는 북극성이라고 생각해 보자. 그 우주의 중심점에서 지구를 본다면 지금까지 낮에서 밤으로 또 밤에서 낮으로 운동하던 이원론적 운동이 완전히 허구라는 사실을 발견할 수 있다.

즉, 우주의 중심에서 지구를 보면 낮과 밤은 하나로 통합되어 있다. 가령 태양의 중심에서 지구를 볼 때 보이는 쪽은 낮이며 보이지 않는 쪽은 밤인 것이다. 그것은 낮과 밤이 교대되는 것이 아니라 밤과 낮이 동일한 시간 속에서 동일한 공간 안에 동시에 존재하고 있는 것이다.

여기서 기존의 아리스토텔레스의 모순율은 전혀 적용이 되지 않는 무용지물임을 알 수 있는 것이다. 기존의 논리학을 극복하지 못한다면 어떻게 새로운 논리학이 설명되겠는가? 바로 여기서 45도의 혁명으로 갈 수 있는 길이 열리는 것이다. 코페르니쿠스가 태양 중심설을 주장했다면, 그는 태양의 중심에서 지구와 인간을 보아야 했던 것이다. 그러나 지난 3천 년간 동서고금을 통해 아무도 그와 같은 한사상적 관점을 가지지 못한 것이다.

26. 지구적 논리학에서 우주적 통합론으로의 혁명

한논리학은 아리스토텔레스의 이원론적 논리학을 전면적으로 통합론적 논리학으로 바꾼다. 한사상은 먼저 한논리학韓論理學에 의해 혁명이 뒷받침된다. 이 한논리학의 작업은 2005년 『한철학 2 통합과 통일』에서 설명한 것이다. 간단히 요점만 말하면 다음과 같다.

동일률은 A는 A이다(A=A)는 형식이다. 즉, 남산의 소나무는 남산의 소나무이기 시작한 이래 본질성을 계속 유지하는 것이다. 동일률은 곧 모순율을 낳는다. 모순율을 만든 아리스토텔레스는 동일한 것이 동시에 존재하며 또한 동시에 존재하지 않을 수도 있다는 것은 모순이다[239](A=non A)는 것이다. 이것은 동일률(A=A)에서 나온 것이다.

그러나 현실의 세계에서 동일률은 과정론이 된다. 즉, A=A가 아니라 'A=과정'이 된다. 태백산도 언젠가는 바다 밑에 있었다. 태백산의 그 많은 석회암은 오래전 바닷속 생명체들의 뼈와 껍데기였다. 태백산=태백산의 동일률은 현실에서는 적용되지 않는다. '태백산=과정'이다. 심지어는 '태양계=태양계'가 아니라 '태양계=과정'이다. 태양계도 언젠가 생겨나 과정을 겪으며 언젠가는 사라진다. 우주 자체도 마찬가지이다. '우주=우주'가 아니라 '우주=과정'이 된다. 하물며 A=A라는 동일률이란 도대체

---

239) 슈퇴릭히, 『세계철학사』, 임석진 역, 분도출판사, 1988년, 231쪽.

무슨 소리인가? 그것은 오로지 이론을 위한 이론에서나 가능하다.

이른바 모순율은 곧 모순되는 것의 공존을 불가능한 것으로 선언하는 것이다.[240] 그러나 우주의 중심에서 지구를 보라! 모순되는 낮과 밤이 동일한 시간 속에서 동일한 공간에서 존재하지 않는가? 플라톤의 이데아와 현상계가 동시에 존재하지 않는가? 동중서의 음과 양이 동시에 존재하지 않는가? 모순되는 것 두 개가 동시에 함께 존재하지 않은가?

오히려 우주의 중심에 볼 때 모든 모순되는 것은 반드시 공존하고 있지 않은가? 아리스토텔레스의 지구론적 논리학은 한 번에 무너지고 모순율은 순식간에 우주론적 통합론이 되는 것이다. 모순율 역시 이론을 위한 이론에서나 가능한 것이지 현실에서는 어림없는 이야기이다. 바로 여기서 플라톤과 동중서의 이원론이 극복된다.

배중률排中律은 동일한 사상事象을 놓고 그것이 존재하는 것과 존재하지 않는 것과의 중간을 이루는 제3의 가정은 있을 수 없다.”[241]는 것이다. 즉, “A는 B이거나 비(非) B이거나의 어느 하나.”이다(A=B or non B).

배중률은 제3자를 철저하게 배척한다. 하나가 참이면 다른 하나는 거짓이다. 다른 하나가 참이면 하나는 거짓이다. 그 중간에 이것도 저것도 아닌 제3자는 존재할 수 없다는 것이 배중률이다. 이 배중률이야말로 기존의 사고와 행동의 틀을 극복하는 일에 가장 큰 걸림돌이 된다.

알기 쉽게 실제적인 예를 들어 보자. 우리나라 서해안 갯벌은 바다인가 육지인가? 한반도는 대륙인가 섬인가? 이 역시 바다와 육지, 그리고 대륙과 섬 사이에 존재하는 이것도 아니고 저것도 아닌 제3자가 아니고 무엇인가?

한 가지 더 예를 들어 보자. 만물이 생명을 가지고 살아가는 지구의 대기권은 땅인가 우주 공간인가? 대기권은 지구 표면 바로 위에서부터 인간

---

240) 하르트만, 『존재학범주론』, 하기락 역, 형설출판사, 1996년, 204쪽.

241) 슈퇴릭히, 『세계철학사』, 임석진 역, 분도출판사, 1988년, 231쪽.

이 살 수 없는 우주 공간의 중간에 위치한다. 이 역시 땅도 아니고 우주 공간도 아닌 제3자가 틀림없는 것이다. 이 제3자인 대기권이 없으면 생명을 가진 모든 만물은 존재할 수 없다. 지구가 특별한 것은 이 대기권이 있어서 생명체가 살 수 있기 때문이 아닌가?

현실에서 배중률은 언제 어디에서나 존재하는 영역이다. 오히려 이 배중률의 제3자야말로 모든 양극단을 소통하고 통합하는 제3의 영역으로서 생명의 존재를 위해 필수적으로 중요한 영역이 된다. 이 영역이 한철학에서는 온힘의 영역이며 한사상에서는 제3자인 중용中庸의 영역이 되는 것이다.

통합이든 융합이든 이 배중률이 말하는 제3자의 영역이 의미를 가지고 행동의 근거가 될 때에 한해서 이루어진다. 즉, 모든 통합과 융합은 아리스토텔레스의 배중률이 한철학의 온힘의 영역, 그리고 한사상의 중용의 영역으로 혁신할 때에 한해 이루어지는 것이다.

아리스토텔레스의 논리학은 이론을 위한 이론으로서 존재할 뿐이며, 마땅히 그래야 한다. 그러나 이 논리학이 아리스토텔레스에서부터 지금까지 모든 철학의 기본 법칙이 되어 온 것이다. 이러한즉 철학이 현실과 분리되어 일반인들의 삶과는 무관한 철학자들끼리만 통용되는 이상한 학문이 될 수밖에 없는 것이다.

바로 여기서 플라톤 이래 2천 5백 년 동안의 모든 철학 이론이 한꺼번에 극복해야 할 대상이 되는 것이며, 이들은 모두 단지 이론을 위한 이론이 되고 마는 것이다. 그리고 그 바탕 위에 한사상의 45도의 혁명이 일어나는 것이다.

이 지구론과 우주론의 차이가 기존 철학과 한사상의 차이이다. 지난 3천 년간 동서양을 지배해 온 지구론적 철학이 극복되고, 우주론적 철학이 새롭게 출현하는 것이다.

27. '45도의 혁명'

　그 어떤 새로운 사상을 만들어 낸 사상가라 할지라도 그가 활동했던 사회와 시대가 제시하는 사고와 행동의 틀을 벗어나는 경우는 있을 수 없었다. 존 롤스의 『정의론』은 한의 기본 법칙 100=99+1에는 접근하지만 더 나아가 45도의 혁명에는 이르지 못한다. 그 이유는 속임수를 도덕으로, 폭력을 정의로, 선전·선동을 중용으로 설정할 수 있을 때 비로소 '우리는 100%'를 말할 수 있기 때문이다. 하지만 롤스의 경우 그 부분에 있어서는 역부족이다.

　즉, 최상위 1%의 지배자와 제물로 희생당하는 최하위 1%가 동등한 입장이 되기 위해서는 반드시 속임수를 참다운 도덕으로, 폭력을 분명한 정의로 선전·선동을 강력한 중용으로 전환하는 혁명을 해야 한다. 바로 그 혁명이 '45도의 혁명'이다.

　이 혁명은 1과 99의 틀이 가지는 이원론과 수직적 계층 구조가 통합론과 수평적 평등 구조로 바뀌는 것이다. 따라서 이 혁명은 무엇보다도 최상위 1%와 최하위 1%가 다른 대중들과 각자 자신의 위치를 가지면서 수평적으로 평등한 서로와의 관계를 형성한다.

　가령 국가로 보자면 전체 100을 조직하는 모든 조직원은 각자 자신과 자신을 제외한 99의 대중과 서로 다른 위치를 가지고 있으면서 서로의 차이가 있음을 인정한다. 그 상태에서 모든 조직원 자신과 99의 대중이 언제나 함께 삶을 살아가고 있는 100을 이루고 있는 것이다.

　따라서 '45도의 혁명'을 이루기 위해서는 지난 3천년 동안 이원론과 수직적 계층 구조를 유지하기 위해 속임수와 폭력과 선전·선동이 어떻게 존재했었는지를 알아야 한다. 그리고 속임수 대신 도덕이, 폭력 대신 정의가, 선전·선동 대신 중용이 무엇인지를 구별할 수 있는 공통적인 인식이 있어야 한다. 그래야 통합론과 수평적 평등 구조를 현실에서 이룰 수 있는 기초가 생기는 것이다.

어떤 공동체에 이 공통된 인식이 생겨날 때 45도의 혁명이 일어나는 것이다. 그러나 여기서는 어디까지나 구별할 수 있는 인식이 문제가 된다. 이 도덕과 정의와 중용이 최적화되는 것은 혼돈 상태에서 가능하다.

(1) 45도의 혁명과 모순율과 배중률의 극복

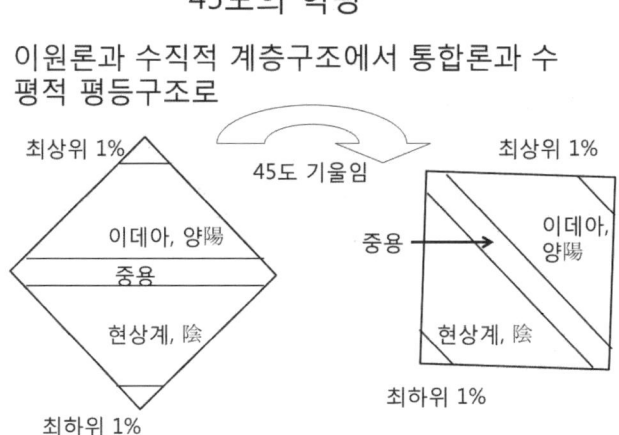

45도의 혁명

이원론과 수직적 계층구조에서 통합론과 수평적 평등구조로

45도의 혁명이 가능하기 위해서는 먼저 정의의 영역과 도덕의 영역이 공존해야 한다. 이는 모순율을 극복하는 것이다. 그리고 정의의 영역과 도덕의 영역의 경계면에 중용의 영역이라는 제3자의 영역이 존재한다. 이는 배중률을 극복하는 것이다. 이 동일률과 모순과 배중률은 지구론으로는 극복이 불가능하다. 우주론에서만 가능한 것이다.

28. 창조론＋진화론＝생명의 과정론

지구에서 우주를 본 지구론에서 우주의 중심에서 지구와 인간을 보는 우주론으로의 관점 전환은 45도의 혁명을 불가피하게 만들었다.

이로써 지금까지 존재한 모든 철학과 과학은 전면적으로 새로운 관점이 주어지는 것이다. 이에 대한 수많은 분야의 수많은 예가 있겠지만 여기서는 창조론과 진화론을 살펴보자.

우리는 이원론과 수직적 계층 구조를 180도로 뒤집는 일을 아무리 수없이 거듭해도 그것은 변함없는 이원론이며 수직적 계층 구조임을 알았다. 그러나 45도의 혁명을 적용하면 그것은 통합론이 된다.

창조론과 진화론도 마찬가지이다. 사실상 창조론과 진화론은 같은 것이다. 다윈의 진화론이 대단한 혁명으로 보이지만 알고 보면 창조론을 거꾸로 뒤집은 것에 불과하다. 따라서 창조론의 모든 문제는 하나도 빠짐없이 진화론에서 거꾸로 뒤집혀 나타나게끔 되어 있다.

(1) 아리스토텔레스의 신중심주의와 다윈의 진화론

우리는 이 책에서 수직적 계층 구조를 살펴보았다. 즉, 플라톤에게서 훌륭한 거짓말로 황금과 은과 쇠와 청동으로 계층 구조를 만들어 그것은 인간사회에 적용하는 것이다. 즉, 통치자와 보조자와 농부와 장인으로 수직적 계층 구조를 만드는 것이 그것이다.

그리고 아리스토텔레스는 이를 더욱더 확대하여 세계에 이 계층 구조를 적용했다. 이 내용을 다시 한 번 꺼내 보자. 아리스토텔레스는,

무생물, 식물, 동물, 생명, 정신, 신으로 구분한다. 이때 생명은 인간을 지칭하는 듯이 보인다. 그는 각 층의 특징을 중추적 기능에서 살피고 있는데, 식물

은 영양 섭취, 성장 등의 영靈 동물은 감각, 생식, 본능 등의 영靈 인간은 각
각 정신적 사유의 영靈을 갖는다.[242]

고 했다. 아리스토텔레스의 수직적 계층 구조는 신을 정점으로 하여 인
간과 동식물과 무생물로 내려가는 하향식 계층 구조이다. 이는 창조론의
철학적 근거가 된다.

반면에 다윈의 진화론은 무생물에서 시작하여 미생물과 동식물과 침팬
지로 올라가서 인간을 정점으로 하는 상향식 계층 구조이다. 즉,

이 세계를 가득 채우고 있는 생물의 무수한 종속과는 모두 각각의 강 또는
군 범위 안에서, 공통의 조상으로부터 유래한 것이라는 사실을, 그리고 그 모
든 것들은 유래의 과정에서 변화해 온 것이라는 사실을, 명백히 보여 주는 것
이고 나에게는 생각된다.[243]

모든 생명체의 조상은 동일하다는 것이다. 즉, 가장 원시적인 것부터 시
작해서 가장 우수한 것으로 수직적 계층 구조를 이루며 상향식으로 올라
간다. 마침내 다윈은 신에서부터 내려오던 수직적인 질서를 뒤집어 무생물
에서부터 미생물로 시작하여 인간에 이르는 새로운 질서를 세웠다.

그러나 아리스토텔레스와 다윈의 철학적 근거는 모두 이원론이며 수직
적 계층 구조이다. 그것을 180도로 세우느냐 아니면 뒤집느냐를 놓고 어느
것이 옳은가를 따지는 것처럼 어리석은 시간 낭비도 없을 것이다. 바로 그
시간 낭비가 지구론에서 오는 것이다.

---

242) 소광희 외 2인, 『철학의 제문제』, 지학사, 1983년, 264쪽.
243) 다윈, 『종의 기원』, 박만규 역, 삼성출판사, 1987년, 471쪽.

(2) 진화론─인간이 신이 되는 길

과학의 다른 모든 점도 마찬가지지만 그 대표적인 경우가 바로 진화론이다. 진화론은 과학을 넘어 철학의 영역까지 광범위하게 지배하고 있다. 진화론의 논리에 의하면 가장 고도로 진화한 최상위의 존재는 인간이다. 따라서 진화론의 이론은 신이 존재한다면 바로 이 인간이 창조한 것일 수밖에 없다고 말하고 있는 것이다. 따라서 진화론을 철학화한 니체는 자신 있게 '신은 죽었다!'라고 말할 수 있는 것이다.

신중심주의가 신은 선하되 인간은 악하다고 말한다면 그것을 거꾸로 뒤집은 진화론은 인간은 선하되 신은 죽었다고 말하는 것이다. 바로 이것이 진화론을 받아들인 니체의 새로운 윤리학이다.

① 니체와 신은 죽었다.

우리는 신의 살해가 고대인에게는 상식적이라는 사실을 이미 살펴보았다. 코페르니쿠스는 신중심주의적인 생각에서 자연 중심주의로 생각을 바꾼 것이다. 갈릴레오는 그 시대 사람들이 철석같이 믿었던 달 위에 존재하는 하늘나라의 도시와 천사들의 모습을 직접 보려고 망원경을 들이댄 것이다. 다빈치는 신의 눈으로 세계와 인간을 그리던 방식에서 벗어나 인간의 눈에 비친 신을 그렸다.

그러므로 이제 시인 니체는 신은 죽었다고 말하는 것이다. 그것도 우리가, 너와 내가 신을 살해했다고 말하는 것이다.[244]

마침내 니체는 마침내 속마음을 드러낸 것이다. 그것은 인간이 신이 되는 것이다. 이것이 곧 진화론의 최종적인 결론이다. 니체는 드디어 이렇게 말한다.

---

244) 프리드히리 니체, 『즐거운 지식』, 곽복록 역, 동서문화사(비극의 탄생·즐거운 지식, 2009년, 282쪽).

우리에게 이 피를 씻어 줄 자 누구인가? 우리를 씻어 줄 물이 어디에 있나? 어떤 속죄의 제의를 우리는 고안해 내야 한단 말인가? 이러한 행위의 위대성은 우리가 감당하기에는 너무 지나친 위대성이 아닌가? 그런 행위를 할 자격이 있음을 보이려면, 우리 자신이 신들이 되어야 하지 않을까?245)

그런데 신의 살해는 왕의 살해보다 먼저 일어난 인류의 보편적 관습이었다. 신의 살해가 도대체 무엇이 새로운 것이라고 니체는 이토록 미친 듯이 날뛰며 큰 소리로 떠들고 있는가?

여기서 마침내 코페르니쿠스의 대전환이 비극으로 끝날 수밖에 없음을 드러내고 만다. 자연주의는 신중심주의가 비극으로 끝난 것과 동일한 결과를 가져온 것이다. 그와 동시에 진화론도 그 태생적 한계를 드러내지 않을 수 없음도 결정 지워지는 것이다.

② 도킨스의 유전자 결정론

옥스퍼드대학의 석좌 교수 도킨스의 유전자 결정론에서 유전자는 새로운 최상위 1%의 지배자이다. 그리고 그 새로운 1이 99인 인간과 자연에 대해 '너희들은 99%!'라고 말하며 그들을 영원히 지배하는 것이다. 이는 조금도 놀라운 일이 아니다. 오히려 당연한 귀결인 것이다. 왜냐하면 진화론은 결국 유신론의 상상력을 180도 뒤집은 것에 불과하기 때문이다.

이로써 진화론은 결국 새로운 신인 유전자를 중심으로 하는 새로운 인간 중심주의로서의 유전자 중심주의가 되고 만 것이다. 즉, 그 고전적인 1과 99의 관계에서 조금도 새롭지 않아 식상하게 만드는 패러디가 하나더 등장한 것에 불과하다. 참으로 지루한 이야기가 아닌가?

---

245) 프리드히리 니체, 『즐거운 지식』, 곽복록 역, 동서문화사(비극의 탄생 · 즐거운 지식, 2009년, 282쪽).

③ 윌슨의 사회 생물학

신중심주의의 종교를 대신하여 사회 생물학이 종교의 영역을 지배할 수 있다고 주장하는 것이 하버드대학에서 생물학을 가르치는 윌슨의 사회 생물학이다. 그는 스스로 과학 정신이 종교보다 우월하다고 생각한다. 그리고 "전통 종교를 진화 생물학의 기계론적 모델로 설명할 수 있는 가능성을 갖게 되었다."246)고 주장한다. 여기서도 1과 99의 유신론의 전도가 일어난다. 그리고 그 불쌍할 정도로 빈곤한 상상력이 여지없이 드러난다.

과거 코페르니쿠스의 전환 이전 유신론적 신중심주의는 과학의 영역을 지배할 수 있다고 굳게 믿었다. 윌슨의 사회 생물학은 이 유신론의 신중심주의를 뒤집어 사회 생물학이 종교를 대신할 수 있다고 생각한다. 이는 자연주의가 신중심주의를 뒤집어서 탄생한 그 태생적 한계이다.

(3) 창조론과 진화론을 통합한 생명의 과정론으로

아리스토텔레스의 신중심주의는 창조론의 철학적 근거가 된 것이다. 그리고 진화론은 그것을 180도로 뒤집은 코페르니쿠스 이후 자연주의의 상징적 이론이 된다.

이 창조론과 진화론은 모두 수직적 계층 구조를 이루고 있다. 한마디로 이 양극단은 모두 지구론적 관점에 불과하다. 우주론적 관점에서 보면 밤과 낮이 동시에 같은 공간 안에 존재하듯 이 양극단인 창조론과 진화론도 동시에 같은 공간 안에 존재한다. 그리고 45도의 혁명은 이 양극단을 수평적 평등 구조를 이루어 하나의 전체가 되어 생명의 과정을 시작할 수 있게 한다.

진화론은 과학의 영역인 구체적인 사물의 영역 안에서 설명될 수 있다. 창조론은 문화의 영역인 추상적인 사물의 영역 안에서 설명될 수 있다. 인

---

246) 에드워드 윌슨, 『인간의 본성에 관하여』, 이한음 역, 사이언스북스, 2002년, 275쪽.

간 개인과 가정과 국가와 문명은 모두 이 과학과 문화를 통합하여 하나가 된 영역이 생명의 과정을 진행하는 것이다.

이 진화론과 창조론은 서로 다른 영역의 것이다. 진화론이 옳고 창조론이 그르다면 그것은 과학이 문화를 지배하겠다는 말과 같다. 이는 몸이 마음을 지배하겠다는 말과 같다. 창조론이 옳고 진화론이 그르다면 그것은 문화가 과학을 지배하겠다는 말과 같다. 이는 마음이 몸을 지배하겠다는 말과 같다. 바로 이것이 이원론이며 수직적 계층 구조이다.

한사상은 밤·낮, 과학·문화, 몸·마음, 구체적인 사물의 영역·추상적인 관념의 영역 등 모든 양극단은 동시에 한 장소에 공존하고 있으며, 이들 모두는 수평적 평등 관계를 이루며 하나로 통합되어 있다고 말한다.

그럼으로써 그 존재자가 개인이든 국가이든 문명이든 생명을 가지고 과정을 진행하고 있다고 말하는 것이다.

이제 제3부부터는 설명되는 생명의 과정 전체가 바로 지구론을 극복하고 우주론적 관점에서 모든 양극단을 통합하여 45도 혁명으로 이루어진 바탕 위에서 발생하는 생명의 과정이다.

이 생명의 과정론은 또한 창조론과 진화론을 통합함으로써 발생하는 생명의 과정론이기도 하다. 그리고 이렇게 시작하는 생명의 과정에서 지금까지 누구도 상상하지 못했던 전혀 다른 차원의 새로운 진화와 창조가 일어나는 것이다.

제3부
새로운 문명과 한사상

한사상은 누구도 배제하지 않는 전체로서의 100을 이루고 나아가 모순되는 양극단을 통합함으로써 생명의 과정을 진행한다. 이 한사상의 생명의 과정이 적용되는 공동체는 단순히 사사로운 이익과 혈연과 지연으로 만들어지는 공동체와는 비교할 수 없는 강력한 결집력과 역동성을 가진다.

한사상으로 이루어지는 공동체는 모든 인간이 공감할 수 있는 인간의 존엄성을 추구하는 목적으로서의 도덕과 사회의 구성원들 모두에게 공평하고 공정하게 적용되는 수단으로서의 정의와 이 양극단을 소통하고 통합하는 중용 세 가지를 하나로 통합한다. 그럼으로써 스스로가 스스로를 다스리고 다스림을 받는 자율적으로 행동하는 공동체를 만든다. 그리고 그 공동체는 스스로를 성취하고 완성하는 과정을 진행하는 것이다. 한사상이 설명하는 새로운 문명에서 윤리학과 정치철학은 이렇게 진행된다.

그러나 플라톤의 이원론은 모든 것을 이데아와 현상계로 나누고, 아리스토텔레스는 한사상이 설명할 이 생명의 과정 전체를 단 두 가지인 가능태와 현실태로 나눈다. 그리고 그 마저도 이원론으로 생각하여 가능태보다 현실태가 낫다고 생각하는 것이다. 놀랍게도 아직까지도 서양철학은 이 플라톤의 이원론과 아리스토텔레스의 가능태와 현실태의 이원론이 마치 진리라도 되는 듯 떠받들어지고 있다. 동중서의 중화주의도 마찬가지이다.

서양 문명에서 도덕과 정의와 중용이 통합되어 자율적으로 행동하며 스스로를 성취하고 완성하는 공동체가 실제적으로는 물론 윤리학과 정치철학의 이론에서라도 생각조차 될 수 없었던 사정이 바로 이러한 이유이다.

한사상으로 이루어지는 새로운 문명은 이 모든 문제를 극복하는 것이다.

(1) 플라톤의 『파이드로스Phaidros』와 한사상의 과정

서양 철학의 근원이 되는 플라톤의 철학에서 유명한 마부와 두 필의 말의 비유가 나타나는 『파이드로스』의 예를 들어 한사상의 과정과 비교해 보자. 플라톤은 이렇게 말한다.

"나는 각 영혼을 세 부분으로 나누어 그 둘은 형태가 말의 모양이고 셋째 것은 마부의 형태라고 말했는데 이제 다시 한 번 이 점에 머물러 보세. 우리의 말대로 두 마리 가운데 하나는 좋지만 하나는 그렇지 않네.……둘 가운데 훌륭한 쪽은……보기에 희고……분별과 수치심이 있고 명예를 사랑하며 참된 의견을 동무 삼아, 매를 맞는 일없이 명령과 이치에 따라 인도되지.……하지만 다른 하나는……검고……피가 뜨겁고 부분별과 거짓을 동무로 삼으며……말귀를 못 알아듣고 채찍과 가시 막대기를 들어야 겨우 말을 듣네."247)

플라톤은 위의 예문에서 마부를 이성에 비유하고 두 필의 말 중 한 필은 기개를 상징하여 좋은 말로 설정하고, 다른 한 필은 욕망을 상징하여 나쁜 말로 설정했다. 여기서 기개를 상징하는 좋은 말은 이성을 따르고 욕망을 상징하는 나쁜 말은 이성에 대해 반항한다.

플라톤은 욕망을 상징하는 나쁜 말은 이성의 노예 상태에 있어야 한다고 생각했다. 즉, 욕망을 상징하는 나쁜 말은 오직 채찍과 가시 막대로 다스려야 한다는 것이다.

이제 플라톤의 사고의 틀이 무엇인지 드러났다. 그는 우선 이원론을 적용했다. 즉, 최상위 1%인 이성과 나머지 99%인 말이다. 즉, '속임수와 폭력의 지배 법칙 1=100-99'이다. 99%는 다시 최상위 1%의 편에 서는 좋은 말과 그 반대편에 서는 나쁜 말로 반반씩 분할된다. 이는 서양 철학에 민중 전체로서의 99라는 말과 개념이 사라진 배경을 잘 말해 준다.

---

247) 플라톤, 『파이드로스』, 253c~254e.

이제 플라톤은 이를 피라미드 구조로 각각을 구분한다. 최상위 1%는 마부의 이성이다. 그 다음 층은 기개를 가진 좋은 말이다. 다시 말하면 이데아이다. 그리고 그 다음 바닥을 이루는 층은 채찍으로 다스리고 노예로 삼아야 할 욕망으로 상징되는 말이다. 다시 말하면 현상계이다.

이 플라톤의 이원론이면서 동시에 피라미드 구조는 그의 철학 전반을 지배하는 이론이자 서양 철학 전반을 지배하는 이론 체계이다. 즉, 인간을 형성하는 이성—기개—욕망의 순으로 만들어진 피라미드식 수직적 계층 구조는 국가에서는 지배자—전사—생산자가 된다. 그리고 그가 『국가』를 통해 역점을 두었던 그의 정의론은 지혜—용기—절제로 이루어진다.

그러나 한사상은 동일한 마부와 마차를 두고 전혀 다른 방식으로 이해한다. 즉, 생명의 과정이다. 먼저 마부와 말과 마차를 이루기 위해 필요한 모든 요소가 하나도 빠짐없이 마련되어야 한다. 그리고 평등한 자격으로 하나가 된다. 이것이 '한의 기본 법칙 100=99+1'이다.

즉, 마부와 말과 마차의 부품들은 플라톤이 말하는 선악 이원론과 피라미드 구조가 아니라 통합적이며 수평적 평등 구조를 이루어야 한다. 즉, 이 모든 구성 요소들은 혼연일체가 되어야 하는 것이다. 아무리 인간과 말의 관계지만 플라톤 식의 수직 관계는 인간과 말의 잠재력을 파괴하는 것이다.

그렇게 되었다면, 마부와 말과 마차의 부품이 언제든 만나 하나가 될 가능 상태가 주어져야 한다. 이같이 마부가 말과 마차의 부품이 만나 하나가 될 가능 상태가 주어지지 않는다면, 이 전체는 하나가 되어 행동하는 일은 없기 때문이다.

그 다음 마부와 말과 마차의 부품이 만나 하나가 되는 준비 과정이 필요하다. 마부와 말과 마차의 부품이 만났다고 즉시 하나가 되지는 않는다. 잠시 동안 서로 눈을 맞추고 만져 보고 호흡을 맞추는 시간이 필요하다. 이를 혼돈 상태라고 한다. 이 혼돈 상태에서 마부의 마음은 마음을 상징하는 기개를 가진 좋은 말과 하나가 되고, 마부의 몸은 몸을 상징하는 욕망을 가진 말과 하나가 된다. 그리고 마부의 마음과 몸을 소통하고 통합하는 중용의 영역은 이 두 말을 하나로 묶고 있는 마차의 여러 장치들과 하나가 된다.

이렇게 마부의 마음과 몸과 중용의 영역이 마차의 두 마리의 말과 두 마리의 말을 하나로 소통하고 묶고 있는 부품들과 하나가 되었을 때 혼돈 상태는 이루어지고 그 다음 상태인 질서 상태로 혁신하게 된다.

질서 상태는 마부와 말과 마차의 부품들이 하나가 되어 그 하나가 된 전체를 스스로 통제하고 지배하는 공적 영역이 만들어지고, 그 공적 영역에 의해 스스로 지배되는 사적 영역이 만들어지면서 이루어진다.

여기서 공적 영역은 마부의 머릿속의 이성이 마차의 좋은 말로 상징되는 기개 있는 말을 다스리고, 마부의 머릿속의 지성이 마차의 나쁜 말로 상징되는 욕망 있는 말을 다스린다. 그리고 마부의 머릿속의 내적 통일 영역으로 마차의 두 마리 말을 연결하고 소통하여 하나로 통합하는 외적 통일 영역을 다스린다. 그럼으로써 마부의 이성과 지성과 내적 통합 영역을 하나로 통합하는 인간성이 사적 영역인 마차를 자유자재로 움직일 수 있게 되는 것이다.

이렇게 질서 상태가 이루어졌다면, 이제 마부와 말이 만든 공적 영역과 사적 영역은 수직적 관계를 벗어나 완전히 혼연일체가 되는 과정이 필요하다. 이 상태를 통일 상태라고 하며 그 과정을 팔강령이라고 한다.

그렇게 공적 영역과 사적 영역이 혼연일체가 되었다면 이제 사적 영역인 마차는 주인이 명령을 하지 않아도 스스로 알아서 자율적으로 움직이는 상태가 된다. 이를 성취상태라고 한다.

이러한 성취상태에 이르면 하나가 된 마부와 마차는 그들이 함께 이룰 수 있는 모든 일을 이룰 수 있게 된다. 물건을 운반하거나, 전쟁터에 나아가 싸우거나 또는 다른 무슨 역할을 맡아도 완벽하게 해낼 수 있게 된다.

이러한 상태로 주어진 일을 한다면 반드시 축적되는 것이 있다. 그것이 명예이든 재물이든 아니면 다른 무엇이든 누구에게나 소중한 것이 축적되어 마부와 두 마리의 말은 모두 행복을 누릴 수 있게 된다. 그리고 필요한 다른 사람들에게도 이 행복을 나누어 줄 수 있게 되는 것이다. 이 상태가 완성상태이다.

이제 우리는 동일한 마부와 두 마리의 말을 놓고 플라톤식으로 이원론과 피라미드 구조로 생각하고 행동할 때와 한사상의 통합론과 수평적 평등 구조로 진행하는 생명의 과정으로 사고하고 행동하는 것이 어떤 차이를 보이는 가를 살펴보았다.

바로 이것이 서양 철학과 한사상의 차이이다. 물론 동중서 이래의 중화주의도 플라톤의 철학과 조금도 다르지 않다는 점에서 이것이 또한 중화주의와 한사상과의 차이이기도 하다.

그것은 살아서 숨 쉬며 머리로 생각하고 몸과 마음으로 행동하는 인간과 죽지는 않았지만 죽은 것과 동일한 상태에서 머리로 생각하여 몸과 마음을 움직여 행동하지 못하는 인간과의 차이이다.

(2) 분석적 방법에서 통찰적 방법으로

이 한철학의 이론 체계를 실험을 통해 증명한 것은 곧 이 한겨레 문명의 핵심 이론이 실험으로 증명된 것과 같다. 이는 철학이 플라톤 이래의 분석적인 방법론에서 한겨레 문명의 통찰적 방법론으로 전환함을 의미한다.

서양 문명의 특징은 과학의 눈으로 분석적 방법에 의해 인간과 만물과 우주를 관찰한다는 점이다. 이 방법은 과학 문명을 일으키는 일에 크게 이바지한 면이 있음을 누구도 부정하지 못할 것이다. 그러나 이 방법은 긍정적인 만큼 문제가 있다. 우리가 흔히 과학적 방법이라고 말한다면 그 순간 전체에 있어서 도덕적인 영역, 문화적인 영역은 제외하거나 부정하고 시작하는 방법을 의미한다. 따라서 과학 문명이 발달하면 발달할수록 도덕과 문화는 그에 반비례하여 피폐해지기 마련이다.

또한 과학이 추구하는 분석적 방법이란 우리가 알고 있는 사물의 전체를 여러 개로 나눈 다음 그 하나의 부분에서 우리가 알지 못했던 무엇을 실험과 관찰을 통해 알아 가는 방법이라고 할 수 있다. 따라서 과학은 그 하나하나 실제와 부합되고 논리에 조금도 소홀함이 없는 지식을 얻을 수 있게 한다. 동양은 바로 이 과학적 분석이 무엇인지 알지 못하고 추상적인 이원론과 피라미드식 사고에 머물러 그동안 서양과의 경쟁에서 패배한 것이다.

그러나 한사상은 동양식 방법론과도 다르고 서양식 방법론과도 다르다. 한사상은 인간과 만물을 살아서 움직이는 전체가 스스로 진행하는 과정 전체를 한 번에 통찰한다.

서양 과학의 분석적 방법은 이 통찰적 방법론의 전체를 나누고 잘라 한 부분을 실험과 관찰의 대상으로 여기기 때문에 그 대상은 필연적으로 살아 있는 인간 나아가 살아 있는 만물의 전체적인 모습을 포착하기가 불가능하다. 그러나 한사상은 인간이 살아서 움직이는 전체를 보기 때문에 과학이 다루어 온 분석적인 영역은 물론 도덕의 영역과 문화의 영역도 함께 포착할 수 있다. 뿐만 아니라 이 양극단이 통합된 전체가 진행하는 생명의 과정을 포착할 수 있다.

동양은 동중서 이래 이원론과 피라미드식 수직 구조로 윤리학과 정치철학의 근본을 세웠다. 그리고 지난 2천 년간 그 바탕 다시 말해 경학 위에서 다른 모든 분야를 설명해 왔다. 그리고 서양에서 코페르니쿠스 이래 과학의 혁명이 일어나는 동안 아무런 변화가 없었다. 참으로 동양은 위험천만한 학문을 가지고 있었던 것이다.

동양이 전체를 본다고 하지만 동중서에서 강유위에 이르기까지 2천 년간 변함없이 굳어진 그 방법은 아무런 객관적 근거가 없는 주관적인 의견이나 억측을 바탕으로 얻어낸 추측과 직관에 불과하게 되는 것이다.

한사상은 동양이 보아 온 전체보다 훨씬 더 광대 무비한 전체 과정을 한꺼번에 보는 통찰을 사용한다. 그러나 한사상은 그 과정에서 인간과 만물이 살아서 움직이며 행동하는 그 전체 원리를 실험을 통해 증명했다.

그럼으로써 이 실험은 서양 과학이 사용하는 분석적 방법의 실험과는 전혀 다른 차원의 실험이다. 한사상은 서양의 과학적 방법이 의지하는 실험 도구를 사용하지만, 한사상은 분석적 방법이 아니라 통찰적 방법을 사용하여 실험을 이끌어 낸다.

즉, 한사상에서 실험을 통해 증명한 것은 전체를 여러 부분으로 나누어 한 부분을 관찰하고 실험한 것이 아니라 모든 부분이 하나의 전체가 되어 살아서 움직이고 행동하는 원리 그 자체를 실험을 통해 증명한 것이다.

제7장 한사상의 과정론 1―성통性通

인간 개인의 몸과 마음이 통합되어야 머리가 작동하여 생각을 할 수 있으며 또한 행동할 수 있다. 가정과 기업과 국가도 마찬가지이다. 그러나 아직 철학은 여전히 개인과 국가와 문명이 살아 있는 인간으로서 생각하고 행동하는 것은 고사하고 몸과 마음조차 하나가 되지 못하는 식물인간 상태를 벗어나지 못하고 있는 것이다.

(1) 한사상의 과정과 상태를 이해하고 설명하는 일

진리를 말로 표현할 방법이 없어 할 수 없이 마음과 마음을 통해 전한다는 말이 진실일까? 나는 직접 사우디아라비아의 공사 현장에서 수년간 한사상의 과정론을 경험했다. 그러나 그 당시 현장에서는 물론 귀국 후에도 이 과정과 그 안의 여러 상태들을 다른 사람들에게 마녀재판도 설명할 수 없었다. 아니 남에게 설명하는 것은 고사하고 내 자신이 직접 경험한 이 과정과 상태를 내 머릿속에 떠올릴 수조차 없었다.

왜냐하면 이 생명의 과정과 여러 상태들을 머릿속에 떠올리기 위해서는 과정 전체와 그 안의 상태들과 또 상태 안의 모든 요소들에 대한 모든 용어들과 개념들이 미리 준비되어 있어야 하기 때문이다.

내가 겪은 이 고통스러운 경험은 우리 한겨레 공동체가 하나가 되어 한사상의 과정으로 행동했던 갑오농민전쟁과 4·19 혁명, 부마 민중항쟁, 5·18 광주민주화운동 등에 참여했던 대중들 모두에게도 동일하게 해당하는 공통적인 문제일 것이다. 왜냐하면 이 운동들 모두가 한사상이 현실에서 대중들과 함께 살아서 행동했던 사건들이기 때문이다.

이 여러 운동들 중 하나에 직접 참여한 분들 중에서 이 운동들을 철학의 이론으로 설명하려고 시도한 사람이 있었다면 그는 내가 사우디아라비아의 공사 현장에서 귀국 후 봉착한 문제와 동일한 어려움에 봉착했을 것이 틀림없다. 그들은 철학적으로 이 사건들을 설명하고 싶었겠지만 아무 것도 머릿속에 떠올릴 수 없었고, 누구에게도 설명할 수 없었을 것이다. 지금까지 이 사건들을 철학적으로 설명할 수 없었던 중요한 이유 중 하나가 바로 이러한 이유일 것이다.

기존의 동서양 철학자들 중 이 한사상의 과정과 상태들 자체에 대해 조금이라도 생각을 했던 사람이 단 한 명도 없었다. 따라서 나는 내가 경험한 한사상의 생명의 과정에 대한 용어와 개념을 그 누구에게서도 그 어디에서도 찾을 수 없었다.

이와 같은 상태에서 내가 아는 것이 무엇인가? 이심전심? 내가 내 머릿속에 떠올릴 수조차 없고, 내 입에 올릴 수조차 없는 것을 어떻게 남에게 전할 수 있는가? 나는 이러한 종류의 말들이 전부 허풍에 지나지 않는다는 것을 알았다. 이 같은 상태는 아무것도 모르는 상태라고 해야 옳다.

따라서 나는 귀국 후 한사상의 자기 조직화가 만들어 내는 전체 과정과 상태들의 개념을 정리하고 그 개념에 맞는 용어부터 만들어 내야 했다. 이 작업은 생각처럼 쉬운 일이 아니었다. 천부경과 삼일신고와 366사와 20여 종의 우리 한겨레의 고유한 경전들이 없었으면 이 작업은 영원히 불가능했을 것이다. 왜냐하면 이 경전들의 저자들이 살았던 문명이야말로 내가 경험했던 생명의 과정에 대해 완벽한 지식을 가진 전 세계에서 유일한 문명이었기 때문이다. 바로 한겨레 문명이다.

지난 3천 년간 그 누구도 몰랐던 생명의 과정에 대해 모든 것을 설명해 줄 스승님들이 바로 이 경전의 저자들이었다. 그러나 신라와 발해 이후 지난 1,000년간 그 한겨레 문명의 맥은 완전히 끊어져 오로지 한겨레의 고유한 경전인 천부경과 삼일신고와 366사 등 20여 종에만 담겨서 전해지고 있었다. 물론 이 경전의 내용은 해독이 지극히 어려운 암호로 만들어져 있다.

나는 이 경전들 안의 이론 체계를 통해 비로소 생명의 과정 전체를 머릿속에 떠올릴 수 있었고 그 과정 안의 상태들과 그 상태들의 부분들에 대한 개념을 생각할 수 있었다.

바로 이 경전들의 원리가 우리 한겨레 공동체가 생긴 이래 지금까지도 여전히 한겨레를 움직이는 사고와 행동의 틀이기 때문이다. 우리나라에서 발생했지만 다른 나라의 철학으로는 절대로 설명할 수 없는 우리나라에서 일어난 여러 사회 운동들이 바로 이 한겨레만의 사고와 행동의 틀에 의해 움직인 것이기 때문이다.

이 경전들 안에는 한겨레 문명 9천 년 동안의 지혜가 축적되어 있는 것이었다. 나는 경전 안에 축적된 그 지식을 사용함으로써 과정과 상태들을 개념화하여 만들어진 용어들을 사용하여 내가 사우디아라비아에서 경험한 생명의 과정을 머릿속에 떠올릴 수 있었고 그것을 남에게 설명할 수 있게 된 것이다.

그러나 그것으로 해결된 것은 아니었다. 이 고대 한겨레 문명의 개념과 용어를 기존의 동서양의 철학의 개념과 용어로 바꾸어 설명하지 않는다면 그 누구도 내말을 이해하지 못한다는 사실을 알았다.

따라서 이 작업 또한 하지 않으면 안 되는 일이었다. 이는 인간과 국가와 문명의 설계를 설명하는 이론 철학과 인간과 국가와 문명을 운영을 설명하는 행동 철학으로 나누어 그에 맞는 새로운 개념과 용어를 만들어 내야 하는 작업이었다.

이 일들 모두는 나의 공사 현장에서의 경험과 암호 같은 한겨레 경전 외에는 아무것도 없는 상태에서 시작할 수밖에 없었다. 그 누구의 도움을 받을 수 있는 것도 아니며, 마음먹는다고 몇 년 동안 간단히 되는 일도 아니었다. 공사 현장에서 귀국 후 시간을 충분히 두고 하나씩 하나씩 단계적으로 만들어 나가야 하는 까다롭고도 지루한 작업이었다. 한 단계 오르면 그때 보일 수 있는 것은 한정되어 있다. 그리고 또 한 단계 오르면 또 그만큼만 보일 뿐이다.

따라서 성격이 급한 사람은 절대로 이 일을 못한다. 아마 이 학문을 배우는 일도 마찬가지일 것이다. 바보처럼 느긋하고 태평한 성격을 가진 사람만이 이 일을 할 수 있고, 또한 이 학문을 제대로 배울 수 있을 것이다.

기존의 이원론과 수직적 계층 구조의 사고와 행동을 틀을 한사상의 생명의 과정으로 전환하는 일은 이처럼 매우 어렵고 길고 지루한 일이 될 수밖에 없기 때문이다. 그것은 기존의 사고와 행동의 틀을 모두 바꾸는 일이므로 우주 전체가 새로운 우주로 바뀌는 일인 것이다. 특히 기존의 사고의 틀로 철학을 해 온 사람들에게는 특히 그 기존의 사고의 틀을 바꾸지 않으면 한사상에 대해 조금도 접근할 수 없는 것이다. 이 일을 어찌 쉽다고 할 수 있겠는가?

이제 공사 현장에서 한사상을 만난 지 30년이 지난 지금에서야 비로소 이 이론 철학과 행동 철학에 대한 개념과 용어가 어느 정도 정리된 것이다.

이제야 비로소 사우디아라비아에서 있었던 과정과 그 상태들을 이론 철학과 행동 철학으로 머릿속에 떠올리고 그것에 대해 설명이 가능하게 된 것이다. 또한 경전의 이론 체계도 이론 철학과 행동 철학으로 설명이 가능해졌고, LG전자에서 행한 실험의 내용도 이론 철학과 행동 철학으로 설명이 가능해진 것이다.

이심전심? 마음과 마음을 통해 진리가 전해진다? 적어도 한겨레 문명의 한사상에서 그런 말은 허황된 이야기일 뿐이다.

29. 가능 상태―한의 제0법칙 81 = (36+45)

가능 상태는 쉽게 비유해서 말하자면 모든 사람들의 태아 상태이다. 생명의 과정을 진행하는 것은 다시 한사상의 태아 상태에 되돌아와 다시 시작함을 의미하는 것이다. 그리고 국가의 경우 이 같은 문명을 창조했던 한겨레 문명으로 되돌아가 생명의 과정을 시작하는 국가가 됨을 의미한다.

한의 기본 법칙에서 수평적 평등 구조를 이룬 개인과 기업과 국가가 이 가능 상태가 되기 위해서는 그 어떤 속임수에도 속지 않을 충분한 학습 위에 새로운 생명의 과정에 대한 충분한 이해가 필요하다. 이는 이론뿐 아니라 실제적인 행동을 통한 학습을 의미한다.

이는 단지 알기 위한 지적 유희가 아니라 행동으로 생명의 과정을 진행하기 위한 준비이기 때문이다.

(1) 아리스토텔레스의 가능태와 한사상의 가능 상태

인간의 태아는 그 자체로 앞으로 살아갈 모든 미래의 가능 상태다. 그리고 인간에게 태아 시절은 하나의 독립된 상태로서 존재한다. 그러나 아리스토텔레스는 씨, 즉 정액이 자궁 속에서 자리를 잡을 때 잠재적인 사람, 즉 가능태로 보았다.[248]

아리스토텔레스는 남자의 정자와 여자의 난자가 통합해야 태아가 되는지 알지 못한 것이다. 또한 "어른은 아이보다 앞서고, 사람은 씨(정액)보다 앞선다. 왜냐하면 한쪽은 이미 꼴을 가지지만, 다른 쪽은 그렇지 못하기 때문이다.[249]"라고 말했다.

---

248) "씨(정액)는 아직 잠재적으로 사람이 아니다. 왜냐하면 그것은 다른 것 안으로 옮겨져, 변해야 하기 때문이다. 이와 반대로 그 씨가 내부의 근원을 통해 그런 성질을 갖추고 있으면 그것은 잠재적으로 사람이다." 아리스토텔레스 『형이상학』, 1049a 15.
249) 아리스토텔레스 『형이상학』, 1049a 15, 1050a.

아리스토텔레스는 모든 자연물이 질료와 형상으로 구성되었다고 생각한다.[250] 그리고 질료는 신체이며 가능태, 그리고 형상은 영혼이며 현실태이다.[251]아리스토텔레스가 이 가능태와 현실태를 도입한 것은 정적인 이론인 형상과 질료에 변화와 운동을 부여하려고 한 것이다. 그러나 그 변화와 운동은 이원론에 불과하며 어떤 경우든 결코 생명체에게는 적용할 수 없는 것이다. 인간에게는 더 말할 것이 없다.

아리스토텔레스의 가능태·현실태의 틀을 가지고 있는 한 한겨레의 생명의 과정은 절대로 이해될 수 없다.

과정 전체에서 가능 상태 하나만을 볼 때 무엇보다 치명적인 문제는 아리스토텔레스는 태아가 아직 인간이 되지 못한 그 무엇으로 생각하게 만든다. 그는 가능 상태가 다른 여러 상태와 마찬가지로 하나의 독립된 상태라는 사실을 알지 못한 것이다. 이것이 아리스토텔레스의 가능태가 가진 문제이다.

그러나 내가 설명하는 가능 상태의 태아는 질서 상태의 성인과 동일한 인간의 지위를 부여한다. 물론 아이도 성인과 동일한 인간이다. 이 태아 상태가 설명하는 가능 상태는 개인에게 적용하든, 하나의 민족에게 적용하든 아니면 인류 전체에 적용하든 이 상태는 낙원의 상태이며, 다른 모든 상태의 원형을 이루는 상태이다. 즉, 가능 상태는 다른 여러 상태와 마찬가지로 하나의 독립된 존재 방식을 가진 독자적인 상태이다. 뿐만 아니라 모든 상태의 근원이다.

아리스토텔레스는 단지 가능태와 현실태로 과정을 설명하려고 했지만, 한사상은 가능 상태와 혼돈 상태와 질서 상태와 성취상태와 완성상태가

---

250) 아리스토텔레스, 『자연학』 194a 12—b 15(아리스토텔레스 『영혼에 대하여』 유원기 역주, 궁리, 2001, 28쪽의 각주).

251) 영혼은 반드시 생명을 잠재적으로 가지는 자연적 신체의 형상이라는 의미에서의 실체여야 한다. 그리고 실체는 현실태이다. 따라서 (영혼은) 그런 신체의 현실태인 것이다(아리스토텔레스 『영혼에 대하여』, 412a, 유원기 역주, 궁리, 2001년).

각각 독자적인 존재 방식을 가지며 이 모두가 하나의 전체적 과정을 이루고 있음을 설명한다. 이는 비교한다는 자체가 불가능한 것이다.

(2) 가능 상태의 학습

인간이 어머니 자궁이라는 낙원 속에서 행복만을 누리는 것은 아니다. 그 가능 상태는 장차 겪어야 할 모든 상태들을 성공적으로 만들기 위한 학습 기간이기도 하다.

인간이 세상을 살아가면서 이 생명의 과정을 진행하려고 한다면 반드시 가능 상태를 이해하고 그 가능 상태 안으로 직접 들어가야 한다. 그리고 그 가능 상태 안에서 장차 겪을 모든 상태들을 학습해야만 한다.

따라서 이 가능 상태를 성공적으로 이루기 위해서는 이미 이 한사상으로 공동체를 수평적 평등 구조로 만들어 생명의 과정을 직접 경험한 사람들이 전한 생명의 과정을 직접 학습하면서 이해할 필요가 있다.

(3) 학습을 통한 가능 상태의 형성

따라서 대중들이 다시 소수의 지배로 돌아가지 않고 현실에서 개인과 가정과 기업과 국가와 문명이 한사상의 생명의 과정을 시작하는 가능 상태를 이루는 일은 결코 간단한 일은 아니다.

이 학습은 실제의 경험과 분명한 실험의 성과와 20여 종의 한겨레의 고유한 경전 안에 담긴 공통적인 이론 체계를 하나로 받아들일 때 가능한 것이다. 뿐만 아니라 이 학습 성과로 한사상과 기존의 동서양의 철학을 비교 검토할 수 있는 능력을 갖추어야 한다.

그래야 한사상이 최상위 1%를 위해 99%의 민중을 지배하는 철학과 무엇이 왜, 그리고 어떻게 다르다는 것을 인식할 수 있기 때문이다. 이를 구분하지 못하는 사람이 어떻게 한사상을 이해하고 한사상으로 행동할 수 있겠는가? 이 가능 상태를 설명하는 한의 제0법칙 81=(36+45)의 수식의 의미는 뒤에서 설명하는 성취상태를 이해하면서 알게 된다.

30. 혼돈 상태―한의 제1법칙 100=45+55

혼돈 상태=한의 제1법칙 100=45+55

가능 상태에서 전체 생명의 과정을 학습했다면 이제 본격적으로 생명의 과정을 운영해야 한다. 그 첫 번째 상태가 혼돈 상태다.

혼돈 상태는 공동체를 이루는 모든 사람들이 모두 다른 처지와 입장에서 수평적 평등 관계를 이루는 상태에서 전체가 양극단을 이루며 서로 대립하는 상태에서 하나의 전체를 통합하고 있는 상태가 된다.

이 상태는 무엇보다도 아리스토텔레스의 모순율矛盾律을 극복하고 통합론으로 전환한다. 그리고 양극단의 경계면에 존재하는 온힘의 영역, 즉 중용의 영역은 아리스토텔레스의 제3자 배척의 배중률排中律의 영역에 해당한다. 그러나 이 혼돈 상태는 제3자인 양극단을 소통하고 통합하는 온힘의 영역을 중용中庸의 영역으로 받아들임으로써 배중률排中律을 극복한다.

그리고 이렇게 해서 통합된 혼돈 상태는 그 이전의 가능 상태에서 출발했고 또 질서 상태와 성취상태와 완성상태로 거듭거듭 혁신한다는 점에서 아리스토텔레스의 동일률同一律을 극복하고 한사상의 과정론過程論으로 혁신한다. 그리고 아리스토텔레스의 가능태 · 현실태의 이론은 그 가능태와 현실태의 중간에 이 혼돈 상태가 존재한다는 사실을 알 수 없다는 점 하나만으로도 아리스토텔레스의 가능태 · 현실태 이론은 즉시 폐기된다. 물론 아리스토텔레스의 가능태 자체도 한사상의 가능 상태와는 다르고 그의 현실태도 한사상의 질서 상태와는 근본적으로 다른 것이기도 하다.

(1) 혼돈 상태 100=45+55

태어나고 있는 아기는 절반은 산모의 몸속에 있는 태아이며, 절반은 세상에 나와 있는 신생아이다. 이는 혼돈 상태가 보여 주는 대표적인 이중적인 모습이다. 아리스토텔레스의 가능태와 현실태에서는 절대로 알 수 없는 전혀 새로운 상태가 곧 혼돈 상태인 것이다.

혼돈 상태의 아이는 신생아가 되려는 목적을 가진다. 그러나 그 목적은 산도를 빠져나오는 수단이 뒷받침 되어야 한다. 이 목적과 수단은 그 중간에 중용의 영역이 소통하고 통합해 주어야 한다. 이 중용이 목적과 수단이 조화와 균형을 이룬 상태에서 하나로 통합해 줄 때 출산 중인 아이는 무사히 신생아가 된다.

여기서 혼돈 상태는 곧 인간 개인의 행복을 위한 윤리학으로서의 100=수단 45+중용 10+목적 45가 되는 것이다. 즉, 아리스토텔레스의 동일률로서의 A=A는 생명체에는 적용이 불가능하다. 즉, 인간 또는 생명체=A+C+B=구체적인 영역 : 수단 45+소통과 통합의 영역 : 중용 10+추상적인 영역 : 목적 45인 것이다. 우리가 알려고 하는 것은 인간과 생명체이지 단순한 물질은 아닌 것이다.

물론 이 혼돈 상태를 이루는 수단과 목적과 중용을 이루는 모든 요소들은 각각 역할이 다를 뿐 모두 평등하다.

(2) 플라톤의 이원론과 계층 이론과 한사상의 혼돈 상태

플라톤과 동중서의 '속임수와 폭력의 지배 법칙 1=100−99'를 출산 과정에 적용해 보자. 즉, 태아가 이 세상으로 태어나려는 영역이 이데아 또는 양이라면, 산모의 몸에 머물려는 영역은 현상계 또는 음이다. 이 이데아와 양의 영역은 현상계와 음의 영역보다 조금은 더 커야 출산 상태가 이루어져 태아가 신생아가 되는 과정이 진행된다.

그러나 플라톤과 동중서는 이데아와 현상계, 양과 음을 분리시켜 서로 싸우게 만들었다. 그 순간 세상에 태어나려는 태아는 신생아가 되는 과정에서 죽어 버리고 마는 것이며, 산모의 생명 또한 위험하게 된다. 개인뿐 아니라 가정과 기업과 국가와 문명도 똑같은 경우가 되는 것이다.

가령 이 인간의 출산 과정에서 목적만 중요시된다면 산도를 빠져나오는 수단을 잃어 아이는 죽게 되고 산모도 목숨이 위태로워진다. 이것이 소위 기존 도덕의 목적론이 가지는 함정이다. 또한 출산 과정에서 수단만 중요시되고 목적이 무시된다 해도 아이와 산모의 목숨은 위태로워지는 것이다.

(3) 동중서의 중화주의의 이원론과 계층 이론과 한사상의 혼돈 상태

동중서董仲舒는 한 무제의 폭력에 기대어 당시의 모든 제자백가의 학문들 가운데에서 오직 유교만을 국교로 삼았다. 그리고 공자와 맹자의 유교가 제시하는 인간과 국가가 추구해야 할 목적으로서의 도덕을 최상위 1%를 상징하는 왕의 지배를 위한 수단으로 전락시켜 버렸다.

이렇게 한 번 확정지은 속임수는 2천 년을 변함없이 이어갔고 그것은 중국뿐 아니라 우리나라와 일본 등에게도 큰 악영향을 주었다. 그는 공자와 맹자가 논하지 않았던 음양과 오행을 수직적 계층 구조로 왜곡시켰다는 점에서 동양 철학의 균형을 처음부터 파괴하여 발전하지 못하게 만들었다.

① 동중서의 이원론 양존음비와 한사상의 혼돈 상태

그는 양존음비陽尊陰卑라는 파괴적인 음양론을 내세웠다. 양은 존귀하고 음은 비천하다는 것이다. 이는 곧 목적은 존귀한데 수단은 비천하는 말과 같다. 그리고 도덕은 존귀한데 정의는 비천하다는 말과 같다. 이 목적론은 관존민비의 정치철학이 되고, 남존여비라는 윤리학이 되어 지난 2천 년간 동양의 윤리학을 근본부터 수직적 계층 구조로 만든 것이다. 이로써 민주주의가 동양에서 발생할 싹부터 자른 것이다. 동중서의 중화주의야말로 동양 철학을 근본부터 망쳐 버린 주범이라고 할 수 있는 것이다.

동중서의 중화주의가 발판으로 삼는 것은 그의 저서 『춘추번로春秋繁露』이다. 이 책의 제43편의 제목이 바로 '양존음비陽尊陰卑'252)이다. 그는 '양존음비陽尊陰卑'를 주장하며 그 이유에 대해,

"날을 세는 것은 낮에 의지하지 밤을 의지하지 않으며, 한 해를 세는 것은 양에 의지하지 음에 의지하지 않는 것이다. 음陰은 의義에 달통하지 못하기 때문이다."253)

라고 주장했다. 그는 양陽은 존귀하고 음陰은 비천하다고 말하고 있다. 그 이유를 하루의 낮을 밤이 의지하고 한 해의 양을 음이 의지하는데, 음은 의義를 갖추지 못하여 그렇다고 했다. 이는 지구론에 기초한 것이지 우주론에 기초한 것은 아니다.

동중서의 이 주장은 역경의 계사전의 두 구절과 직접 연결이 된다. 하나는 계사전의 시작 문구인 천존지비天尊地卑이다. 다른 하나는 계사전의 내용 중 일음일양지위도一陰一陽之爲道이다. 이 두 가지는 모두 동중서의 이원론과 일맥상통하는 것으로서 대자연과 인간 세계의 자연적 질서와 균형을 파괴하는 것이다. 따라서 대자연과 인간 세계의 자연적 질서인 생명의 과정 중에서 특히 혼돈 상태와 정반대의 의미를 지닌다.

---

252) 동중서董仲舒, 『춘추번로春秋繁露』, 제43편 陽尊陰卑, 남기현 해역, 자유문고, 2005년, 330쪽.
253) 동중서董仲舒, 『춘추번로春秋繁露』, 제43편 陽尊陰卑, 남기현 해역, 자유문고, 2005년, 331쪽.

1) 동중서의 양존음비陽尊陰卑와 한사상의 음양 통합론陰陽平等論

고대 문헌 특히 사상을 설명하는 문헌은 항상 그 첫 문장에 저자가 설명하려는 핵심을 담는다. 동양 최대의 경전인 역경의 대표적인 주석서인 계사전 상하권의 전체 문장은 그 시작 문구인 천존지비天尊地卑에 달려 있다고 해도 무방할 것이다.

이 천존지비天尊地卑는 중국의 주 왕조周王朝(B.C. 1046-256) 이래 지난 3천년간 중국의 윤리 사상을 대표하는 핵심적인 사상을 요약한다.

이는 곧 관존민비官尊民卑와 남존여비男尊女卑를 비롯한 남녀와 관민을 비롯하여 사회 전체를 계층화시키는 내용으로 발전한다. 이는 곧 전형적인 이원론으로 하늘은 선善하고 땅은 악惡하다는 것이다.

또한 이 내용은 하늘과 지배자인 전제 군주專制君主는 선善하고, 땅과 백성은 악惡하다는 내용이 되어 지배자의 전제적 통치를 도와주는 훌륭한 수단이 되어 줄 수 있다.

전체 99%를 둘로 나누어 양과 음을 분리시켜 서로 싸우게 만들고, 하늘과 땅, 관리와 백성, 남성과 여성을 또한 분리시켜 싸우게 한 것이다.

같은 99% 안에서 반으로 나누어 한쪽은 존귀하고 다른 한쪽을 비천하다고 규정한다면 이들은 다시는 99%가 되지 못하며, 최상위 1%를 마음대로 왕으로 만들고 제물로 만들어 죽이지 못하게 되는 것이다. 대신 99%가 영원히 반으로 나뉘고 서로가 서로를 미워하고 죽이려 들게 되는 것이다.

동중서는 삼강三綱에 대해 이렇게 말한다. "군주와 신하와 아버지와 아들과 지아비와 아내의 의義(군신부자부부지의君臣父子夫婦之義)는 모두 모든 음과 양의 도에서 취하는 것이다. 군주는 양이 되고 신하는 음이 되고, 아버지는 양이 되고 아들은 음이 되고, 지아비는 양이 되고, 아내는 음이 된다. 음도陰道는 홀로 행동하지 못한다. 그 시작에서는 마음대로 일어나지 못하고, 그 끝마침에는 공로를 나누어 얻지 못하고 겸하는 바의 의義만 있는 것이다."254)

216

현대 중국의 철학자 풍우란은 이 삼강은 "(과부가 가난하여) 굶어 죽는 것은 사소한 일이지만 (개가하여) 절도를 잃는 것은 중대한 일."이라고 주장한 정이천의 주장[255]을 상기하면서 이 삼강三綱에 따르면 "신하, 아들, 아내는 임금, 아버지, 남편의 부속品附屬品이었다."[256]고 말했다. 중국은 20세기의 풍우란에 와서야 비로소 동중서의 이원론이 무엇을 의미하는지 알게 된 것이다. 즉, 무엇이 속임수이고 무엇이 올바른 말인가를 2천 년이 지난 이제야 겨우 알게 된 것이라 할 수 있다.

이와 대비되는 한겨레의 윤리학을 단군조선의 3세 단군 가륵嘉勒 님께서 중일경中一經에서 이렇게 설명한다.

> 모든 인간의 중심에 하나가 있어 천하의 선함을 이룩하는 길은
> 부자와 군신과 부부와 형제와 노소와 붕우 간의 참됨을 이룩하는 데 있으니
> 먼저 부모된 자가 자식에게 자애로워야 하며
> 자식된 자는 마땅히 부모에게 효성을 다해야 하는 것이다.
> 또한 군주된 자는 의로워야 하며,
> 신하된 자는 마땅히 충성스러워야 하는 것이다.
> 부부는 서로 존경하고, 형제는 서로 사랑하고
> 노소는 마땅히 순서가 있어야 하고, 친구는 믿음이 있어야 한다.

> 유중유일지도 위부당자 위자당효 위군당의 위신당충 위부부당상경
> 惟中惟一之道 爲父當慈 爲子當孝 爲君當義 爲臣當忠 爲夫婦當相敬
> 위형재당상애 노소당유서 붕우당유신
> 爲兄弟當相愛 老少當有序 朋友當有信[257]

---

254) 동중서董仲舒, 『춘추번로春秋繁露』, 남기현 해역, 자유문고, 2005년, 371쪽.
255) 餓死事小 失節事大 又問, 或有孤孀, 貧窮無託者, 可再嫁否. 曰, 只是後世, 寒餓死, 故有是說 然, 餓死事極小, 失節事極大. 伊川先生語 8하(풍우란馬友蘭 『중국철학사 하』, 박성규 역, 까치글방, 2007년, 40쪽).
256) 풍우란馬友蘭, 『중국철학사 하』, 박성규 역, 까치글방, 2007년, 40쪽, 639쪽.
257) 계연수, 『한단고기』, 태백일사삼한관경본기 중에서.

이 중일경의 윤리는 이원론과 수직적 계층 구조가 아니다. 먼저 부모가 자애롭고, 먼저 군주가 의로워야 함이 강조된다. 그래야 자식이 자연스럽게 효도하고 신하가 자연스럽게 충성하는 것이다. 그리고 부부는 동등한 위치에서 서로가 존경하고, 형제는 동등한 위치에서 서로 사랑하는 것이다. 그리고 노소는 순서가 있는 것이다.

이 중일경中一經이 설명하는 한겨레의 윤리학에서는 풍우란이 중화주의 2천 년 동안 신하, 아들, 아내는 임금, 아버지, 남편의 부속품附屬品이었다는 그 윤리와는 전혀 다른 차원의 윤리가 설명되고 있는 것이다.

한사상의 윤리학에서 신하와 아들과 아내는 임금과 아버지와 남편의 부속품이 결코 아니다. 겉보기에는 비슷하지만 그 내용에서 한사상은 1과 99의 사고와 행동을 틀을 완전히 극복한다. 그리고 모든 인간은 스스로 혼돈 상태를 혁신하여 질서 상태로 당당하고 떳떳하게 존재하는 것이다. 이처럼 한겨레 문명은 이웃의 한족漢族들과는 전혀 다른 차원의 윤리학과 정치철학으로 운영된 문명이었다.

플라톤과 동중서처럼 하나의 전체 99%를 이처럼 둘로 찢어 상하의 수직 구조로 만들어 버리는 것은 물질에게는 가능하다. 그러나 생명을 가지고 살아서 생각하고 느끼는 인간에게는 그 단위가 개인이든 국가이든 문명이든 둘로 찢겨서는 생존이 불가능하다. 즉, 이는 인간과 공동체 필멸의 법칙인 것이다.

2) 일음일양지위도一陰一陽之爲道와 음양통합지위도陰陽統合之爲道

두 번째는 계사전의 일음일양지위도一陰一陽之爲道이다. 동중서는 "날을 새는 것은 낮에 의지하지 밤을 의지하지 않으며."라고 했다. 이는 하루가 밤과 낮이 번갈아 가며 교대하는 것을 말한다. 이는 변증법이다.

이 일음일양지위도一陰一陽之爲道의 관점은 어디까지나 지구에서 하늘을 관찰할 때 성립되는 것이다. 즉, 이 관점은 어디까지나 인간의 눈에 비친 우주의 변화이다. 즉, 중화주의적 지구론이다.

밤과 낮은 우주의 중심에서 보면 동시에 통합되어 존재하는 것이다. 다시 말해 음과 양은 일음일양지위도─陰─陽之爲道가 전혀 아니다. 이는 한사상의 음양 통합론陰陽統合論인 음양통합지위도陰陽統合之爲道가 되는 것이다. 즉, 혼돈 상태를 설명하는 '한의 제1법칙 100＝음 45＋양 55'가 되는 것이다.

② 동중서의 오행론과 한사상의 혼돈 상태

현대 중국의 '시에쑹링'은 음양오행 사상의 기원에 대해,

"그것이야말로 두려움을 느끼게 하는 스핑크스의 수수께끼, 확실히 알지 못하면 괴물에게 먹히고 마는 수수께끼."[258]

라고 말한다. 사실상 음양오행의 근본 원리가 무엇인지에 대해 납득 가능한 설명을 한 학자가 중국에는 없다는 솔직한 고백인 것이다.

그러나 그 스핑크스의 수수께끼를 풀어 보면 단지 최상위 1%가 99%의 민중을 지배하려는 지극히 노골적이면서도 간단한 속임수에 지나지 않음을 알 수 있다.

한족들에게서 음양오행가로 알려진 최초의 인물은 추연騶衍이다. 그는 오덕종시설五德終始說을 주장했는데, 이는 당시 왕공과 대인들에게 성인으로 칭송받을 정도로 대단한 것이었다. 당시에 추연은 공자와 맹자와 비교가 불가능할 정도로 압도적인 존경을 받은 것이다.[259]

동중서가 유교의 학설을 받아들이면서 유교에는 없던 음양오행의 학설

---

258) 시에쑹링謝松齡, 『음양오행이란 무엇인가?』, 김홍경·신하령 역, 연암출판사, 1995년, 57쪽.
259) 추연騶衍은 제나라에서 존경을 받았다. 양나라에 도착했을 때에 혜왕惠王은 교외에서 영접하여 귀빈을 대하는 예를 베풀었다. 그가 조나라에 도착했을 때에는 평원군平原君이 곁에서 모시고 다니면서 자리의 먼지를 털어 주었다. 그가 연나라에 갔을 때에는 소왕昭王이 길을 쓸면서 앞서서 걸었고, 제자가 되어 수업을 받기를 청하였다. 또 소왕은 갈석궁碣石宮을 지어 주었으며, 몸소 그리로 가서 추연을 배웠다. 『史記』 맹자순경렬전(시에 쑹링謝松齡『음양오행이란 무엇인가?』, 김홍경·신하령 역, 연암출판사, 1995년, 88쪽).

을 받아들인 것은 바로 이 저명한 음양오행가 추연의 영향력을 탐냈기 때문이 아닌가 생각한다.

추연驟行의 오덕종시설五德終始說은 역사가 오행의 원리에 의하여 순차적으로 이루어진다는 오행에 근거한 역사철학적인 주장을 설명하고 있다. 당시 이 학설의 영향은 지대하였다.

그 내용은 말하자면 황제의 시대에는 토기土氣가 강하므로 하늘이 지렁이와 큰 땅강아지가 나타나게 하였으니 그 색이 황색이고 토를 본받았다는 것이다. 문왕의 시대는 화기火氣가 강하므로 하늘이 먼저 불이 일어나게 하였고, 붉은 까마귀가 붉은 책을 입에 물고 주나라의 사직에 몰려들었다는 것이다. 그래서 색은 적색을 숭상하고 일은 화를 본받았다는 식의 내용이다.

서경의 홍범에는 오행의 원리가 다음과 같이 설명되고 있다.

"오행은 첫째는 물이고, 둘째는 불이고, 셋째는 나무고, 넷째는 쇠고, 다섯째는 흙이니, 물은 적시고 내려가는 것이고, 불은 타고 올라가는 것이고, 나무는 굽고 곧은 것이고, 쇠는 자르고 바뀌는 것이고, 흙은 심고 거두는 것입니다. 적시고 내려가는 것은 짠 것을 만들고, 타고 올라가는 것은 쓴 것을 만들고, 굽고 곧은 것은 신 것을 만들고, 따르고 변화하는 것은 매운 것을 만들고, 심고 거두는 것은 단 것을 만듭니다.[260]

홍범의 오행은 사물의 영역에서의 오행을 설명하고 있다. 동중서董仲舒는 춘추번로春秋繁露에서 오행을 이렇게 말한다.

"하늘에는 오행이 있으니 첫째는 목이고, 둘째는 화며, 셋째는 토이고, 넷째는 금이고, 다섯째는 수이다. 목은 오행의 시작이며, 수는 오행의 마지막이고, 토는 오행의 중앙이다. 이것이 천연적인 질서이다. 목은 화를 낳고, 화는 토를 낳으며, 토는 금을 낳고, 금은 수를 낳고, 수는 목을 낳는다. 이것이 그 사이에 존재하는 부자 관계이다."[261]

---

260) 『서경』, 차상원 역, 명문당, 1985년, 187쪽.

동중서는 그러므로 오행은 효자와 충신의 행위라고 말한다. 이는 수직적 계층 구조를 오행으로 설명한 것이다.

동중서는 오행에서 오행상생을 주로 주장한다. 즉, 춘추번로 제58편이 곧 오행상생五行相生262)이다. 그는 이것으로 정치철학을 논하고 있다.

여기서 동중서의 오행이 말하는 오행의 상생 원리인 목생화, 화생토, 토생금, 금생수, 수생목은 오행의 상생 원리이다. 이는 혼돈 상태의 관념의 영역을 설명하는 오행이다.

또한 그가 말하는 관직으로서의 다섯 가지 직책은 혼돈 상태가 아니라 질서 상태의 공적 영역의 정치적 통치 기구로서의 기능이다. 이는 혼돈 상태의 상생 오행과 분명히 구분되어야 하는 질서 상태의 공적 영역인 중앙 정부의 기능이다. 그가 말하는 남방화의 예를 들어 보자.

남방화는 조정의 근본으로 사마司馬가 맡으며 "지혜를 높이고 어질고 성스런 선비를 추천하여 올리고 위로는 천문을 알아서 그 형상의 조짐이 나타나지 않도록 한다."고 하면서 화생토火生土를 말했다.

동중서는 이 오행이 혼돈 상태의 기능인지, 질서 상태의 기능인지에 대해 아무런 생각 없이 하나의 상태에서 모든 기능을 다루고 있는 것이다.

오행에 대해서는 동중서보다 늦은 시기인 후한(後漢 25~220)의 세 번째 왕인 장제(章帝, 재위 76~88)때 국가의 모든 제도와 사상 분야를 정비했던 백호관白虎觀에서 열렸던 회의에서 결정한 내용을 담은 『백호통의白虎通義』를 참고할 수 있다. 백호통의의 "내용은 모두 금문 경학파의 견해인데 상당히 많은 부분이 동중서의 학설과 동일하다."263)

이 책에는 오행상생에 대해 말하고 있다. 즉, "목은 화를 낳고, 화는 토를 낳고, 토는 금을 낳고, 금은 수를 낳고, 수는 목을 낳는다."264) 또한 상

261) 동중서, 『춘추번로 : 오행지의』(시에 쏭링謝松齡 『음양오행이란 무엇인가?』, 김홍경 · 신하령 역, 연암출판사, 1995년, 130쪽).
262) 동중서仲舒, 『춘추번로春秋繁露』, 제43편 陽尊陰卑, 남기현 해역, 자유문고, 2005년, 389쪽.
263) 풍우란馮友蘭, 『중국철학사 하』, 박성규 역, 까치글방, 2007년, 19쪽.

극 오행에 대해 이렇게 말한다. "오행이 서로 해치는 것은 천지의 성질이다. 많은 것이 적은 것을 이기므로 수가 화를 이긴다. 순정한 것이 단단한 것을 이기므로 화가 금을 이긴다. 굳센 것이 부드러운 것을 이기므로 금이 목을 이긴다. 꽉 찬 것이 듬성한 것을 이기므로 목이 토를 이긴다. 찬 것이 빈 것을 이기므로 토가 수를 이긴다."265)

또한 백호통의는 오성과 육정을 말한다. 즉, "오성五性은 무엇을 말하는가? 그것은 인仁·의義·예禮·지智·신信을 가리킨다."266) 이는 곧 오상五常이다.267) "육정六情은 무엇을 말하는가? 희喜·노怒·애哀·락樂·애愛·오惡가 육정이다. 그것은 오성을 지탱하고 이루어 준다."268)

여기서 오행 육정은 곧 인간에게 오장육부와 같은 것이다. 즉, "오장은 간肝·심心·폐肺·신腎·비脾 장을 말한다.……육부는 무엇을 말하는가? 대장大腸·소장小腸·위胃·방광膀胱·삼초三焦·담膽이다."269) 이것이 또한 한의학韓醫學의 바탕이 되고 있다.

여기서 중화주의 2천 년을 이어온 오행의 문제가 드러난다. 동중서의 춘추번로와 반고의 백호통의는 오행상생과 오행상극을 논할 뿐 이 양극단을 통합할 때 생명의 과정을 진행할 수 있는 혼돈 상태가 출현한다는 사실에 대해 전혀 이해가 없음을 알 수 있다.

따라서 이들은 모든 것을 오행으로 설명하되 그 오행을 수직적 계층 구조로 만들려고 했음을 알 수 있는 것이다.

백호통의는 오행 중에서 토土를 최상위 1%의 지배자의 지위를 주고 있다. 즉, "토土는 중앙에 해당한다. 중앙은 토의 영역이다. 토는 만물을 품었다가 토해 내는 것을 주관한다. 토는 토吐하다의 뜻이다. 우리는 동쪽이 생

---

264) 반고班固, 『백호통의』, 신정근 역주, 소명출판, 2005년, 152쪽.
265) 반고班固, 『백호통의』, 신정근 역주, 소명출판, 2005년, 153쪽.
266) 반고班固, 『백호통의』, 신정근 역주, 소명출판, 2005년, 318쪽.
267) 반고班固, 『백호통의』, 신정근 역주, 소명출판, 2005년, 319쪽.
268) 반고班固, 『백호통의』, 신정근 역주, 소명출판, 2005년, 319쪽.
269) 반고班固, 『백호통의』, 신정근 역주, 소명출판, 2005년, 321~322쪽.

장을 상징한다는 것을 어떻게 알 수 있는가? 『악기樂記』에 보면 봄에서 생겨나고 여름에 자라고, 가을에 걷고, 겨울에 감춘다는 내용이 있다. 토는 왜 때(계절)와 배당이 되지 않는가? 지地는 토의 다른 이름이다. 오행 중에서 토가 가장 존귀하기 때문에 홀로 한정된 직책에 자리하지 않는다. 『원명포元命苞』에 보면 토는 특정한 지위가 없지만 도道가 거기에 있다. 따라서 대일大一이 변화를 일으키지 않듯이 인주人主도 특정한 직무를 맡지 않는다."270)라고 말하고 있다.

이 반고의 백호통의는 동중서의 춘추번로가 말하는 수직적 계층 구조의 최상위 1%의 지위로서의 토土를 보다 더 자세히 설명하고 있다. 이제 우리는 중화주의 2,000년 동안 중국 황제를 상징하는 색이 토土를 상징하는 황색黃色인 이유를 안 것이다. 이는 중화주의의 사상적 기초가 혼돈상태와 질서상태의 구별조차도 제대로 하지 못한 빈곤한 지식의 수준을 넘어서지 못했음을 말하는 것이다.

적어도 국가의 최고 지도자의 상징은 혼돈 상태의 다음 상태인 질서 상태에 가서 그 중앙인 공적 영역으로 상징되어야 하는 것이다. 이들 동중서와 반고는 모두 오행을 넘어서 상극 오행과 상생 오행을 통합한 혼돈 상태가 있음을 모르고 있으며 그 다음 상태인 질서 상태가 있음을 모르고 있다. 그들은 음양오행을 이원론과 수직적 계층 구조로 변형시킴으로서 오행이 가지는 원래의 평등한 수평적 순환 원리를 파괴했다. 중의학中醫學과 한의학韓醫學 또한 바로 여기서 극복해야만 하는 의철학醫哲學의 한계가 드러나 있다.

(4) 한사상의 음양오행과 혼돈 상태

한사상의 음양과 오행은 따로따로가 아니다. 음양을 자세히 설명하면

270) 반고班固, 『백호통의』, 신정근 역주, 소명출판, 2005년, 145쪽.

오행이 되고 오행을 간단히 설명하면 음양이 된다. 여기서 음과 양과 상극 오행과 상생 오행은 이원론을 통합한 통합론으로 설명되며, 수직적 계층 구조를 45도 기울인 수평적 평등 구조가 된다. 물론 최상위 1%와 최하위 1%를 배제하지 않고 모두가 하나가 되는 전체로서 성립한다.

즉, 혼돈 상태를 설명하는 "한의 제1법칙은 100＝45(음陰이자, 상극 오행)＋ 55(양陽이자 상생 오행)."이 되는 것이다.

이 한의 제1법칙의 원리는 한겨레의 고유한 경전 천부경天符經에서 논리적으로 설명한다. 즉, 천부경 81자 중에서 4글자인 '일적십거一積十鉅'가 그것이다. 이 내용은 다음의 한단고기 마한세가의 구절에서 밝혀진다.

땅을 다스리기 위하여 하나를 쌓아 음을 세우고 열을 펼쳐 양을 만드니 그 중앙에 없음의 궤짝이 생겨나도다.

토위치 일적이음립 십거이양작 무궤이충생
土爲治 一積而陰立 十鉅而陽作 無匱而衷生

이 문장에서 첫 구절인 '땅을 다스리기 위하여(토위치土爲治)'라는 대목은 곧 치산치수를 말한 것이다. 이는 한겨레의 한철학과 한사상이 철학자의 머릿속에서 나온 것이 아님을 말한다. 또한 이는 최상위 1%의 지배자가 99%의 민중을 지배하기 위한 속임수와 폭력의 철학과는 전혀 다른 차원임을 말하는 것이다.

즉, 국가 지도자가 모두 홍수나 가뭄의 피해를 보지 않고 풍요로운 삶을 살아가기 위해 직접 치산치수를 지휘하면서 적용하는 원리가 곧 천부경天符經에 담겨 있음을 말하는 것이다. 바로 그 원리가 묵가墨家를 설명한 장자莊子의 천하편天下篇에 있다.

"옛날 우禹가 홍수를 막아 양자강과 황하를 틔워서 사방 이적夷狄의 땅과 구주九州의 땅을 교통하게 하는 길을 만들어, 이름 있는 산 3백 개와 갈려진 물 3천 개와 기타 작은 것은 수도 없이 공사를 했었다. 그때 우는 스스로 삼태기와 삽을 들고 천하의 개울을 모아 큰 강으로 합쳐 흐르게 했다. 그 때문에 장딴지의 털이 다 없어지고, 종아리의 털도 없어졌으며, 거센 바람을 맞고 심한 비를 뒤집어쓰면서 국경을 정리했다. 우는 대성인이다. 그러면서도 천하를 위해 이렇게 수고했다."271)

고대 중국의 국가 최고 지도자 우가 천하를 위해 장딴지의 털이 다 없어지고, 종아리의 털도 없어졌으며, 거센 바람을 맞고 심한 비를 뒤집어쓰면서 국경을 정리했다는 기록은 바로 곧 한겨레의 고대 국가의 지도자를 설명하는 말이다. 바로 그 방법론이 음양오행론인 것이다.

음양오행이 우리에게서 존재해서 그것이 한족에게 전해졌다는 직접적인 기록은 우리의 한단고기에 나타나 있다. 태백일사의 삼한관경본기에는 오행 치수의 요결을 담은 금간옥첩이 고조선의 태자 부루로부터 고대 중국의 인물인 우사공禹司空에게 전해지는 기록이 나타난다.

우사공은 삼륙구배를 하고 나아가 아뢰기를 "천제의 아드님께서 우리 순 임금의 정치를 힘써 도와 삼신께 보답함은 크게 기꺼운 일로 반드시 그리 하리이다."라고 하였다. 태자 부루에게서 금간 옥첩을 받으니 대저 오행은 치수의 요결이다.272)

단군조선의 초대 단군왕검님의 태자이자 훗날 이세 단군이 되시는 부루

---

271) 墨子稱道 日「昔禹之湮洪水 決江河 而通四夷九州也 名山三百 支川三千 小者無數 禹親自操
   橐耜 而九雜天下之川 腓無胈 脛無毛 沐甚雨 櫛疾風 置萬國 禹大聖也 而形勞天下也如此」使後
   世之墨者 多以裘褐爲衣 以跂蹻爲服 日夜不休 以自苦爲極 日「不能如此 非禹之道也 不足謂墨」
   (莊子 天下篇).
272) 우사공 삼륙구배이진왈 근행천제자지명 좌아우순개태지정이 보삼신윤열지지언 자태자부루
   수금간옥첩 개오행치수지요결.
   虞司空 三六九拜而進日 勤行天帝子之命 佐我虞舜開泰之政以 報三神允悅之至焉 自太子扶婁
   受金簡玉牒 蓋五行治水之要訣
   계연수, 『한단고기』, 임승국 역, 정신세계사, 1996년, 219쪽.

225

님께서 오행 치수五行治水의 방법이 담긴 금간 옥첩을 한족에게 전해 주는 모습이 이처럼 생생하게 기록되어 있다. 그 금간 옥첩에 담긴 오행 치수법이야말로 천부경이 설명하는 오행의 상생과 상극의 원리임을 말할 나위가 없을 것이다.

그렇다면 단군이 사용한 그 음양오행은 어떤 원리인가? 바로 그 내용이 단군께서 전한 천부경天符經의 일적십거를 설명하는 '일적이음립一積而陰立 십거이양작十鉅而陽作'에 담겨 있다. 이 내용이 곧 음양오행의 핵심 원리이며 '무궤이충생無匱而衷生'은 다음 상태인 질서 상태의 핵심 원리이다.

즉, 일적이음립을 하면 45가 되며 십거이양적을 하면 55가 된다. 여기서 45는 음이며 상극 오행으로 낙서이다. 또 55는 양이며 상생 오행이며 하도이다. 그리고 뒤에 다시 설명하겠지만 알타이어족들의 신화에서 이 45는 검은 칸, 55는 흰 칸으로 설명된다. 즉, 천부경과 음양오행과 알타이어족들의 신화는 하나의 원리를 말하고 있는 것이다. 이는 곧 음양통합지위도陰陽統合之爲道이다.

이를 그림으로 표현하면 아래와 같은 천부도天符圖가 만들어진다.

① 천부도天符圖와 '흰 칸과 검은 칸, 백사만과 흑사만'

천부도는 알타이어족 신화와 직접 연결된다. 즉, 천부도는 흰점 45와 백점 55로 이루어져 있다. 그 의미는 여러 알타이어족의 신화를 조합해 보면 자연스럽게 나타난다.

1) 천부도와 몽골족의 신화

"99위의 텡그리天神가 군림하고 있는데 100위에서 1이 모자랐다. 흑한의 북쪽 세겔 세브지크 천天에 그곳을 다스리는 텡그리를 두지 않았기 때문에 100위가 되지 못하였다. 그것이 실수였다. 북쪽의 잊힌 하늘을 점령하려고 칸 튀르마스 텡그리와 아타이 우란 텡그리의 양자 사이에 쟁탈전이 벌어졌던 것이다. 쌍방이 각각 세실 세브지크 천에 접근해 있었기 때문에 서로 자기 지역이라고 주장했다. 할 수 없이 그들은 전쟁을 하여 승리를 거둔 자에게 소유권을 양도하기로 계약했다."[273]

우주의 전체는 100으로 나뉘어 각각 텡그리天神가 군림하는데, 그중 1이 모자라 100이 되지 못했다. 여기서 99위의 텡그리가 둘로 나뉘어 전쟁이 벌어졌다는 것이다.

"55위의 선신善神과 44위의 악신惡神이 있어 99위의 신이 있으며, 이들은 영원히 대립한다."[274] 이 99위의 신은 55위의 선신과 44위의 악신으로

천부도와 한의 제1법칙 100=45(흑점 45)+55(백점55)

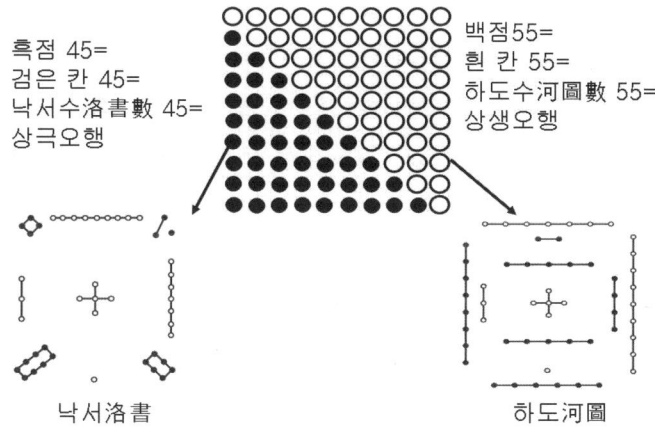

흑점 45=
검은 칸 45=
낙서수洛書數 45=
상극오행

백점55=
흰 칸 55=
하도수河圖數 55=
상생오행

낙서洛書   하도河圖

나뉜다는 것이다.

2) 천부도와 부리아트족의 신화

전체의 신 100위에서 선신善神이 55위位, 악신惡神이 45위位라는 기본적인 조직론이 설정되었다면 그 선신 55위와 악신 45위가 어떻게 표현되는

273) 장기근,『중국신화』, 대종출판사, 1975년, 237쪽.
274) 발터 하이시히,『몽골의 종교』, 이평래 역, 소나무, 2003년, 29, 38쪽.

가 하는 사실을 좀 더 자세히 살펴보자.

"부르야트인들은 신神들과 교통하는 샤만을 백샤만(사가니 뵈sagani bö), 영신靈神들과 교통하는 샤만을 흑샤만(카라인 뵈karain bö)라고 부른다. 부리아트 신화 자체가 주목할 만한 이원론을 설명하고 있는데, 이 신화에 따르면 수 많은 반신半神들의 계급은 대체로 검은 칸과 흰 칸으로 나뉜다. 이 양자는 서로 적대시한다. 검은 칸을 섬기는 것은 흑샤만이고 흰 칸을 섬기는 것은 백샤만이다. 야쿠트인들도 신들을 두 종류로 나눈다. 위에 있는 탕가라 (tangara : 천상계)와 아래에 있는 지하계의 신들로 나누는 것이다."275)

"알타이 샤만에서도 백샤만(아크 캄ak kam)과 흑샤만(카라 캄kara kam)으로 나눈다. 알타이 샤만에게 백샤만은 천계 상승, 흑샤만은 지하계 하강으로 전문 분야가 나누어져 있다."276)

부리아트족과 알타이족은 모두 검은 칸과 흰 칸으로 나뉘고 그 신을 섬기는 샤만을 각각 백샤만(아크 캄ak kam)과 흑샤만(카라 캄kara kam)으로 구분한다. 천부도의 검은 점 45는 곧 땅을 상징하며 검은 칸과 흑샤만이 담당하고, 흰점 55는 곧 하늘을 상징하며 흰 칸과 흰 샤만이 담담함을 알 수 있다.

이들 알타이어족의 정신세계는 곧 위의 천부도의 검은 점 45와 흰점 55가 설명하고 있음을 알 수 있다. 따라서 천부경은 우리 한겨레뿐 아니라 이 모든 알타이어족의 정신세계의 근본이 되고 있음이 분명히 확인된다.

이 알타이족들의 신화의 내용은 뒤에 다루어질 흉노족과 훈족, 그리고 카자르족의 정치철학으로 발전되어 나타난다. 다시 말하면 이 이론을 모르면 이들 민족의 윤리학과 정치철학에 대해 아무것도 알 수 없게 되는 것이다.

②음과 상극 오행, 그리고 정의正義

음陰은 사물의 영역을 상징한다. 인간의 몸과 자연의 사물이 모두 음陰

---

275) 미르치아 엘리아데, 『샤마니즘』, 이윤기 역, 까치글방, 1992년, 178~182쪽.
276) 미르치아 엘리아데, 『샤마니즘』, 이윤기 역, 까치글방, 1992년, 192쪽.

으로 상징되는 것이다. 음은 세분하면 상극 오행이 된다. 이 음과 상극 오행을 담는 사물의 영역은 곧 수단이 지배하는 영역이다. 그리고 공동체 모두가 수단을 사사로이 사용하되 타인에게 피해를 주어서는 안 된다. 따라서 이 수단의 영역은 정의正義가 분명히 세워져야 한다. 그렇지 않으면 그야말로 홉스가 인간의 자연 상태에 대해 "만인의 만인에 대한 투쟁."이라고 말한 짐승들의 세상이 되는 것이다. 이 공동체를 유지하는 정의는 사물의 분배에 있어서 반드시 깨끗함을 필수 불가결의 요건으로 하는 것이다.

즉, 상극 오행은 인간이 자연을 최적화하는 수단을 제시한다. 그리고 공동체 내부의 사물의 영역을 최적화하는 수단이기도 하다.

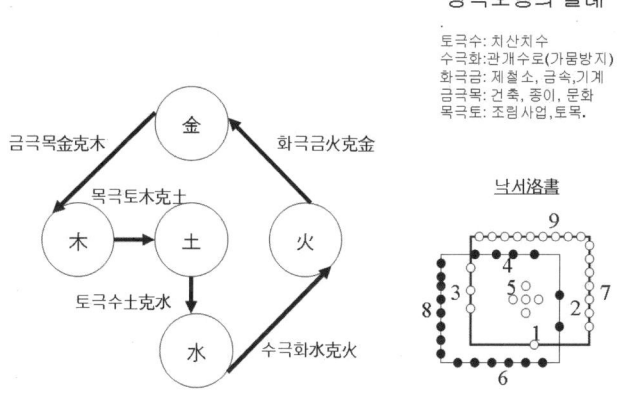

상극오행과 사물의 영역의 최적화

상극오행의 실례

토극수: 치산치수
수극화:관개수로(가뭄방지)
화극금: 제철 소, 금속,기계
금극목: 건축, 종이, 문화
목극토: 조림 사업,토목.

낙서洛書

흙土, 물水, 불火, 쇠金, 나무木의 다섯 가지 영역은 서로가 상극하는 순환을 이룰 수 있다. 즉, 흙이 물을, 물이 불을, 불이 쇠를 쇠가 나무를 상극하는 것이다. 이 순환 원리는 인간이 자연에 존재하면서 도구를 사용하여 인간일 수 있는 불변의 경험적 지식을 얻게 해주는 것이다.

예를 들면 흙을 이용하여 물의 흐름을 인간에게 도움이 되게 바꿀 수 있다(토극수土克水). 물을 사용하여 불을 끌 수 있음으로써 인간의 경험 세계에 불을 사용할 수 있다(수극화水克火). 불의 사용하여 금속을 녹여 인간의 도구로 사용할 수 있다(화극금火克金). 금속을 사용하여 나무를 마음대로 인간이 활용할 수 있다(금극목金克木). 나무를 사용하여 흙을 인간이 마음대로 활용할 수 있다(목극토木克土). 이는 철저히 체계화된 인과율의 법칙을 완전히 순환 원리화한 것이다. 이러한 철저하게 실용적이면서 완전하게 사물의 영역을 지배하는 선험적 원리는 서양 철학과 인도 철학에는 없다.

이것은 간단히 본 것이지만 이 원리는 사회 전체의 생산 체제에 그대로 적용시킬 수 있는 것이다. 즉, 쇠를 얻기 위해서는 그것을 녹이는 불이 필요한 것이다. 나무를 얻기 위해서는 그것을 자르는 쇠가 필요한 것이다. 불을 인간이 사용하기 위해서는 반드시 그것을 끌 수 있는 물부터 준비해야 하는 것이다. 물을 인간이 농사 등에 사용하기 위해서는 그 흐름을 막아서 저장시키기 위한 흙이 필요한 것이다. 어느 시대이든, 과학이 아무리 발달하든 인간이 사는 사물의 영역의 생산 체계에는 이 원리가 반드시 적용된다. 이와 같은 철학적 개념은 사회 전체의 사물의 영역의 생산을 최적화하는 일에 과거나 현재나 미래를 막론하고 반드시 필요하다

③ 자본주의와 사회주의와 정의正義

자본주의와 사회주의는 모두 자연 상태인 사물의 영역에서 논해지는 것이다. 즉, 인간은 수단을 사용하여 자연에서 사물을 최적화한다. 그 수단을 생산 수단이라고 말할 때 그것은 특히 산업 사회에서 문제가 되는 것이다.

이 생산 수단을 개인이 가지면 자본주의이고, 사회가 가지면 사회주의이다. 문제는 그 생산 수단을 개인이 가지든 사회가 가지든 모두 상극의 영역에서 상생의 영역을 부정하고 있다는 말이 된다.

상극의 영역은 사물을 올바르게 생산하고 교환하고 분배하는 정의正義가 필수 불가결의 요건이다. 상생의 영역은 인간의 존엄성을 공감을 통해 보장되는 도덕道德이 필수 불가결의 요건이다.

그런데 자본주의와 사회주의는 모두 도덕의 영역에서 말하는 인간의 존

엄성에 대해서는 관심이 없다.

사람들은 자본주의와 사회주의 중 어느 하나를 택하면 세상이 좋아질 것으로 생각한다. 또는 자본주의가 망하면 사회주의가 될 것으로 생각한다. 그야말로 생각치고는 너무도 순진하고 무지한 생각이며, 농담치고는 너무 재미없고 진부한 농담이다.

사회주의와 자본주의는 무엇보다 먼저 둘 다 이 이데아와 상생의 영역을 부정함으로써 인간의 존엄성과 도덕을 부정하고 있다. 그리고 이들은 모두 코페르니쿠스의 대전환 이후 발생한 자연주의에 바탕하고 있다.

자본주의와 사회주의 둘 중 어느 것을 택해도 그 공동체는 인간의 존엄성과 도덕을 무시한 짐승들이 사는 사회가 되는 것이다.

④ 양陽과 상생 오행과 도덕道德

양陽은 관념의 영역을 상징한다. 인간의 마음과 자연의 에너지 모두 양으로 상징되는 것이다. 양은 세분하면 상생 오행이 된다. 양은 관념의 영역을 상징한다. 인간의 마음과 자연의 에너지 모두 양으로 상징되는 것이다. 양은 세분하면 상생 오행이 된다.

이 양과 상생 오행을 담는 관념의 영역은 곧 목적이 지배하는 영역이다. 그리고 공동체 모두가 목적을 가지고 인간의 존엄성을 추구하되 공동체 모두 통용하는 공감대를 만들 필요가 있다.

따라서 이 목적의 영역은 서로 공감할 수 있는 도덕道德이 분명히 세워질 때 공동체 구성원 모두가 인간의 존엄성을 존중할 수 있게 되는 것이다. 누구나 공감할 수 있는 공동체의 품격을 향상시키는 도덕은 목적의 추구에 있어서 반드시 선함을 필수 불가결의 요건으로 하는 것이다.

인간이 존엄성을 가지고 살아가는 목적을 가지는 것은 인간으로서 가장 근본적인 것이다. 이를 보장하는 자가 곧 도덕道德인 것이다. 도덕은 인간과 인간과의 관계를 최적화함으로써 만들어지고 유지된다. 그것은 인간 개인과 공동체가 공통적으로 공감할 수 있는 인간의 존엄성에 대한 다섯 가지의 테두리를 최적화함으로서 가능하다.

그것이 곧 인仁·의義·예禮·지智·신信이다. 지배자의 지배 수단이 아닌 개인과 공동체 전체의 존엄성을 보장해 주는 도덕의 요체가 바로 이것이다. 이야말로 누구나 공감할 수 있는 인간의 존엄성을 설명한다.

이것이 곧 상생의 원리이며 이를 설명하는 원리가 천부경이 설명하는

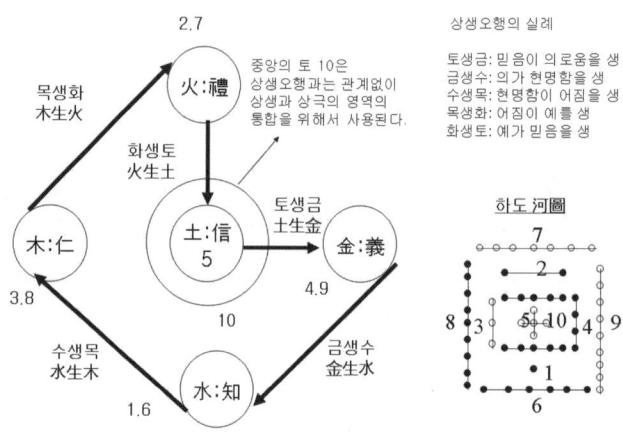

상생오행과 추상의 영역의 최적화

'한의 제1법칙 100＝45＋55'에서 55를 설명하는 용도龍圖, 즉 하도河圖의 원리이다. 이제 이 마음의 법칙인 상생 오행의 법칙은 그림과 같다.

다음은 오행의 법칙을 요약해서 설명한다. 자세한 내용은 『천부경』, 『삼일신고』를 참고 바란다.

1> 흙土

만물은 흙을 중심으로 존재한다. 따라서 이와 같은 흙의 성질을 추상화하면 중앙이 된다. 또한 만물의 존재에 대한 믿음이 된다.

2> 쇠金

쇠는 흙에서 만들어지는 것으로서 흙에서 가장 정련된 것이 응축되어

만들어지는 것이다. 쇠는 인간의 마음에서 형상 지은 것을 그대로 만들어 낼 수 있다. 만물 중에서 이처럼 마땅히 해야 할 일을 그대로 할 수 있는 것은 쇠뿐이다. 우리가 이와 같이 마땅히 해야 할 일을 하는 개념을 의義라고 부른다.

3> 물水

자연 상태에서 물은 높은 곳에서 낮은 곳으로 향하는 성질이 있다. 물이 스스로의 원리를 관철하는 방법은 주어진 여건이 어떠한 것이든 그것을 최대한 활용하여 자신의 의지를 관철하는 지혜이다.

4> 나무木

나무는 작게는 풀에서 크게는 우람한 나무에 이르기까지를 말한다. 그리고 나무는 인간에게 스스로를 희생하여 먹는 것뿐 아니라 옷과 집까지 주어 생명을 유지시켜 주는 직접적인 존재이다. 우리의 마음의 영역에서 이러한 개념을 어질다, 착하다고 말한다. 즉, 인仁이 그것이다.

5> 불火

불은 땅에서 일어나 하늘을 향한다. 사물의 영역에서 불은 인간의 마음의 영역에서는 예禮라고 하는 개념으로 나타난다는 것은 동서고금을 통해 공통이다.

이제 우리는 인간과 대우주의 마음의 영역을 다섯 가지의 개념으로 차이성과 변별성을 확보하는 데 성공했다. 마음의 다섯 가지의 영역은 다음과 같이 긍정성의 법칙으로 최적화된다.

1> 믿음이 마땅히 해야 할 일을 하는 마음을 깨어나게 한다.

　　—신信이 의義를 깨운다(토생금土生金).—

2> 마땅히 해야 할 일을 하는 마음은 지혜를 깨어나게 한다.

　　—의義는 지智를 깨운다(금생수金生水).—

3> 지혜는 착하고 어진 마음을 깨어나게 한다.

　　—지智는 인仁을 깨운다(수생목水生木).—

4> 어진 마음이 서로 존중해 주는 마음을 깨어나게 한다.

　　—인仁이 예禮를 깨운다(목생화木生火).—

5> 서로가 서로를 존중해 줄 때 믿음이 깨어난다.

　　—예禮가 믿음信을 깨워 낸다(화생토火生土).—

이제 인간의 마음에서 다섯 가지의 영역으로 구분된 개념들이 서로가 서로를 깨어나게 하여 활동시키는 무한한 선순환이 일어나게 하는 최적화의 법칙이 설명되었다.

(5) 행복과 혼돈 상태

아리스토텔레스에게 있어서 인간의 행위는 목적을 지향한다. 그리고 그 목적은 최고선인 행복이다. 그런데 그 행복은 스스로 가지고 있는 최고의 능력을 발휘하여 만들어진다. 그리고 인간이 구하고자 하는 최상의 목적은 행복이라고 주장했다. 이 완전한 목적의 대상으로서의 행복은 항상 다른 것을 수단으로 삼을 뿐 어떤 경우에 있어서도 다른 것을 위한 수단이 되지 않는 것이라고 주장했다.

동양의 윤리학도 아리스토텔레스와 다르지 않다. 동중서가 양존음비陽尊陰卑라고 했을 때 양은 목적의 영역이며, 음은 수단의 영역인 것으로서 목적은 존귀하고 수단은 비천하다는 말이 되면서 아리스토텔레스와 다르지 않는 주장을 한 것이 된다.

한사상은 수단과 목적과 행복에 대해 아리스토텔레스와 전혀 다른 차원에서 규정한다. 한사상에서는 수단과 목적이 통합될 때 비로소 행복을 위해 행동할 수 있다. 여기서도 아리스토텔레스의 모순율이 폐지되는 것이다. 수단은 목적을 위해 존재하는 것이 아니며, 목적도 수단을 위해 존재하지 않는다. 행복은 찰나적으로 얻어져 정적으로 존재하는 것이 아니다. 행복은 과정적으로 각각 다른 상태에서 다르게 규정되며 순차적으로 완성도를 더해 가는 것이다.

인간은 선에 도달할 때 살아서 행동하는 인간이 되어 행복의 첫 과정을 이루고, 깨끗함淸에 도달할 때 인간은 의식주를 해결하여 풍요로움을 얻어 행복의 두 번째 과정을 이루고, 후厚함에 도달할 때 인간은 비로소 인간으로 겪는 모든 사건을 최적화함으로써 행복의 세 번째 과정에 이른다.

한의 제1법칙은 인간의 행복의 세 과정을 시작하기 위한 준비 과정이다. 이 준비 과정에서는 아직 행복을 논할 수조차 없다.

다만 선악과 청탁이 분명히 구분되며 이 양극단이 통합될 때 혼돈 상태가 된다는 사실은 분명히 할 필요가 있다. 그리고 45도의 혁명에서는 속임수를 참다운 도덕으로, 폭력을 분명한 정의로, 선전·선동을 강력한 중용으로 전환하지만 혼돈 상태에서는 이 세 영역이 최적화된 상태에서 통합되는 것이다.

① 선악

인간이 인간으로서 존엄성을 목적으로 추구할 때 선이다. 반대로 인간이 인간의 존엄성을 파괴할 때 악이 된다. 이 목적의 영역은 관념의 영역이다. 그러나 최상위 1%를 위한 이원론과 수직적 계층 구조에서는 이 선악론조차도 속임수로 그 내용이 바뀐다.

이원론과 수직적 계층 구조에서는 인간이 인간의 존엄성을 추구하는 것에는 관심도 없다. 그보다는 최상위 1%에 굴복하고, 예속되어 노예가 되는 것이 곧 선이다. 플라톤의 이원론의 바탕이 바로 이것이다.

이 플라톤과 아리스토텔레스의 이원론과 수직적 계층 이론이 유신론이 되면서 신은 선하고 인간은 악하다는 선악론이 성립된다.

동중서는 양존음비가 되어 하늘로 상징되는 양은 존귀하고, 땅으로 상징되는 음은 비천하다는 논리를 주장한 것이다. 계사전의 천존지비가 바로 이것이다.

이 모두는 인간이 존엄성을 추구할 때 선이라는 선의 개념을 최상위 1%에 대한 복종과 굴복, 그리고 노예로 예속될 때 선이 되는 것이다.

② 청탁

서양 철학 전체를 지배해 온 이원론은 만물과 만사를 선악이라는 두 개의 판단 기준을 사용한다. 그런데 이 선악은 인간의 관념의 영역을 지배하는 판단 기준이다. 그런데 사물의 영역에 대해서조차 선악을 기준으로 판단한다는 점에서 서양의 윤리학은 길을 잃어버리게 되는 것이다. 즉, 선악은 도덕을 판단하는 기준이다.

그와 반대로 인간이 생존하기 위한 생존의 영역에서는 의식주를 해결하는 사물이 생사와 직결되는 중요한 문제이다. 이 생사를 결정하는 사물을 바르게 생산하고 분배하고 교환하는 것을 판단하는 기준이 바로 정의이다. 이 인간의 공동체에서 정의가 바르게 서 있는가 아닌가의 판단 기준은 부패했는가 아니면 깨끗한 가이다. 부패했다면 소수가 다수의 생존의 권리를 짓밟고 있는 부정의이고, 깨끗하다면 모두의 생존이 보장되는 공정으로서의 정의가 이루어지고 있는 것이다. 따라서 정의의 판단 기준은 청탁清濁이다.

서양의 선악 이원론은 이 부분에서 이미 되돌아올 수 없는 길을 가 버린 것이다. 여기에도 아리스토텔레스 논리학의 모순론이 독사처럼 숨어 있다. 모든 것을 단 두 가지로 나누고 그 둘 중 하나만 선택하게 만드는 그 사고의 틀이 서양의 윤리학 전체를 미신의 나락으로 떨어뜨린 것이다.

(6) 온힘의 영역과 중용中庸

한사상에서 중용中庸이라함은 사물의 영역과 관념의 영역, 정의의 영역과 도덕의 영역, 선함의 영역과 깨끗함의 영역의 경계면에서 이 양극단을 소통하고 통합하는 영역을 설명하는 말이다.

이 중용으로 설명되는 영역을 온힘의 영역이라고 한다. 이 온힘의 영역이 없다면 양극단은 소통되지 못하고 통합되지 못하여 한사상의 혼돈 상태는 만들어지지 못한다.

이 온힘의 영역, 중용의 영역은 명백하게도 양극단의 경계면에 존재하는 제3자이다. 그리고 이 제3자로서의 온힘과 중용이 양극단을 소통하고 통합하는 역할을 한다.

중용의 영역은 아리스토텔레스의 제3자 배척의 원리인 배중률을 완전히 극복한다. 배중률은 동일한 사상事象을 놓고 그것이 존재하는 것과 존재하지 않는 것과의 중간을 이루는 제3의 가정은 있을 수 없다."277) 는 것이다. 즉, "A는 B이거나 비非 B이거나의 어느 하나"이다(A=B or non B)이다. 이 아리스토텔레스의 논리학은 이로써 이론으로 존재할 뿐 살아서 움직이고 행동하는 생명체에는 적용할 수 없는 이론이 된 것이다.

살아 있는 생명체로서의 인간 개인과 국가와 문명은 한논리학에 의해서 설명이 가능하다는 것은 이제 분명해진 것이다. 양극단을 소통하고 통합하는 제3자로서의 온힘과 중용의 통합적 역할이야말로 한논리학의 핵심인 것이다.

① 동서양의 여러 중용中庸

중용의 영역의 윤리학은 소통·불통과 분리·통합으로 구분한다. 인간의 사물의 영역과 관념의 영역이 소통되지 않고 통합되지 않는다면 그 인간은 생명을 유지할 수 없다. 이는 기업과 국가와 문명도 마찬가지이다.

이 영역을 온힘의 영역이라고 하며 윤리학에서는 중용中庸이라고 한다. 공동체가 서로 하나가 될 수 있도록 내면을 맺어 주는 도덕이 이루어질

---

277) 슈퇴릭히, 『세계철학사』, 임석진 역, 분도출판사, 1988년, 231쪽.

때 그 공동체는 선을 이룬 것이다. 그리고 공동체가 생존을 추구함에 정의로서 평정을 얻을 수 있다면 깨끗함을 얻은 것이다. 그러나 이 선과 청이 하나로 통합되지 않고 분리된다면 모처럼 얻은 선善과 청清은 무의미하게 된다.

한사상의 중용은 아리스토텔레스의 중용, 유교의 중용, 불교의 중도와는 전혀 다른 차원의 중용을 설명한다. 오직 한사상의 중용만이 정의와 도덕이라는 거대한 테두리를 한꺼번에 통찰하여 그 전체의 균형과 조화와 통합을 이루어 낸다.

1) 아리스토텔레스의 중용

아리스토텔레스는,

"중용은 이성에 의해, 실천적 지혜를 가진 사람이 규정한 그런 방식으로 규정된 것이다. 중용은 두 악덕, 즉 지나침에 따른 악덕과 모자람에 따른 악덕 사이의 중용이다."[278]라고 했다. 중용은 이성에 의해 규정된다는 것이다.

아리스토텔레스의 중용은 기하학적 중용이다. 즉, "가령 원의 중심을 잡아내는 것은 누구든 할 수 있는 일이 아니라 아는 사람만 할 수 있듯이, 각각의 경우마다 중간을 잡아내기가 어려운 일이기 때문이다.……중간을 겨냥하는 사람은 먼저 그것에 더 대립적인 것으로부터 멀어져야 한다."[279]

아리스토텔레스의 중용은 다소 복잡스러운 면이 있지만 그가 말한 것처럼 원의 중심점을 세우는 기하학적 중용이다. 또한 그는 모순율과 배중률을 만든 사람이다. 따라서 그의 중용은 그의 모순율과 배중률이 허용하는 범위 내에서의 중용이라는 점에서 한사상의 중용과는 근본적인 차이가 있다. 한사상의 중용은 그의 모순율과 배중률을 극복한 다음 양극단을

---

278) 아리스토텔레스, 『니코마코스 윤리학』, 1107a.
279) 아리스토텔레스, 『니코마코스 윤리학』, 1109a 25~30.

소통하고 통합하는 제3자의 영역을 바로 중용의 영역이라고 부르기 때문이다.

따라서 먼저 한사상의 양극단은 기하학적 양극단이 아니다. 사물의 영역 전체와 관념의 영역 전체가 한사상의 양극단이다. 그리고 이 양극단의 경계면에 존재하는 중용의 영역도 하나의 영역을 가지고 있음으로서 기하학적 중심을 이루는 점과 분명히 구별된다.

따라서 한사상은 관념의 영역과 사물의 영역과 중용의 영역을 하나로 통합하여 혼돈 상태를 만들 수 있다. 한사상의 중용은 플라톤의 이원론과 아리스토텔레스의 논리학을 완전히 극복한 그 위에 존재하는 것이다.

이처럼 한사상과 아리스토텔레스는 동일한 용어인 중용을 사용하지만 그 내용은 전혀 다른 차원의 것을 말하고 있다.

② 불교의 중도中道

불교의 중도中道는 공空이다. 이 공空은 사물의 영역과 관념의 영역을 모두 파괴했을 때 그 중앙에서 출현한다. 즉, 정의의 영역과 도덕의 영역, 선의 영역과 청의 영역 등의 대립을 모두 파괴했을 때 그 중앙에서 공이 출현한다. 나가르주나가 설명한 이 대승불교의 중도는 한사상의 중용과는 정반대의 개념인 것이다.

이 중도는 공空, 중관中觀으로 말해지며 나가르주나가 설명했다. 나가르주나(150-250경)[280]는 '불교의 위대한 학자, 세기적 철학자, 논리학자 그리고 제2의 붓다라고 칭송받는[281]'인물이다. 또 대승불교의 아버지[282], 대승불교의 제1인자[283], 대승의 최초의 논사論師[284], 대승불교 각 종파의 시

---

280) 무르띠, 『불교의 중심 철학』, 김성철 역, 경서원, 1999년, 676쪽.
281) 쟈야데바 싱, 『용수의 마디아마카 철학』, 김석진 역, 민족사, 1987년, 21쪽.
282) 무르띠, 『불교의 중심 철학Central Philosophy of Buddhism』, 김성철 역, 경서원, 1999년, 676쪽.
283) 한정섭, 『불교개설』, 불교통신교육원, 2000년, 344쪽.
284) 길희성, 『인도철학사』, 민음사, 1989년, 137쪽.

원285)으로 말해지기도 한다. 그 사상은,

"중관 교학 전체를 마녀재판으로 요약하면 '연기에 대한 재해석'이라고 할 수 있다. 그래서 경험적으로는 실체가 있는 것 같지만 어떤 것도 실재하지 않는다. 중도中道란 양극단, 즉 긍정적인 견해나 부정적인 견해(sat : 有와 asat : 無) 등 모든 견해를 받아들이지 않는 것이다."286)

나가르주나의 중도는, 즉 긍정적인 견해나 부정적인 견해(sat : 有와 asat : 無) 등 모든 견해를 받아들이지 않는 것이다. 이른바 대립하는 양극성을 모두 파괴하는 것이다.

한사상은 이 대립하는 양극단인 정의와 도덕의 양극성을 제3자인 중용이 소통하고 통합함으로써 혼돈 상태를 만들어 낸다. 그리고 이 혼돈 상태의 중앙에 공적 영역이 발생하며 외부에 사적 영역이 드러난다. 이 공적 영역과 사적 영역의 중심이 곧 '한'이다.

이 한사상의 '한'과 불교의 '공空'은 다른 정도가 아니라 완전하게 정반대의 개념이다. 그동안 이 부분에서 착각을 하는 분들이 적지 않았다.

③ 유교의 중용

유교의 중용을 동중서를 통해 생각해보자. 한서漢書 동중서전董仲舒傳에 의하면 지난 2천 년간 중국을 지배한 중화주의를 세운 동중서의 유교는 관념의 영역의 도덕으로서 인의를 추구하지, 사물의 영역의 이익과 생존법칙은 추구하지 않는다. 이는 목적을 귀하게 여기되 수단은 천하게 생각하는 것이다. 한서 동중서전漢書 董仲舒傳은 이렇게 말한다.

"무릇 어진 사람은 그 올바른 도리를 바르게 할 따름이지 그 이익을 도모하지 않으며, 그 도를 밝힐 따름이지 그 공과를 따지지 않는다. 공자의 문하에서는 5척 동자라 할지라도 오패(五伯)를 일컫기를 부끄러워하였으니,

---

285) 김경재, 『이름 없는 하느님』, 삼인, 2002년, 199쪽(나가르주나, 『中論』, 황산덕 역해, 서문당, 1976년, 25쪽).
286) 무르띠, 『불교의 중심 철학』, 김성철 역, 경서원, 1999년, 37쪽.

속이는 힘을 우선하고 인의를 뒤로 하였기 때문이다.[287]

즉, 동중서의 음양론인 양존음비에서 양은 목적의 영역이며 인의의 영역이고, 음은 수단의 영역이며 이익과 속이는 힘의 영역이다. 동중서는 공자의 문하에서는 춘추 오패를 말하기를 부끄러워했으니 속이는 힘을 부정하고 인의를 추앙했음을 말하고 있다. 동중서의 이 말에서 중화주의의 중용의 윤곽을 한 번에 모두 설명하고 있다.

중화주의 유교의 중용도 인의의 범위 안에 있는 것이지 인의의 범위를 벗어나 있는 다른 것일 수는 없다. 특히 춘추 오패의 속이는 힘과 유교의 중용과는 인연이 전혀 없음은 물론일 것이다. 동중서가 말하는 인의는 곧 도덕의 핵심 원리다. 중화주의의 중용도 이 인의를 중심으로 한 도덕 안에서의 중용인 것이다.

그러나 한사상의 중용은 이와는 다르다. 춘추 오패가 말하는 이익과 속이는 힘이란 곧 사물의 영역 안의 여러 개념 중 하나이다. 사물의 영역은 곧 생존의 영역이다. 이익은 국가 경제의 핵심이다. 어찌 이를 소홀히 하겠는가? 국가 간의 패권을 다투고 생존을 결정짓는 전쟁은 바람직한 것이 아니다. 그러나 현실이 그렇다면 그것에 적응해야 한다.

그리고 전쟁에서 상대방을 속이는 것은 이상한 일이 아니다. 상대방에게 속아 전쟁에 패할 경우 백성들은 적군에게 죽임을 당하거나 노예가 되는 것이 전쟁의 법칙이며 생존 법칙이며 사물의 영역이 설명하는 상극의 법칙이다. 이 법칙을 무시하고서 국가는 생존을 보장받을 수 없는 것이다.

예를 들어 수나라의 수양제가 113만 8천 명의 대군으로 고구려를 쳐들어왔을 때 을지문덕 장군이 우중문을 속여서 평양성까지 유인했다가 수나라 대군을 살수에서 몰살시킴으로써 고구려는 생존할 수 있었다. 한겨레 중 누가 이 속임수를 나쁘다 할 것인가? 이 속임수는 국가와 국민의 생존

---

287) 夫仁人者, 正其誼不謀其利, 明其道不計其功, 是以仲尼之門, 五尺之童羞稱五伯, 爲其先詐力而後仁誼也 『漢書 董仲舒傳』.

을 지키기 위해 절대적으로 필요한 정의였다.

이 속임수는 관념의 영역에서의 선악의 문제가 아니다. 이는 사물의 영역에서의 청탁의 문제일 뿐이다. 인간이 깨끗하면 지혜가 생기고, 지혜가 있을 때 나라의 생존의 영역은 오래가는 것이다. 탁하면 어리석고, 어리석으면 국가와 국민의 생존은 파괴되는 것이다. 물론 경제 분야의 이익도 이와 동일한 청탁의 문제이다.

춘추 오패가 이 이익과 생존의 법칙을 따른 것은 국가가 발생한 이래 모든 국가가 따르는 당연한 지혜로서의 생존 법칙인 것이다. 이 인의와 생존의 법칙은 둘 중에 하나만을 선택하는 이원론의 관계가 아닌 것이다. 바로 여기서 동중서의 문제가 드러나는 것이다.

목적과 수단, 나아가 도덕과 생존 법칙으로서의 정의를 하나로 통합하는 것이 한사상이다. 한사상의 중용은 이 양극단을 소통하고 통합하는 중용이다. 하지만 동중서가 말하는 유교의 경우 이 같은 생존 법칙으로서의 이익과 속임수는 인정할 수 없는 것이다. 그래서 어린아이들조차 춘추 오패를 입에 담기를 부끄러워 한다는 것이다. 그러나 한사상은 이 입에 담기 부끄러운 생존의 영역을 도덕의 영역만큼이나 중요하게 다룬다. 그럼으로써 이 양극단인 수단과 목적, 나아가 정의와 도덕을 하나로 소통하고 통합하는 중용의 영역이 움직일 수 있다. 바로 이 점이 동중서의 중화주의가 생각할 수 있는 중용의 범위와 한사상의 중용의 범위의 차이이다.

④ 한사상의 중용

한사상의 중용은 관념의 영역에서 목적으로 하는 인간의 존엄성을 보장하는 도덕과 사물의 영역에서 수단을 추구하는 생존을 보장하는 정의의 중간에서 어느 한쪽에 치우치지 않는 균형을 이루어 양극단이 하나로 통합될 수 있는 범위로 균형을 이루어 낸다.

즉, 정의만을 추구하되 도덕에 소홀한 경우, 정의가 유지되는 한도 내에서 도덕을 확장해야 한다. 반대로 도덕만을 중요시하되 정의가 소홀히 되는 경우, 도덕이 유지되는 한도 내에서 정의를 확장해야 한다.

이 같은 작업이 가능하려면 먼저 도덕과 정의가 공동체 모두를 위한 것이지 어느 소수를 위한 것이어서는 절대로 안 되는 것이다. 그리고 도덕과 정의를 최적화하는 방법이 어떤 것인지를 알아야 하고 동시에 어떻게 하는 것이 극대화 또는 한계 내에서 극소화하는 방법인지도 알아야 한다. 그래야 이 도덕과 정의를 주어진 상태에 맞게 균형과 조화를 이룰 수 있는 것이다.

또한 이 도덕과 정의는 양극단이지만 서로 소통할 수 있는 방법을 현실에서는 찾을 수 있을 것이다. 서로 소통을 할 수 있을 때 균형도 맞출 수 있기 때문이다.

지금까지 동서양의 철학자들이 정의와 도덕이 양극단인 사물의 영역·관념의 영역, 음·양, 상극 오행·상생 오행을 규정하는 개념인지는 아무도 몰랐다. 따라서 중용이 이 양극단을 소통하고 통합하는 역할을 한다는 것은 아예 생각조차 할 수 없었던 것이다.

소통과 통합의 영역 '중용'

중용 10 : 소통과 통합
생명 과정의 원동력
백점 55 : 하늘,마음
이理, 추상
전체인 100이 '온' 으로서 100=45+55이다. 여기서 45와 55는
하늘/땅, 마음/몸, 이기, 추상/구체 등서로 완전히 다른 영역의 대립이다.
이 양극단의 경계면에는 10이라는 제3의 영역이 존재한다.
이 제3의 영역이 있으므로 전체인 온은 동적인 조직체가 된다.
특히 생명을 가진 모든 조직체는 그 생명의 유무가 곧 10의 유무이다.
흑점 45 : 땅, 몸
기器, 구체
이 제3의 영역이 '중용'이다. 이 '중용' 은 대립하는 쌍방을 소통하고 통합하여 과정을 가지게 한다.

(7) 위대한 신뢰의 영역 중용

수단과 목적, 나아가 사물의 영역의 정의와 관념의 영역의 도덕을 하나로 소통하고 통합하는 영역이 곧 중용이다. 이 영역은 무엇을 바탕으로 이 같은 소통과 통합을 이룰 수 있는가? 그것은 곧 위대한 신뢰이다. 중용이란 바로 이 위대한 신뢰를 바탕으로 할 때 얻어지는 것이다.

위의 그림에서 사물의 영역이 45개의 흑점이고 관념의 영역이 백점 55

이다. 이 백점 55중에서 흑점과 백점의 경계면에 있는 10개의 백점이 바로 중용의 영역이다. 즉, 이론 철학의 온힘이 행동 철학에서는 중용이 된다.

하도 55에서 중앙 토는 5와 10으로 둘이나 된다. 그중에서 5는 하도

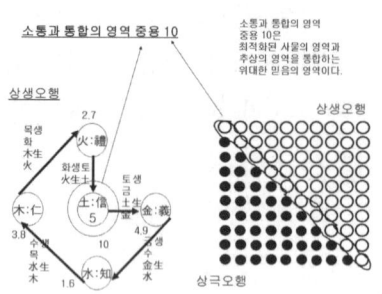

의 중앙이지만 하나 더 있는 또 다른 토 10은 그동안 어디에 쓰는 지 용도를 알지 못했다. 바로 그 10이 음과 양, 그리고 상생 오행과 상극 오행을 하나로 통합하는 중용의 영역이었다. 바로 이 사실을 중국인들은 알지 못해서 음과 양, 그리고 상생 오행과 생극 오행 나아가 하도와 낙서를 통합하여 생각하지 못한 것이다.

마찬가지로 서양인들은 사물의 영역과 관념의 영역의 경계면에 이 양극단을 통합하는 위대한 신뢰의 영역이 있다는 사실을 알지 못했다.

그렇다면 이 위대한 신뢰의 영역은 현실의 인간 공동체에서 어떻게 사용되는 것일까? 이는 인간이 각종 단위에서 생존을 위한 수단과 인간의 존엄성 추구라는 목적을 소통하고 통합할 수 있는 중용이다. 중용이야말로 어떻게 인간이 인간으로 존재할 수 있는가를 규명하는 일이 될 것이다.

① 정보 체계와 기술 체계와 사회 체계

앨빈 토플러는 그의 『제3의 물결』에서 '사회의 기본 구조'를 설명했다. 즉, 그 사회가 자본주의사회이든 사회주의 사회이든 산업사회에서는 반드시 세 가지의 영역이 통합되어 있으며 이 셋 중에서 어느 것도 다른 두 개의 체제 없이는 존재할 수 없다고 주장했다.

즉, 정보 체계와 기술 체계와 사회 체계가 그것이다. 토플러는 정보 체계가 산업 문명을 형성하는 데 결정적이었다고 주장한다. 즉, 신문과 라디

오와 TV, 그리고 영화 등의 미디어가 수백 만 명에게 동일한 메시지를 내보내고 있었다는 것이다. 즉, 이 매스미디어를 통해 "규격화되고 대량생산된 제품은 수백만의 소비자에게 보내진다. 이 어마어마하게 강대한 정보 경로가 체계가 없다면 산업 문명은 형성되지 못했거나 기능을 발휘하지 못했을 것."288)이라고 주장했다.

이렇게 해서 산업 사회는 자본주의나 사회주의를 막론하고 "빈틈없는 정보 체계, 즉 커뮤니케이션 루트가 생겨났고 개인적인 메시지와 대중 상대의 메시지가 이 루트를 통해서 상품과 원료처럼 효율적으로 분배되었다. 이 정보 체계는 기술 체계와 사회 체계와 서로 얽혀 그것들에게 정보를 제공하고 경제적 생산과 개인의 소비 행동을 결부시키는 데 도움을 주었다."289)는 것이다.

여기서 토플러는 세 가지의 체계, 즉 정보 체계와 기술 체계와 사회 체계를 사회의 기본 구조로 설명한 것은 의미심장한 것이다.

즉, "기술 체계는 부富를 낳아 그것을 개인에게 분배했다. 사회 체제는 서로 관계를 갖고 있는 무수한 조직을 통해 개인이 시스템 속에서 맡아야 할 역할을 할당했다. 그리고 시스템 전체가 작동하는 데 필요한 정보를 분배해 주었다."290)는 것이다.

토플러가 사회의 기본 구조로서의 이 세 가지 체계를 통합하여 하나가 된 상태를 말한 것은 놀라운 것이다. 즉, 기술 체계에서 만든 제품을 정보 체계에서 정보 체계인 매스미디어를 통해 사회 체계로 전달하여 소비하게 하는 것이다. 또 사회 체계에 필요로 하는 제품을 정보 체계인 매스미디어를 통해 기술 체계로 전달하여 필요한 제품을 생산하게 하는 것이다.

이 세 가지의 체계가 하나가 되는 상태는 오로지 한철학이 설명하는 한의 제1법칙인 100=45+55에서만 설명이 가능한 것이다. 즉, 혼돈 상태이

288) 앨빈 토플러, 『제3의 물결』, 홍갑순·심정순 역, 동아문예, 1986년, 48쪽.
289) 앨빈 토플러, 『제3의 물결』, 홍갑순·심정순 역, 동아문예, 1986년, 48쪽.
290) 앨빈 토플러, 『제3의 물결』, 홍갑순·심정순 역, 동아문예, 1986년, 48쪽.

다. 그리고 토플러는 알지 못했지만 그가 말한 정보 체계는 이 한의 제1법칙의 핵심 내용인 중용의 영역을 설명하는 것이다. 즉, 이 중용의 영역은 위대한 신뢰의 영역이다. 즉, 토플러는 단순히 정보 체계를 말했지만 그 정보 체계는 신뢰를 확보하는 일이 절대적인 요건이 된다. 즉, 그 정보 체계는 반드시 사물의 영역인 기술 체계와 관념의 영역인 사회 체계를 소통하고 통합할 정도로 높은 신뢰를 가진 것일 때 이 세 가지는 하나가 된다.

그리고 중용의 영역은 소통과 통합의 영역이다. 즉, 토플러가 말한 정보 체계는 단순히 커뮤니케이션의 영역으로서의 소통만이 아니라 양극단을 통합하는 영역이어야 하는 것이다. 만일 이 정보 체계가 누군가의 프로퍼갠더 즉 선전 전략에 의해 악용된 것이라면 그 피해가 사회 전체에 파급되는 것이다. 즉, 토플러가 말한 기술 체계와 사회 체계는 중용의 영역인 정보 체계에 의해 소통될 뿐 아니라 통합된다는 사실이 중요한 것이다.

하지만 토플러는 이 한철학의 원리에 접할 수 없었음에도 불구하고 한의 제1법칙을 설명한 것과 다름이 없었다는 점에서 놀라움을 주기에 충분하다.

그가 30년 전인 1980년대에 『제3의 물결』을 출간했지만 지금에 와서 생각하면 정말로 그가 이룩한 새로운 발견은 그가 정보의 영역을 통해 한철학의 중용의 영역을 설명하고 있었다는 사실이다.

토플러가 말한 이 세 가지 체계가 하나가 되는 사회의 기본 구조는 아리스토텔레스의 논리학의 동일률, 모순율, 배중률에서 벗어난다. 물론 플라톤의 이원론적 사고의 틀도 벗어난다. 그러나 그는 철학자가 아니므로 이러한 철학적 구속에 묶일 필요가 없었다. 그는 현실에서 통용될 수 있는 원리만 설명하면 그만인 것이다.

토플러는 5년간 현장에서 직접 일을 하며 '한의 제1법칙', 즉 혼돈 상태를 발견했다. 즉, 그가 말한 정보화 시대란 곧 한사상의 혼돈 상태를 설명하고 있었다. 바로 여기서 정보화 시대란 혼돈 상태의 다음 상태인 질서 상태로 향하고 있음을 발견할 수 있는 것이다.

즉, 혼돈 상태는 개인과 국가와 문명의 몸과 마음을 하나로 통합된 상태이지만 아직 머리로 생각하여 몸과 마음을 움직이지는 못한다. 현대 문명은 바로 이와 같은 질서 상태로 가고 있는 과도기임을 알 수 있는 것이다.

내가 사우디아라비아의 공사 현장에서 5년 동안 일하면서 처음 시도한 것이 바로 이 혼돈 상태이다. 그와 나는 동일한 혼돈 상태의 원리를 실제적인 작업 현장에서 발견했으며 일한 햇수까지 5년으로 동일하다.

그러나 토플러는 그 혼돈 상태를 더 이상 발전시키지 못하고 그나마도 철학으로 설명 못한 채 멈추었다. 그러나 나는 토플러가 만나지 못한 훨씬 더 큰 행운을 거듭해서 만났다. 즉, 그 뒤에서 설명할 생명의 과정 원리에서 혼돈 상태 다음에 일어나는 질서 상태를 함께 일했던 탁월한 한국인 노동자들이 내 앞에서 보여 준 것이다. 그리고 귀국 후 이 과정 원리를 담은 한겨레의 고유한 경전을 만나 이 원리를 환하게 알 수 있었다. 그리고 이 이론 체계를 신형 에어컨에 적용하는 실험에 성공하게 된다. 이 같은 일련의 사건들은 토플러가 활동한 미국에서는 절대로 일어날 수 없는 일들이었다.

토플러는 그가 발견한 한사상의 원리를 철학적 뒷받침 없이 발표하여 유명해졌지만 정작 그 핵심인 그가 발견한 한사상은 잊혀 갔다. 그리고 지난 30년간 하늘을 찌르는 그 막강한 미국의 국력으로도 그가 발견한 한사상을 철학 체계로 만들지 못하고 그만 사장시켜 버렸다. 미국과 토플러는 손안에 들어온 한사상이라는 파랑새를 그만 놓치고 말았다. 그러나 우리 한겨레의 입장에서 본다면, 하마터면 우리의 조상들이 수천 년 전 창조하고 발전시켜 온 한사상韓思想이 미사상美思想이 되어 버릴 뻔 했던 위험천만한 순간이었던 것이다.

② 수단인 아날로그와 중용인 디지털과 목적인 문화의 통합

아날로그 영역은 사물의 영역 그대로 보이는 것을 저장하고 표현한다. 가령 비디오테이프나 카세트테이프가 그것이다. 이는 토플러가 말한 기술 체계의 영역이다.

디지털 영역은 이 기술 체계의 영역을 숫자인 이진수로 변환하여 디지털 언어로 기록한다. 가령 mp3나 동영상 파일이 그것이다. 이는 토플러가 말한 정보 체계의 영역이다.

이 디지털 언어는 위대한 신뢰를 구축하여 아날로그 영역의 전화나 음악, 영화 등을 이진수로 변환하여 통신과 결합하여 상생의 영역인 가상의 영역과 통합되는 것이다. 그럼으로써 디지털은 상극의 영역의 아날로그와 상생의 가상의 영역으로서의 목적과 문화의 영역을 하나로 통합하여 새로운 제3차 산업혁명을 가능하게 하는 것이다.

나는 언젠가 어떤 신문에서 어떤 분이 이 아날로그의 영역과 디지털 영역을 직접 통합하여 디지로그Digilog라는 새로운 개념으로 새로운 문명을 창조하겠다는 기사를 본 기억이 있다.

그의 말대로라면 아날로그라는 사물의 영역과 디지털이라는 중용의 영역을 통합한다는 말이다. 국가에서는 정의의 영역과 중용의 영역을 통합하는 것이다. 그렇다면 목적의 영역과 도덕의 영역 나아가 문화의 영역은 어디로 사라졌는가?

수단과 목적, 정의와 도덕, 과학과 문화가 중용의 영역으로 하나로 통합된다 해도 이는 겨우 혼돈 상태에 불과하다. 아직 머리로 생각하고 몸과 마음을 움직이는 질서 상태에도 미치지 못한 것이다. 그리고 이를 주장하기 위해서는 새로운 논리학부터 제시해야 하는 것이다.

그런데 단지 디지로그Digilog로 새로운 문명을 창조한다고 한다. 어째서 이처럼 1980년대에 나온 토플러의 세 가지 영역의 통합 수준에도 미치지 못하는 이론을 이 시대에 주장하는 것일까?

기술 체계와 정보 체계는 사회 체계와 통합할 때 하나의 전체가 된다. 이 중 하나만 모자라도 아무런 효과가 없다. 한철학과 한사상에서도 마찬가지이다. 구체적인 사물의 영역과 추상적인 관념의 영역과 이를 소통하고 통합하는 중용의 영역이 하나로 통합되지 못한다면 이루어질 수 있는 것은 아무것도 없는 것이다.

따라서 아날로그의 영역은 기술 체계이며 구체적인 사물의 영역이다. 디지털 영역은 정보 체계이며, 소통과 통합을 담당하는 중용의 영역이다. 그리고 이 두 가지는 사회 체계이며, 추상적인 관념의 영역이 구비되지 않으면 아무런 소용이 없는 것이다.

특히 디지털 영역이 의미하는 중용의 영역은 인간과 국가가 양극단이 통합된 존재로서 활동할 수 있게 해주는 근원적인 영역이다.

이 영역은 수단의 영역과 목적의 영역을 소통시켜 주고 통합해 주며, 국가에게는 정의와 도덕의 영역을 소통시켜 주고 통합해 준다. 그럼으로써 생명의 과정을 시작할 수 있는 것이다.

중용의 영역은 이외에도 많은 예를 들어 설명할 수 있지만 이 책에서는 이 정도로 하기로 하자.

31. 질서 상태─한의 제2법칙 100 = 36+64

행동 100=공적 영역 36+사적 영역 64

모든 인간은 머리로 생각하여 몸과 마음이 하나가 되어 자기 조직화함으로써 행동을 한다. 공동체와 국가 또한 마찬가지이다. 머리는 공적 영역이고 몸과 마음은 사적 영역이다. 자기 조직화를 위해서는 먼저 몸과 마음이 하나로 통합되어야 한다. 또한 수단과 목적이 통합되어야 한다. 공동체에서는 정의와 도덕이 통합되어야 한다.

우리는 혼돈 상태에서 이 같은 통합이 이루어짐을 보았다. 그러나 이 혼돈 상태만으로는 인간이 자유롭게 행동을 할 수 없다. 인간이 자유롭게 행동하기 위해서는 머리가 활성화되어 그 머리로 몸과 마음을 움직일 수 있어야만 한다.

머리 안에서 지성은 몸의 중심이 되고, 이성은 마음의 중심이 되고, 인간성은 몸과 마음 전체의 중심이 되어야 한다. 그럼으로써 인간은 행동을 함으로써 생존을 위한 의지와 존엄성을 위한 자유와 행복을 위한 인간성을 발휘할 수 있다. 즉, 정보화 시대를 이어 출현하는 시대는 바로 이 질서 상태가 설명하는 인간성의 시대임을 알 수 있는 것이다.

동양 철학에는 용어만 있지 내용은 한사상과는 다른 것이지만 그 용어로 말하자면 머리는 태극이며, 이 태극을 4방향에서 보면 사상四象이고 그 중심을 합하면 오가五加이며, 여덟 방향에서 보면 팔괘八卦이며, 의미를 부여하면 팔강령八綱領이다. 이 머리인 태극에 의해 움직이는 몸과 마음은 64괘이다.

이것이 질서 상태이며, '한의 제2법칙 100=36+64'로 설명된다. 한사상이 질서 상태에 이르면 더 이상 동서고금의 철학과 비교할 대상조차 없어진다.

그러나 자연 상태에는 이 질서 상태를 쉽게 볼 수 있다. 우리가 눈으로 보는 태풍에는 태풍의 눈이 있고 그 주변에 고요한 영역이 있고 외부에 맹렬히 움직이는 영역이 있다. 성운도 마찬지로 중앙에 고요한 영역이 있고 외부에 맹렬히 움직이는 영역이 있다. 인간의 경우 움직이지 않는 머리를 중심으로 몸과 마음의 통합체가 움직이고 있다.

바로 이 원리야말로 생명체 행동 원리의 핵심이다. 모든 살아 있는 생명체의 자기 조직화와 그에 따른 행동 원리가 바로 한사상의 질서 상태서 설명되는 것이다.

이와 같은 개인과 국가의 행동 원리와 지금까지 플라톤과 동중서가 보여준 이원론과 수직적 계층 구조로서의 1과 99의 행동의 틀은 더 이상 비교의 대상이 아니다.

말하자면 플라톤과 동중서는 인간의 개인과 가정과 국가와 문명이 스스로 자기 조직화를 스스로 파괴하여 행동하지 못하게 하고 최상위 1%의 지시에만 의존하도록 철학을 설계했다. 이는 인간을 절대로 움직이지 못하게 발에 쇠사슬을 채워 꽁꽁 묶어 결박해 둔 것과 같다.

그러나 한사상의 질서 상태 개인과 가정과 국가와 문명이 스스로 자기 조직화하여 생각하고 스스로 행동할 수 있는 진정한 자율이 이루어질 수 있도록 설계되어 있다. 우리가 살고 있는 자본주의가 가지는 문제의 핵심에 대해 스티글리츠는 이른바 '스티글리츠 보고서'에서 다음과 같이 말한다.

> 대공황에서 얻은 가장 중요한 교훈 중 하나는 시장이 자율 조정 능력이 없다는 것과 함께, 경제를 회복하고 완전고용을 복원하기 위해서는 거시 경제적 차원에서 정부 간섭이 요구된다는 사실이다. 대공황 이후에 여러 국가들은 총수요를 안정시키는 기제를 제공했고, 경제적 불안정을 완화시키기 위해 국가의 재량을 발휘할 수 있는 정책 틀을 실행했다. 하지만 대공황은 물론 그 이전에 있던 공황과 위기에 대한 기억들은 서서히 우리들의 기억 속에서 사라졌고, 시장이 본질적으로 자동 안정화 기능을 가지고 있다는 맹신으로 회귀했다.[291]

스티글리츠 보고서가 하려는 말은 시장은 자동 안정화 기능이 없다는 사실이 이미 지난번 대공황에서 드러났다는 것이다. 그리고 대공황에서 얻은 가장 중요한 교훈 중 하나는 시장이 자율 조정 능력이 없다는 것과 함

---

291) 스티글리츠 보고서, 『조지프 스티글리츠—세계 통화와 금융 체제 개혁을 위한 유엔총회 전문가 위원회』, 박형준 역, 도서출판 동녘, 2010년, 76쪽.

께, 경제를 회복하고 완전고용을 복원하기 위해서는 거시 경제적 차원에서 정부 간섭이 요구된다는 사실이다.

문제는 정부와 시장이 어떤 관계를 가져야 하는지에 대해 누구도 설명한 바가 없다는 사실이다. 스티글리츠가 말하는 시장이 본질적으로 자동 안정화 기능을 가지고 있다는 맹신은 바로 애덤 스미스가 말하는 '보이지 않는 손'에 대한 미신이다.

그러나 사실 애덤 스미스는 『도덕 감정론』에서 대단히 균형 있는 윤리학을 내세웠다. 그는 동감과 정의가 바로 선 다음 공정한 관찰자가 이를 조절하고 그 바탕 위에서 보이지 않는 손이 작동할 것으로 설명했다.

그러나 그의 제자들은 스승의 놀라울 만큼 탁월한 철학을 조금도 이해하지 못했다. 그의 제자들은 스승이 말한 다른 모든 이론을 무시하고 오직 '보이지 않는 손'만을 주장한 것이다. 이는 '속임수와 폭력의 지배 법칙 $1=100-99$'이다. 그러나 애덤 스미스는 한사상의 혼돈 상태에 근접하고 있었다. 스승과 제자 사이에는 엄청난 철학적 격차가 있다. 이 철학적 격차가 자본주의를 천박하게 만들고 망하게 만드는 직접적인 원인인 것이다.

물론 애덤 스미스는 한사상의 혼돈 상태에 어느 정도 접근하고 있을 뿐이며 질서 상태까지는 설명하지 못한다. 그러나 정부와 시장의 문제는 질서 상태가 아니면 조절이 불가능한 것이다.

정부와 시장이 균형과 조화를 이루려면 정부는 공적 영역으로서의 머리가 되고 시장은 사적 영역으로서의 몸과 마음의 통합체가 되어야 한다. 바로 이 상태가 '한의 제2법칙 $100=36+64$'로 설명되는 상태이다.

나는 이 질서 상태 이론 체계를 사우디아라비아의 공사 현장에서 발견하고, 한겨레의 경전으로 증명하고, 실험으로 증명하는 과정 그 자체로 설명할 것이다. 왜냐하면 질서 상태 이해하기에 이보다 나은 다른 적당한 방법을 아직 찾지 못했기 때문이다.

(1) 질서 상태 발견—사우디아라비아의 공사 현장에서

나는 1981~1885년까지 사우디아라비아의 공사 현장에서 토목 기술자로 일했다. 사람들은 70~80년대 중동의 기적이 당시의 정치가나 몇몇 재벌 회사의 경영주들이 잘해서 이루어진 것을 생각한다. 그러나 직접 경험한 나로서는 생각이 다르다. 중동의 기적은 한국 노동자들이 만들어 낸 기적이다.

정치가나 자본가는 어느 나라나 똑같다. 기술자도 마찬가지다. 어느 나라의 공과대학이나 한국의 공과대학과 같은 것을 가르친다. 기술자는 세계 공통으로 차이가 없다. 그렇다면 우리가 다른 나라와 경쟁에서 이길 수 있었던 원인은 한국의 노동자들의 힘이었다는 간단한 결론을 얻을 수 있다.

나는 현장에서 다른 나라의 공사 현장의 노동자들과 우리나라의 노동자들의 작업 과정을 유심히 비교해 본 적이 있다. 다른 나라의 노동자들 특히 유럽의 노동자들은 개인들이 마치 기계 부속품처럼 일한다. 그러나 유독 우리나라의 노동자들은 개인이 아니라 조직 전체가 일을 한다.

따라서 우리나라 노동자들은 조직이 망가지면 모든 것이 망가지는 것이다. 대신 조직이 살아나면 못할 것이 없는 역동성을 보여 준다. 이 역동성이 내가 말하는 한사상의 핵심이다. 스스로 자기 조직화하여 만들어 내는 이 역동성은 한겨레의 중요한 특성으로 보인다.

사우디아라비아의 공사 현장에서 발견한 것은 공동체가 스스로 자기 조직화하여 만들어 내는 한사상의 생명의 과정 전체이다. 그중 질서 상태만 따로 설명하기는 어려우므로 그곳에서 발견한 가능 상태와 혼돈 상태와 질서 상태 간략하게나마 모두 한꺼번에 설명하도록 하겠다.

① 가능 상태
내가 사우디아라비아에서 한사상이라는 진리를 퍼 올리기 위해서는 한

253

바가지의 마중물 역할을 할 이론 체계가 필요했다. 그 마중물 역할은 그 현장에 가기 전 10여 년간 탐독한 중국의 춘추전국 시대의 역사소설인 열국지列國志292)였다. 열국지列國志는 중국 춘추전국 시대 550년간 존재했던 인물들이 남긴 세상을 사는 방법론에 대한 데이터베이스이다. 그리고 이 책을 읽으면 춘추전국 시대를 움직인 등장인물들 중 가장 특출한 인물들인 제자백가들이 남긴 저서들과 동양 철학의 핵심인 역경易經이 무엇인지 읽지 않고서는 궁금해서 못 견딘다. 따라서 나는 구할 수 있는 모든 제자백가의 책들을 구해서 읽었다.

나는 그 후 어디에 있든지 늘 이 책들을 가장 가까운 곳에 놓고 읽었다. 그리고 당시로서는 이 책들에서 얻은 지식을 진리라고 믿어 왔다.

나는 이 마중물 지식을 실제로 현실에서 사용할 수 있는 기회를 사우디아라비아의 현장에서 얻은 것이다. 이로써 그 건설 현장은 사라진 우리 한겨레 공동체 한사상이 되살아나기 위한 철학적 실험실이기도 했던 것이다.

나는 1980년 진흥기업의 플랜트 사업 본부의 엔지니어링 사업부에 입사하여 1981년 해외 현장에 파견되었다. 1983년 사우디아라비아의 서남쪽 외진 지방에서 벌어진 진흥기업進興企業293)의 건설 현장은 어려운 상황을 맞고 있었다. 당시 나는 현장의 토목 사원이었다. 우리 회사는 외국인 컨설턴트회사의 감독을 받고 있었고, 그들은 공사의 발주자인 사우디아라비아 당국을 위해 일하고 있었다.

내가 부임하기 전 토목 부서의 책임자는 공사 도중에 귀국하여 돌아오

---

292) 열국지列國志는 역사에서 춘추전국 시대로 말하는 동주 시대 550여 년 동안 중국의 역사를 소설 형태로 만들어진 책이다. 이 책을 번역한 김구용 선생은 이 책이 작자 미상이라고 말하고 있다. 열국지는 춘추전국 시대의 역사를 그대로 전하면서도 탁월한 문장력으로 흥미진진하게 만든 책이다. 춘추전국 시대를 움직였던 수많은 인물들의 성공과 실패의 인간사를 멋지게 데이터베이스화하고 있다. 나는 김구용 선생이 1965년에 번역한 다섯 권짜리 책을 읽었다.

293) 진흥기업進興企業은 역사가 오래된 건설 회사로서 당시 해외 플랜트 건설에 대해 일반에서는 그 개념조차 모를 때 우리나라에서 가장 광범위하고 적극적으로 해외 현장을 개척한 건설 회사 중 하나였다.

254

지 않았다. 또 그 다음 서열의 책임자는 내가 부임한 지 석 달도 안 돼 현장의 여러 가지 문제로 귀국했다. 공사 과정의 누적된 많은 문제들이 결국 두 전임 책임자들의 인사 문제와 함께 불거져 공사 현장은 생명력을 거의 다 잃고 있었다.

이 전임 책임자 분들은 모두 현장 경험이 10년 이상이었지만, 나는 현장 경험이 겨우 2년도 채 안 된 일반 평사원으로서 현장의 책임을 맡을 입장이 전혀 아니었다. 따라서 나는 다음 책임자가 올 때까지 한두 달 정도까지만 임시로 책임자가 되었다. 그러나 불과 한 달 남짓 동안에 정식 책임자로 인정받을 수 있었고 공사를 종결짓고 귀국할 수 있었다.

이 현장은 보는 사람에 따라 위기 상태에 빠진 문제 현장일 수 있다. 그러나 한사상적 관점에서는 앞으로 성공적으로 공사를 진행하고 마칠 수 있는 전체 과정에서 잠시 휴식을 취하는 가능 상태로 간주될 수 있다. 내가 볼 때는 그 현장은 무한한 가능성을 가진 가능 상태였다.

회사는 현장의 기능공들에게 임금을 정확하게 지불하고 있었고, 인력과 공사 장비도 충분했으며, 공사 자재도 원활하게 공급되었다. 공사 현장은 생명력을 잃은 무질서 상태가 전혀 아니었다.

나는 거의 정지 상태에 있었던 현장에 생명을 불어넣기 위한 혁신적인 방법론을 모색했다. 이 과정에서 나는 그동안 늘 곁에 두고 읽었던 열국지에서 등장하는 수많은 인물들 중에서 가장 탁월한 인물로 생각하던 상앙商鞅의 법가 이론法家理論과 오기吳起의 병가이론兵家理論을 사용하기로 결심했다.

이 방법은 상앙의 법가 이론으로 현장의 정의正義를 바로 세우고, 오자의 병가 이론으로 현장의 도덕道德을 바로 세워 하나로 통합하는 방법이었다.

나는 먼저 주어진 진흥기업의 카미스무샤트 현장이 성공할 수 있는 가능 상태라고 보았다. 그리고 이 상앙과 오기의 방법론을 사용하겠다고 결심했다. 그리고 이를 행동으로 옮기기 위해 필요한 인적 구성을 개혁할 계획을 세웠다. 이로써 나는 혼돈 상태로 혁신할 준비가 된 것이다.

물론 지금 나보고 당시 1983년으로 다시 돌아가라고 한다면 현장의 300명의 동료 일꾼들에게 한사상에 대해 충분히 학습을 시킬 것이다. 그러나 당시에 나는 내 자신부터 한사상이 무엇인지 전혀 몰랐다.

당시 나에게 주어진 현장은 작업 중장비들이 멈추어 있었고 작업자들은 거의 일을 하지 않는 상태로서 현장의 역동성과 속도가 거의 다 사라진 상태였다. 현장의 가장 큰 문제는 작업자들을 통솔하는 문제였다. 나의 토목 현장은 늘 인원이 변동되지만 대체로 한두 명의 반장과 10명 정도의 조장들로 이루어져 보통 2~300명 정도의 기능공들과 온갖 종류의 중장비들로 움직이고 있었다.

내가 인수받은 기존의 조직의 반장과 조장들 중에는 간부로서 남보다 앞장서서 땀 흘려 일해야 한다는 관념이 없어 보이는 사람들이 적지 않게 있었다. 그들은 단지 현장 책임자와 현장 기능공들의 중간에서 서로의 의사소통을 중계하는 위치에 있을 뿐이었다.

그들은 오로지 자신의 직책을 유지하며 최대한 권한을 행사하되 아무런 책임을 지지 않으면서 서로에게 욕먹지 않으면서 운신하기 위해 모든 노력을 하는 모습이 나에게 관찰되었다. 이들은 이른바 무책임하되 약은 사람들이며 또한 좋은 사람으로 위장한 무능한 사람들로 판단되었다. 이는 정의와 도덕과 중용을 파괴하는 최악의 인적 구성이었다.

동서고금을 통해 인간 사회의 어느 곳에서든 그 조직의 대소와 상관없이 무책임하고 무능하며 교활한 중간 지도자의 밑에서 온 힘을 다해 피와 땀과 눈물을 흘릴 일꾼은 아무도 없는 것이다. 어느 누구든 자신의 소중한 피와 땀과 눈물을 도둑맞고 싶어 할 사람은 한 사람도 없기 때문이다. 이런 부정의不正義한 사람들이 존재하는 조직에서는 역동성이 나타날 수 없다. 조직을 살아서 움직이게 하는 소통과 통합의 영역이라는 소중한 생명력을 이들이 사유화하여 그것으로 자신의 배를 채우고 자신의 지위를 유지하고 있기 때문에 정작 조직을 운영할 생명력은 존재할 수 없는 것이다.

이들이 책임져야 할 영역을 책임지지 않는다면 그 모든 책임은 당연히 책임자인 나에게 돌아오게 되어 있다. 공사 책임자마저 책임을 지지 못하면 그 책임은 회사의 사장이 지게 되는 것이다. 사장마저 책임을 지지 못하면 주주가 그 책임을 지게 되는 것이다.

따라서 나에게 그들 일부 중간 간부들은 분명히 존재하지만 필요할 때는 전혀 존재하지 않는 유령과 같은 존재였다. 따라서 그들은 누가 그들의 상관이 되었든 그를 하루아침에 허수아비로 만들 것이 명약관화했다.

그리고 또 하나의 문제는 외국인 감독관과의 소통 문제였다. 한국인 기술자들 중에는 그들과 소통이 잘 이루어지지 않는 경우가 종종 있었다. 외국어의 문제도 있었지만 그보다 더 근본적인 문제는 작업 과정에서 반드시 공유해야 할 정보를 의도적으로 속이거나 숨김으로써 정보의 소통이 이루어지지 않는 가운데서 오는 불신이 감정싸움으로까지 비화하며 발생한다. 이것은 외국어를 잘하고 못하고의 문제가 아니라 도덕의 문제였다.

이 두 가지 문제로 공사는 역동성과 속도를 잃고 거의 정지 상태에 있었다. 또 일을 한다 해도 명령 체계가 무너진 상태라 조직력이 사라져 공사 현장의 작업자들과 중장비들은 할 일을 하지 못하고 여기저기에 멈추어서서 놀고 있었다. 그리고 상상력과 판단력과 통찰력이 작용하지 못함으로써 그나마 해낸 일도 잘못해서 재작업을 하는 경우가 많았다.

이 같은 가능 상태에서 별다른 준비도 없이 혼돈 상태로 넘어갔다.

② 혼돈 상태

나는 주어진 현장에서 상앙의 법가 이론과 오자의 병가 이론이라는 두 가지 방법을 동시에 이중적으로 사용했다. 즉, 상앙의 정의와 오자와 모택동의 도덕, 그리고 중용을 한꺼번에 사용한 것이다.

이는 아리스토텔레스의 모순율과 배중률을 한꺼번에 폐기하고 그 위에 한사상의 혼돈 상태를 활성화시킨 것이다. 나는 현장을 인수하자마자 즉시 상앙의 방법론과 오자의 방법론을 동시에 사용하였다.

1) 수단의 최적화와 정의正義의 확립—상앙의 방법론의 실행

하나의 생명체로서의 작업 공동체인 현장은 먼저 생존이 바탕이 되어야 한다. 현장이 생존할 수 있기 위해서는 공사의 하나하나를 성공시켜 그것을 돈으로 환산시킬 수 있어야 한다.

그렇기 위해서 먼저 작업 공동체는 분명한 명령 체계가 서야 하고, 작업은 효율적이고, 작업에 있어서 불로소득을 하는 사람들이 없는 정의로운 현장이 되어야 한다.

상앙은 중국의 춘추전국 시대의 위나라 출신으로 흔히 상군商君으로 불리며 당시 중국 대륙에서는 변방의 나라에 지나지 않는 진秦나라에서 벼슬을 하여 20년 만에 진나라를 강대국으로 만든다. 그리고 결국 진시황이 천하를 통일하는 데 가장 큰 바탕을 마련한 인물이다.

상앙의 법가 이론의 장점은 사회의 구체적인 영역을 철저한 명령 체계로 장악하는 것이다. 상앙은 서양의 유물론적이며 성악설적인 철학자 홉스와 마키아벨리를 능가하는 깊이와 철저성을 가졌다. 이는 또한 오늘날 경영에서 말하는 권위적 리더이다. 그는 이렇게 말한다.

"잘 다스려지는 나라는 형벌이 많고 상이 적다. 그래서 천하의 제왕이 된 사람은 형벌이 9할이고 상이 1할이다. 혼란한 나라는 상이 9할이고 형벌이 1할이다.294)—개색開塞—"

상앙은 산업과 전쟁, 즉 농전農戰을 국가의 부국강병책의 근본으로 삼고 강력한 법으로 뒷받침했다. 즉, 모든 백성들이 목숨으로 바쳐 농업과 전쟁에만 힘쓰게 만들었다. 그는 농업과 전쟁을 통하지 않고는 그 어떤 관직도

---

294) 상앙, 『상군서商君書』, 장형근 역, 살림출판사, 2005년, 214쪽.

얻지 못하게 했다. 그는 이렇게 말했다.

"군주가 내려 주는 이익이 오직 한길을 통해서만 나온다는 것을 백성들이 알면 그 한 가지 일만 할 것이다. 한 가지 일, 즉 농전農戰에만 종사하면 백성들은 안일을 탐내지 않게 된다. 백성들이 안일과 음란을 탐하지 않으면 힘이 증강된다. 힘이 증강되면 그 국가는 강해진다.295)—농전農戰—

나는 바로 이 상앙의 방법으로 사물의 영역에서 정의를 확립하려고 했다.

a) 명령 체계의 수립

나는 현장을 인수하자마자 먼저 작업자들 중 가장 높은 총반장에게 작업 지시를 내렸다. 그러나 총반장은 나의 작업 지시를 지키지 못했다. 그리고 여러 가지 핑계를 대었다. 그는 내가 내리는 작업 지시를 수행할 만큼 그의 아래에 있는 조장들과 작업자들을 장악하지 못하고 있음이 분명한 것이었다. 그날 작업 회의에서 나는 그가 작업을 못 마쳤다는 보고를 듣고 그 자리에서 그를 해임시켰다.

작업 회의에 참여했던 조장들은 상상도 못한 일에 귀를 의심했지만 나는 같은 말을 두 번 하지 않았다. 나가 토목 팀 전원에게 요구한 것은 그들 중 한 사람도 빠짐없이 자기 일에 대해 전적으로 책임지는 책임자가 되는 것이었다. 현장에는 나를 포함하여 단 한 명의 관리자도 필요하지 않았다.

나는 그 자리에서 조장들에게 여러 가지 작업 지시를 내렸다. 그리고 다음 작업 회의에서 작업 지시를 지키지 못한 조장들의 보고를 듣는 순간 그 자리에서 그들을 해임시켰다. 자신의 조원들을 장악하여 나의 작업 지시를 책임지고 수행할 능력이 없는 조장들은 전원 해임시켰다.

그리고 한편으로는 새로운 총반장을 임명했다. 그 인사는 아무도 상상하지 못한 매우 파격적인 것이었다. 즉, 군대로 말하자면 일반 사병을 하루 아침에 대대大隊의 주임상사로 임명하는 식이었다. 아무런 직책을 가지지 않은 일반 기능공을 하루아침에 총반장으로 임명했다.

---

295) 상앙, 『상군서商君書』, 장형근 역, 살림출판사, 2005년, 158쪽.

그는 어느 날 자고 일어나니 갑자기 급여가 대폭적으로 뛰었고 상상도 못한 막강한 권력을 쥐게 되었다. 그러나 나의 현장의 작업자들 중 그가 그만한 실력이 있다는 사실을 모르는 사람은 단 한 사람도 없었다. 그의 실력을 모르는 사람들은 오로지 현장 사무실의 책상 앞에 앉아 있는 직원들뿐이었다.

b) 불로소득 없는 정의正義로운 현장

총반장은 이미 오래전부터 현장의 일꾼들을 사실상 실력으로 장악하고 있었지만, 전임 토목 책임자들은 그를 알아보지 못했다. 기존의 무능력한 반장과 조장들은 직원들이 알지 못하게 뒤에서 그의 능력을 철저히 이용했을 뿐이었다. 그를 총반장으로 임명한 것은 일을 해낼 능력이 있는 사람이 그를 둘러싸고 있는 교활한 사람들에게서 더 이상 이용당하며 마음 고생하지 않고 소신껏, 그리고 능력껏 일을 할 수 있도록 직접 일을 맡긴 것뿐이었다.

그와 의논해서 내가 뽑은 조장들은 그와 비슷하게 모두 실력 있고 일에 미친 사람들뿐이었다. 그들은 스스로의 실력과 의욕으로 자신의 조원들을 완전히 장악할 수 있었다.

이제 나를 포함하여 토목 팀 전체는 현장에서 자신의 맡은 바 임무에 최선을 다하여 좋은 결과를 보여 주지 못한다면 자기 것이 될 수 있는 것이 아무것도 없다는 사실을 분명히 알게 되었다. 이제 교묘한 말재간으로 일꾼들이 열심히 일하며 흘린 피와 땀과 눈물을 중간에서 가로채 힘 안 들이고 자신의 것으로 만들려는 교활한 중간 간부는 팀에서 단 한 사람도 없게 되었다. 이제 현장에서 정의正義가 살아난 것이다.

이제부터는 자기가 아니면 그 일이 안된다고 주장하거나, 자신이 현장 일에 크게 기여하고 있다는 주장하기 위해서는 말이나 태도가 아니라 일의 결과로 증명해야만 하게 된 것이다. 아무리 작은 것도 말이나 태도가 아니라 피와 땀과 눈물을 통해서 자기 일에 책임을 질 때만이 얻을 수 있다는 것이 우리의 상식이 된 것이다.

c) 효율적인 작업

이제 현장은 그들 반장과 조장들이 앞장서서 미친 듯이 일하고 나머지 작업자들은 좋든 싫든 그들의 뒤를 따르는 상황이 되었다. 이제 내가 내리는 작업 지시에 대해서는 그 누구도 거부하거나 불평하는 사람이 없게 되었다. 내가 내리는 작업 지시는 즉각적으로 모든 일꾼들에게 가감 없이 전달되었다.

아무리 훌륭한 인적 자원과 시설과 장비를 가지고 있는 조직이라 해도 명령 체계가 흔들린다면 그 조직은 단숨에 오합지졸이 되는 것이다. 오합지졸로 해낼 수 있는 일은 이 세상에 아무것도 없다. 명령 체계야말로 조직체에 존재하는 가장 소중한 보물인 것이다.

나의 작업 지시는 작업자들에게 그것이 어떤 작업 지시이든 절대로 번복되지 않는 것으로 인식돼 아무런 의심 없이 받아들여졌다. 그리고 작업 지시는 무슨 일이 있더라도 반드시 시행되었다.

2) 목적의 최적화와 도덕道德의 확립—오자의 방법론의 실행

작업 공동체도 인간이 모인 공동체이다. 어떤 공동체이든 그 공동체는 인간으로서 존엄성을 추구하는 목적을 가진다. 즉, 어려운 환경 속에서 피와 땀과 눈물을 흘려가며 일을 하여 돈을 버는 이유는 인간답게 살기 위한 목적이 있기 때문이다. 이 목적을 보장하는 자가 도덕이다. 만일 작업 공동체가 이 목적을 잃고 도덕이 무너지면 작업 공동체는 이미 행동을 할 동력을 잃게 되는 것이다.

나는 현장에서 도덕의 영역을 만드는 일에 오자의 방법론을 사용하였다. 전해지는 여러 병법서296)들 중 유일하게 오자병법吳子兵法의 저자 오기吳起

---

296) 병법서에는 병법칠서兵法七書와 비서삼종秘書三種이 있다. 병법칠서兵法七書 : 손자孫子, 오자吳子, 사마법司馬法, 위료자尉료子, 육도六韜, 삼략三略, 이위공문대李衛公問對.

만은 인간이 인간다운 존귀함을 목적으로 살 수 있게 해주는 도덕道德의 원리로 전쟁을 이길 수 있다고 주장했고, 실제로 그는 살아 있는 동안 그가 지휘한 모든 전쟁에서 이 도덕을 바탕으로 한 병법으로 승리했다. 그는 전쟁의 천재天才라고 할 수 있는 유일한 인물인 것이다.

그는 모든 장병들의 마음을 장악하여 자발적으로 목숨을 버리며 싸우게 한 것이다. 바로 이점에서 수많은 사람들이 죽고 다치는 전쟁을 예술로 승화시킨 것이라 해도 그다지 틀린 말은 아닐 것이다.

오자병법의 치병治兵297)편에 오자의 이와 같은 핵심 사상이 부자지병父子之兵이라는 말로 잘 설명되고 있다.

"장군과 사병이 안위를 함께 하고, 하나로 굳게 뭉쳐 흩어지는 일이 없으며, 싸움터에서 피로를 느끼지 않고, 어떤 처지에 놓이든지 천하에 이를 대항할 자가 없는 군사를 가리켜 부자지병이라고 할 수 있습니다."298)

그는 전쟁터에 나간 일국의 야전군 총사령관이면서 전쟁터에서 병사들과 같은 옷을 입고, 같은 식사를 하며, 같은 곳에서 잠을 자며, 행군할 때도 말을 타지 않고 함께 걸었으며, 같은 장비와 군량미를 등에 짊어졌다. 그리고 병사들이 힘들어 하면 그 짐을 대신 짊어졌다. 또 병사들 중 상처가 곪으면 총사령관인 그가 친히 그 상처의 고름을 입을 빨아 고름을 없애며 치료를 해주었다. 그에게 전쟁터란 마치 인간을 인간답게 대우함으로써 인간의 존엄성을 추구하는 도덕의 현장과도 같다.

국가의 존망을 다투며 수많은 사람들이 죽고 다치는 전쟁터의 야전군 총사령관이 병사를 대하는 행동이 이와 같다면, 그 총사령관의 지휘를 받는 장교와 하사관들이 하급 병사들을 대하는 행동은 그보다 훨씬 더 극진

---

297) 여지안 여지위 기중가합이불가리 가용이불가피
투지소왕 천하막당 명왈부자지병.
與之安 與之危 其衆可合 而不可離 可用而不可疲
投之所往 天下莫當 名曰父子之兵
298) 오기吳起 오자병법吳子兵法, 병법칠서, 權寧吉 編著, 海東文化社, 1963년, 127쪽.

할 것이다. 이 군대는 인간다움을 추구한다는 공감의 영역이 가득 찬 군대였다. 이는 시대를 뛰어넘는 민주적이며 평등한 군대였다. 무엇보다도 이와 같은 민주적 리더는 조직원들에게 자발적인 행동을 이끌어 낼 수 있는 것이다.

그는 장병들에 대해 존엄성을 가진 인간으로 대한 것이다. 그의 군대는 놀랍게도 도덕으로 운영되고 있었고 그럼으로써 무적이 되었다.

나는 이 방법으로 작업자들에게 공감을 얻어 도덕의 영역을 만들었다.

a) 작업자들의 마음을 얻어 공감의 영역을 만드는 과정

나는 이 공동체의 주된 동력이 인간의 존엄성의 추구라는 것을 보여 주려고 했다. 그럼으로써 존엄성을 가진 인간답게 기능공들이 자발적으로 일을 할 수 있도록 그들의 마음을 얻으려 했다.

예를 들면 토목 팀은 야간작업을 하는 경우가 많았다. 나는 그 일에는 최대한 그들과 함께했다. 우리는 야간에 모래 바람이 날리는 어두컴컴한 사막의 공사장에 식사를 배달시켜 공사용 불빛 아래에서 함께 먹었다. 그리고 밤늦게 일을 마치고 함께 돌아왔다. 야간작업 내내 우리는 별로 말이 없었지만 말없는 가운데 많은 대화가 조용히 마음속에서 오고갔다.

내가 그들을 감시하기 위해 야간작업을 함께 하는 것이 아니라 어려움을 함께 하기 위해 야간작업을 한다는 사실을 그들이 깨닫기까지는 그리 오랜 시간이 걸리지 않았다.

그리고 그 현장에서 가장 힘든 작업을 하는 곳에는 언제나 내가 함께 있었고, 때로는 그 가장 힘든 일의 맨 앞에서 내가 직접 뛰어들어 일을 했다.

그곳은 직원과 기능공의 숙소가 분리되어 있었다. 오자가 병사들과 같은 식사를 하고 같은 숙소를 쓴 것처럼 나도 그들과 함께하고 싶었지만, 나의 현장에서 그렇게 하기에는 현실적으로 무리가 있었다. 따라서 나는 틈만 나면 기능공 숙소에 가서 그들과 함께 어울렸다.

또한 어느 현장이나 직원 식당과 기능공 식당은 분리되어 있었다. 나는

가능하면 자주 기능공 식당에서 식사를 했다. 내가 기능공 식당에 처음으로 나타나 식사를 하려 하자, 토목 팀의 반장과 조장들과 일반 작업자들은 그들의 눈앞에 지금까지 전혀 보지도 듣지도 못한 예기치 못한 일이 벌어진 것에 대해 혼란해 하면서도 일제히 나의 주위에 모여 함께 식사를 했다.

별 말은 없었어도 그 커다란 식당 안에 있던 기계 팀과 전기 팀 등의 다른 팀들의 기능공들은 그날 이후 토목 팀을 부러워하게 되었고 토목 팀은 나를 자랑스러워했다. 그들은 자기가 소속한 팀에 자부심을 가지기 시작했다. 그들의 마음은 나를 향해 열리고 있음을 나는 느낄 수 있었다.

또한 나는 토목 팀의 반장과 조장들과 따로 가끔 주말에 함께 인근 도시로 외출을 해서 그곳 특유의 양고기 요리 케밥을 먹거나 가까운 산과 공원에 놀러 가 즐거운 시간을 가졌다.

우리는 서로의 마음을 하나로 만드는 데 있어서 조금이라도 억지를 부리거나 속이거나 숨기는 것이 없었다. 하지만 이제 우리들에게 더 이상 마음의 간격은 남지 않았다. 그리고 누구도 나를 권위주의적인 책임자로 보는 사람은 없었다.

우리는 이제 서로 인간으로서 존엄성을 추구하는 목적을 공유하게 된 것이다. 이제 우리는 도덕 공동체가 된 것이다. 그 도덕의 힘으로 우리는 그 끔찍한 사막의 공사장에서 철석같이 서로 믿고 의지하는 형제요 가족이 될 수 있었다.

 b) 도덕의 영역으로 공감의 영역을 확장하다.

그리고 영국인 감독관과의 불화도 해결되었다. 즉, 현장에 나갈 때는 언제나 그의 차를 타고 가던가 아니면 그가 나의 차를 타고 가던가 해서 항상 함께 다니며 현장의 모든 작업을 보였다. 그에게 내가 아무것도 속이거나 숨기는 것이 없다는 것을 증명해 보여 주었다. 불과 한 달도 안 돼 영국인 감독관들은 내가 내미는 서류를 보지도 않고 사인할 정도가 되었고, 모든 일에 도움을 주는 협력자가 되었다. 감독관과 나 사이에서 인간의 존엄성을 추구하는 도덕이 회복된 것이다.

3) 사우디아라비아에서 부활한 중용中庸의 영역

공사 현장은 구체적인 사물의 영역과 추상적인 관념의 영역이 동시에 존재하는 곳이다. 그리고 서로 다른 이 두 가지의 영역을 소통시키고 통합시키는 중용의 영역이 존재하지 않으면 이 두 영역은 분리되어 버린다. 그 경우 공사는 무질서 상태가 되는 것이다.

현장에 도덕의 영역과 정의의 영역이 최적화되었다면 이 양극단의 균형과 조화, 그리고 소통과 통합을 위한 중용의 영역이 최적화되어야 했다.

그리고 이 도덕과 정의를 소통시키고 통합하는 중용의 영역은 나와 토목 팀원들 간의 믿음으로 상징되었다. 우리는 행동을 통한 활동에 의해 이 믿음의 영역을 창조해 나가기 시작했다.

내가 해임한 토목 팀의 중간 간부들 중에는 언어를 통한 의사소통이 매우 원활한 사람들도 있었다. 그러나 그들 중에는 스스로는 행동을 하지 않고 언어를 통한 대화를 통해 행동을 대신하는 방법론에 능통한 사람들도 있었다. 문제는, 그들은 그 원활한 도덕의 영역에서의 의사소통 능력과 실제적인 정의의 영역에서의 실천이 반비례했다는 사실이다.

따라서 그들의 의사소통 능력은 믿음이라고 하는 소통과 통합을 담당하는 중용의 영역을 다른 수단도 아닌 의사소통, 즉 대화를 사용하여 결정적으로 파괴하고 있었다.

그들은 소통과 통합의 영역을 장악하여 개인적인 이익을 위해 사용함으로써 팀 전체가 사용해야 할 소통과 통합의 중용의 영역이 파괴된 것이었다.

최근의 철학자들은 의사소통, 즉 대화를 강조하는 것을 흔히 본다. 그들의 주장은 마치 대화만이 통합의 길인 듯하다. 그러나 중요한 것은 중용, 즉 도덕의 영역과 정의의 영역을 소통하고 통합하는 영역의 능력이다. 이것은 곧 위대한 믿음으로 이루어진다.

이 위대한 믿음은 의사소통, 즉 대화만으로는 아무리 노력해도 얻어지는 것이 아니다. 믿음은 올바른 행동이 축적됨으로서 축적된 만큼만 얻어진다. 이 위대한 믿음의 영역은 끊임없는 대화를 통해 올바른 행동을 유도하고 그 올바른 행동이 쌓이고 쌓여 중용의 영역이 형성됨으로써 얻어진다.

내가 새로 임명한 간부들은 대부분 언어를 통한 의사소통 능력은 낮았다. 그들은 오랜 세월 동안 공사 현장에서 잔뼈가 굵은 퉁명스럽고 무뚝뚝한 사나이들이었다.

그러나 나와 그들은 언어와 실천으로 소통을 했고 그럼으로써 그 어떤 말로도 파괴할 수 없는 믿음의 영역을 구축했다. 그들은 맡은 일에 절대적으로 책임을 졌다. 나는 그들을 위해 내가 할 수 있는 최선을 다했다. 나와 그들은 믿음이라는 소통과 통합의 중용의 영역을 자발적으로 창조했고 끝까지 그 믿음을 지켜 냈다. 이제 정의와 도덕의 영역을 소통하고 통합할 수 있는 위대한 믿음의 영역으로서의 중용中庸의 영역이 확보된 것이다.

이 위대한 믿음으로서의 중용中庸의 영역이야말로 우리들에게는 신성불가침의 영역이었다. 그리고 우리의 모든 것을 가능하게 한 위대한 믿음의 영역이었다.

4) 행복을 위한 혁신

이제 우리 현장은 공동체로서 생존을 위해 수단을 최적화하고 정의를 확립했다. 그리고 공동체의 구성원 모두가 인간으로써 존엄성을 얻기 위한 목적을 추구하는 도덕 공동체가 되었다. 또한 수단과 목적, 정의와 도덕의 경계면에서 이 양극단을 소통시키고 통합하는 중용의 영역을 확보했다.

이제 이 셋을 통합하면 우리 공동체의 구성원 모두가 모두를 위한 행복을 추구하는 행동을 할 수 있는 것이다.

즉, 수단과 정의는 의지가 중심이 되어 지성으로 판단하고, 목적과 도덕은 자유가 중심이 되어 이성으로 상상력을 발휘하고, 중용의 소통과 통합력은 이성과 지성을 통합한 인간성을 나타나게 하여 이를 중심으로 자유의지로 통찰력을 가지고 직접 몸과 마음을 움직여 행복을 찾아 행동할 수 있게 된 것이다. 바로 이 공동체 구성원 모두의 행복을 위한 행동이 가능한 상태가 질서 상태이다.

③ 질서 상태

어떤 인간이든 행동을 하기 위해서는 반드시 머리가 작동하여 그 머리로 몸과 마음을 움직일 수 있어야 한다. 모든 공동체도 마찬가지로 하나의 인간이다. 공동체가 행동하기 위해서는 머리가 공적 영역이 되고 몸과 마음이 사적 영역이 되어 공적 영역이 사적 영역을 움직일 때 비로소 그 공동체는 인간으로서 행동할 수 있게 된다.

이 질서 상태는 인간 개인과 가정과 기업과 국가와 문명이 직접 역동적으로 행동하는 상태라는 점에서 동서양의 철학자들이 생각해 본 적이 없었던 상태이다.

나는 이 실험에서 공동체가 이 질서 상태를 경험하면서 역동적으로 움직이는 중심에 있었다.

생각해 보면 머리는 움직임이 없고 몸과 마음은 시시각각으로 움직이듯, 공적 영역은 몸과 마음을 행동하게 만들되 스스로는 아무런 움직임이 없어야 한다. 어떻게 현실에서 이 같은 질서 상태가 가능한가?

공동체는 양극단을 통합한 중심에 스스로가 스스로를 다스리는 공적 영역을 만들어 스스로가 스스로에게 다스림을 받는 사적 영역을 움직일 수 있어야 행동이 가능해지는 것이다.

공적 영역이 스스로가 스스로를 이끄는 역할을 어떻게 할 수 있고, 사적 영역이 스스로가 스스로에게 어떻게 통제를 받을 수 있는가 하는 문제가 질서 상태의 핵심이다. 즉, 공동체의 행동을 위한 자율은 어떻게 얻는가 하는 것이다.

우리가 최상위 1%가 99%의 민중을 지배하는 이원론과 수직적 계층 구조를 극복할 수 있었던 힘은 이를 통합론과 수평적 평등 구조로 혁신할 수 있었기 때문이다.

이 한사상의 힘은 양극단을 최적으로 조절하여 소통하고 통합하는 중용의 능력으로 가능하다.

그럼으로써 공적 영역은 도덕의 영역의 중심이 되는 이성의 영역과 정의의 영역의 중심이 되는 지성의 영역과 이를 소통하고 통합하는 내적 통일 영역의 힘으로 하나의 전체를 이루어 인간성의 영역이 되어 행복을 위해 할 수 있다. 인간에게 행복은 결코 목적이 아니다. 행복은 수단과 목적이 하나가 될 때 과정적으로 가능한 것이다.

다시 말하면 스스로의 공적 영역은 사적 영역인 사물의 영역에서 정의를 세워 스스로 깨끗하고, 공적 영역은 스스로의 관념의 영역에서 도덕을 세워 스스로 선해져야 한다. 그리고 공적 영역은 이 양극단을 통합하여 사적 영역을 행동할 수 있게 하고 그래야만 행복이 얻어질 수 있는 것이다.

사우디아라비아의 공사 현장도 마찬가지였다. 공적 영역과 사적 영역이 최적화되어 모든 구성원이 정의와 도덕을 통합하여 행복을 위해 행동할 수 있을 때 생명의 과정을 진행하여 공사를 완수할 수 있는 것이다.

1) 질서 상태 최적화

현장에서 질서 상태 만든 사람은 내가 아니었다. 이는 어디까지나 노동자들이 나를 중심으로 스스로 자기 조직화하여 만들어 낸 상태였다. 공동체 구성원이 스스로 자기 조직화하여 이 질서 상태를 만드는 능력이 한겨레 공동체가 가진 독특한 힘이라는 사실은 오랜 후에야 비로소 알게 되었다. 그리고 우리 한겨레 문명 자체가 바로 이 능력에 의해 만들어졌음을 한겨레의 고유한 경전 20여 권에 공통적으로 설명하고 있었다. 하지만 당시에는 노동자들이 보여 준 이 질서 상태 내가 가진 사고의 틀로는 도무지 알 수 없는 혼란스러운 것이었다. 이 상태를 이해하고 설명하기에는 아주 오랜 시간과 노력이 필요했다.

그러나 이 상태에서 나는 도덕의 영역과 정의의 영역, 그리고 이 양극단을 소통하고 통합하는 행동의 영역이 행복을 추구할 수 있도록 중심이 되어야 했다. 이제 작업은 내가 작업 지시만 내리면 공적 영역을 이룬 간부들이 자율적으로 최선을 다해 일을 해내므로 결과만 확인하면 되었다.

a) 도덕과 선

오자의 방법론으로 인간답게 살아가는 목적의 영역으로 공감을 이루었다면, 이제는 공적 영역과 사적 영역의 중심으로서 사사로움이 없어야 했다. 그리고 상상력을 발휘하여 아직 일어나지 않은 일을 미리 계획하고 그것으로 현장을 이끌어 가야 했다.

b) 정의와 청

상앙의 방법론으로 정의가 만들어졌다면, 이제부터는 공정해야 했다. 그리고 현장에서 동원되는 모든 인력과 장비와 자재가 정확한 시간과 장소에서 일을 할 수 있도록 배치해야 했다. 그 하나하나의 판단이 깨끗하게 이루어져 작업이 가장 빠르고 정확하게 이루어질 수 있는 중심이 되어야 했다. 그 과정에서 절대적으로 공정함을 유지해야 했다.

c) 행복과 후

이렇게 도덕의 중심이 되어 상상력을 발휘하고, 정의의 중심이 되어 판단력의 중심이 되었다면 그 다음은 이 양극단을 통합하여 통찰력을 발휘해야 한다. 전체를 보고 모두를 이끌어 가기 위해서는 후함이 필요한 것이다.

이로써 회사는 모든 인력과 장비와 자재를 최적화하여 현장에서 사용함으로써 가장 적은 자금으로 가장 빠른 시간 동안 가장 많은 이익을 낼 수 있게 되는 것이다. 그럼으로써 회사는 행복해진다.

회사만 행복하다고 모든 것이 만족한 것은 아니다. 문제는 노동자의 행복이다. 현장의 모든 노동자의 행복은 곧 인간다운 대우를 받으며, 일한 만큼 대가를 받고, 후한 인심을 확인 할 때 비로소 행복해질 수 있는 것이다. 이 셋 중 하나만 빠져도 노동자의 행복은 이루어질 수 없다.

나의 일은 회사와 노동자 모두를 행복하게 하는 일이다. 나는 그 일에 성공했다. 나는 공적 영역으로서 회사를 대표하여 사적 영역인 노동자들과 하나가 되어 행동함으로서 모두가 만족하는 결과를 이끌어 낸 것이다.

2) 공적 영역과 사적 영역의 중심 '한'

순수이성으로서의 '한'은 질서 상태에서 공적 영역의 중심이 되어 사적 영역을 움직이는 움직이지 않는 중심이 되어 줄 때 비로소 존재할 수 있다. 바로 이 '한'이 공동체가 인간이 되어 행동할 수 있도록 해주는 역할임을 알 수 있는 것이다.

나는 '한'의 역할을 수행함으로 해서 공적인 권력 외에 아무런 사적인 권력도 없었지만 최강의 작업 팀을 지휘하는 강력한 지휘관이 된 것이다. 그리고 우리 팀은 모든 주권이 모든 공동체의 구성원들에게 존재하는 상태, 즉 민주적인 상태가 된 것이다.

3) 나의 행복

이 실험을 통해 회사와 노동자 모두가 행복해지는 결과를 얻어냈지만 사실상 가장 큰 행복은 내 자신이 얻었다. 이 실험을 통해 한사상을 발견할 수 있었기 때문이다.

(2) 질서 상태 확인—한겨레 고유한 경전 천부경 · 삼일신고 · 366사

한겨레의 고유한 경전들에서는 언제나 생명의 과정 전체가 설명되지, 질서 상태 하나만 설명되는 경우는 없다. 그리고 아무리 이를 줄여서 설명한다 해도 최소한 혼돈 상태와 질서 상태가 연결되는 과정은 반드시 설명해야 한다. 왜냐하면 인간의 몸과 마음이 하나로 통합되는 과정을 설명해야 그 바탕 위에 머리가 출현하여 그 머리가 몸과 마음의 통합체를 통제하는 질서 상태 원리가 설명될 수 있기 때문이다.

따라서 혼돈 상태를 설명하는 '한의 제1법칙 100=45+55'와 질서 상태 설명하는 '한의 제2법칙 100=36+64'는 연결해서 설명하는 것이 좋다.

이 두 가지가 연결되어 설명하는 가장 핵심적인 원리는 천부경天符經이 설명한다. 천부경은 이 혼돈 상태 전체를 단지 천부경 81자 중에서 4글자인 "일적십거一積十鉅"로 설명한다. 그리고 천부경은 질서 상태 전체를 단 두 글자 '무궤無匱'로 설명한다.

그러나 아무리 사우디아라비아의 공사장에서 이 원리를 직접 300명과 함께 생명의 과정 원리를 경험했다 해도 천부경 81자 중에서 이 6자만으로 혼돈 상태와 질서 상태 이해하고 설명하기는 불가능하다. 그래서일까? 우리의 조상님들은 이 천부경 6자를 이해할 수 있도록 이를 보다 자세하게 무려 18자로 설명한 자료를 전해 주셨다.

바로 그 내용이 다음의 한단고기 마한세가의 구절에 담겨 있다.

> 땅을 다스리기 위하여 하나를 쌓아 음을 세우고 열을 펼쳐 양을 만드니 그 중앙에 없음의 궤짝이 생겨나도다.

> 토위치 일적이음립 십거이양작 무궤이충생
> 土爲治 一積而陰立 十鉅而陽作 無匱而衷生

271

이 문장에서 첫 구절인 '땅을 다스리기 위하여(토위치土爲治)'라는 대목은 곧 치산치수를 말한 것임을 이미 설명했다. 한겨레의 철학이 한겨레가 처음 나라를 세웠을 때 생존과 번영을 위해 국가 차원에서 치산치수를 하는 공사 현장을 지휘하는 과정에 한사상의 이론 체계가 만들어졌음을 말해 주고 있는 것이다.

이렇게 보면 내가 사우디아라비아의 공사 현장에서 한사상의 생명의 과정을 경험하고 그것에서 한사상의 연구를 시작한 것은 한겨레 문명의 한사상의 발생 과정과 일치한다는 사실을 알 수 있다.

나는 한사상이 처음 시작한 치산치수의 토목 공사 현장에서 한사상을 다시 발견한 것이다. 그리고 우리의 조상들께서 삶의 현장에서 발견하여 국가를 다스리는 원리를 담은 천부경과 삼일신고와 366사에서 한철학과 한사상의 원리를 다시 삶의 현장에서 찾아낸 것이다. 이 역시 한사상을 찾아낼 수 있는 정확한 방법이었다.

또한 그 단서를 숨겨 둔 경전들을 담고 있는 한단고기가 내가 사우디아라비아에서 귀국한 1980년대 중반에 마치 기다리고 있었던 것처럼 때를 맞추어 세상에 공개된 것도 참으로 절묘한 타이밍이라 할 수 있다. 나는 사우디아라비아에서 한사상을 경험하고 귀국해서 보니까 바로 그 원리를 담은 경전과 자료들이 때마침 세상에 나온 한단고기 안에 고스란히 담겨 있었다. 그 첫 번째 단서가 바로 마한세가의 18개 글자였다.

① '일적이음립 십거이양작一積而陰立 十鉅而陽作'

나는 이 18자로 혼돈 상태와 질서 상태를 찾아냈다. 이 18자 중에서 10자인 '일적이음립 십거이양작一積而陰立 十鉅而陽作'을 그림으로 그리면 그림과 같은 천부도가 만들어진다.

하나를 쌓아서 음을 세운다는 '일적이음립一積而陰立'이라는 말은 곧 이 천부도의 왼쪽의 검은 점 45개가 음을 상징하면서 아래로부터 위로 세워져 있는 모습을 말한 것이다. 그리고 열을 크게 해서 양을 만든다는 '십거이양작十鉅而陽作'이라는 말은 곧 오른 쪽에 위의 10개의 흰점을 크게 벌려 양인 백점 55를 만든다는 말이다.

이로써 전체 100은 45개의 흑점과 55개의 백점의 합이 되었다. 이것이 바로 혼동 상태인 '한의 제1법칙 100＝45＋55'를 설명하는 것이다. 이 한의 제1법칙이 플라톤과 동중서 이래 수많은 동서양의 철학자들이 만든 이원론과 수직적 계층 구조를 완전히 새로운 통합론과 수평적 계층 구조를 완성하는 것임을 우리는 이미 이해했다.

그리고 이 '일적이음립 십거이양작一積而陰立 十鉅而陽作'으로 얻어진 천부도와 알타이어족들의 신화와 다음과 같이 직접 연결할 수 있었다.

이 천부경을 설명한 천부도는 그야말로 한겨레 문명과 주변 민족들의 정신세계를 통째로 설명하고 있는 것이다.

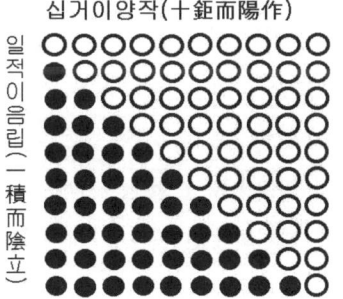

십거이양작(十鉅而陽作)
일적이음립(一積而陰立)

천부경	일적이음립	십거이양작
천부도	검은 점 45	흰점 55
몽골 신화	칸 튀르마스 텡그리? 44위의 악신惡神	아타이 우란 텡그리? 55위의 선신善神
부리아트족	흑샤만(카라인 뵈karain bö) 검은 칸, 흑샤만	백샤만(사가니 뵈sagani bö), 흰 칸, 백샤만
야쿠트족	아래에 있는 지하계의 신	위에 있는 탕가라(tangara : 천상계)의 신

알타이족	흑샤만(카라 캄kara kam) 흑샤만은 지하계 하강	백샤만(아크 캄ak kam) 백샤만은 천계 상승

② '무궤이충생無匱而衷生'

질서 상태는 이 혼돈 상태를 바탕으로 만들어진다. 즉, 마한세가의 18개 글자 중에서 마지막 다섯 글자 '무궤이충생無匱而衷生'이 그것이다.

'무궤이충생無匱而衷生'은 무無를 둘러싼 궤짝이 중앙에 생겨난다는 말이다. 이는 혼돈 상태를 만든 '한의 제1법칙 100＝45＋55'의 중앙에 무를 둘러싼 궤짝이 생겨난다는 말이다. 이 궤짝을 만들기 위해 천부도의 내부에 궤짝을 만들어 보면 위의 그림과 같은 사각형 궤짝이 천부도의 중앙에 그려진다.

이 그림은 많은 시행착오 끝에 만들어진 것으로서 가운데가 36개의 점으로 만들어지고 외부가 64개의 점으로 만들어지도록 가운데에 사각형을 그린 것이다. 그런데 이렇게 가운데에 사각형을 그려 놓고 나서 도대체 이 그림이 무슨 의미인가를 생각하는 과정에서 동양 철학의 가장 큰 비밀이 이 그림 한 장에 모두 해결되는 놀라운 현상을 발견했다.

즉, 이 그림의 외부에 있는 64개의 점은 흑점 30개와 백점 34개이다. 이는 역경의 64괘가 상경 30괘와 하경 34괘라는 사실과 정확하게 일치한다. 지난 3천 년간 그 누구도 몰랐던 역경 64괘의 상하경의 비밀이 단숨에 풀린 것이다. 이는 왜 64괘가 더도 아니고 덜도 아니고 반드시 64괘여야 하는 이유가 밝혀진 것이다.

그리고 중앙의 36개의 점은 곧 태극을 이루는 것이며 그 태극을 8개 방향에서 보면 팔괘가 된다. 그리고 이 8괘를 이루는 1에서 8까지 수의 합이 곧 36이다. 1＋2＋3＋4＋5＋6＋7＋8＝36. 이는 왜 8괘가 7괘나 9괘가 아니라 반드시 8괘이어야 하는지의 비밀이 밝혀진 것이다.

여기서 밝혀진 8괘가 곧 366사의 팔강령인 것이다. 그리고 삼일신고에

274

서는 이 중앙의 태극 36과 상경 30괘와 하경 34괘의 의미를 제5장에서 인간의 사고와 행동의 틀에 맞추어 정확하게 설명하고 있다. 그것이 삼일신고에서 말하는 성명정性命精, 심기신心氣身, 감식촉感息觸이다.

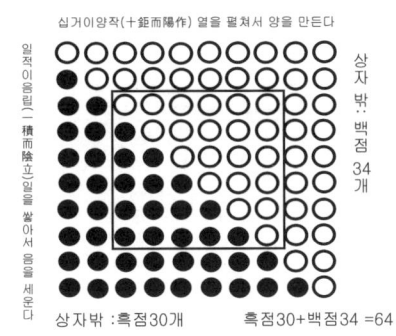

십거이양작(十鉅而陽作) 열을 펼쳐서 양을 만든다

일적이음립一積而陰立일을 쌓아서 음을 세운다

상자 밖: 백점 34개

상자밖 :흑점30개   흑점30+백점34 =64

또한 366사의 상경과 하경은 이 역경의 상경과 하경의 시작과 끝을 제거하여 자율적인 영역으로 만드는 원리로 만들어져 있다. 또한 366사의 366개의 가르침은 곧 역경의 384개의 사건의 시작과 끝을 제거하여 인간에게 일어나는 모든 사건을 공동체가 스스로의 힘으로 자율적으로 해결하는 진리를 담은 것이다.

아주 간단하게 골자만 설명했지만 한겨레의 고유한 경전을 대표하는 천부경과 삼일신고와 366사는 모두 천부경의 6자 '일적십거무궤'에서 설명한 혼돈 상태와 질서 상태를 설명하고 그 상태에서 더 과정을 진행하여 성취상태와 완성상태로 나아가는 생명의 과정 원리 전체를 각각 다른 방향에서 설명하고 있다.

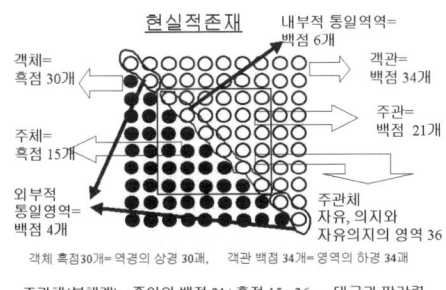

현실적존재

내부적 통일역역= 백점 6개
객관= 백점 34개
주관= 백점 21개
객체= 흑점 30개
주체= 흑점 15개
외부적 통일영역= 백점 4개
주관체 자유, 의지와 자유의지의 영역 36

객체 흑점30개= 역경의 상경 30괘,   객관 백점 34개= 영역의 하경 34괘

주관체(본체계)= 중앙의 백점 21+흑점 15= 36---- 태극과 팔강령
객관체(현상계)= 외부의 백점 34+흑점 30= 64---- 64괘

천부도와 질서 상태의 테두리론
『한철학2 통합과 통일』(지혜의 나무, 2005년, 255쪽)

그리고 그 외 한겨레의 고유한 20여 종의 경전에서도 바로 이 동일한 원리가 각각 다른 시대에 다른 저자에 의해 다른 방향에서 설명되고 있다. 이 20여 종의 경전들이야말로 한겨레 문명이 움직이는 원리를 설명하는 열쇠인 것이다. 제시된 그림과 도표가 현실적

존재로서의 질서 상태를 설명한다.

현실적 존재							
공적 영역-주관체의 영역				사적 영역-객관체의 영역			
주관	주체	내적 통일체	주관체	객관	객체	외적 통일체	객관체
이성	지성	주관적 통일성	인간성	심법 心法	심방 心房	객관적 통일성	동기 動機
개념	직관	통일력	통찰력 등	기운 氣運	기질 氣質	통일력	행위 行爲
자유	의지	통일력	자유의지	신형 身形	신체 身體	자치력	행동 行動
순수 이성 : 오로지 선하여 악함이 없음 순수 지성 : 오로지 깨끗하여 더러움이 없음 순수 인간성 :오로지 후하여 박함이 없음				64괘의 영역			
				상경 30괘		하경 34괘	
팔강령과 태극과 팔괘(8=36)				건乾, 곤坤, 둔屯 몽蒙, 수需 송訟 사師 비比 소축 小畜, 이履 태泰 비否, 동인同人, 대유大有, 겸謙, 예豫, 수隨 고蠱 임臨 관觀 서합 噬嗑, 비賁, 박剝 복復 무망无妄, 대축大畜, 이離 대과大過 감坎, 이頤		함咸, 항恒, 돈遯 대장大壯, 진晋, 명이明夷 가인家 人, 규睽 건蹇 해 解 손損 익益 쾌 夬, 구姤, 췌萃, 승 升, 곤困 정井, 혁 革, 정鼎 진震, 간 艮, 점漸, 귀매歸 妹, 풍豊 여旅, 손 巽 태兌, 환渙 절 節 중부中孚, 소과小過 기제旣 濟, 미제未濟	

테두리표 『한철학2 통합과 통일』(지혜의 나무, 2005년, 293쪽)

276

③ 질서 상태와 알타이어족의 신화 및 정치철학

여기서 천부도의 원리가 설명되었으나 한 걸음 더 나아가 알타이어족의 신화와 정치철학을 간단히 알아보자. 우리는 혼돈 상태의 검은 점 45와 흰 점 55가 알타이어족의 신화와 직접 연결됨을 보았다. 이 혼돈 상태가 질서 상태로 혁신할 때 이 신화들의 내용은 다음과 같이 전환될 수 있다. 이렇게 정리된 내용은 뒤에 흉노족과 훈족과 카자르족의 정치철학을 설명할 때 유용하게 쓰인다.

천부경	'무궤이충생無匱而衷生'		
천부도	검은 점 30	중앙 36	흰점 34
삼일신고	감식촉	성명정	심기신
역경	상경 30괘	태극 36	하경 34괘
부리아트족	검은 칸, 흑샤만	공적 영역	흰 칸, 백샤만
알타이족	흑샤만(카라 캄kara kam)	공적 영역	백샤만(아크 캄ak kam)

④ 한겨레의 고유한 경전 20여 종과 요하 문명遼河文明

우리는 이같이 질서 상태를 이루는 내용이 다름 아닌 우리의 한겨레의 고유한 경전들 20여 종 안에 공통적으로 내재된 이론 체계라는 사실을 충분히 이해할 필요가 있다.

이는 매우 중요한 사실을 말한다. 즉, 한겨레 문명의 여러 국가들이 직접 국가의 경영과 개인의 삶에 직접 한사상을 적용하여 얻어진 핵심적인 이론 체계가 이 경전들 안에 담겨 있기 때문이다.

따라서 이 경전들 안에 담긴 한철학과 한사상의 이론 체계를 학습한다는 것은 농경 혁명 이후 만년에 가까운 세월 동안 국가와 문명을 설계하고 운영해 온 축적된 지식과 경험을 소상하게 알게 됨을 의미하는 것이다.

실제로 한겨레 문명의 역사는 만년에 가깝나는 것이 고고학적으로 증명되었다. 만주의 요하 지방에는 요하 문명이 있었으며, 그 요하 문명은 중국의 역사에서는 설명이 불가능한 오래된 문명이라는 것이 증명되었다.

중국 문명의 역사는 기껏해야 주나라와 은나라까지이며, 하나라도 전설의 나라이며 삼황오제의 나라는 더 까마득한 전설에 불과하다. 중국의 역사는 아무리 길게 잡아도 4천 년 정도이다.

그러나 요하 문명은 무려 9천 년 전의 신석기 시대에서부터 존재해 온 문명임이 고고학적으로 증명된 것이다. 그리고 이 문명이 삶을 살아온 역사가 한단고기라는 역사서에서 설명된다. 즉, 한단고기가 9천 년 전의 역사에서 시작하여 그 과정을 일목요연하게 설명하는 것과 정확하게 일치한다. 중국의 역사서에는 이렇게 오래된 문명을 설명하는 기록이 전혀 없다.

우실하는 "중국사회과학원 고고학연구소에 있으면서 홍륭와 문화 등 주요 유적을 직접 발굴한 유국상劉國祥이 2006년 발표한 '서요하 유역 신석기 시대에서 초기 청동기 시대까지의 고고학 문화 개론'에 의해 요하 지역의 주요 신석기 문화와 청동기 문화의 편년을 기준으로 시대 순으로 소개했다. 즉,

신석기 시대 소하서小河西 문화(기원전 7000~기원전 6500년)

신석기 시대 홍륭와興隆洼 문화(기원전 6200~기원전 5200년)

신석기 시대 사해査海 문화(기원전 5600년~)

동석 병용銅石並用 시대 홍산 문화(기원전 4500~기원전 3000년)~

초기 청동기 시대 하가점하층夏家店下層 문화(기원전 2000~기원전 1500년)."[299]
를 소개했다.

이 유국상劉國祥의 고고학적 성과에 따르면 무려 9,000년 전 신석기 시대부터 3,500년 전 청동기 시대에 이르는 모든 과정이 이 요하 문명에 단

---

299) 우실하, 『동북공정 넘어 요하문명론』, 소나무, 2007년, 103~104쪽.

절되지 않고 집적되어 있음을 말해 주는 것이다.

이 문명은 한단고기가 구구절절 설명하는 우리 한겨레의 고대 국가인 한국桓國과 배달국倍達國과 단군조선檀君朝鮮과 연결되고 있다. 반면에 중국의 그 어떤 역사서에도 이 문명을 설명하는 기록이 단 한 줄도 없다. 그리고 모두가 익히 알고 있듯이 만주는 우리의 조상들의 땅이다. 그 조상들의 땅에서 전 세계에서 가장 오래된 문명 중 하나가 발견된 것이다. 이는 곧 내가 말하는 한겨레 문명이다. 물론 한겨레 문명의 규모는 고고학적으로 증명되어 알려진 것이 이 정도라는 것이지 요하 문명이 곧 한겨레 문명은 아니다. 한겨레 문명의 규모는 이보다 훨씬 더 광대할 수 있다.

한겨레의 고유한 경전 또한 이 한겨레 문명과 따로따로가 아니다. 요하 문명의 유적을 중국의 역사서가 설명하지 못하듯 한겨레의 고유한 경전의 내용 또한 유불선을 비롯한 중국과 인도의 철학은 전혀 설명하지 못한다.

중국의 고대 철학자들은 실로 이 한겨레 문명에서부터 전해지는 철학을 기초로 그들의 주장을 내세운 것에 지나지 않는 것임을 우리의 고유한 경전을 이해하면 즉시 알 수 있다.

우리 한겨레 문명의 경전은 천부경과 삼일신고와 366사를 비롯한 20여 종이 현재 전해진다. 그리고 그 20권의 경전이 모두 동일한 하나의 이론 체계를 바탕으로 하고 있다. 이 20여 종의 경전들은 각각 한국 시대로부터 시작하여 배달국과 단군조선과 고구려와 발해와 신라에서 만들어진 것이다. 그 경전들은 내용들과 다루는 분야가 각각 다르다. 그러나 그 모든 경전은 하나의 통일된 이론 체계를 동일하게 바탕에 깔고 있는 것이다. 우리 한겨레 문명이 유실한 경전이 매우 많겠지만 그 핵심적인 경전은 마치 요하 문명의 유적이 고스란히 전해지는 것처럼 전해지고 있는 것이다.

그 통일된 이론 체계가 생명의 과정을 설명하는 사고의 틀로서의 한철학과 행동의 틀로서의 한사상을 설명한다.

놀라운 것은 이 경전만이 아니다. 이 경전이 곧 우리 한겨레 문명을 운영하는 사고와 행동의 틀은 오늘날 우리 한겨레 공동체에 그대로 남아 살아서 숨 쉬고 있다. 즉, 우리의 역사를 움직여 온 중심이 곧 한철학과 한사상이라는 사실이다. 우리 한겨레 공동체의 구석구석에는 여전히 이 경전에 내장된 사고와 행동의 틀이 그대로 살아서 움직이고 있다. 바로 이것이 살아서 숨 쉬는 한사상이다.

(3) 질서 상태 증명─LG전자의 실험실에서의 실험

나는 2001년부터 LG전자의 연구소의 새로운 에어컨 제품의 개발에 2년간 컨설턴트의 자격으로 참여했다. 누구나 반복 가능한 객관적이고 엄밀하며 구체적인 실험을 통해 증명되지 않는 모든 이론은 단지 가설이나 억측에 불과하다. 사우디아라비아에서 나는 수년간 직접 철학 실험을 통해 한사상을 발견했지만 그 실험에는 과학적 데이터가 뒷받침되지 않았다. 따라서 발견했다고 말할 수는 있어도 증명했다고 말할 수는 없다.

또한 한겨레가 약 1만 년 전 농업 혁명을 일으키면서 국가를 세우고 운영하면서 축적된 국가 운영의 이론 체계를 담아 전한 천부경과 삼일신고와 366사를 비롯한 20여 종의 경전에서 생명의 과정 원리가 공통적으로 내장되어 있다. 나는 사우디아라비아에서 귀국한 후 이 사실을 처음으로 발견하고 그 이론 체계를 세웠다. 그러나 이 사실들도 당시에는 과학적 실험 데이터로 설명될 수 있는 것이 아니었다.

따라서 LG전자에서 신형 에어컨의 주요 부속품인 Han-Fan의 설계에 컨설턴트로 참여하며 실험을 통해 증명한 것은 의미가 있다.

이 발견과 확인과 증명이라는 세 가지 요소 중 하나만 빠져도 한사상의 가장 핵심적인 행동을 설명하는 이론 체계에 대한 설명이 곤란해진다. 따라서 한사상의 핵심 이론을 설명할 때는 반드시 이 세 가지가 하나가 되어 통합적으로 설명될 때 비로소 만족스러운 설명이 되는 것이다.

LG전자에서 신형 에어컨의 주요 부속품인 Han-Fan의 설계에 사용한 '한의 제2법칙 100＝36＋64'에 비교할 만한 이론은 서양의 정치철학에서 먼저 나타났다.

1863년 독일 최초의 노동자 정당이 결성되는 데 중요한 역할을 한 사회주의자 페르디난트 라살레[300]는 마르크스가 그의 유명한『고타강령 비판』에서 "라살레는 공산주의당 선언이나 이전의 모든 사회주의와는 반대로 노동자 운동을 가장 편협한 민족적 관점에서 파악하였다. 사람들은 이런 관점에서 라살레는 따르고 있다."[301]고 그를 상대하여 비판할 정도로 비중이 큰 독일의 사회주의자였다. 그 라살레가 국가 구성 원리에 대해, "사회는 96명의 프롤레타리아와 4명의 자본가로 구성되어 있다. 그것이 당신의 국가이다."[302]라고 말했다. 이는 국가를 100으로 볼 때 프롤레타리아 96과 자본가 4로 조직된다는 것이다. 놀라운 것은 내가 설계한 에어컨의 구형 Fan의 구조가 바로 이 라살레가 말한 그대로 4:96의 비율이었다.

라살레가 말한 이 4:96은 다른 방식으로 이해할 수도 있다. 즉, 신자유주의를 철학적으로 가장 잘 설명한 철학자로 알려진 하버드대학교의 철학교수 로버트 노직은 개인과 국가에 대해 이렇게 정의한다.

개인들은 권리를 가지고 있으며, 세상에는 어느 인간이나 집단도 이 권리들에 해서는 안 되는 것들이 있다(이들의 행사는 곧 개인 권리의 침해이다). 이 권리들은 매우 강력하여 폭넓은 것이므로, 국가나 그의 관료들이, 있다면 무엇을 할 권리가 있는가의 문제를 제기한다. 권리를 가진 자가 개인들이라면 국가에는 얼마의 여지가 남는가?[303]

---

300) 조지프A. 아마토,『걷기 인간과 세상의 대화』, 김승욱 역, 작가정신, 2006년, 357쪽.
　　페르디난트 라살레(Ferdinand Lassalle, 1825년-1864년)는 독일의 사회주의자 및 혁명 사상가로 독일 사회민주당의 전신인 전 독일 노동자협회의 창설자이다. 위키 백과.
301) 칼 마르크스, 고타강령 초안 비판(칼 맑스・프리드리히 엥겔스 저작선집 제4권, 박종철출판사, 1990년, 380쪽).
302) 조지 버나드 쇼 외, 페이비언 사회주의, 고세훈 역, 아카넷, 2006년, 176쪽.
303) 로버트 노직,『아나키에서 유토피아로-자유주의 국가의 철학적 기초-』, 남경희 역, 문학과

281

로버트 노직은 개인들과 국가의 이원론을 주장하는 것이다. 국가는 개인들의 권리에 대해 해야 할 것이 도무지 무엇이냐고 묻는 것이다. 아나키즘이 무권위주의 또는 무정부주의라고 할 때 국가의 권위보다 개인의 권리가 더 강력하다고 주장하는 것이다. 그는 극소국가[304]를 주장하며, 개인들은 신성불가침의 존재[305]라고 주장한다.

로버트 노직도 정부와 시장의 관계를 말하고 있다는 점에서 내가 말하는 국가의 개념에 동참하고 있다. 그러나 그가 이해하는 국가는 공적 영역인 정부는 극소국가가 되어야 하고, 개인의 권리가 보장되는 사적 영역은 최대화되어야 한다는 것이다.

로버트 노직의 이 생각은 노벨경제학상을 수상한 프리드리히 A. 하이에크와 밀턴 프리드먼의 경제학과 불가분의 관계가 있는 것이다.

이들 학자들이 말하는 것은 약간 복잡하다. 그러나 그 골자는 간단하다. 즉, 정부는 유명무실한 상태로 존재하며 경찰 역할만 하면 된다. 그리고 경제에 있어서 최상위 1%는 이 신성불가침의 권리를 가진 자본가가 가지는 것이다. 그리고 그들이 99%의 민중을 지배하는 것이다.

이는 또 다시 '속임수와 폭력의 지배 법칙 1=100−99'로의 회귀인 것이다. 그리고 그것을 무정부주의의 아나키즘이라고 강변하고 있다. 아나키즘 이론의 대가 중 한 사람인 크로포트킨이 그의 책 『만물은 서로 돕는다』에서 설명한 상호 부조론을 무색하게 만드는 아나키즘을 그는 주장한 것이다.

지성사, 1983년, 11쪽.
304) 로버트 노직, 『아나키에서 유토피아로―자유주의 국가의 철학적 기초―』, 남경희 역, 문학과 지성사, 1983년, 33쪽.
305) 로버트 노직, 『아나키에서 유토피아로―자유주의 국가의 철학적 기초―』, 남경희 역, 문학과 지성사, 1983년, 34쪽.

① 기존의 **Fan 4:96**

내가 Han-Fan을 설명하면서 독일의 사회주의자 라살레가 말한 4:96과 신자유주의 철학자 로버트 노직을 예로 든 것은 공학에서도 이들과 같은 생각을 한 사람이 있다는 사실을 말하기 위해서이다.

라살레의 국가인 4:96과 로버트 노직의 국가인 1:99에 대한 기본적인 설계 원리는 단순하다. 실제로 움직이지 않고 역할도 없는 국가의 영역을 최소화하고 자본가가 최상위 1%가 되어 99%의 프롤레타리아를 지배하자는 논리인 것이다.

나는 LG전자에서 이 Fan을 한철학의 이론 체계로 새롭게 혁신했다. 즉, 한철학이 설명하는 여러 상태 중 하나인 질서 상태 이론 체계인 100=36+64로 바꾼 것이다.

1) 4:96에서 한의 제2법칙 100=36+64로의 혁신

에어컨을 최적화하는 실험은 공학적 실험의 형태를 가진 철학적 실험이었다. 나는 살아 있는 생명체 특히 인간에 적용하는 천부경의 이론을 에어컨이라는 기계를 적용했다. 에어컨을 통찰적 관점으로 보아 살아 있는 인간으로 간주한 것이다. 그 결과 그 에어컨이라는 기계가 발휘할 수 있

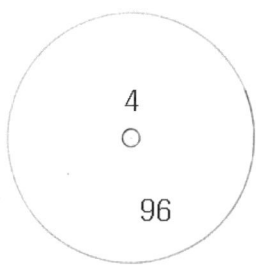

는 가장 최적화된 역동성과 속도가 나타난 것이다. 이 실험 결과 에어컨의 소음이 크게 줄어들므로 해서 에어컨의 크기를 소형화할 수 있었다.

그러나 지금까지의 과학은 이 통찰적 방법과는 반대로 살아 있는 생명체와 인간을 이리저리 분해하여 분석적 방법으로 접근한다.

제시된 4:96의 그림은 기존의 에어컨에 장착된 Fan의 평면도이다. 그림과 같이 기존의 Fan은 그 중심 부분과 날개 부분의 비율이 4:96이었다. 그

동안 구미와 일본의 엔지니어들은 바람이 나오는 날개의 부분을 최대한 확장하고, 바람이 나오지 않는 중심 부분은 아무런 의미가 없는 것으로 생각했다. 이는 사회주의자 라살레가 비판한 국가와 신자유주의자 로버트 노식이 옹호한 국가와 동일한 사고의 틀로 생각한 것이다. 바로 이것이 스티글리츠가 말한 총체적 파탄의 원인인 것이다.

그리고 기술 산업 분야에서도 상당 부분이 이처럼 '속임수와 폭력의 지배 법칙 1=100−99'의 사고의 틀로 디자인하고, 그 행동의 틀로 제작하여 생산하고 있다는 사실을 명백하게 말해 주는 것이다.

2) 한의 제2법칙 100=36+64와 Han-Fan

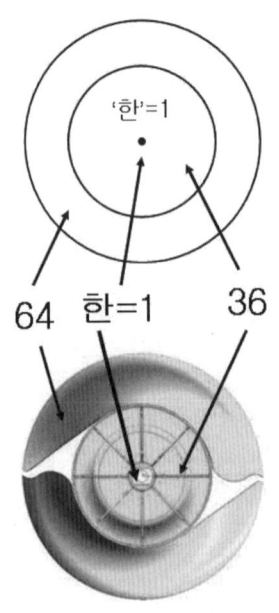

이 실험의 첫 번째 목표는 공적 영역과 사적 영역이 과연 존재하는 것인가 하는 점이다. 우리가 이미 살펴보았지만 왕필이나 계사전, 그리고 송나라 유학자들의 태극은 점에 불과하다. 이 동양 철학자들은 라살레나 노직과 동일한 수직적 계층 구조로 생각하기 때문이다. 이는 공적 영역이 될 수 없는 것이다. 그리고 두 번째의 목표는 공적 영역과 사적 영역의 적정 비율은 얼마인가이다.

제시된 도면은 내가 LG전자의 연구소에서 에어컨 팀과 2년간 특강과 컨설팅을 통해 만들어 낸 Fan이다. 이 Fan은 먼저 공적 영역과 사적 영역을 분명히 구분하고 그 비율을 36:64로 설계한 것이다.

그동안 구미와 일본의 엔지니어들이 에어컨에 사용해 온 구형 Fan은 대체로 선풍기와 같은 형태를 하고 있다. 이와 같은 구형 Fan을 에어컨에 장착했을 때 약 50데시벨(dBA) 정도의 소음306)에서 낮출 수 없었다.

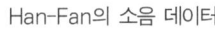
Han-Fan의 소음 데이터

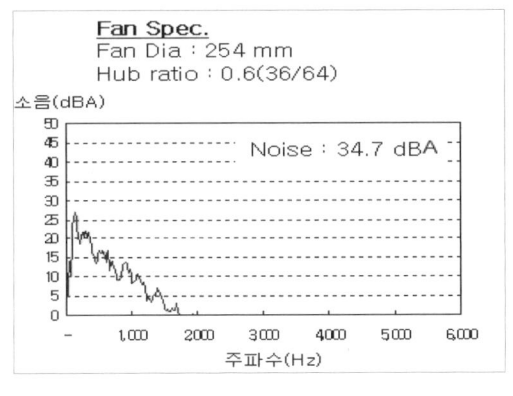

이 정도의 소음은 마음의 안정을 잃을 수 있고 집중력이 떨어질 수 있는 소음에 근접한 것이다. 따라서 이 에어컨의 소음을 주택가의 밤이나 도서관에서 떠드는 소리 정도인 30~40데시벨(dBA) 정도로 낮추어 공기 순환 문제와 소음 문제를 해결할 필요가 있는 것이다. 이 문제가 해결되면 에어컨의 체적도 획기적으로 줄일 수 있는 것이다.

그림과 같이 기존의 4:96의 비율을 적용한 Fan의 소음은 48.6 데시벨이다. 이 소음으로는 가정의 에어컨으로는 부적합한 것이며, 크기도 너무 크다.

그러나 내가 컨설팅한 36:64의 비율을 적용한 Han-Fan의 모형실험에서는 소음이 그림과 같이 34.7데시벨로 현저히 감소되었음을 나타내고 있다.

공적 영역과 사적 영역의 면적 비가 36:64인 것은 곧 '한의 제2법칙 100=36+64'에서 나온 것이다. Han-Fan의 소음 데이터에서 보듯 Fan의 내부의 공적 영역과 사적 영역의 비율을 한철학 이론 36:64로 바꾸었을 때 나타난 소음의 저하는 놀라울 만큼 큰 것이었다.307) 따라서 '한의 제2법칙

---

306) 소음의 구분 : 시끄러운 소리가 50데시벨을 넘는 경우 마음의 안정을 잃고 집중력이 떨어진다. 60데시벨 정도면 음식을 먹을 마음이 없어진다. 20데시벨 : 나뭇잎이 흔들리는 소리, 30데시벨 : 주택지의 밤, 40데시벨 : 도서관에서 떠드는 소리, 50~60데시벨 : 친구와 마주 이야기를 나누는 소리, 60~70데시벨 : 전화 소리, 80데시벨 : 지하철역, 김용근, 『명태 선생님의 환경 교실』, 푸른나무, 1999년.
307) 이 에어컨에 장착된 한철학의 원리는 필자의 책 『한사상과 다이내믹 코리아』의 제5장 산업

100＝36＋64'는 단순한 추상적인 철학 이론이 아니라 현실 세계에서 역학적 조직체의 공적 영역과 사적 영역의 역동적인 상태를 최적화할 수 있는 실제적인 이론임이 검증되었다.308)

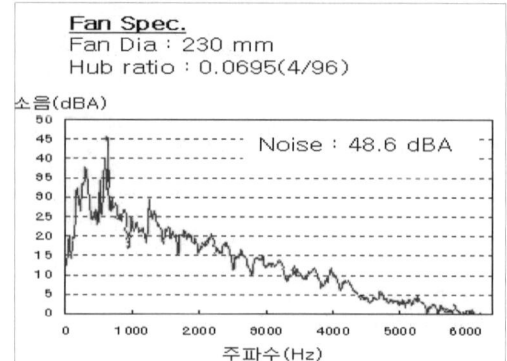

기존 Fan의 소음 데이터

물론 이 설명은 컨설팅 내용의 극히 일부이며, 그것도 지나치게 요약된 것이다. 그러나 이 Han-Fan 실험에서 드러난 현대의 공학과 기술의 허점이 바로 현존하는 서양 철학이 감추고 있었던 허점의 정확한 단면이다. 나아가 이 뚜렷한 한계가 곧 동서양이 이끌어 온 윤리학과 정치철학과 경제철학과 경영철학과 예술철학과 의철학醫哲學의 한계이기도 할 것이다.

3) Han-Fan의 실험 성공이 가지는 철학적 의의

이 철학 실험은 질서 상태인 '한의 제2법칙 100＝36＋64'가 객관적인 실험에 의해 명백하게 증명되었음을 말한다. 그리고 질서 상태 증명되었다는 것은 그 이전의 상태인 혼돈 상태 '한의 제1법칙 100＝45＋55'가 증명되었음을 말하는 것이다.

이는 무엇보다 먼저 플라톤과 동중서의 이원론과 수직적 계층 구조와 아리스토텔레스의 가능태와 현실태 이론과 논리학의 동일률과 모순율과

기술 : 에어컨 속의 한사상에서 설명한 내용에서 사용한 일부 그림과 설명을 간단히 발췌한 것이다.

최동환, 『한사상과 다이내믹 코리아』, 지혜의 나무, 2006년, 340~355쪽.

308) 이 실험의 실험 장소는 LG전자 DAC연구소의 소음진단센터 무향실(Noise Evaluation Center, anechoic room), 실험 장비는 Brüel & Kjaer—PULSE LabShop. 실험 일시는 2003년 12월 18일이다.

배중률을 모두 극복하고 이루어진 결과라는 사실이다.

즉, 혼돈 상태의 음양과 상극 오행과 상생 오행의 원리가 증명되었음을 말해 주는 것이다. 이는 한사상의 수단과 목적과 중용을 통합하는 윤리학과 정의와 도덕과 중용을 통합하는 정치철학의 혼돈 상태가 증명되었음을 의미한다. 나아가 한사상의 경제철학과 예술철학과 의철학醫哲學의 혼돈 상태가 증명되었음을 의미한다.

또한 한의 제2법칙이 증명되었다는 사실은 태극과 64괘의 원리가 역사상 처음으로 실험에 의해 증명되었음을 말한다.

따라서 이 '한의 제2법칙 100=36+64'가 실험으로 증명된 사실은 몇 가지 중요한 의의를 지닌다. 첫째, 음양오행과 태극과 64괘의 원리를 실험으로 증명한 것이다. 둘째, 민주주의의 원리를 설명한 것이다. 셋째, 정부와 시장이 만드는 최적의 역할 분담과 조화이다. 넷째, 한겨레의 중심이 되는 '한'의 원리가 실험으로 증명된 것이다. 다섯째, 행동 철학의 여러 분야의 핵심 이론이 증명된 것이다. 이를 하나하나 생각해 보자.

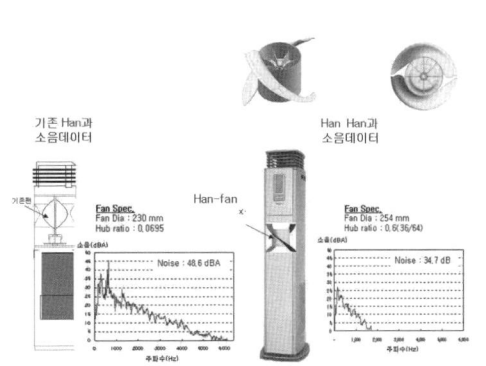

4) Han-Fan의 실험 성공으로 밝혀진 음양오행과 태극과 64괘의 원리

Han-Fan의 실험 성공은 말하자면 인간의 몸과 마음이 하나로 통합한 상태에서 머리가 최적화되어 머리로 몸과 마음을 움직여 활동할 수 있는 최적의 상태를 이루었음을 설명하는 것이다.

Han-Fan은 에어컨 안에서 수행해야 할 목적이 있다. 그것은 에어컨의 냉매를 통해 얻어진 차가운 기운을 외부로 보내 주는 역할이다. 이 목적에

만족하기 위해서는 가장 자연스러운 바람을 가장 작은 몸체에서 가장 강력하게 나타나도록 해주어야 한다. Han-Fan의 목적에 부합하기 위해 Han-Fan의 사물의 영역이 최적의 수단이 되도록 디자인되어야 한다.

Han-Fan의 목적은 전력이라는 에너지가 주어지면서 힘이 되어 나타난다. 그리고 그 힘은 수단으로서의 구체적인 사물의 영역을 움직이게 되는 것이다. 목적은 언제나 무한하게 자신을 이끌고 간다. 그러나 수단은 언제나 멈추어 있으려고 한다.

이 수단과 목적을 소통하고 통합하는 영역이 중용의 영역이다. 이 영역은 Han-Fan이 지나치게 수단이나 목적 양극단 한쪽으로 치우치지 않도록 균형과 조화와 통합하는 역할을 한다.

가령 Han-Fan의 목적이 자연스러운 바람을 가장 작은 몸체에서 가장 강력하게 나타나도록 해주어야 한다고 해서 지나치게 높게 성능을 발휘하게 만들다가 Han-Fan의 값이 에어컨 값보다 비싸지면 경영주는 불행해질 것이며 화가 날 것이다.

또 Han-Fan이 수단의 영역에 너무 기울어져 목적한 바의 성능을 얻지 못하면 이 또한 연구 자체가 무의미해지게 되는 것이다. 따라서 이 수단과 목적의 경계면에서 조화와 균형과 통합을 꾀하는 중용의 영역은 여러 방면에서 매우 중요한 것이다.

이때 Han-Fan을 움직이게 하는 힘이 이데아이며 양陽이며 상생 오행相生五行의 원리이다. 그리고 Han-Fan을 멈추게 하는 힘이 현상계이며 음陰이며 상극 오행相剋五行의 원리이다.

그리고 그 음陰·양陽과 상극 오행相剋五行·상생 오행相生五行이 이중적二重的으로 존재할 수 있는 최적화된 비율이 '한의 제1법칙 100=45+55'이다. 이로써 음양陰陽과 오행의 원리, 즉 하도낙서河圖洛書의 원리도 설명된 것이다.

지금까지 한족漢族의 서적들에서 음양오행과 하도낙서 그리고 태극과 64괘가 어떤 원리로 성립되는 것인지에 대해 아무도 설명을 한 사람이 없었다. 그리고 혼돈 상태와 질서 상태라는 완전히 다른 상태로 존재한다는 사실도 그들에게서는 밝혀진 바가 없다.

질서 상태는 이 혼돈 상태에서 생겨난 것이다. 즉, '한의 제1법칙 100=45+55'가 그것이다. 이는 곧 수단·목적, 정의·도덕, 음·양, 상극 오행·상생 오행, 이·기, 경험론·독단론, 유물론·유심론을 통합한 상태이다. 그리고 이 모든 것은 천부경과

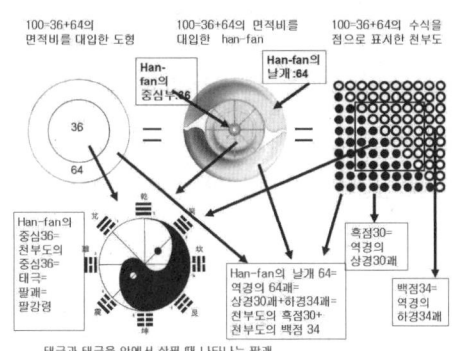

삼일신고와 366사에 내장된 수식과 도형과 이론 체계와 일치하는 것이다.

Han-Fan의 철학 실험이 명백하게 보여 준 것은 공적 영역의 존재이다. 그리고 더 나아가 공적 영역과 사적 영역의 비율이 정해졌다는 것이다. 즉, Han-Fan의 철학 실험은 혼돈 상태의 중심에 공적 영역과 사적 영역이 자리 잡는데 그 비율이 36:64일 때 소음이 최적화된 상태였다. 그럼으로써 우리는 에어컨의 크기를 줄여도 소음은 그 비율이 4:96일 때보다 훨씬 더 쾌적한 상태로 만들 수 있었다. 위의 그림이 한철학의 질서 상태와 Han-Fan의 철학 실험을 설명한다.

우리는 이 실험에서 '한의 제2법칙 100=36+64'가 공적 영역으로서의 태극이 조직체에서 하는 역할을 분명히 알게 된 것이다. 그리고 역동성과 속도가 직접 발생하며 다양한 변화가 일어나는 사적 영역이 64괘로 표현될 수 있음도 알게 된 것이다. 이제 우리는 태극과 64괘의 원리를 실험으로 밝혀내어 그 원리를 확정지은 것이다.

산업혁명 후 지금까지 서구와 일본의 엔지니어들이 사용해 온 Fan에는 공적 영역의 개념이 없었다. 이는 4:96이 비율이 잘 말해 준다. 이는 단지

'속임수와 폭력의 지배 법칙 1=100−99'의 사고의 틀이다.

이제 우리는 이제 음양오행과 태극과 64괘의 원리를 찾아 시간을 낭비하며 중국의 책을 뒤질 필요가 없게 된 것이다. 중국의 고서를 뒤져 보아도 그 책들에서 근본 원리를 찾을 수는 없다.

우리는 이제 이 실험을 통해 까마득한 고대 세계에 우리의 조상들이 음양오행과 태극과 64괘를 창조할 때 사용한 설계 원리와 만나게 된 것이다.

그리고 태극이 36수로 공적 영역을 이루는 것은 팔괘와 맞물린다. 즉, 태극을 여덟 방향에서 보면 팔괘가 되는 것이다. 그런데 왜 구괘나 칠괘가 아니라 팔괘인가? 천부경에서 숫자는 정확하게 떨어지도록 설계가 되어 있다. 그것은 여덟 개의 괘가 될 때 그 수가 36이 되기 때문이다. 즉, 1+2+3+4+5+6+7+8=36인 것이다.

또한 사적 영역의 64의 경우를 보자. 사적 영역은 공적 영역으로부터 에너지를 공급받아 시시각각 변화를 일으킨다. Han-Fan의 경우 바람을 일으키게 된다. 이는 태풍과도 같다. 그런데 자연 상태의 태풍의 바람은 그 모습이 단일한 것이 아니다. 그 바람의 강약과 장단들이 일으키는 변화는 수백 가지가 넘을 것이다. 그러나 우리는 그 모습을 64가지의 유형으로 압축하여 팔괘라는 부호로 구분할 수 있는 것이다. 이것이 소위 역경 또는 주역으로 불리는 변화의 책에서 설명하는 64괘의 원리이다.

이를 인간과 우주에 적용할 때 우리는 인간과 우주의 변화를 부호로 나누어 유형화할 수 있는 것이다. Han-Fan의 철학 실험이 보여 준 진정한 의미는 바로 이 태극과 팔괘와 64괘의 가장 근본적인 원리를 실현해 보여 주었다는 점에 있는 것이다.

5) Han-Fan의 실험 성공으로 밝혀진 과정적 민주주의의 원리

Han-Fan의 실험 성공이 의미하는 것은 '한의 기본 법칙 100=99+1'로 코페르니쿠스 이전의 유신론적 신중심주의와 그 후의 자연주의의 문제를

모두 극복했음을 의미한다. 그리고 '한의 제1법칙 100=45+55'로써 공동체 내부에 존재하는 모든 양극단의 대립 문제를 통합으로 해결했음을 의미하는 것이다. 즉, 이원론과 수직적 계층 구조로서는 영원히 해결할 수 없는 수단과 목적을 통합하고 나아가 정의와 도덕을 통합했음을 의미하는 것이다. 그리고 이제 그 바탕 위에 '한의 제2법칙 100=36+64'를 이루었음을 말하는 것이다. 이는 공적 영역과 사적 영역의 통합이다. 즉, 공적 영역인 정부와 사적 영역인 시민 사회가 하나로 통합되었음을 말하는 것이다.

이는 대중들이 스스로 공적 영역인 정부를 만들어 스스로가 스스로를 통치하고 사적 영역을 만들어 그 공적 영역의 통치를 스스로 받아들이는 상태를 만든 것이다.

바로 이 상태를 Han-Fan의 실험 성공이 말해 주고 있는 것이다. 다시 말하면 정부와 시민 사회의 조화를 1과 99의 행동의 틀로 설명하려는 시도는 헛수고에 지나지 않는 것임을 우리는 이미 알고 있다.

따라서 공적 영역으로서의 정부와 사적 영역으로서의 시장, 그리고 시민 사회의 조화와 통합은 '한의 제2법칙 100=36+64'에 아를 때 비로소 이루어진다는 사실이다. 이는 과정적 민주주의이다.

우리는 이제 Han-Fan의 실험 성공으로 민주주의는 과정적 민주주의의 형태를 지니고 그 상태마다 각각의 정밀한 이론 체계를 가진다는 사실을 비로소 알게 된 것이다. 그리고 이 원리가 또한 동양의 음양오행과 태극과 64괘의 참다운 원리라는 사실까지 확인하게 된 것이다.

6) Han-Fan의 실험 성공으로 밝혀진 정부와 시장의 조화

우리는 정부와 시장의 원리가 1과 99의 행동의 틀로는 설명할 수 없다는 사실을 이미 확인 했다. 정부와 시장 역시 생명의 과정에서 질서 상태에 이를 때 비로소 이루어짐을 알 수 있는 것이다.

즉, 대중들이 스스로가 스스로를 다스리는 공적 영역으로서의 정부가

확립될 때 사적 영역인 시장이 스스로 공적 영역의 다스림을 받는 영역으로 만들어질 때 비로소 정부와 시장의 조화가 이루어지는 것이다.

이는 참다운 과정적 민주주의가 성립하여 질서 상태에 도달할 때 비로소 정부와 시장이 최적의 조화와 통합이 가능함을 말하는 것이다. 이로써 과정적 민주주의가 성립되지 않는 상태에서 정부와 시장이 조화를 이루는 것은 불가능함을 말해 주는 것이다.

우리는 사회주의자들이 말하는 최상위 1%인 자본가들을 99%의 민중이 제거한다고 민중들이 민중들 스스로가 스스로를 통치하고 스스로 그 지배를 받는 민주주의가 이루어지는 것이 결코 아님을 안다. 마찬가지로 최상위 1%의 자본가들이 이기심으로 욕망을 추구한다고 99%의 민중이 만족할 수 없음도 분명한 것이다.

스티글리츠가 말한 정부와 시장의 문제는 바로 이 공적 영역으로서의 정부와 사적 영역으로서의 시장의 관계로 설명되는 것이다. 여기서 '한'은 국가의 최고 지도자이다. 그가 중심이 되어 공적 영역, 즉 태극인 정부를 책임지고, 공적 영역, 즉 태극은 스스로는 움직이지 않으면서 사적 영역, 즉 64괘인 시장의 모든 움직임이 부족함이 없도록 지원하는 것이다.

1과 99의 행동의 틀을 생명의 과정으로 전환할 때 참다운 민주주의가 이루어지고 나아가 정부와 시장도 조화를 이룰 수 있음을 바로 이 Han-Fan의 실험 성공이 말해 주는 것이다.

7) 실험으로 증명된 행동 철학

이론철학으로서의 한철학은 형이상학과 신학을 설명했다. 그러나 한사상은 이 실험을 통해 모든 행동 철학의 핵심 이론을 증명했음을 말하는 것이다. 즉, 한사상의 윤리학과 정치철학, 나아가 경제철학과 예술철학과 의철학醫哲學의 혼돈 상태와 질서 상태가 증명되었음을 의미한다.

그리고 이 실험으로 아리스토텔레스의 가능태·현실태 이론과 그의 논리학의 동일률, 모순율, 배중률 이론과 플라톤과 동중서의 이원론과 수직적 계층 구조 이론 전체가 현실과 전혀 맞지 않는 이론을 위한 이론에 불과함이 증명된 것이다.

32. 통일 상태―한의 제3법칙 100 = [36+64]

한의 제3법칙―통일 상태 100＝[36＋64]

질서 상태는 개인에게 수단과 목적과 이를 소통하고 통합하는 중용의 영역을 통합하여 그 중앙에 공적 영역인 머리가 그 외부에 사적 영역인 몸과 마음의 통합체를 움직임으로써 상상력과 판단력과 통찰력을 가지고 행동할 수 있는 상태였다.

국가에게는 정의와 도덕과 중용의 영역의 중앙에 공적 영역으로서의 정부가 그 외부에 사적 영역으로서의 시민 사회와 시장과 생산 영역을 상상력과 판단력과 통찰력으로 행동할 수 있는 상태였다.

개인과 국가는 이제부터 스스로의 상상력과 판단력과 통찰력으로 스스로를 움직이는 통제력을 가지고 또 그 통제력을 스스로 받아들임으로써 행동할 수 있게 되었다.

그러나 아무리 통합적이고 수평적 평등 구조에서 시작했고 또한 대중이 스스로가 스스로를 다스리는 공적 영역을 만들어 스스로가 이 공적 영역의 다스림을 받는 사적 영역을 이루었지만 역시 통제하고 통제받는 것에는 거북한 문제가 있다. 이 같은 관계는 인간 개인과 가정과 기업과 국가와 문명이 가진 잠재력을 어느 정도 사장시키게 된다.

따라서 공적 영역과 사적 영역이 혼연일체가 되는 통일 상태의 팔강령이라는 과정이 필요하다. 이 과정을 통해 통제하고 통제 당하는 관계로 해서 발생하는 불필요한 문제는 최적화된다. 그리고 이 통일 과정을 통해 비로소 공적 영역과 사적 영역은 하나로 맞물리며 하나로 통일된다.

(1) 통일 상태

이 통일 상태는 '한의 제3법칙 100=[36+64]'로 표시된다. 즉, 여기서 괄호란 공적 영역 36과 사적 영역 64가 완전히 하나의 전체로 통일된 상태를 의미한다. 이른바 국가를 비롯한 어떤 조직이든 그 조직이 살아 있는 생명체로서 가장 강력한 역동성과 빠른 속도를 갖기 위해서는 이 통일 과정이 필수적인 것이다.

이 통일 상태를 만드는 방법론이 곧 천부경·삼일신고와 함께 한겨레의 삼대 경전으로 불리는 366사의 팔강령八綱領이다. 이 팔강령은 팔괘에 의미를 부여한 것이며 팔괘는 태극을 여덟 방향에서 본 것이다. 따라서 통일 과정, 즉 팔강령은 태극과 팔괘의 진정한 의미를 처음으로 설명해 주는 소중한 자료인 것이다. 물론 366사에서 팔강령이 팔괘로 표시된 것은 아니다. 이는 내가 이 경전에서 처음으로 발견하고 의미를 복원한 것이다.

(2) 팔강령이란?

태극을 여덟 방향에서 보면 팔괘가 되고, 팔괘에 의미를 부여한 내용이 곧 팔강령이다. 계사전에서의 태극은 1로써 99를 계층화하는 개념이었다. 그러나 이 팔강령의 태극은 36인 공적 영역으로서 64인 사적 영역과 하나가 되어 혼연일체가 되는 태극이다.

통일 과정론이란 아무리 스스로가 스스로를 다스리고 다스림을 받는다 해도 그것은 평등한 인간에게는 어색한 것이다. 따라서 공적 영역은 다스리는 입장에서 사적 영역에게 할 수 있는 모든 정성과 믿음과 사랑과 구제

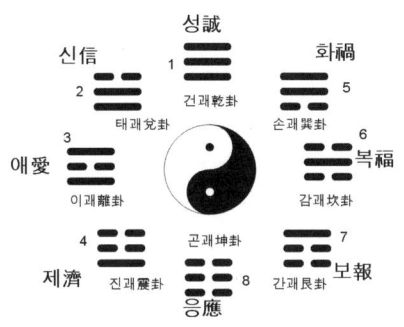

팔강령八綱領과 팔괘八卦

성誠
신信   1
2   건괘乾卦
    태괘兌卦
화禍   5
손괘巽卦
       6
애愛   3
                복福
이괘離卦   감괘坎卦
    4   곤괘坤卦   7
제濟   진괘震卦   간괘艮卦   보報
        8
        응應

를 다해서 다스림을 받는 사적 영역과 간격이 생기지 않도록 해야 한다.

이 통일 과정에서 만일 속임수나 폭력이 있었다면 다스림을 받는 사적 영역은 공적 영역을 인정하지 않고 그 지도자를 끌어내릴 수 있다. 그 정도가 심하면 살

해할 수도 있는 것이다. 이는 공동체의 재앙이 된다.

그러나 공적 영역이 베푼 정성과 믿음과 사랑과 구제가 진실하다면 사적 영역은 그 다스림을 기꺼이 받아들여 사랑받은 만큼 복이 되고, 믿음을 받은 만큼 보답이 되고, 정성을 받은 만큼 응함이 있게 된다. 이로써 공적 영역과 사적 영역은 혼연일체가 될 수 있는 것이다.

이제 더 이상 다스리고 다스림을 받는 관계가 어색하거나 불편하지 않게 되는 것이다. 이제 공적 영역과 사적 영역은 하나가 되어 행복을 찾아나설 수 있게 된 것이다. 더 자세한 내용은 『366사(참전계경)—개정판—』(지혜의 나무, 2007년)을 참고 바란다.

제4부

행복론, 홍익인간론

지금까지 동서양의 철학자들은 단지 머릿속에서 생각만 하든지, 아니면 생각 없이 단지 육체적인 행위만 하던지, 그것도 아니면 몸과 마음을 대립시키는 식물인간이 되든지 또는 양자 모두를 파괴하든지 중 하나를 선택한 것에 지나지 않는다. 그 상태에서 쾌락과 행복을 논한 것이다. 정치철학에서는 놀랍게도 이 상태에서 복지福祉를 논한 것이다. 이 경우 복지가 아니라 생존이다.

한사상은 이제 이 질서 상태와 통일 상태를 이루어 행동을 할 수 있게 됨으로써 이제야 비로소 행복을 현실에서 찾아 나설 수 있게 된 것이라고 말한다. 국가에서는 이제야 복지福祉를 찾아 나설 수 있게 된 것이다. 인간이 인간성을 가지고 자유의지로 행동할 수 있을 때 대자연과 하나가 되어 대자연이 주는 혜택을 받아 물질에 있어서 부족함이 없는 풍요로움을 누리는 행복을 가질 수 있다.

이 상태가 성취상태이다. 이 성취상태는 아나키즘이 꿈꾸던 무정부 상태보다 더 자유롭고 평등한 공동체가 만들어진다. 그리고 이 상태에서 공산주의가 꿈꾸던 생산 수단의 공유가 폭력 혁명이 아니라 자연스러운 행동에 의해 이루어진다. 이 성취상태를 우리의 조상들은 재세이화라고 했다.

하지만 한사상은 이 정도에서 인간의 행복과 국가의 복지가 만족스럽게 이루어진다고 말하지 않는다. 진정한 행복과 복지는 인간으로 태어나 겪는 모든 인간사로부터의 고통을 극복하는 일이다. 더 이상 인간이 인간으로 인하여 불행하지 않고 대신에 인간이 인간으로 인해 행복해질 수 있는 상태를 만들 수 있을 때 비로소 인간은 쾌락을 얻고 행복해질 수 있게 된다.

또 이러한 국가를 만들 수 있을 때 그 국가는 복지, 그리고 나아가 태평을 이룰 수 있다. 이 상태가 한사상의 완성상태이다. 그리고 우리의 조상들은 이 상태를 홍익인간이라고 했다.

개인의 행복과 국가의 태평은 이 홍익인간에 이르러서야 비로소 이루어진다. 그동안 사람들은 1과 99의 행동의 틀에서 복지와 행복을 논해 온 것이다. 또한 그 틀에서 홍익인간을 논한 것이다.

재세이화와 홍익인간이 말하는 행복은 공동체가 하나가 되어 대자연을 최적화하고 인간사회를 최적화함으로서 얻어지는 것이다. 즉, 지속가능할 뿐 아니라 생명의 과정으로 최적화된 대자연과 인간사회를 이룸으로써 개개인은 행복을 누리고 국가는 태평을 이룰 수 있는 것이다.

우리의 한겨레의 조상들이 나라를 세우는 개천을 통해 말한 재세이화와 홍익인간은 바로 이 행복론과 태평론이다.

제8장 한사상의 과정론 2─공완功完

성취상태와 완성상태야말로 인간이 그 단위가 무엇이든 행동을 해서 의식주로부터 자유로워지고 인간이 인간을 통해 행복을 얻는 원리이다.

(1) 동서양의 철학자가 말하는 행복

그렇다면 한사상에서 말하는 행복과 태평과 동서양의 철학자들이 말하는 행복과 태평은 어떻게 다른가?

플라톤은 『필레보스』에서 인간의 행복은 정신적 활동을 통해 얻어지는 것으로 생각했다. 그리고 인간의 정신 기능 중에서 가장 높은 기능은 이성이다. 따라서 가장 행복한 생활은 이성의 기능이 충분히 발휘되는 생활이라고 생각했다.

플라톤은 이성 중 어느 것이 진리에 가까운가에 대해 "쾌락은 모든 것 중에서 가장 속임수가 심하며, 흔히 말하는 바와 같이 가장 큰 쾌락이라고 생각하는 색정色情에 있어서의 쾌락은 아이들처럼 극히 적은 이성도 지니지 않는다."[309]고 말한다.

플라톤은 몸이 없는 유령이나 얻을 수 있을 것 같은 쾌락을 주장한다. 그러나 행복은 정신적 쾌락으로 얻기에는 육체적인 욕구가 너무 크다. 몸

309) 플라톤, 『플라톤 전집 전6권─필레보스』, 최문홍 역, 성창문화사, 1986년, 410쪽.

300

과 마음을 통합해도 행복을 얻기는 불가능하다. 공적 영역으로서의 머리가 아직 나타나지 않았고, 몸과 마음을 통합한 사적 영역도 아직 나타나지 않았기 때문이다. 아직 머리로 생각조차 할 수 없고 몸과 마음을 통제조차 못하는 상태에서 무슨 쾌락이 있고, 무슨 행복이 있겠는가?

플라톤이 바라는 가장 행복한 생활은 이성의 기능이 충분히 발휘되는 생활이라고 생각했다. 이 이성으로 얻는 행복이야말로 하나의 기하학적 점이다. 최상위 1%인 이성을 가지면 99%인 몸과 마음의 행복을 얻을 수 있다는 생각인 것이다.

아리스토텔레스는 "완전한 좋음은 자족적이며……우리는 행복이 바로 그렇게 자족적이라고 생각한다.……행복은 완전하고 자족적인 어떤 것으로써 행위를 통해 성취할 수 있는 것들의 목적이다."310)라고 말한다.

아리스토텔레스의 말은 목적이 되는 행복을 얻기 위해 행위라는 수단을 사용한다는 것이다. 그 경우 행위라는 수단을 사용하는 동안은 목적에 도달하지 못한다. 즉, 아리스토텔레스가 목적으로 삼는 다는 행복은 기하학적 점이 된다.

이 역시 최상위 1%의 이성으로 99%의 몸과 마음을 지배하여 행복을 얻을 수 있다는 생각인 것이다.

뜻밖에도 인생의 목적은 쾌락이라고 말하는 에피쿠로스는 그 쾌락이 검소와 절제를 통한 몸과 정신의 평정 상태에서 얻어지는 것이라고 한다. 즉, "방탕자들의 쾌락이나 성적 향락 속에 있는 쾌락이 아니고, 몸에 괴로움이 없는 것과 혼에 동요가 없는 것에 다름이 아닌 것이다."311)라고 말한다. "오히려 모든 선택과 기피의 원인을 찾아내거나, 또 극도의 동요가 혼을 파악하게 되는 여러 가지 사고를 몰아내는 각성한 분별이야말로 쾌적한 생활을 가져오는 것이다. 그런데 그와 같은 것 모두의 출발점이고 또 최대

---

310) 아리스토텔레스, 니코마코스 윤리학, 1097b 5~15, 1097b 20.
311) 디오게네스 라에르티오스, 『그리스 철학자 열전』, 전양범 역, 2008년, 동서문화사, 661쪽.

의 선인 곳은 사려(프로네시스)이다."312)

에피쿠로스는 몸과 정신의 평정 상태에서의 사려야말로 쾌락을 가져다 준다고 말하고 있다. 이 상태에서 인간은 자신이 행복하기 위해 사용할 수 있는 수단을 평정한 마음으로 사용하는 방법을 일러준다. 에피쿠로스에게 는 플라톤이 말하는 순수한 지식을 사랑하는 철학이 무시되고 있다.

그러나 에피쿠로스가 말하는 모두의 출발점이고 또 최대의 선이며(순수한 지식애로서의), 철학보다도 더욱더 존귀하며, 그 이외의 모든 덕은 낳게 되는 사려(프로네시스) 역시 하나의 기하학적 점이다.

그러나 행복은 최상위 1%를 차지하는 기하학적 점을 확보한다고 얻어 질 수는 없다. 행복은 어떤 고정불변의 기하학적 점이 아니라 언제나 변할 수 있는 삶이 가장 최적화된 상태인 것이다. 즉, 수단과 목적과 중용이 통 합되어 진행되는 삶의 상태이다. 삶에서 행복한 상태가 되지 못하는 경우 에도 삶이며, 행복한 경우에도 삶이다. 행복해진다는 것은 행복하지 못한 상태에서 행복한 상태로 만드는 것이다.

행복한 상태에서도 언제든 불행한 상태가 될 수 있다. 행복은 목적이나 수단이 아니라 수단과 목적이 통합된 삶의 정상적인 상태 중에서도 최적 의 상태를 말한다. 그 상태마저도 전체 과정 안에서 고정불변이 아니라 수 시로 바뀌는 것이다. 더 좋은 상태에서 더 만족스러운 행복을 누릴 수도 있고, 언제든 갑자기 나락으로 떨어져 불행해질 수도 있다.

한사상은 바로 이 전체 과정 안에서 불행에 빠지지 않고 더 나은 행복을 추구할 수 있는 길을 제시하는 것이다. 이러한 역동적 과정이 아리스토텔 레스의 동일률同一律 A＝A로 상상이라도 할 수 있겠는가?

개인의 경우는 수단과 목적과 중용을 통합하여 생명의 과정을 진행함으 로써 행복을 추구할 수 있다. 국가의 경우는 정의와 도덕과 중용을 통합하 여 생명의 과정을 진행함으로써 태평을 추구할 수 있는 것이다.

---

312) 디오게네스 라에르티오스, 『그리스 철학자 열전』, 전양범 역, 2008년, 동서문화사, 720쪽.

이 역시 아리스토텔레스의 동일률과 모순율과 배중률을 극복하지 않고는 이루어질 수 없는 것이다.

(2) 한사상의 공완

한사상의 공완은 인간이 공적 영역과 사적 영역이 완전히 하나가 된 혼연일체의 상태에서 현실적인 행복을 추구하는 상태이다. 플라톤과 동중서 이래의 동서양 철학에서는 단지 '한의 기본 법칙인 100＝99＋1'의 상태조차 이르지 못한 상태에서 쾌락과 행복을 얻을 수 있다고 생각한 것과는 감히 비교조차 할 수 없는 차원의 쾌락과 행복인 것이다. 공완은 성취상태에서 완성상태로 이어지는 것이다.

33. 성취상태—한의 제4법칙 81 = 36 + 45

한의 제4법칙—성취상태 81＝36＋45

통일 상태에서 공적 영역과 사적 영역이 완전히 하나가 되어 행동할 수 있게 되었다. 그 다음은 사적 영역이 스스로 자율성을 확보하는 것이다. 즉, 국가의 경우 통일 상태 사적 영역인 시민 사회와 시장과 생산 영역이 공적 영역인 정부와 혼연일체가 되었다. 그렇다면 이제부터는 사적 영역이 자율성을 확보하여 공적 영역의 도움 없이 스스로가 스스로를 다스리고 다스림을 받는 상태가 되어야 할 것이다.

이 상태에서 시민 사회와 시장과 생산 영역은 더 이상 정부에 기대지 않는다. 물론 그렇다고 정부가 할 일이 없는 것은 아니다. 여전히 공적 영역인 정부는 정부로서의 고유의 영역이 있다. 하지만 사적 영역이 스스로 자율성을 확보함으로써 정부의 업무는 대폭 줄어들게 되며, 또한 상당한 권력이 사적 영역으로 이양되게 되는 것이다.

(1) 성취상태의 자율성 확보와 대자연의 최적화

성취상태에서는 사적 영역을 차지하는 여러 공동체들이 스스로 자율성을 확보한다. 그럼으로써 여러 공동체들이 발휘할 수 있는 능력을 최적화할 수 있는 것이다.

시민 사회와 시장과 생산 영역은 이제 정부에서 받을 수 있는 필요한 여러 가지 지원은 받되 스스로가 스스로를 통치하는 자율성을 확보한 것이다. 그럼으로써 시민 사회는 민주주의를 최적화시킬 수 있다. 또 시장은 시장이 발휘할 수 있는 능력을 최적화할 수 있다. 또한 생산 영역은 최적화된 생산을 이룰 수 있다.

이는 모두 주어진 자연을 상대로 하여 자연을 최적화하는 일과 연관이 있는 것이다. 가장 자유롭고 평등한 민주주의가 이루어지는 공동체들이 가장 최적화된 생산과 교환과 분배를 이루어 의식주 문제를 완전히 극복함으로써 더 이상 물질에 대한 문제로 인간이 고통 받는 일이 없게 되는 것이다.

이 상태에서는 깨끗함淸이 국가 전체를 움직이는 힘이 된다. 따라서 물질을 생산하고 교환하고 분배하는 일에 누구도 부정부패를 범하는 사람이 없게 되는 것이다. 그야말로 정의가 전면적으로 성취되는 상태이다.

(2) 성취상태와 아나키즘

중국 고대의 요 임금은 왕이 백성에게 정치의 고마움을 알게 하는 정치를 좋아하지 않았다. 그보다는 정치가 있는지조차 전혀 느끼지 못하게 하는 정치가 참다운 정치라고 생각했다. 이 정치를 말하는 노래가 곧 격양가 擊壤歌이다.

"해가 뜨면 들에 나가 일하고, 해가 지면 집에 들어와 쉰다. 우물 파서 마시고, 밭을 갈아 배를 채우니, 내 살아가는 데 임금의 힘이 있으나 마나 일세."313)

요 임금은 이 노래를 듣고 크게 만족하여 "과시 태평세월이로다."라고 했다고 한다. 도교의 창시자 노자도 이 정치를 무위無爲라고 하여 정치의 기본을 삼았다.

여기서 요 임금이 말하는 태평 시대가 되려면 생명의 과정의 모든 상태를 거쳐 성취상태까지 와야 한다. 그래서 공적 영역이 분명히 역할을 해야 한다. 그리고 사적 영역 스스로가 스스로를 다스리고 스스로의 지배를 받는 자율을 확보해야 한다.

즉, 국가의 공적 영역과 사적 영역이 모두 자율화되어 그 능력이 최적화되고 또한 정의가 성취되어 조금의 부정부패도 용납되지 않는 상태가 성취상태다.

이 상태에서 국민들에게 국가는 사실상 존재하는지조차 모르게 된다. 그리고 시민 사회와 시장과 생산 영역이 힘을 가지고 자유롭고 평등하게 행동하게 된다. 아나키스트들이 생각했던 이상 사회가 바로 이 사회인 것이다.

19세기 중엽 프랑스인 샤를르 달레(Claude Charles Dallet)는 다음과 같이 조선 사회의 모습을 기록했다.

"어떤 집이 화재나 홍수나 그 밖에 무슨 사고로 부서졌을 때는, 이웃 사람들은 다시 집을 짓기 위해, 어떤 사람은 돌을, 어떤 사람은 나무를, 어떤 사람은 짚을 부랴부랴 가져다주고, 또 그런 재료 이외에 모두들 이틀 사흘씩 일을 해 준다. 한편 어떤 사람이 마을에 이사 오면 모두들 그를 도와

---

313) 日出而作 日入而息 鑿井而飮 耕田而食 帝力于我何有哉

오두막집을 세워 준다."314)

의식주 중에서 가장 비용이 많이 드는 내 집 마련이 가장 큰 사건임은 옛날이나 지금이나 마찬가지이다. 그러나 한겨레 공동체에서는 고대 이래 조선까지도 내 집 마련은 이렇게 누워서 떡먹기처럼 쉬운 것이었다. 한겨레 공동체에서 재세이화가 어떻게 이루어지는가를 잘 말해 준다.

이 간단한 예 하나만 보아도 조선시대의 일반 서민들은 동중서식 중화주의에 물든 유교식 관리들과는 달리 성취상태, 즉 재세이화에 도달해 있었음을 알 수 있다. 그리고 이는 고대로부터 내려온 전통임도 알 수 있는 것이다. 또한 성취상태가 이루어질 정도면 그 이전의 모든 상태가 최적화되어 있었음을 알 수 있는 것이다.

그러나 아나키스트들은 단지 1과 99의 행동의 틀에서 1인 최상위 1%의 지배자를 제거하면 99%가 자유롭고 평등한 사회를 만들 수 있다고 생각한 것이다. 물론 크로포트킨과 같은 사람은 『만물은 서로 돕는다』에서 상호부조의 원칙 등에 대해 탁월한 식견을 보여 주었다. 하지만 아나키스트들이 원한 무정부주의 사회는 이처럼 전체 과정의 모든 상태들을 하나하나 최적화한 다음에 성취상태가 될 때 비로소 오게 되는 것이다.

바로 이 상태를 우리의 조상들은 재세이화在世理化라고 한 것이다. 재세이화야말로 우리가 추상적으로 말할 뿐 그것이 무엇인지 설명할 수 없었던 무정부주의와 무위를 현실에서 이룩하는 상태인 것이다.

(3) 성취상태와 공산주의

공산주의는 상부 구조의 의식이나 관념이 역사를 움직이는 원동력이 아니라 토대인 하부 구조의 물질적 생산력이 역사를 움직이는 원동력이라는 유물사관을 주장한다.

---

314) 샤를르 달레, 『조선교회사 서론』, 정기수 역, 탐구당, 1975년, 250쪽.

마르크스는 고타강령에서 프롤레타리아트 독재를 주장했다. 이는 곧 플라톤식 지배 구조를 완전히 거꾸로 뒤집은 방식을 채택하겠다는 것이다.

한사상은 마르크스의 특히 이 독재 지배에 대해 반대하는 것이다. 그 독재가 누구의 독재이든 독재는 1과 99의 행동의 틀에서 나오는 속임수와 폭력을 수반한다. 그리고 나아가 이 독재는 광기와 학살로 이어지는 것이 이 행동의 틀의 법칙이다. 우리는 이미 스탈린과 폴 포트에게서 이 행동의 틀의 법칙을 확인하지 않았던가? 독재가 누구를 위한 독재이든 무엇을 위한 독재이든 그것은 무조건 100% 속임수이기 때문이다.

그리고 마르크스가 말한 생산 수단을 공유화하는 것은 이 성취상태에서 자연스럽게 이루어지는 것이다. 시민 사회가 최적의 민주주의를 행사하고, 시장이 최적의 자율화를 이루고, 생산 영역이 최적의 생산을 이룰 수 있는 상태에서 부정부패가 완전히 사라진 국가라면 시민들이 생산 수단을 사유화할 이유가 없다.

이미 국가의 모든 구성원들이 필요한 의식주의 문제를 모두 해결하고 모든 부패와 사치와 허례허식을 극복한 깨끗한 사회에서 구태여 생산수단을 개인이 붙들고 있을 이유가 어디에 있는가?

이 생산 수단은 부정부패 없이 깨끗하게 운영되는 국가나 공기업에게 맡기고 개인들은 자유롭고 평등한 상태에서 행복을 추구하는 것이 자연스러운 것이다.

이제 국가의 모든 구성원들은 의식주의 속박에서 완전히 벗어나 최적의 물질적 풍요로움을 향유하는 행복을 누릴 수 있다. 개인은 이 상태에 이르러서야 비로소 현실적인 행복을 누리게 되는 것이다. 그리고 국가는 태평에 이르게 되는 것이다.

진정한 공산주의는 이렇게 소리 소문 없이 조금의 속임수나 폭력 없이 공개적으로 자연스럽게 다가오는 것이다. 물론 국가는 없는 것과 다름없지만 역사상 그 어느 국가보다 강력하게 존속한다.

① 국가의 소멸과 공산주의

엥겔스는 공산주의로 인해 계급이 소멸됨에 따라 국가도 소멸될 것을 본다. 이 역시 이원론적 발상인 것이다. 즉,

"계급의 소멸은 과거에 그 발생이 불가피했던 것처럼 불가피하다. 계급의 소멸과 함께 국가도 불가피하게 소멸할 것이다. 생산자들이 자유롭고 평등한 결함에 기초하여 생산을 새로이 조직하는 사회에서는 전체 국가기구를 그것이 응당 가야 할 곳으로, 즉 물레나 청동 도끼와 나란히 진열된 고대 박물관으로 보낼 것이다."315)

그러나 정작 물레나 청동 도끼와 함께 나란히 진열된 박물관에 보내질 것은 마르크스와 엥겔스의 공산주의 이론을 비롯하여 플라톤에까지 거슬러 가는 이원론과 수직적 계층 구조 그 자체인 것 같다. 물론 동중서의 중화주의 음양오행론도 빠질 수 없다.

(4) 과정적 민주주의의 성취와 재세이화 : 두레

성취상태는 사적 영역이 공적 영역화되면서 이루어진다. 즉, 사적 영역이 시작과 끝을 제거함으로써 가능한 경우이다. 즉, 사적 영역 64-(시작의 수 9+끝의 수 10)=45가

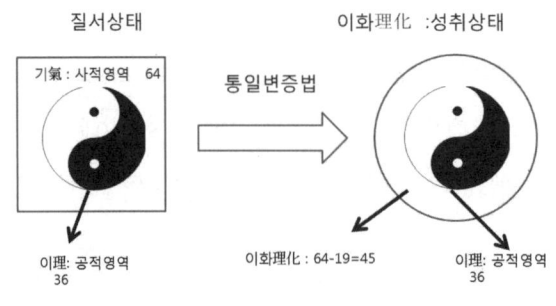

질서상태에서 성취상태로 혁신

질서상태   이화理化 :성취상태

기氣 : 사적영역 64   통일변증법

이理: 공적영역 36   이화理化 : 64-19=45   이理: 공적영역 36

---

315) 프리드리히 엥겔스, 『가족의 기원』, 김대웅 역, 도서출판 아침, 1985년, 195쪽.

된다. 이는 필변의 영역인 기氣가 이화理化된 상태인 것이다. 이 원리가 366사의 상하경에 그대로 나타나 있다. 즉, 366사의 상경이 21훈이고 하경이 24훈으로 합하면 45훈이 된다.[316] 즉, 이는 필변의 영역이 최적화되어 불변을 추구하는 영역이 된 것이다. 이를 우리의 조상들은 재세이화在世理化라고 했다. 이를 우리말로는 두레라고도 한다.

이를 공적 영역 36과 합하면 36+45=81이 되는 것이다. 여기서 한의 제4법칙이 설명된다. 즉, '한의 제4법칙 81=36+45'가 되는 것이다.

이 한의 제4법칙이 개인에게 적용되어 가능 상태로 돌아갈 때는 '한의 제0법칙 81=(36+45)'가 되었다. 성취상태와 가능 상태는 같은 수식이지만 가능 상태는 괄호 안에 존재한다. 이 괄호는 태아가 어머니의 자궁 속에서 보호를 받으며 행복을 누리는 상태이다.

① 두레

두레는 곧 원둘레와 같이 둥그런 둘레를 의미하며, 그것은 곧 태양의 밝음이 미치는 영역이며, 또한 인간이 태양처럼 둥그렇게 하나로 모인 공동체를 의미한다. 우리나라의 결사의 명칭인 도(徒 circle) 접(接 face to face) 계(契 association) 사(社 circle)가 모두 두레를 한역漢譯한 것[317]임도 확인할 수 있다.

우리의 역사에서 도徒가 처음으로 나오는 것은 삼국유사의 단군설화에서 '한웅솔도삼천雄率徒三千[318]'이다. 여기서의 도徒는 곧 두레이다. 삼국지三國志 위서魏書 동이전東夷傳 진한辰韓 조에서 우리의 조상들을 서로를 도라고 불렀다는 기록이 있다. 즉, '상호개위도 相呼皆爲徒'라는 것이다. 여기서

---

316) 366사(참전계경) 참조.

317) 이병도, 『고대남사당』, 서울대학교논문집 제1집, 1954년(신용하, 「두레공동체의 농악과 사회사」, ≪한국사회연구≫ 제2집, 한길사, 1984년, 13쪽에서 재인용).

318) 雄率徒三千 降於太伯山頂(卽太伯今妙香山) 神壇樹下 謂之神市 是謂桓雄天王也. 「三國遺事」

도徒를 두레라고 해석[319]한 것은 탁월하다.

단체 내지 경기 단체, 유흥 단체의 성격을 띤 것으로 생각되었다. 즉, 화랑도花郎徒, 동학도東學徒, 향도香徒의 도徒를 두레로 본 것이다. 고려의 유명한 사학 십이도私學十二徒 역시 학문 분야의 두레로 볼 수 있는 것이다.[320]

두레는 나라 자체를 의미하기도 한다. 즉, "백제를 '구다라'라고 부른 것은 큰 해(大日, 대태양)라는 뜻의 고대 한국말인데, 그것을 다시 한자로 옮겨 일본이라 한 것"[321]이다. 여기서 구다라가 큰 태양이라는 말은 곧 구다라가 '큰 밝음의 영역', 즉 '큰 두레'라는 말과 다른 것이 아니다. 백제가 구다라라는 것은 곧 여러 두레들이 하나가 된 큰 두레라는 의미이다. 여기서 구다라를 큰 태양으로 부른 것은 태양의 영역이라는 의미이다. 백제의 담로擔魯 역시 다라이며, 이는 곧 두레이다.

또한 제주도의 옛 이름인 탐라耽羅 역시 담로나 다라와 같은 말로서 두레이며 제세이화를 의미하는 '밝음의 영역'이다. 탐라의 경우 이 태양의 밝음의 영역이 상징하는 두레가 나라의 이름으로 사용된 것이다. 제세이화를 이루는 공동체로서의 두레가 있음으로써 그 다음 상태인 완성상태, 즉 홍익인간의 상태로 혁신할 수 있는 것이다.

34. 완성상태─한의 제5법칙 366 = 384 - 19 + 1

한의 제5법칙 완성상태 66 = 384 - 19 + 1

개인과 공동체가 성취상태에 이르렀다고 개인이 충분히 행복하고 국가

---

319) 이병도, 『한국고대사회와 그 문화』, 서문문고, 1978년, 23쪽.
320) 이병도, 『한국고대사회와 그 문화』, 서문문고, 1978년, 24쪽.
321) 한국학연구회의 역사강좌에서 김선기 박사가 상세히 발표한 내용.
    최태영, 『한국 고대사를 생각한다』, 눈빛, 2002년, 190쪽.

가 충분히 태평한 것은 전혀 아니다. 인간의 희망과 욕구는 생각보다 훨씬 더 크기 때문이다.

아무리 물질적인 풍요를 얻어 부족함이 없다 해도 인간이 인간이고 또한 국가가 인간으로 이루어진 이상 인간사에는 무수한 사건들로 얽히고설켜 있기 마련이다. 이 모든 사건들을 최적화할 수 있는 국가야말로 진정한 국가인 것이다. 그러나 그 사건의 최적화를 이루는 자는 국가만이 아니다. 공동체 구성원들 모두이다. 국가 안의 모든 크고 작은 공동체들의 구성원들 모두가 나서서 스스로 힘을 모아 모든 문제를 해결할 수 있을 때 가능하다. 이 사건들이 모두 최적화될 수 있는 상태가 곧 완성상태다. 하지만 성취상태까지 이른 국가가 없다면 공동체의 구성원들에 의해 만들어지는 이 일 또한 불가능하다.

그리고 국가들 사이에서도 어느 한 국가만 생명의 과정을 성취하는 것으로 그 국가가 태평을 누리지는 못한다. 다른 국가들도 생명의 과정을 진행하여 함께 성취상태까지 와야 어느 한 국가도 태평에 이른다. 그리고 그역시 충분한 것은 아니라. 모든 국가가 완성상태에 이를 때 비로소 태평에 이르는 것이기 때문이다. 바로 이 전 인류적 공완의 사업을 전 인류 차원에서 추구하는 자가 한겨레 문명이다.

이 한사상의 완성상태에 이르러 비로소 개인은 행복을 누리고, 국가는 태평함을 얻었다고 말할 수 있는 것이다. 이른바 인류가 그토록 갈망해온 평등은 바로 이 완성상태에서 이루어진다. 따라서 평등만큼 얻기 어렵고 귀한 것도 없다. 이 평등을 이원론에서 그것도 폭력 혁명으로 얻으려했다는 자체가 어처구니없는 억지인 것이다.

(1) 한사상의 홍익인간에 대한 기록들

한사상을 창조하고 실현하던 우리 한겨레가 중원에서 물러나 한반도로 이동했다. 그러나 하나의 전체적인 이론 체계를 이루던 한사상이 중국의 학문에는 파편들이 되어 흩어져 존재하고 있다.

그리고 그 내용은 추상적인 것으로 변질되어 꿈속의 이상세계를 그리는 모양새가 되어 있다. 특히 홍익인간의 경우가 그러하다. 홍익인간은 한사상의 완성상태로서 전체적인 생명의 과정 이론 체계 안에서 이해할 때 비로소 현실화될 수 있는 내용이 된다. 그러나 홍익인간만 떨어져 나와 부분적으로 설명하게 되면 이는 마치 플라톤과 동중서의 이원론이 되고 만다. 즉, 플라톤의 이데아가 곧 홍익인간이 되고 마는 것이다. 이 같은 현상은 오늘날의 학자들에게도 흔한 현상이지만 이미 고대에서부터 발견된다.

① 예기禮記와 대동 사회

중국의 학자들은 이 예기의 대동사상을 이원론으로 이해하는 경향이 있었다. 즉, "순자 계열은 소강小康을 주장하고, 맹자 계열은 대동大同을 이상으로 하였다."322) 소강은 소란하던 세상이 안정을 되찾는 상태를 말한다. 대동은 이상 사회이다. 이를 이원론으로 보면 소강은 현상계이며 가능태이고, 대동은 이데아이고 현실태가 될 것이다.

한사상이 설명하는 대동은 이와 같은 이원론의 내용과는 전혀 다른 차원의 것이다. 한사상이 말하는 대동은 홍익인간이기 때문이다. 이원론으로 생각한 소강과 대동을 통합해도 그것은 아직 혼돈 상태에도 이르지 못한 것이다. 그런 상태에서 무슨 태평을 논할 수 있겠는가? 소강을 주장하거나 대동을 주장하는 식의 이원론은 결국 동중서의 양존음비의 이원론에 지나지 않는 것이다.

청나라 때 강유위康有爲는 그의 대동서大同書에서 이렇게 말한다. "내가 난세에 태어나서 이 세상의 고통을 눈으로 보고 이것을 구제하리라 마음을 먹고 곰곰이 생각해 보니 오직 대동 태평大同太平의 길을 택하는 것만이

---

322) 이충렬, 「中國近代思想의 主派(강유위, 양계초, 손문, 『大同書 외』, 삼성출판사, 권덕주 외, 1982년, 25쪽).

유일한 방법이라는 것을 깨달았다.……대동의 도는 지평至平·지공至公하고 지인至仁하니 최선의 치도治道이다."323)

그러나 강유위가 그린 대동 세계는 역시 이데아와 같은 이상 세계일 뿐 동중서 이래의 이원론을 극복하지는 못했다. 예기는 대동 사회를 이렇게 말한다.

"사람들은 자기 부모만을 친애하거나 자기 자식만을 자애하는 일이 없었다. 노인으로 하여금 편안하게 그 수명을 마칠 수 있게 하고, 정년으로 하여금 그 힘을 충분히 발휘할 수 있게 하며, 어린이로 하여금 건전하게 자랄 수 있게 하고, 홀아비와 과부 그리고 부모 없는 자식과 자식 없는 노인 또한 고칠 수 없는 병약자도 다 부양을 받을 수 있게 하며,……"324)

노동 능력이 없는 노인이나 어린이는 부양받을 수 있도록 하고, 사회적 약자들에게는 사회 보장적인 제도로 그들의 문제를 보살폈다는 것이다.

이는 인간이 만든 공동체 모두에게서 일어나는 사건들을 최적화하겠다는 의지가 담겨 있다. 즉, 완성상태이며 홍익인간이다. 그러나 이 홍익인간이 그 이전에 해결해야 할 과정의 여러 상태들 중 하나라도 해결하지 못했다면 이는 불가능한 일이 된다.

즉, 성취상태인 재세이화를 통해 의식주가 완전히 해결된 상태가 아니라면 그 공동체에서 일어나는 사건들을 최적화하기에는 역부족이 되는 것이다. 예기禮記가 말하는 대동 사회의 모습을 보자.

"재물은 땅에 버려지는 것을 싫어하지만 반드시 자기 혼자만을 위해 숨겨 두지 않았으며, 힘이란 반드시 사람의 몸에서 나오는 것이지만 반드시 자기 자신의 사리를 위해 사용하지는 않았다. 풍습이 이러했으므로 간악한 음모가 닫히어 일어날 수 없었으며, 절도竊盜나 난적亂賊이 일어날 수가 없

---

323) 강유위, 『大同書』, 삼성출판사, 권덕주 역, 1982년, 66쪽.
324) 『禮記 禮運篇』.
　　고인부독친기친 부독자기자 사노유소종 장유소용 유유소장 환과고독폐질자 개유소양.
　　故人不獨親其親 不獨子其子 使老有所終 壯有所用 幼有所長 矜(鰥)寡孤獨廢疾者 皆有所養

313

었다. 그러므로 집집마다 대문을 잠그지 않고 편안하게 살 수 있었다."[325]

어떤 공동체이든 도둑과 난적이 일어나지 않고, 재물을 혼자 가지지 않고, 힘을 사사롭게 사용하지 않기 위해서는 반드시 길고도 험난한 생명의 과정이 필요하다. 하물며 플라톤과 동중서 이래 이원론과 수직적 계층 구조로 이 평등을 구하겠는가?

우리 한겨레 공동체는 예기에서 말하는 이 대동세계, 즉 재세이화와 홍익인간에 이미 도달해 있었다. 후한서後漢書 동이열전東夷列傳의 예濊 조에서 우리의 조상들을 중국인들이 이렇게 설명하고 있다. 즉,

"그 사람들은 서로 훔치는 일이 없어서 문을 닫지 않고 살았으며."[326]

후한서後漢書 동이열전東夷列傳의 진한辰韓 조에서는,

"시집 장가드는 일에는 예로써 하고 길 가는 자는 서로 양보한다."[327]

또한 삼국지三國志 위서魏書 오환선비동이전烏丸鮮卑東夷傳의 부여夫餘 조에서 말하기를,

"그 사람들의 외모는 소박하고 장대하며, 성품은 강건하고 용감하며, 근실하고 후덕하며, 남을 해치거나 도둑질하지 않는다."[328]

이 기록들은 고대 한겨레의 조상들은 이미 그 공동체가 재세이화와 홍익인간, 즉 공원에 이르리 주어진 모든 사건들을 스스로 최적화하고 있음을 보여 주고 있다. 제주도에서는 오늘날까지도 이 공완이 삼무三無로 전해진다. 도둑 없고盜無, 거지 없고乞無, 대문 없다大門無는 것이 그것이다.

이 기록만 보아도 한사상의 생명의 과정에서 그 이전에 반드시 해결해야 할 모든 상태들을 모두 최적화하고 있음을 쉽게 알 수 있는 것이다. 이같은 대동사회는 근래에 까지 이어져 왔음을 당시 조선을 방문한 외국인

---

325) 『禮記 禮運篇』,
　　　화오기기어지야 불필장어기 역오기불출어신야 불필위기 시고 모폐이불흥.
　　　貨惡其棄於地也 不必藏於己 力惡其不出於身也 不必爲己 是故 謀閉而不興
326) 기인종불상도 무문호지폐 부인정신 其人終不相盜 無門戶之閉 婦人貞信
327) 가취이례 행자양로 家娶以禮 行者讓路
328) 기인추대 성강용근후 불구초 其人麤大 性彊勇謹厚 不寇鈔.

들의 기록에 의해 알 수 있다.

19세기 중엽 프랑스인 샤를르 달레(Claude Charles Dallet)는 "조선 사람의 커다란 미덕은 인류애人類愛 법칙을 선천적으로 존중하고 나날이 실행하는 것이다."329)라고 말했다. 이 인류애가 바로 재세이화와 홍익인간이다.

그는 "혼례나 상례와 같은 중요시기에 있어서 사람들은 저마다 직접 일을 당한 집안을 돕는 것을 자신의 의무로 여기고 있다. 모두들 선물을 보내고, 할 수 있는 모든 일을 보아 준다.……필요한 노역勞役과 진력盡力을 거저 해준다. 마치 개인 일이 아니고 최고의 공익公益에 관한 일 같다."330) 이는 사적 영역을 최적화한 성취상태의 모습, 즉 재세이화의 모습과 모든 사건을 최적화한 완성상태, 즉 홍익인간의 모습이다.

그리고 "손님 대접은 누구나 다 가장 신성한 의무라고 생각하고 있다. 알든 모르든, 식사할 때 온 사람에게 밥 주기를 거절한다는 것은, 관습에 의하면, 다만 부끄러운 일일 뿐만 아니라 큰 잘못이 될 것이다. 길가에서 밥을 먹는 가엾은 일꾼들도 흔히 행인에게 밥을 나눠 먹자고 먼저 나서는 일이 많다.……밤이 되면 여관에 가지 않고 어떤 집에 들어가면, 그 사랑방은 모든 과객에게 개방되어 있으니, 하룻밤 먹고 잘 곳은 틀림없이 발견된다. 밥 먹을 때가 되면 그의 몫도 나온다.……그렇게 하루 이틀 묵어도 아무도 그에게 염치없다고 탓할 사람은 없을 것이다.331) 먹는 것과 자는 문제를 공동체 구성원들 스스로가 자발적으로 최적화하고 있는 것이다.

우리 한겨레 공동체는 나라를 시작한 단군조선에서부터 조선말까지도 이 재세이화와 홍익인간이 살아서 숨 쉬고 있었다.

---

329) 샤롤르 달레, 『조선교회사 서론』, 정기수 역, 탐구당, 1975년, 249쪽.
330) 샤롤르 달레, 『조선교회사 서론』, 정기수 역, 탐구당, 1975년, 249쪽.
331) 샤롤르 달레, 『조선교회사 서론』, 정기수 역, 탐구당, 1975년, 250쪽.

(2) 과정적 민주주의의 완성과 홍익인간

인간은 개인이든 사회이든 외부 세계와 접촉하며 수많은 사건을 만난다. 이 수많은 사건들은 384개의 유형으로 나누어질 수 있다. 이는 곧 역경의 384효이다. 이 384개 유형의 사건을 최적화하기 위해서는 '한'을 중심으로 그 사건들의 시작과 끝을 제거해야 한다.

즉, 384−(시작의 수 9+끝의 수10)+한=384−19+1=366이 된다. 이것이 곧 '한의 제5법칙 366=384−19+1'이 되는 것이다. 이 법칙이 홍익인간의 법칙이다.

이 홍익인간의 법칙이 담긴 366이라는 숫자가 천부경과 함께 한겨레의 삼대 경전으로 불리는 삼일신고의 전체 글자 수이며, 또한 366사事의 전체 사事의 숫자이다. 이는 이 경전들의 저자가 이 경전들을 설계할 때 처음부터 홍익인간의 법칙을 가장 중요한 기준으로 삼았음을 말해 주는 것이다.

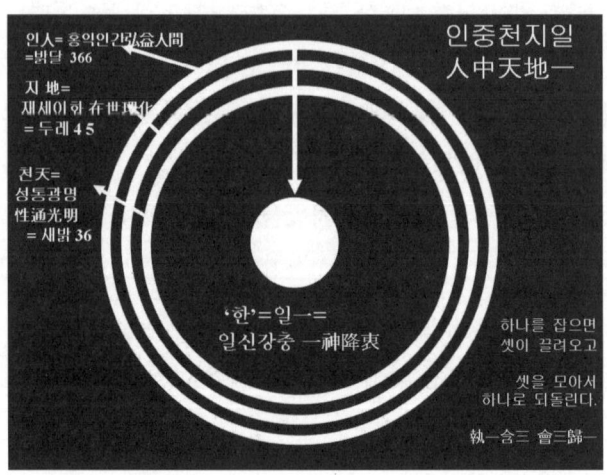

제5부
한사상이 살아 있는 역사와 현실

우리는 이제 인류가 수렵 채집 시대의 원초적 행동의 틀이 속임수와 폭력의 법칙에서 광기와 학살의 법칙으로 이어지는 과정을 살펴보았다. 그리고 그 야만의 법칙을 극복하는 한사상의 생명의 과정 전체를 살펴보았다.

인간이 노예가 되고 기계가 되고 고릴라가 되도록 만드는 사고의 틀로 움직일 때 그것은 단지 최상위 1%의 어릿광대나 그의 주변에서 그에게 아첨하거나 그를 이용하려는 소수의 세력만을 위한 것에 불과했다. 반면에 한사상은 누구도 배제하지 않는 전체로서의 대중이 스스로 자기 조직화하여 스스로를 다스리고 다스림을 받으며 스스로를 성취하고 완성하는 행동의 틀을 설명한다.

이제 우리는 한사상이 살아서 움직이는 현실과 역사를 만들기 전에 이미 한사상이 우리의 현실과 역사를 움직였던 예를 찾아서 이해할 필요가 있다. 그럼으로써 한사상이 어떻게 현실을 움직이고 역사를 만들었는가를 알 수 있을 때 미래의 새로운 한겨레 문명을 창조하는 일을 설계하고 또한 성공적으로 행동하고 운영할 수 있을 것이다.

제9장 역사와 현실이 한사상으로 행동한다

우리는 한사상이 우리의 현실과 역사를 움직였던 실례를 찾아서 이해할 필요가 있다. 특히 우리 한겨레에게서 일어난 일이지만 세계사와 연결되어 오늘날에도 영향을 미치는 실례가 필요하다. 그리고 이 실례는 인간이 추구하는 정의와 도덕과 중용을 현실에서 적용하여 자율적으로 행동할 수 있는 것이어야 한다. 이 조건들을 만족시킬 수 있을 때 비로소 우리가 지금까지 다루어 왔던 한사상과 연결이 되기 때문이다.

그 실례 중 첫 번째 것은 한사상과 단군조선, 흉노족, 신라·가야와 훈족, 카자르 제국과 아쉬케나지 유태인이다.

두 번째가 한사상의 '과정적 민주주의'로 살펴본 5·18 광주민주화운동이다.

첫째, 한사상과 단군조선, 흉노족, 신라·가야와 훈족, 카자르 제국과 아쉬케나지 유태인에서는 우리가 이 책에서 살펴보았던 질서 상태 이론 체계가 정치철학이 되어 이들 민족이 만든 국가에서 사용된 예를 살펴보는 것이다.

한사상은 도덕과 정의와 정의를 통합하여 자율적으로 행동하는 공동체를 만든다. 이 공동체는 단순히 사사로운 이익의 추구와 혈연과 지연으로 통합되는 대부분의 나라와의 경쟁력에서 비교할 수 없는 힘을 이끌어 낸다. 그리고 정신적으로 압도하고 앞장서 이끄는 지도력을 발휘할 수 있는 것이다.

우리 한겨레가 비록 지금은 한반도 안에 갇혀 있고 그나마도 둘로 나뉘어 있지만 과거에는 유라시아 대륙 전체에 강력한 영향력을 가진 한사상을 창조하고 보급하는 중요한 역할을 하는 한겨레 문명의 주인공이었다.

이제 우리는 단군조선의 윤리학과 정치철학이 흉노족에 영향을 주었음을 살펴보고, 그것은 역시 신라·가야와 훈족과 카자르 제국에 영향을 주었음을 알아보자. 그리고 카자르 제국의 유민들이 아쉬케나지 유태인이 되는 과정을 살펴보자. 그 과정에서 신라·가야가 훈족과 카자르 제국에 미친 영향을 알아보자. 이는 과거에 한겨레의 한사상이 세계의 역사를 움직인 과정을 살펴보는 것이다.

이들 강력한 제국을 이루었던 민족들 모두는 스스로 자기 조직화하여 강력한 역동성을 만들어 유라시아 대륙의 강자로 등장했다. 그들이 보여준 바로 이 정치철학이 우리가 지금까지 다루어 온 한사상의 생명의 과정에 근거한 과정적 민주주의와 일치한다는 사실을 확인 할 수 있는 것이다.

그리고 한겨레가 오랜 침체를 벗어나 세계를 향해 힘차게 나아가는 이 시대에 이 사례는 좋은 참고가 될 수 있을 것이다.

두 번째는 2. 한사상의 '과정적 민주주의'로 살펴본 5·18 광주민주화운동이다.

광주 학살의 경우 왕 씨 학살과 4·3 학살과는 달리 우리가 사는 이 시대에 발생하여 대한민국 국민 모두가 잘 알고 있는 사건이다. 따라서 우리 모두가 이 사건에 대해 나름대로의 생각을 가지고 있다. 하지만 이를 체계적으로 이해하고 설명하지는 못한다. 그 일은 철학이 감당해야 할 영역이기 때문이다.

따라서 1980년 5월 이후 지난 30여 년간 5·18 광주민주화운동은 철학을 하는 모든 사람들에게 이 시대의 우리나라에 철학이 왜 존재하는가를 묻고 있었던 것이다. 이처럼 역사의 흐름을 바꾼 큰 사건을 철학의 분명한 이론을 바탕으로 체계적으로 설명할 수 없다면 철학 이론들이 왜 존재해야 하는지에 대해 근본적인 의문을 가지게 될 것이기 때문이다.

세계적으로 볼 때 아우슈비츠와 프랑스 68 혁명의 경우처럼 당대에 일어난 중요한 사건에 대해 철학자들이 설명하려고 하는 적극적인 움직임이 일어났었다. 그리고 또한 많은 철학자들의 노력으로 그 사건들 이후 세계 철학의 흐름이 결정적으로 바뀌었다.

나는 광주민주화운동이야말로 세계의 민주주의에 획기적인 발전을 이룬 사건으로 우리나라뿐 아니라 세계의 많은 철학자들이 이 사건에 대해 적극적으로 연구해야 할 이 시대에 가장 중요한 철학적 연구 대상이라고 생각한다.

이 5·18 광주민주화운동이 한겨레 공동체 안에서 일어나 역사의 흐름을 바꾼 사건이라는 사실에 대해 나는 큰 의미를 두고 중요하게 생각해 왔다. 만일 내가 한겨레의 한사상으로 한겨레 공동체에서 일어난 광주민주화운동을 설명할 수 없다면, 한사상이 우리 한겨레 공동체에서 왜 필요한가에 대해 누구보다도 먼저 내 자신부터 확신을 가지지 못하게 될 것이기 때문이다. 따라서 이미 오래 전부터 이 사건은 나에게 중요한 철학적 의미를 지니고 있었다.

그러나 5·18 광주민주화운동을 철학으로 설명하는 이 작업은 대단히 긴 시간 동안의 준비가 필요했다. 이 광주민주화운동을 한겨레의 고유한 철학 이론으로 설명하기 위해서는 먼저 이론철학으로서의 한철학을 확립하고, 그 바탕 위에 행동철학인 윤리학과 정치철학의 이론 체계로서의 한사상을 새롭게 만들어야 했기 때문이다. 이 한겨레의 행동철학은 이제 이 책을 통해 비로소 설명하기 시작한 것이다.

그리고 현실에서 광주민주화운동을 한사상의 윤리학과 정치철학으로 설명하려면 복잡한 한사상의 이론 체계를 뒷받침할 실제적인 자료들이 반드시 준비되어 있어야 한다. 그래야 설득력을 갖춘 설명이 가능하기 때문이다. 실제적인 자료가 부족하다면 아무리 이론 체계가 잘 갖추어졌다 해도 광주민주화운동을 체계를 갖춘 학문으로 설명할 방법이 없는 것이다.

나는 우리나라에서 일어난 다른 여러 운동과는 달리 광주민주화운동에 대한 자료가 풍부하게 존재한다는 사실을 알았다. 그리고 한사상의 이론 체계와 광주민주화운동에 대한 풍부한 자료가 하나가 되어 일치될 수 있다는 확신을 얻었다.

따라서 이 책에서 5·18 광주민주화운동은 이미 설명한 한사상의 이론 체계와 1980년 5월 광주 시민의 행동을 설명하는 자료들이 하나로 일치하는가를 확인하는 과정을 통해 설명하게 된다. 이 과정을 통해 한사상의 이론 체계와 1980년 5월 광주 시민의 행동이 하나로 일치한다면 광주민주화운동은 한사상으로 행동한 것으로 볼 수 있게 되는 것이다.

물론 더 분명하고 더 자세한 일치를 얻기 위해서는 광주 시민들과 더 많은 대화와 이해 그리고 더 깊은 연구가 필요할 것이다.

그리고 5·18 광주민주화운동과 연결하여 생각할 수 있는 지역감정 문제는 따로 분리하여 이 책의 마지막 부분에서 한사상의 이론 체계로 설명했다. 나는 오래전부터 이 지역감정 문제에 깊은 관심을 가지고 연구해 왔다. 사람들은 이 역사적으로 뿌리 깊은 지역감정 문제에 대해 애써 무시하거나 회피하고 싶어 하는 경향을 가지고 있는 것 같다.

그러나 나는 그렇게 생각하지 않는다. 이 지역감정 문제는 결코 영호남의 문제가 아니다. 이 문제는 호남과 비호남의 문제이며, 나아가 대한민국의 국가적 문제이며, 한겨레 전체의 민족적 문제이기 때문이다. 이 문제는 지금까지처럼 무시하거나 회피해서 될 일이 아니다. 이는 국가 차원에서 그리고 민족 차원에서 정면으로 모든 문제를 모두에게 공개적으로 다루면서 떳떳하고 당당하게 해결해야 한다고 본다. 이 문제를 해결하지 못하면서 남북통일 문제를 해결하겠다는 것은 전혀 이치에 닿지 않는다.

35. 한사상과 단군조선, 흉노족, 신라 가야와 훈족, 카자르 제국과 아쉬케나지 유태인

　우리는 이 단원에서 한겨레의 단군조선과 흉노족과 훈족, 카자르족이 하나가 되는 과정을 다룬다. 따라서 그 이전에 이 모든 종족이 하나가 될 수 있는 전체적인 틀부터 확인하여 한 번에 모두를 이해할 필요가 있다. 즉, 신라와 가야는 흉노와 훈과 관계가 깊다. 그렇다면 이 흉노족과 훈족이 우리 한겨레와 어떻게 연결되는가부터 확인해야 한다.

　우리는 동북아의 모든 종족들의 사고와 행동의 틀을 제공한 민족은 한겨레이며 그 대표적인 나라는 단군조선임을 상기할 필요가 있다.

　이미 살펴본 바와 같이 요하 문명은 이미 9천 년 전부터 존재해 오면서 계속 발전해 온 것임이 고고학으로 증명되었고, 단군조선은 그 요하 문명의 주인공이었음도 이미 명백한 것이다. 따라서 이 세계에서 가장 오래되고 가장 깊이 있는 한겨레 문명을 계승한 단군조선은 대제국으로 그 영토 안에 한겨레와 몽골족, 투르크족 그리고 한족漢族 등이 포함되어 있었을 것이다. 그리고 훗날 만주와 몽골 등지에서 일어난 이들 민족들의 원형이 되었음은 당연한 것이다.

　단군조선의 정치철학은 삼한 제도에서 극명하게 드러난다. 바로 이 삼한이 한겨레의 경전 20여 종에 포함된 이론 체계와 그것에 대한 실험을 통해 설명한 질서 상태 정치철학으로 나타난 전형이다.

　이 삼한 제도가 흉노족과 훈족, 그리고 카자르족에게서 확인된다면 이들과 한사상의 관계는 분명해지는 것이다. 그리고 후삼한이라고 할 수 있는 한반도의 남한 지역에 있었던 삼한 중 진한과 변한에서 출발한 신라와 가야는 그 시작부터 단군조선과 불가분의 관계를 가지는 것이다.

　또한 이들 흉노족과 훈족과 신라와 가야가 연결된다면 이는 단군조선과 이중으로 겹쳐서 만나게 되는 것이다. 그리고 카자르족이 오늘날 유태인의 대다수를 차지하는 아쉬케나지 유태인이라는 사실을 학인해 본다. 물론 한국인이 유태인과 인종적으로 가깝다는 식의 주장은 이 연구와는 큰 관계가 없다. 단군조선이나 고구려와 같이 대제국을 이루었던 조상의 나라에는 여러 민족이 모여 하나의 제국을 이룬다. 따라서 민족을 세세하게 구분하면 그 전체적인 모습을 파악하기가 힘들어질 수 있다. 따라서 그보다는 그 민족 공동체의 행동을 결정짓는 행동 철학으로서의 윤리학과 정치철학에 중점을 둔다.

문제는 한사상으로 신라와 가야, 그리고 흉노족과 훈족과 카자르족이 하나가 될 수 있는가 하는 점이다. 이 연구는 먼저 훈족이 신라와 가야에서 출발했다는 독일 학자들의 연구 결과에 대해 의미를 부여한다.

(1) 한사상과 흉노 제국, 훈 제국, 카자르 제국

우리는 이 단원에서 한겨레와 흉노 제국과 훈 제국, 카자르 제국의 정치철학에 결정적인 영향을 미친 단군조선의 삼한 제도를 살펴보고 그 제도가 이들 여러 민족에게 하나의 공통된 법칙이 되어 사용되었음을 이해해 보기로 하자.

① 단군조선 삼한과 흉노를 비롯한 여타 민족의 그 변형

아시아의 흉노 제국 좌현왕과 우현왕, 그리고 아시아에서 유럽으로 진출한 훈 제국의 백색 훈과 흑색 훈, 카자르 제국의 백색 카자르와 흑색 카자르에는 일정한 유형이 있다. 그리고 단군조선의 삼경과 고구려의 삼경과 고려의 삼경과 백제의 좌현왕과 우현왕이 또한 이 유형과 함께한다.

결론부터 말하면 이 유형은 단군조선의 정치철학의 핵심에서 나온 것이다. 즉, '한의 제2법칙 100=36+64'는 곧 나라를 진한과 마한과 변한으로 나누어 다스리는 원리를 나타낸다. 즉, 진한은 36으로 중앙 정부이고, 마한과 번한은 각각 34와 30으로 64가 되어 행동을 하는 지방 정부가 된다. 이 셋은 각각 정부를 세워 각각 나라로서 행세하되 이 셋은 그 중앙의 단군에 의해 하나가 된다. 이 원리가 단군삼경의 원리이다.

이 원리는 우리의 고유한 경전인 천부경과 삼일신고와 366사를 비롯한 20여 종의 경전의 공통된 하나의 이론 체계 중 가장 중요한 핵심이다. 우리는 이미 이 '한의 제2법칙'은 반드시 그 이전의 과정이 필요하며 그 윤리학과 정치철학이 어떻게 조직화되어 있는지를 살펴보았다. 바로 그 윤리학과 정치철학이 이들 모든 나라에 적용된 증거를 찾을 수 있게 된 것이다.

먼저 우리 한겨레의 고유한 경전 20여 종에서 이 '한의 제2법칙'을 진한과 마한과 번한으로 나라를 나누어 다스리는 단군삼경의 원리는 『신지비사神誌秘詞』가 설명한다. 우리는 먼저 이 신지비사를 살펴보고 그 다음 흉노와 훈과 고구려와 백제 그리고 카자르의 정치 제도를 생각해 보기로 하자.

신지비사
神誌秘詞
180글자와
바둑판

바둑판
내부 총점수

19×19=361

내부면적
안쪽
12×12=144

바깥쪽
18×18-144
=180

朝	光	先	受		地	三	神	赫	世	臨	桓	因	出	象	先	受	德	宏
且	深	諸	神		遺	雄	永	詔	開	天	莫	能	侵		青	丘	倭	大
古	振	武	馨		准	岱	皆	歸	王	天								桓
命	懼	聲	民													動	九	著
漁	水	德														其	蘇	先
風	化															新	怨	仁
先	解	怨														病	者	明
去	病	一														心	存	治
孝	四	海														盡	光	韓
眞	韓	鐵														國	中	控
道	咸	維														新	慕	四
保	其	左														番	韓	京
其	南	嶪														岩	圖	均
壁	聖	主														幸	新	永
如	枰															尾	國	神
器	白	牙	岡	秤	幹	蘇	密	浪	錘	者	安	德	鄉	首	尾	神		
位	賴	德	護	精	興	邦	興	隆	興	廢	太	平	朝	隆	十			
三	韓	義	王	業	有						莫	爲	說	誠	在	事	天	神

② 신지비사神誌秘詞 원문과 해석

단군 달문 시대에 신지발리가 지은 서효사誓效詞는 일명 신지비사神誌秘詞로 알려져 있다. 이는 신지비사는 총 180자로서 삼신장三神章 80자와 삼한장三韓章 100자로 이루어져 있다.

삼신장三神章 80자

아침 햇빛 먼저 밝아 오는 이 땅에, 삼신께서 환하게 세상에 강림하셨네. 한인님께서 먼저 그 밝은 모습을 나타내시고, 성통공완의 가르침을 넓고 깊게 심으셨노라.

모든 신들과 의논하여 한웅님을 보내시니, 한웅님께서는 한인님을 승계하시고 그 천통을 이어받아 마침내 개천을 하셨도다. 치우님께서는 청구에서 일어나시어, 무력으로 만고에 그 명성을 떨치시도다. 회대 지방이 치우님에게 복속하니, 천하는 감히 침범할 생각을 못하였노라.

단군왕검님께서 천통을 이어 받으시니, 구한이 모두 기뻐하는 소리로 진동하였네. 백성들은 물을 만난 물고기와 같이 살아나고, 바람을 만난 풀과 같이 덕화가 새로워지도다. 원한이 있는 자에게 먼저 그 원한을 풀어주시고, 병든 자에게 먼저 병을 낫게 해주시도다.332)

삼한장三韓章 100자

모두가 한마음으로 어짊과 효도를 살피고 보전하게 하시니, 천하가 모두 밝은 빛으로 가득 차노라.

진한은 중앙에서 나라 안을 안정시키게 하시니, 다스림의 도는 밝고 새로워 모두에게 미치도다. 마한은 왼쪽을 보좌하게 하시고, 번한(변한)은 남쪽을 견제하게 하시니, 험난한 바위산이 사방의 벽을 에워쌈과 같도다.

성스러운 우리 주님(主) 새로 마련된 수도에 나아가시니, 마침내 삼한은 저울대, 저울추, 저울 그릇의 모습을 이루어 내도다. 백아강은 저울 그릇이요, 소밀랑은 저울대요, 안덕향은 저울추로세. 머리와 꼬리가 평형을 이루

332) 조광선수지 삼신혁세림 한인출상선 수덕굉차심 제신의견웅 승조시개천
朝光先受地 三神赫世臨 桓因出象先 樹德玄且深 諸神議遣雄 承詔始開天
치우기청구 만고진무성 회대개귀왕 천하막능침 왕검수대명 환성동구한
蚩尤起靑邱 萬古振武聲 淮岱皆歸王 天下莫能侵 王儉受大命 懽聲動九桓
어수민기소 초풍덕화신 원자선해원 병자선거병.
魚水民其蘇 草風德化新 怨者先解怨 病者先去病

326

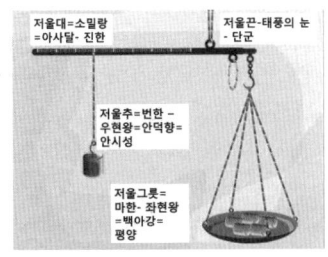

어 나란히 있으니, 그 덕에 힘입어 하나님의 정기를 지켜 내노라.

나라가 크게 일어나 태평성대를 이루니, 칠십 개 국이 기꺼이 와서 따르네. 세세손손 삼한의 성스러운 진리를 보전한다면, 왕업은 갈수록 크게 번창해지리라. 함부로 나라의 흥망성쇠를 입에 담지 말지니, 오직 하나님을 정성스럽게 섬기는 일에 달려 있느니라.333)

③ 신지비사神誌秘詞와 삼한 제도三韓制度

이 그림은 위의 신지비사를 설명한다. 먼저 단군이 아사달에서 남쪽을 바라보는 남면을 하고 방위를 살핀다.

즉, 마한은 중앙인 아사달에 위치한 단군의 눈으로 보면 이 그림과는 반대로 왼쪽이 마한이 되고, 오른쪽은 번한이 된다.

그러나 우리는 그림에 보이는 대로 방위를 보기로 하자. 그러면 동쪽과 남쪽이 마한이고, 서쪽과 북쪽이 번한이 된다.

---

333) 일심존인효 사해진광명 진한진국중 치도함유신 모한보기좌 번한공기남
一心存仁孝 四海盡光明 眞韓鎭國中 治道咸維新 慕韓保其左 番韓控其南
준암위사벽 성주행신경 여칭추극기 극기백아강 칭간소밀랑 추자안덕향
峻岩圍四壁 聖主幸新京 如秤錘極器 極器白牙岡 秤幹蘇密浪 錘者安德鄉
수미균평위 뢰덕호신정 흥방보태평 조항칠십국 영보삼한의 왕업유흥륭
首尾均平位 賴德護神精 興邦保太平 朝降七十國 永保三韓義 王業有興隆
흥폐막위설 성재사천신.
興廢莫爲說 誠在事天神

327

진한은 저울대로 중앙의 소밀랑 즉 아사달에 도읍하여 나라 전체를 안정시키고, 마한은 저울 그릇으로 백아강인 평양에 도읍하여 동쪽과 남쪽을 평정하고 다스리며, 번한(변한)은 오덕지인 안시성에 서쪽과 북쪽을 평정하고 다스린다.

그리고 신지비사에 명문화되어 있지는 않지만 단군은 저울 끈으로 이 삼한의 중심이 되어 다스리는 것이다. 이 신지비사는 '한의 제2법칙'이 정확하게 정치철학이 되어 그 내용이 그대로 정치 제도화하고 있음을 알려주는 매우 진귀한 경전이다.

이 삼한 제도를 사용한다는 의미는 그 국가가 한사상의 질서 상태 있음을 말하는 것이다. 따라서 살아 있는 생명체로서 스스로가 스스로를 다스리고 스스로에게 다스림을 받는 생명체로서의 국가를 의미한다.

이 삼한 제도 내포된 단군조선의 삼경 제도가 고구려의 삼경 제도가 되고 고려의 삼경이 되는 것은 이러한 맥락에서 보아야 할 것이다.

④ 삼한 제도와 흉노족의 좌우 현왕 제도

흉노와 훈족 등 기마 민족들은 스스로 기록을 남기지 않아 그들의 정치철학과 정치제도가 무엇인지 알 방법이 없었다. 그러나 우리는 한사상과 이 신지비사를 바탕으로 그들에게 침략 당하고 정복당한 나라에서 남긴 기록의 파편을 살펴봄으로써 그들의 정치철학과 정치제도를 복원할 수 있다.

이 신지비사에서 설명하는 단군조선의 삼한 제도는 최초의 유목 민족의 국가인 흉노의 정치제도에 그대로 적용되어 있음을 확인할 수 있다.

먼저 단군조선의 삼한 제도 어떻게 흉노의 좌우 현왕 제도와 맞물리는지를 살펴보자. 다행스럽게도 한단고기에 그 단서가 나와 있다. 『단군세기』의 21세 단군 소태조를 살펴보자.

"임진 49년(BC 1289년) 개사원蓋斯原의 욕살 고등高登이 몰래 군사를 이끌고 귀방鬼方을 습격하여 이를 멸망시키니 일군국과 양운국의 두 나라가 사신을 보내 조공을 바쳤다. 이때에 고등이 많은 군대를 손에 넣어 서북의 땅을 공격하여 차지하게 되니, 그 세력이 매우 강하였다. 이에 여러 차례 사람을 보내와 우현왕右賢王으로 임명해 줄 것을 청하였다."334)

이 내용은 개사원蓋斯原의 욕살 고등高登이 귀방을 습격하여 그곳을 정복한 후 그곳의 병력을 흡수하여 강한 세력을 이룬 후 단군에게 자신을 우현왕右賢王으로 임명해 달라고 요구하고 있다. 이 기록만으로는 우현왕의 의미가 무슨 말인지 모르므로 다른 기록과 교차해서 검토하자. 『마한세가 하』에는 이 동일한 기사에 대해 다르게 말한다.

"고등高登이 모반을 일으켜 개성에 웅거하며 천왕에게 항거하였다. 마한이 드디어 군대를 일으켜 이를 토벌코자 하여 홍석령의 경계 지점에 이르렀을 때 천왕께서 고등을 용서하고 우현왕을 삼았다는 소문을 듣고 곧 토벌을 멈추었다. 을미년에 해성에서 욕살 서우여에게 선양하시고자 하니 마한은 이를 불가함을 주장했으나 허락하지 않았다. 우현왕의 아들 색불루가 즉위하니 마한은 군사를 정돈하여 몸소 이끌고 나아가 해성에서 싸웠는데 싸움에 지고는 돌아오지 못하였다."335)

이 마한세가의 기록은 고등高登이 모반을 일으켜 단군에게 항거하므로 마한이 이를 토벌하려고 했으나 단군이 용서하고 우현왕을 삼으므로 멈추었다고 했다. 그런데 이 우현왕 고등의 손자 색불루가 우현왕을 세습하고 나아가 단군이 되어 즉위하니, 마한이 참지 못하고 싸웠지만 패하여 돌아오지 못했다고 한다. 이 우현왕 색불루索弗婁가 소태 단군의 뒤를 이어 22세 단군조선의 단군으로 등극을 하였던 것이다

여기서 마한과 대립한 우현왕이 단군까지 되었다면 이 우현왕은 곧 번한의 다른 이름임을 알 수 있는 것이다. 이 기록을 볼 때 단군조선의 후기

---

334) 계연수, 『한단고기』, 임승국 역, 정신세계사, 1996년, 97쪽.
335) 계연수, 『한단고기』, 임승국 역, 정신세계사, 1996년, 208쪽.

에 가서는 벌써 우현왕과 좌현왕이 번한과 마한의 다른 이름으로 혼용되고 있었음을 알 수 있는 것이다.

즉, 마한과 번한은 순수한 우리말로서 외국인들에게는 무슨 의미인지 알 수 없다. 그것을 한자로 바꾸면 곧 좌현왕과 우현왕이 되어 그 의미를 알 수 있게 되는 것이다. 이 좌우 현왕은 그 이름 그대로 흉노에서 사용되었고 백제에서도 사용되었다.

이제 흉노를 살펴보자. 흉노는 단군조선의 삼한을 그대로 따라 하고 있다. 최고 통치권자인 선우 밑에 좌우 현왕左右賢王이 있다. 최고 통치권자인 선우는 곧 진한이고, 이는 좌현왕左賢王은 마한, 우현왕右賢王은 번한이다.

"묵특 시대의 영토는 크게 세 부분으로 나누어졌다. 중부는 선우가 직접 통치하였다. 동부는 좌左에 해당하는 관리에 의해 통치되었다. 서부는 우현왕과 우右에 해당하는 관리의 소관이었다."336)

이 흉노가 영토를 셋으로 나누어 세 명의 통치자가 각각 다스리되 중앙의 선우가 최고 지도자가 되는 이 정치 제도는 단군조선의 삼한과 조금도 다르지 않게 복제되어 있다. 흉노의 정치 계급은 모두 24 등급으로 나뉘어 있었다.

최고 통치가 선우는 천신의 이들 텡그리고도 선우로서 이는 곧 단군과 흡사하다. 흉노의 신앙 체계는 농경 사회의 지신이나 몽골—투르크 계통의 토템 사상보다는 천신 사상이 강하게 자리 잡았다. 선우는 최고 통치자일 뿐 아니라 천신의 아들天子로서 그의 뜻을 세상에 펴는 사제장이었다.337) 바로 이 천신이 곧 삼일신고의 일신—神이며 366사의 천신天神이다. 이는 단군조선의 신앙 체계와 정치 체계와 거의 동일한 것으로 볼 수 있다.

좌우 현왕左右賢王의 밑에 각각 좌우욕려左右谷蠡, 좌우대장左右大將, 좌우대도위左右大都尉, 좌우대당호左右大當戶, 좌우골도후左右骨都候 등이 있어, 각

---

336) 이희수, 『터키사』, 대한교과서주식회사, 1996년, 30~31쪽.
337) 이희수, 『터키사』, 대한교과서주식회사, 1996년, 30~31쪽.

각 수천, 수만 군대를 지휘하였다. 관직의 좌우 구성에 있어서도 좌가 우보다 우선이었다. 선우 다음의 직위인 좌현왕은 항상 선우의 태자가 임명되었다.

그리고 흉노가 유목민으로서 최초의 국가를 세운 민족인 만큼 그 후예 유목 민족들인 훈족과 카자르족 등이 이 정치 제도를 그대로 본받는 것은 당연한 일이 되는 것이다. 따라서 외부에서 볼 때 이 종족들이 항상 셋으로 나뉘어져 있는 것 같지만 사실은 하나인 것이다. 그리고 서양의 학자들은 이 민족들이 백색과 흑색의 이원화된 것으로 보이지만 사실은 삼원화되어 있는 삼한의 정치제도를 따르고 있는 것이다.

이는 혼돈 상태의 천부도에서 흑점 45와 백점 55가 된다. 이는 곧 알타이족들의 신화에서 백색 캄, 백샤만과 흑색 캄, 흑샤만이 된다. 여기서 중앙에 공적 영역이 들어가면 천부도는 중앙이 36이며 흑점이 30, 백점이 34가 된다. 이 흑점 30은 흑색 캄, 흑샤만의 영역이었고, 백점 34는 백색 캄, 백샤만의 영역이다. 이것이 곧 삼한의 번한과 마한이며, 흉노의 우현왕과 좌현왕이며, 훈족의 흑색 훈, 백색 훈

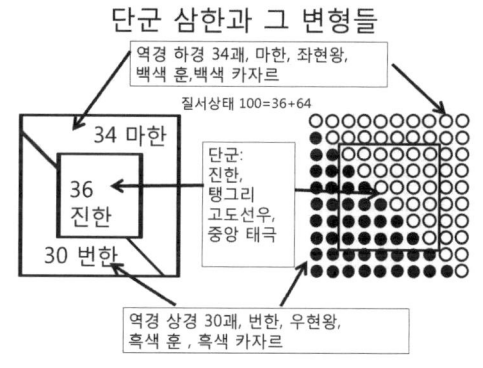

단군 삼한과 그 변형들

역경 하경 34괘, 마한, 좌현왕,
백색 훈, 백색 카자르

질서상태 100=36+64

34 마한

36 진한

30 번한

단군:
진한,
탱그리
고도선우,
중앙 태극

역경 상경 30괘, 번한, 우현왕,
흑색 훈, 흑색 카자르

이며, 카자르족의 흑색 카자르, 백색 카자르가 되는 것이다. 물론 그 중앙에는 공적 영역으로서의 최고 지도자가 직접 다스리는 영역이 있다.

그리고 이 삼한의 정치제도가 바로 한사상의 질서 상태인 것이다. 질서 상태가 가지는 놀라운 역동성이 이들 민족 모두의 공통점인 것은 바로 이 때문임을 알 수 있다.

⑤ 삼한 제도 여러 민족의 정치 제도

단군조선에서 시작한 삼한은 흉노를 거쳐 모든 유목 민족에게 전해졌다. 이 제도는 물론 '천부경의 질서 상태 100=36+64'를 의미한다. 방위로는 좌현왕, 우현왕이지만, 천부경의 천부도에 의하면 그림에서 보듯 왼쪽은 검은색 30, 오른쪽은 흰색34이다.

바로 기마 민족들인 훈족과 카자르족까지 모두 스스로를 검은색과 흰색으로 나누고 있다. 그동안 동서양의 역사가들은 이 기마 민족이 흰색과 검은색으로 구분하는 것을 피부색으로 판단하는 경우가 많았다. 우리가 이미 살펴보았듯 이 검은 것은 검은 점 30이며, 흰 것은 흰점 34였다. 그것이 방위로 따지면 우현왕과 좌현왕이 되고 색으로 따지면 검은색 훈, 흰색 훈 등으로 나타나는 것이다.

학자들은 이 원리가 단군조선의 삼한 제도임을 알지 못한 것이다. 결국 훈족에서 카자르족에 이르는 모든 아시아에서 온 기마 민족들은 스스로를 표현하는 가장 중요한 부분에서 '한의 제2법칙 100=36+64'안에서 하나가 됨을 알 수 있다.

결국 우리는 훈족에서 카자르족에 이르는 아시아에서 온 많은 민족들을 이해함에 있어서 한사상이 결정적으로 중요한 역할을 하고 있음을 확인할 수 있는 것이다.

이제 훈족을 살펴보자. 르네 크루세는 "훈족은 세 명의 수령 아래에 세 개의 집단이 존재하고 있었던 것으로 보인다. 루아스, 문주크, 옥타르 형제가 425년 경 동시에 권력을 가지고 있었다."[338]고 했다.

그리고 "문헌 자료를 분석해 보면, 불래다가 낭만적이고 정적이었던 관계로, 군의 작전과 대외 관계 수립 등 통치권은 아틸라에 의해 행사되었음을 알 수 있다. 숙부인 아이바르와 옥타르는 각각 동부 지역과 서부 지역의 엘리그(Elig)로서 전왕 루아 시대의 지위를 누렸다."[339]고 했다.

---

338) 르네 크루세, 『유라시아 유목제국사』, 사계절출판사, 1998년, 133쪽.

332

이 내용은 곧 훈 제국이 동부 지역과 서부 지역에 각각 왕이 있었음을 말한다. 그리고 통치권은 중앙 지역의 아틸라가 행사했음을 말한다.

이 역시 삼한의 제도를 그대로 본받고 있음을 말해 준다. 그리고 흉노의 정치 제도와도 당연히 같다. 유럽인이 볼 때는 세 명의 공동 정치로 보였겠지만 그 내부는 삼한 제도였음을 알 수 있는 것이다.

훈족도 저 페르시아와 인도를 침략한 에프탈 훈은 따로 있었다. 이들은 White Hun으로 불렸다.340) 이는 전체 훈족에서 마한에 해당하는 좌현왕이 지배하는 훈인 것이다.

마찬가지로 훈족의 일부였다가 카자르 제국을 새운 카자르인이 처음 역사에 나타낼 때 그들은 아카트지르Akartirs로서 아크―카자르로서 이는 카라―카자르 Kara―Khazars인 흑색 카자르와 비교되는 백색 카자르인White―Khazars였다.341) 카자르 역시 삼한 제도를 그대로 따라 하고 있었다.

나는 혼돈 상태와 질서 상태를 설명하면서 알타이어족들의 신화가 천부경의 천부도 내용을 그대로 보여 준다는 사실을 설명했었다. 특히 이 신화의 내용과 유럽으로 진출한 알타이어족들의 정치적 내부 조직이 일치되면서 이들의 정치철학이 한사상의 질서 상태를 설명한다는 사실이 드러난다.

여기서 단군 삼한의 내용과 천부도와 알타이어족의 신화와 유럽으로 진출한 알타이어족의 정치 조직을 연결하면 이 모든 내용이 하나로 통합됨을 볼 수 있다.

즉, 부리아트족이 흑점 30인 역경의 상경을 흑샤만(카라 캄kara kam), 백점 34인 역경의 상경을 백샤만(아크 캄ak kam)이라고 부른다는 사실을 확인할 수 있다. 이것은 곧 흑색 훈과 백색 훈, 흑색 카자르(아크 카자르)와 백색 카자르(카라 카자르) 등과 일목요연하게 일치함을 볼 수 있다.

결국 이들 알타이어족은 신화의 내용으로 부족의 정치 조직에 그대로

339) 이희수, 『터키사』, 대한교과서주식회사, 1996년, 50쪽.
340) 르네 크루세, 『유라시아 유목제국사』, 사계절출판사, 1998년, 122쪽.
341) 아더 쾨슬러, 『열세 번째 지파』, 최윤정 역, 에스라하우스출판부, 2010년, 18쪽.

단군 삼한과 그 변형들		
천부경	'무궤이충생無匱而衷生'	
천부도	검은 점 30	중앙 36	흰점 34
삼일신고	감식촉	성명정	심기신
역경	상경 30괘	태극	하경 34괘
방위	서쪽, 북쪽	중앙	동쪽, 남쪽
성격	행동 정부	중앙정부	행동 정부
단군조선	변한 변조선 안시성	진한-단군 진조선 아사달	마한 막조선342) 평양
부리아트족	검은 칸, 흑샤만	공적 영역	흰 칸, 백샤만
알타이족	흑샤만(카라 캄 kara kam)	공적 영역	백샤만(아크 캄 ak kam)
흉노	우현왕	중앙정부(탱그리 고도선우)	좌현왕
훈	흑색 훈, 서부 지역	중앙정부(카간)	백색 훈 동부 지역
카자르	흑색 카자르, 카라 카자르	중앙정부	백색 카자르, 아크 카자르
고구려 삼경	국내성	중앙정부, 평양성	한성
백제343)	우현왕	중앙정부	좌현왕
고려삼경	평양	중앙정부, 개성	한성

342) 22세 색불루 단군께서 삼한은 삼조선이라 했다.─태백일사 · 삼한관경본기 마한세가 하.
343) 宋書卷九十七 列傳第五十七 夷蠻 百濟,
　　　右賢王餘紀爲冠軍將軍. 우현왕右賢王 여기를 관군장군冠軍將軍에 임명했다.
　　　以行征虜將軍左賢王餘昆. 行征虜將軍軍並爲征虜將軍.
　　　행정로장군 좌현왕左賢王 여곤餘昆과 행정로장군 여훈餘軍을 정로장군에 임명했다.

사용함을 볼 수 있는 것이다. 그리고 그 근원은 단군조선의 삼경이며 그것은 곧 천부경의 천부도로 설명된다. 또한 이것은 곧 천부경을 설명하는 '무궤이충생無匱而衷生'이 천부경 본문의 두 글자 '무궤無匱'로 설명되는 것이다.

그리고 이 단군삼경은 고구려에 와서는 고구려삼경이 되어 국내성과 평양성과 한성이 된다. 고려에 와서는 고려삼경이 되니, 즉 평양과 개성과 한성이 그것이다.

⑥ 삼한과 태풍과 저울의 비교

여기서 우리는 한 걸음 더 나가보자. 신지비사가 저울대와 저울 받침과 저울추로 삼한을 비교한 것은 당시로는 가장 좋은 설명이었다. 그러나 지

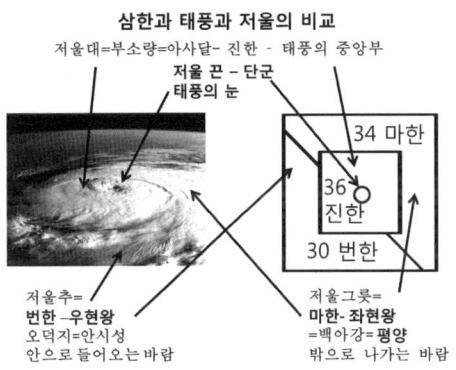

삼한과 태풍과 저울의 비교
저울대=부소량=아사달- 진한 - 태풍의 중앙부
저울 끈 - 단군
태풍의 눈

34 마한
36 진한
30 번한

저울추=
번한 -우현왕
오덕지=안시성
안으로 들어오는 바람

저울그릇=
마한- 좌현왕
=백아강=평양
밖으로 나가는 바람

금은 좀 더 좋은 설명도 있다. 즉, 태풍이 그것이다. 고요한 태풍의 중앙은 공적 영역 36이고, 맹렬히 움직이는 외부는 사적 영역 64이다. 그리고 그 공적 영역과 사적 영역의 중심은 태풍의 눈이며, 그 존재가 곧 단군이다. 이 태풍과 저울과 천부도를 비교하여 좀 더 깊게 이해해 보자.

이 그림은 삼한과 태풍과 저울이 비교 검토되어 있다. 이 그림을 보면 삼한 제도 얼마나 역동적인 정치 제도인지 알 수 있을 것이다. 이 삼한 제도 따라 한 흉노와 훈을 비롯한 여러 민족이 단지 '속임수와 폭력의 지배 법칙 1=100－99'에 의지한 플라톤과 동중서의 정치철학으로 나라를 다스렸던 유럽과 중국을 정복한 것은 이상할 것이 하나도 없는 일이다.

이 '한의 제2법칙 100=36+64'는 하나의 공동체가 발휘할 수 있는 행동을 가장 최적화하는 정치철학이다. 반면에 '속임수와 폭력의 지배 법칙 1=100−99'를 살아 있는 공동체에 적용하는 순간 즉시 좀비와 같이 스스로는 아무것도 할 수 없는 민중 99가 되고 만다. 그리고 그 공동체를 움직일 최상위 1%인 중국과 로마의 황제는 단지 민중들에게 살해당해 제물이 되지 않기 위해 안간힘을 쓰는 불쌍한 어릿광대에 불과하다.

사실이 이러한즉 유럽으로 건너간 이 단군조선의 후예들이 단지 소수로 순식간에 유럽을 평정하게 된 것은 다름 아닌 정치철학의 우열에서 빚어진 것임을 알 수 있다. 단지 말을 잘 타는 기마 민족으로 활을 잘 쏘아 유럽을 평정했다는 생각은 유물론적 사고의 틀에 불과하다.

(2) 훈족은 신라와 가야에서 출발했는가?

서기 375년, 유럽인들은 마치 지진이라도 난 듯 몸이 부르르 떨리는 일을 경험했다.……훈족은 1,500년 전 유럽을 기습해 위협적인 아시아인의 모습을 보여 주었다.……455년 판노니아 네다오 강 대전투에서 다민족 연합군에 참패한 뒤 역사 속에 이름을 감추었다.[344]

독일 ZDF 방송이 6년간 추적한 역사 다큐멘터리 시리즈 『스핑크스, 역사의 비밀』에서 한스 크리스찬 후프가 엮은 내용에서 그들은 "훈족이 한반도 출신이라는 두 가지 증거가 있다!"[345]는 제목으로 시작하고 있다. 그들은 실제로는 훨씬 더 많은 증거를 제시한다.

이들은 "비밀스러운 아시아 초기 역사에서 훈족의 실재 역사적 근거를 찾을 수 있다. 세인의 주목을 끈 고고학적 발굴물이 그들의 원래 고향은 아시아 대륙 최동단일 수 있다는 추측을 가능케 한다."[346] 이들 독일인 학

---

344) 한스 크리스찬 후프, 『역사의 비밀』, 이민수 역, 오늘의 책, 2000년, 204~205쪽.
345) 한스 크리스찬 후프, 『역사의 비밀』, 이민수 역, 오늘의 책, 2000년, 204쪽.
346) 한스 크리스찬 후프, 『역사의 비밀』, 이민수 역, 오늘의 책, 2000년, 212쪽.

자들이 거론한 아시아 대륙의 최동단은 한반도의 남부를 말하고 있는데, 그들은 그중에서 특히 신라와 가야를 지목해서 설명했다.

독일 ZDF 방송이 6년간 추적한 역사 다큐멘터리 시리즈 「스핑크스, 역사의 비밀」에서 베렌트와 슈미트 박사가 주장한 훈족과 한국인을 연결 지을 수 있는 증거는 다음과 같다.

① 말에 청동 솥을 싣고 있는 신라의 기마 인물형 토기(국보 91호)

독일인 학자들은 경주시 노동동 금령총에서 1924년 출토된 기마 인물형 토기에 실려 있는 솥에 먼저 주목했다. "한국의 작은 도시 경주 근교에서 부장품으로 점토상이 발굴되었다. 말을 탄 사람 뒤에 흔치 않게 생긴 솥이 실려 있는 기마상. 이 솥은 똑바로 세워 말 탄 사람의 등에 끈으로 연결되어 있다. 이런 형태의 그릇은 지금까지 이곳과 훈족의 이동로에서만 발견되었다."[347]는 것이다. 베렌트와 슈미트는 흉노식 청동 솥(동복)이 경주 김해의 가야 시대 고분인 대성동 유적에서도 발견된다는 것에 주목했다. 우리나라의 남부 지역에서 발견된 동복은 이들 지역이 북방계 유목 문화의 요소가 상당히 흡수되어 있다는 것을 강력히 시사해 준다는 증거로서 자주 거론되던 유물이다.

훈족과 가야의 청동솥

그리고 청동 솥에서 발견되는 문양이 훈족과 한국인의 머리 장식에서 동일하게 나타난다는 것이다. "19세기에 처음으로 슐레지엔의 낮은 사구

훈족의 동복 (청동솥)

김해 대성동/동복(청동솥)/
금관가야/ 중앙박물관

347) 한스 크리스찬 후프 『역사의 비밀』, 이민수 역, 오늘의 책, 2000년, 212쪽.

에서 냄비가 발견되고, 계속해서 몽고와 서유럽 사이에서 어느 정도 보존 상태가 좋은 냄비가 대략 30개가량 발굴되었다. 이 그릇들은 높이가 50~60센티미터 정도였고 섬세하게 세공되어 있다. 부분적으로 그 가장자리에 도형화된 잎과 버섯 모양이 몇 개씩 나란히 붙어 있다. 훈족 귀족 부인의 장식 머리띠와 관에도 비슷한 장식이 있다. 한국에서 아주 똑같은 머리 장식이 있는데, 이것은 훈족이 이 지역 출신일 수 있다는 또 다른 증거이다."348)라고 주장했다. 솥의 장식이 훈족의 귀족 부인의 것과 한국인의 것이 똑같다는 것이다.

② 훈족과 고대 한국인의 등자鐙子와 안장鞍裝의 일치

훈족은 전쟁을 직업으로 삼은 민족이다. 그들이 전쟁에서 승리할 수 있었던 가장 큰 원인은 말을 자유자재로 사용하는 점이다. 특히 말을 달리면서 뒤를 돌아보며 활을 쏘는 전술에 능했다고 한다. 그 증거가 훈족을 담은 그림이다. 즉, "이탈리아의 교회 크리프타 아프레시 인 아퀼레이다에 있다. 창으로 무장한 로마 기병이, 안장에 앉은 채 몸을 돌려 자신에게 화살을 쏘는 훈족을 급히 추적하는 전투 장면이 모르타르에 솜씨 좋게 그려져 있다."349)

이렇게 달리는 말에서 뒤를 돌아보며 활을 쏘기 위해서는 반드시 필요한 장비가 있다. 그것은 등자鐙子와 안장鞍裝이다. 바로 이 등자와 안장이 훈족의 것과 기마 인물상의 것이 일치한다는 것이다.

베렌트와 슈미트 박사는 또한 기마상 주인공의 복장과 삼각모를 주목하여 그 모양이 전형적인 유목민들이 사용하는 형식이라고 보았다. 훈족과의 첫 만남부터 유럽인들은 경악을 금치 못했다. 유럽인들은 기마병과 말이 그렇게 혼연일체가 된 것을 한 번도 보지 못했다.350)

348) 한스 크리스찬 후프, 『역사의 비밀』, 이민수 역, 오늘의 책, 2000년, 212쪽.
349) 한스 크리스찬 후프, 『역사의 비밀』, 이민수 역, 오늘의 책, 2000년, 212쪽.
350) 한스 크리스찬 후프, 『역사의 비밀』, 이민수 역, 오늘의 책, 2000년, 217쪽.

이 부분은 플라톤이 파이드로스에서 마부와 두 마리의 말로 이루어진 마차로 비유한 이원론과 내가 한사상의 통일 상태 마부와 말이 혼연일체가 되는 비유와 좋은 비교가 될 것이다.

로마인들은 훈족의 안장에 경탄했다. 그들의 안장은 말과 기수가 한 몸으로 보이게 만들기 때문이다. "훈족의 안장은 로마인의 안장처럼 말의 몸통에 가죽 끈으로 잡아매는 평범한 것이 아니었다. 훈족의 안장은 특별한 나무 버팀목이 있다. 앞뒤로 높이 올린 우뚝한 기둥과 안장 머리는 말이 움직일 때마다 기수에게 안정감을 준다."351)

더더욱 놀라운 것은 말을 타고 앉아 두발로 디디는 등자鐙子이다. 르네 크루세는 "등자의 문제는 매우 중요하다. 이 발명품은 오랫동안 정주민의 기마대를 능가하는 놀라울 정도의 이점을 유목민들에게 주었다.……3세기 흉노의 등자 이용 역시 증명되었다. 그러나 한대漢代 중국의 부조에는 그것이 거의 보이지 않는다. 기원전 1세기 알타이의 Oirotin 안장에서 발견되었고, 서양에서는 그리스와 로마에 전혀 알려지지 않았고, 단지 6세기 아바르가 그곳에서 보편적으로 사용하게 된 것으로 알려졌다."352)고 했다.

베렌트와 슈미트 박사는 "안장 이외에 훈족은 전쟁 기술면에서 혁명적인 새로운 발명품을 아시아에서 가지고 왔다. 그것은 그때까지 유럽에 알려지지 않았던 등자였다.……기수는 나무 안장에 단단하게 앉아 다리를 고정하는 발판을 이용하여 말을 달리면서 사방으로 화살을 발사할 수 있었다."353)

말을 타고 벼락같이 적의 진영에 기습을 하여 타격을 입힌 다음 빠르게 도망가면서 추격하는 적군을 향해 뒤를 돌아보며 강력하고 정확한 화살을 날려 대는 훈족의 기마 무사들은 당시 로마군이나 게르만 군대로서는 어찌할 도리가 없는 무적의 군대였다.

351) 한스 크리스찬 후프, 『역사의 비밀』, 이민수 역, 오늘의 책, 2000년, 219쪽.
352) 르네 크루세, 『유라시아 유목 제국사』, 김호동 외 2인, 1999년, 45쪽.
353) 한스 크리스찬 후프, 『역사의 비밀』, 이민수 역, 오늘의 책, 2000년, 219쪽.

훈족의 무력은 등자의 사용과 불가분의 관계에 있는데, 바로 이 등자가 신라와 가야에서도 똑같은 것이 발견된다는 것이다. 물론 우리는 이 훈족의 기마 전사의 모습을 고구려의 무용총에서 뒤를 보며 활을 쏘는 고구려 기마 전사의 모습과도 똑같은 것임을 알 수 있다.

③ 훈족의 독특한 활 반사궁反射弓과 고대 한국인의 것은 동일하다.

독인인 학자들은 훈족의 활 반사궁을 기적의 무기라고 평했다. "기적의 무기인 반사궁을 제작하기 위해서는 고도의 발달한 수공업 능력과 지식이 필요했다."354)고 주장했다.

독일인 학자들은 훈족은

고구려와 훈족의 기마무사

훈족과 고구려의 무사들은 모두 비슷한 안장과 등자와 복각궁과 뒤돌아 쏘기를 하고 있다.

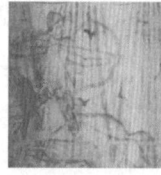

북 이탈리아의 교회 크리프타 아프레시 인 아퀼레이아에 있는 프레스코화에 그려진 훈족 기마무사가 말을 타고 몸을 뒤로 돌려 복각궁으로 활을 쏘는 장면

고구려의 기마무사가 몸을 돌려 복각궁으로 활을 쏘는 장면

이 활과 화살을 아시아에서 보급 받았던 것으로 추정한다. "훈족은 고향에서 점점 멀어지면서 아시아로부터 더 이상 보급 받을 수 없었다. 그 때문에 그들은 활을 상속하거나 제상자에게 양도하는 방식을 취했다. 활에 필요한 재료의 조달은 어려웠고, 활을 완성할 수 있는 전문가는 적었다. 그 때문에 활을 구하기가 힘들었고, 활의 가치는 점점 올라갔다."355)

우리는 이 대목에서 신라와 가야의 숨겨진 비밀스러운 역사의 핵심을 찾아낼 수 있다. 나는 늘 신라의 고분에서 어떻게 그토록 크고 찬란한 황금으로 만들어진 금관과 장식품들이 쏟아져 나왔는지 궁금했고 또한 로마의 유리병과 황금의 칼이 발견된 것이 의문이었다. 바로 그 열쇠가 훈족의 활일 수 있음이 드러난 것이다. 훈족에게 활은 오늘날 전쟁에서 스텔스 전

---

354) 한스 크리스찬 후프, 『역사의 비밀』, 이민수 역, 오늘의 책, 2000년, 209쪽.
355) 한스 크리스찬 후프, 『역사의 비밀』, 이민수 역, 오늘의 책, 2000년, 209쪽.

투기나 최신형 미사일과 같이 없어서는 안 되는 결정적인 무기이다.

그런데 이 활을 만들려면 물소 뿔이 필요한 것이다. 이 물소 뿔은 동남아나 중국 남부에서만 산출되는 것이다. 그런데 북방의 여러 유목민족의 나라들 중 오직 고구려와 백제만이 바다로 향하는 항구를 가지고 있다. "조선 각궁의 주재료 중 하나인 물소의 뿔 역시 현재의 베트남(안남)이나 태국(섬)에서 수입해서 사용했다."356)

각궁에는 두 가지가 있는데, 장궁과 휘궁으로 이는 뿔의 길이에 따라 결정된다. 장궁은 물소 뿔로 만들어 도고자까지 뿔을 대는 것이고, 휘궁은 황소 뿔로 만들어 뿔이 짧아 삼삼이까지만 대고 나머지는 뽕나무를 댄 활이다.357)

물소 뿔은 그 길이가 길어서 이음매 없이 활을 만들기가 수월하고 탄력이 우수하여 활을 만드는 재료 중에서 안성맞춤의 탁월함이 있다. 따라서 먼 남방에까지 가서 이 물소 뿔을 구했던 것이다.

황소 뿔로 만든 휘궁은 뿔 세 개를 대서 만드는 삼각궁으로 물소 뿔보다 훨씬 고난도의 기술을 요하는 활이다. 정진명은 고구려 벽화에 나오는 활이 바로 이 황소 뿔로 만든 삼각궁이라고 말한다. 지금 우리가 쓰는 활이 고구려의 것과 동일하다358)고 한다.

"활 재료 자체는 나무이며, 복합궁 역시 나무와 물소의 뿔, 소의 힘줄 등을 물고기의 부레로 만든 풀을 이용해 접합시켜 만든 것이다."359) 유목민들은 대개 물고기를 먹지 않는다. 따라서 물고기의 부레로 만든 접착제는 그들로서는 미지의 재료이다.

여러 북방 유목 민족의 경우 서해를 끼고 국제 무역을 위한 항구를 가지고 있는 고구려와 백제를 통해서 물소 뿔과 물고기 부레 접착제를 얻거나

---

356) 김후, 『활이 바꾼 세계사』, 가람기획, 2002년, 239쪽.
357) 정진명, 『한국의 활쏘기』, 학민사, 1999년, 93~107쪽.
358) 정진명, 『한국의 활쏘기』, 학민사, 1999년, 87~89쪽.
359) 김후, 『활이 바꾼 세계사』, 가람기획, 2002년, 242쪽.

아니면 직접 동남아나 중국 남부와 교역을 할 항구가 절대적으로 필요한 것이다.

그 북방 유목 민족들의 절실한 욕구를 채워 줄 유력한 항구가 바로 신라의 울산과 가야의 김해일 것이다. 이 항구들에서 국제 교역을 통해 들여온 물소 뿔로 각궁을 만듦으로 해서 동북아의 여러 유목 민족들은 그 기적의 무기인 활을 공급받을 수 있었을 것이다.

훈족은 이 기적의 활을 직접 만들지 못했을 가능성이 높다. 처음에는 만들 줄 알았을지 모르지만 우선 물소 뿔과 물고기 부레 접착제를 구할 수 없었을 것이며 고난도의 기술을 가진 기술자들을 확보하기도 어려웠을 것이다. 물론 남방까지의 항해 기술은 꿈도 꾸지 못했을 것이다.

따라서 훈족에게 이 기적의 활 복각궁은 너무나 귀해서 차마 그들의 무덤에조차 묻지 못하고 대를 물려 전했다는 것이다. 또 황소 뿔을 사용했을 경우는 다른 무엇보다 더 고난도의 기술이 필요했으므로 이 역시 신라와 가야의 기술력에 의지하지 않을 수 없었을 것이다.

따라서 북방 기마 민족인 신라와 가야가 한반도 남부에 자리 잡은 중요한 이유 중 하나가 바로 이 유목 민족의 최고의 무기 부품을 국제 무역을 통해 조달하고 또한 숙련된 기술로 제작하여 공급하는 보급 기지의 역할을 한 것임을 알 수 있는 것이다.

이렇게 생각해보면 신라와 가야의 그 믿어지지 않는 부富의 축적에 대해 이해할 수 있게 되는 것이다. 그리고 가야의 김수로왕과 인도 아유타국의 허황옥과의 국제결혼도 바로 이 물소 뿔의 교역을 생각하면 쉽게 이해할 수 있을 것이다. 허황옥이 온 곳이 인도의 아유타국이든 아니면 중국 남부이든 물소 뿔을 조달할 수 있는 위치거나 그 교역 능력을 갖춘 집단이라는 점에서는 같기 때문이다.

또한 신라와 가야가 삼한 시대부터 유명한 철의 산지라는 점에서 훈족이 사용한 활촉과 검도 신라와 가야에서 공급한 것임을 생각할 수 있는 것이다.

독일인 학자들은 이렇게 말한다. "훈족은 화살도 아시아에서 들여왔다.……유럽인들이 전혀 접해 보지 못했던 이 화살의 파괴력은 치명적이었다. 가죽으로 만든 로마의 갑옷을 종잇조각처럼 뚫고 큰 상처를 입혔다. 훈족의 활은 60미터 떨어진 거리의 목표물을 맞힐 수 있을 정도로 성능이 훌륭했다.360) 바로 그 반사궁이 다음의 그림에서 직궁과 터키궁과 비교된 우리의 국궁과 훈족의 복각궁이다. 그림에 보이는 한국의 국궁이 훈족이 사용한 복각궁과 가장 근접한 흑각궁이다.361)

그렇다면 어떻게 유럽에 진출한 훈족이 어마어마한 거리에 위치한 신라와 가야에서 활과 화살과 검 등의 군수품을 조달받을 수 있었을까? 베렌트와 슈미트 박사는 훈족의 파발마 체계를 이렇게 설명한다.

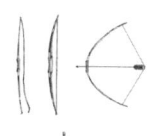

직궁:
가장 원시적인 형태의 활
대나무나 탄력있는 나무로 제작

만궁/ 터키 궁
터키나 중국 청왕조의 활로써 국궁처럼
큰 만곡도는 가지고 있지 않다.

만궁:/ 한국의 국궁 - 훈족의 복각궁

국궁중에서 가장 널리 사용되는
흑각궁, 만궁중에서 극단적으로
만곡도가 커서, 활줄을 풀어 놓으면
반대편으로 휘어져 거의 원을 이룬다.
훈족의 복각궁과 가장 비슷한 형태:

"초원의 민족에게 전형적인, 유일무이한 시설로 훈족 제국은 제국의 가장 먼 사각지대까지 중앙 권력을 힘을 뻗칠 수 있었다. 전 국가를 아우르는 파발마 체계로, 파발꾼들은 몇 주 내에 아시아로부터 유럽, 반대로 유럽에서 아시아까지 소식을 전할 수 있었다."362)

바로 이 파발마 체계에 훈 제국과 신라와 가야의 관계에 대한 비밀이 숨어 있었던 것이다. 신라와 가야에서 만들어진 활과 화살, 그리고 철제 검들은 이 파발마 체계를 이용해 몇 주 내에 공급될 수 있었다. 그리고 훈족이 로마와 게르만 민족들에게서 공물로 받은 황금과 여러 보물들이 역

360) 한스 크리스찬 후프, 『역사의 비밀』, 이민수 역, 오늘의 책, 2000년, 221쪽.
361) 김후, 『활이 바꾼 세계사』, 가람기획, 2002년, 27~33쪽.
362) 한스 크리스찬 후프, 『역사의 비밀』, 이민수 역, 오늘의 책, 2000년, 243쪽.

시 이 파발마 체계를 통해 신라와 가야로 들어온 것으로 볼 수 있다. 아마 당시 초기 신라는 한반도 동해안을 따라 북상하여 북방 실크로드로 이르는 길을 확보하고 있었을 것이다.

신라와 가야는 어떻게 고구려를 피해 북방 실크로드와 연결될 수 있었을까? 한반도 동해안의 육로를 이용했는지, 아니면 만주와 연결되는 연해주의 해안에 어떤 거점 항구를 만들어 이용했을지 궁금해진다.

어쨌든 신라와 가야가 한반도의 동해 연안과 만주와 연해주 연안과 일본을 둘러싼 환동해 문명권의 패권을 가지고 있었음은 의심의 여지가 없을 것이다.

④ 몽골리언 반점은 훈족과 한국인과 일치한다.

로마에서 신라가 100년간 대제국을 세우고 이곳을 지배했던 흉노족(신라)의 후손들이 지금 살고 있는 곳이 있다.

프랑스의 작은 도시 "상파뉴에서 포우안으로부터 멀리 떨어지지 않은 곳에 쿠르티솔이라는 마을이 있다.……쿠르티솔 마을 사람들의 말에 의하면 오늘날도 여전히 자신의 조상은 훈족이라고 한다. 그리고 쿠르티솔 마을이 속해 있는 토로이윱의 일부 아이들에게 나타난 몽고반점이 유전학적 관심을 끈다."363)

이 몽고반점은 우리나라에서 태어난 거의 모든 아이들에게서 발견되는 것이다. 따라서 프랑스 쿠르티솔 마을에서 태어난 아이들이 정말로 훈족과 유전학적으로 관련이 있다는 증거가 됨과 동시에 우리 한겨레와 관련이 있다는 증거가 될 수도 있는 것이다.

⑤ 편두偏頭는 훈족과 고대 한국인에게서 일치한다.

독일인 학자들은 "몽고에서부터 서프랑스에 이르기까지 훈족 시대의 묘

---

363) 한스 크리스찬 후프 『역사의 비밀』, 이민수 역, 오늘의 책, 2000년, 206쪽.

를 발굴하는 과정에서 특별한 사실을 알아냈다. 죽은 사람들의 머리가 정상적인 상태가 아니었다. 관자놀이와 이마가 특이하게 눌려 있고, 고랑 같은 주름이 머리에 죽 둘러 나 있었고, 머리통은 길게 늘어났다. 머리 형태가 변형된 것이었다."364) 이러한 특이한 머리 형태를 편두編頭라고 하는 것이다.

훈족에게서 발견된 이 편두編頭는 우리의 고대국가들에서도 발견된다. 삼국지 오환선비동이전의 변진조弁辰條에는,

"아이를 낳으면 돌로 머리를 납작하게 한다. 그래서 지금의 진한辰韓 사람들의 머리는 모두 납작하다."365)고 했다. 소위 두개골이 변형되어 있는 편두編頭였다. 또한 청나라에서 국가적으로 제작한 만주원류고의 첫 머리 부분에서도 편두가 소개된다.

후한서 삼한고에 이르기를 "진한 사람들은 아이가 태어나면 머리를 납작하게 하려고 돌로 머리를 내리누른다."고 하였다. 대저, 아이가 갓 태어났는데 어떻게 돌로 머리를 내리누를 수 있단 말인가? 우리 왕조의 오랜 풍습에도 아이가 태어나면 며칠 내에 와구(臥具 : 요람)를 장만하여 아이를 그 안에 반듯하게 눕혀서 잠을 재우는데, 오래지 않아 두개골이 저절로 납작해져 머리 모습이 평평한 것처럼 되었다.366)

청나라 사람들은 이 편두에 대한 기록을 보고 나름대로 해석을 하고 있는데, 청나라 사람들이 생각한 것과 고대 훈족과 한국인의 편두가 같은 것인지는 알

훈족의 편두와 경주 금령총 기마인물상의 편두

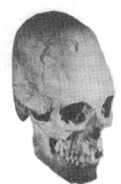

훈족의 편두

기마인물상 편두

경주 노동동 금령총
발굴 기마인물상

364) 한스 크리스찬 후프, 『역사의 비밀』, 이민수 역, 오늘의 책, 2000년, 226쪽.
365) 兒生, 便以石厭其頭, 欲其褊。今辰韓人皆褊頭
366) 『만주원류고』, 장진근 역, 파워북, 2008년, 35쪽.

수 없다.

진한과 변한은 신라와 가야가 되는 나라라는 점에서 볼 때 이들 나라에서 편두의 풍습이 있다는 것과 훈족의 편두는 우연의 일치로 보기는 어렵다.

⑥ 아틸라의 황금과 신라의 황금

아틸라가 자신은 나무 접시에 식사를 하면서도 황금에 대한 탐욕은 엄청났다고 서양 역사가들은 말하고 있다. 그는 왜 황금을 그토록 탐냈으며 그가 확보한 그 많은 황금들은 다 어디로 갔을까?

그리고 로마 제국의 유리 제품과 로마에서 만든 황금으로 만든 저 화려한 검을 비롯한 다양한 보물들은 도대체 왜 신라의 왕릉에 있는가 하는 점이다.

그리고 왕릉의 모습은 왜 저러하며 도대체 저 엄청난 크기는 무엇인가? 저렇게 크게 만들어야 할 이유가 무엇이며 그것을 만들만큼 거대한 인력들을 어디에서 동원했을까 하는 것이다. 저 유명한 황금 보검은,

신라경주의 황금보검과 로만글라스

경주 계림로 14호분 에서 발굴된 황금 보검.

이 보검은 훈족의 아틸라 왕 때 성행했다고 한다.

봉수형鳳首形 물병모양의 로만 글라스

지중해의 포도주 담는 용기의 전형적인 모양이다.

"전문가들에 의하면 이 칼의 모양은 그리스, 로마, 서아시아에서 유행하던 형식이며 특히 앞서 소개한 훈족의 아틸라왕 때 성행하였다고 한다."367)

훈족의 아틸라왕 때 유행하던 황금 보검이 신라의 왕릉에 묻혀 있던 것이다. 신라 고분에서는 소위 로만 글라스 계통인 이란 사산조 때의 유리

---

367) 김병모, 『금관의 비밀』, 도서출판 푸른역사, 1998년, 134쪽.

제품이 다량으로 발견된다.368)

　먼저 신라라는 이름을 보자. 신라는 새(新)와 벌(羅)의 합성어이다. 즉, 순수한 우리말 새벌을 한자로 옮긴 것이 신라이다. 이 새벌은 곧 새밝으로서 아침에 떠오르는 태양을 상징한다. 즉, 삼족오三足烏가 바로 그 아침에 떠오르는 태양으로서의 새밝이다.

　이 말은 또한 조선朝鮮으로 아침에 떠오르는 태양의 곱고 선명하고 조용한 모습을 상징하는 것이다. 이 역시 우리말 새밝을 한문으로 옮긴 것이다. 이는 단군조선과 신라뿐 아니라 고구려와 백제도 같은 의미이다. 고구려는 커우리로서 커는 크다는 의미이고 우리는 둥근 모습을 상징한다. 이 역시 커다란 둥근 해를 상징하는 말이다. 백제는 밝재로서 태양이 떠오르는 밝은 언덕을 상징한다. 일본日本이라는 말은 곧 태양이 떠오르는 밝은 언덕으로서의 백제와 같은 말임을 알 수 있다.

　또한 알타이어족의 고향인 알타이 산은 곧 황금 산이다. 이는 아침에 떠오르는 태양의 산이라는 의미이다. 이는 백제와 같은 의미이다.

　이 모두를 종합해 보면 우리 한겨레는 물론 알타이어족 전체가 아침에 떠오르는 태양으로 스스로를 상징했음을 알 수 있다. 그리고 그 태양을 황금으로 상징했음을 알 수 있는 것이다. 황금은 그 색도 태양과 비슷하지만, 무엇보다도 영원불변하는 태양의 속성과 같은 이 세상에서 유일무이한 물질이기 때문이다.

　그리고 태양은 태양계의 공적 영역이다. 이는 질서 상태 중심을 의미한다. 여기서 다시 한 번 알타이어족의 여러 민족들은 단군조선의 한사상과 하나가 되는 것이다. 그리고 한사상은 훈족과 신라를 직접 하나로 묶는 것이다.

　그렇다면 신라 왕릉 안에 저 엄청난 양의 황금과 로마로부터 온 보물들에 대해 납득할 수 있게 된다. 즉, 신라와 가야는 훈족의 활을 비롯한 칼과 화살 등 여러 군수품과 병력을 보급하는 총사령부였음을 알 수 있는 것이다.

---

368) 김병모, 『금관의 비밀』, 도서출판 푸른역사, 1998년, 136쪽.

⑦ 신라의 적석 목곽분과 훈족의 적석 목곽분

"훈족의 장례 의식은 옛 중앙아시아와 동아시아의 전통을 따른다. 훈족 전 시기와 초기 훈족 시대의 무덤으로 보이는 동유럽 구릉 묘지에는 작은 통나무집 지하방이 있다. 우리는 몽고 고산지대에서 동유럽의 구릉 묘지를 살펴보았다. 벽과 천장은 튼튼한 각목으로 버티고 있고, 나무줄기로 벽을 둘러쌌다. 나무 구조물에는 흙과 돌을 채웠다."[369]

그러니까 바로 이것이 우리가 말하는 신라 고분의 적석 목곽분인 것이다. 여기서 목곽이란 곧 통나무집을 말하는 것이었다. 원래 살던 통나무집에 주인과 물건을 그대로 놓고 그 위를 돌로 쌓아 올리고 마지막에 흙으로 덮는 것이다.

이러한 적석 목곽분이 몽고에서 동유럽까지 있으며, 그중 가장 규모가 크고 막대한 부장품이 나온 곳이 신라의 수도 경주의 대릉원의 고분군들인 것이다. 여기에는 천마총과 황남대총을 비롯한 23기의 고분들이 있다. 바로 이 고분들이 적석 목곽분으로 훈족의 것과 같은 형식이다. 이 고분군은 4~6세기 마립간이 통치한 6대에만 나타난다. 즉, 마립간들인 내물, 실성, 눌지, 자비, 소비, 지증 마립간에게서 나타난다.

신라의 고분인 적석 목곽분 자체도 당대 최대의 것이다. 그리고 고분에서 발견된 금관들은 세계 최대의 것이다. 또한 그 출토품의 규모와 화려함도 당대 최대의 것이다. 말하자면 당시 유라시아 북방 실크로드 국가들 중 신라의 국력이 최대이며 유라시아 북방 실크로드 문명의 중심이 신라와 가야라고 해도 과언이 아닐 것이다.

(3) 훈 제국은 80년이나 카자르 제국은 400년

카자르는 하자르와 같이 쓰이는 이름이다. 그 이름의 유래는 이러하다.

---

369) 한스 크리스찬 후프, 『역사의 비밀』, 이민수 역, 오늘의 책, 2000년, 263쪽.

"하자르란 명칭은 투르크족이 사비르라 칭했던 종족으로, 이란족이 사바르 대신 하자르란 이름으로 불렀다."고 주장함으로써, 하자르와 사비르의 동족 개념은 더욱 신빙성을 얻게 되었다.[370]

카자르 또는 하자르라는 이름은 곧 사비르에서 왔다는 말이다. 또한 이 "사바르는 당시 이곳에 새로 건국한 하자르국의 주역이 되었다. 하자르족으로 알려진 세멘테르와 벨렌제르족은 본래 사바르를 구성하고 있던 2대 종족으로 알려져 있다."[371]

즉, 카자르 제국은 원래 사바르국이 있던 그 자리에서 그 나라의 주축이었던 민족이 만든 나라라는 말이다. 그러면 이 사바르족은 누구일까?

사바르는 5~6세기 경 시베리아 서부와 카프카스 북부 지역에서 중요한 역할을 한 부족이다.……그 명칭은 Sabar, Saber, Savir, Sebir 등으로 표기되었다.……이들의 이동 경로와 그들이 남긴 관직명과 등장 인명으로 보아 흉노 제국에 편입된 한 종족으로 처음에 텐산 산맥 서쪽과 일리 강변 사이에 거주했던 것으로 추정된다.……[372]

흥미로운 것은 "16세기에 시비르 왕국이 건립되어 수도의 이름이 사바르에서 유래한 시비르로 정해졌다. 후일 러시아가 이 지역을 정복하면서 지리적 명칭으로 사용한 시베리아Siberia가 바로 사바르와 연관을 맺고 있다는 사실이다."[373]

그런데 이 Sabar, Saber, Savir, Sebir는 곧 우리 말 '새밝'과 직접적인 연관을 맺고 있다. 이 '새밝'이란 아침에 떠오르는 태양이라는 의미로서 '조선朝鮮'이라는 말과 같다. 그리고 신라新羅 역시 새新+벌羅로서 새벌이며, 이는 곧 새밝이다. 이 사바르 또는 시비르는 뜻으로는 물론 조선이지만 음으로는 신라와 동일한 이름이라고 해도 과언이 아니다.

370) 이희수, 『터키사』, 대한교과서주식회사, 1996년, 143쪽.
371) 이희수, 『터키사』, 대한교과서주식회사, 1996년, 143쪽.
372) 이희수, 『터키사』, 대한교과서주식회사, 1996년, 134쪽.
373) 이희수, 『터키사』, 대한교과서주식회사, 1996년, 135쪽.

또 이 사바르국은 훈족과 마찬가지로 그 병기에 있어서 매우 우수한 것이었다고 한다. 비잔틴 사가 프로코피우스는,

"사바르족은 인간이 인지할 수 있는 역사 이래 지금까지 그 어느 누구도 감히 상상할 수 없었던 무기와 기구들을 가지고 있다. 이란과 로마 두 제국이 개발한 무기들도 이들 야만인의 것에 비하면 보잘것없다. 이는 분명히 인간이 만들어 낸 걸작품이다."374)

이는 훈족의 무기에 대해 감탄하던 서양인들의 태도와 동일한 것이다. 이 무기가 무엇일까? 그것이 고구려와 신라의 것인지도 모른다. 더 흥미로운 것은 이들은 신라와 같이 여왕이 다스리기도 했다는 것이다.

"520년경, 발라크 사후 그의 부인 보아리크가 여왕이 되었다. 그녀는 빼어난 미모와 함께 훌륭한 통치자로 10만 군대의 용감한 사령관으로 이름을 떨쳤다."375)는 것이다.

훈 제국에서 카자르 제국까지는 그 과정에 아바르족과 불가르족이 있었다. 그리고 사바르족이 있었다. 아틸라가 죽고 아틸라의 아들 뎅기지흐는 동로마 제국에게 패하여 죽었다. 훈족의 다른 씨족들은 두 무리로 나뉘어 흑해 북부에 남았다. 이들은 서로 싸웠는데, 세 번째 부족 아바르가 나타나 이들을 격파하고 러시아 초원을 차지했다.376)

아바르는 또한 아틸라를 따르던 사람들의 후예로377)이들 아바르는 6세기 돌궐의 압력을 받아 중앙아시아에서 서쪽으로 도주해 온 몽골계 집단이었다. 이들도 처음에는 남부 러시아를, 그리고 곧 헝가리까지 지배하게 되었다.378) 만약 6세기 후반 유럽에 이주한 아바르가 유연이 아니었다면 그들은 에프탈이었던 게 분명하다.379)

---

374) 이희수, 『터키사』, 대한교과서주식회사, 1996년, 136쪽.

375) 이희수, 『터키사』, 대한교과서주식회사, 1996년, 136쪽.

376) 르네 크루세, 『유라시아 유목제국사』, 사계절출판사, 1998년, 137~138쪽.

377) 르네 크루세, 『유라시아 유목제국사』, 사계절출판사, 1998년, 259쪽.

378) 르네 크루세, 『유라시아 유목제국사』, 사계절출판사, 1998년, 26~27쪽.

379) 르네 크루세, 『유라시아 유목제국사』, 사계절출판사, 1998년, 257~259쪽.

칭기즈칸의 몽골 부족에 앞서 몽골어를 사용한 것이 거의 확실한 민족 가운데 3세기의 선비, 5세기의 유연과 에프탈, 그리고 6세기와 9세기까지 유럽의 아바르를 꼽았다.380) 유연은, 언어학자들은 선비와 같은 몽골계였으며, 몇몇은 그들이 선비와 관련이 있었던 것으로 믿고 있다.381)

유연은 동으로는 고구려와 국경이 잇는 요하로부터, 서쪽으로는 이르티쉬 강 상류와 카라샤르 부근까지의 막북 전 지역을 지배하고 있었다.382) 그러니까 이들 아바르 인들은 우연과 선비족과 연관이 있는 지금의 몽고 지역에 있었던 민족임을 알 수 있다.

에프탈Ephthal은 에프탈 훈족으로 알타이(金山)에서 기원하여 투르키스탄으로 내려왔다. 비잔티움의 사가는 그들은 백색 훈White Hun이라고 불렀다. 그들은 한때 페르시아 제국을 큰 혼란에 빠뜨리기도 했다. 그들은 힌두쿠시를 넘어 카불에 들어가 쿠산조의 마지막 군주들을 없애 버렸다. 백색 훈은 카불에서 풍요로운 인도를 노렸다. 그들의 수령 토라마나는 인더스 유역뿐 아니라 말와도 정복했다. 인도의 아틸라로 불리는 그의 아들 미히라쿠라는 카슈미르를 정복하고 갠지스 지역까지 들어갔다.383)

이들 에프탈은 훈족의 또 다른 부족 백색 훈이다. 이는 삼한으로 말하자면 마한이다. 이들 역시 신라와 가야에서 출발했거나 큰 연관이 있는 것이다. 아바르가 이들 백색 훈이라면 아틸라의 훈족은 같은 훈족의 일파에게 흡수된 것이다. 그리고 불가르족도 훈족의 일파인 쿠트리구르 훈384)과 연관된 것으로 보고 있으므로 이 역시 훈족의 일파이다. 따라서 훈 제국이 사라진 후 출현한 아바르 제국은 유연이라면 고구려 옆 몽골에서 출발한 민족으로 선비족과 연관이 있고, 에프탈이라면 훈족의 일파이다.

380) 르네 크루세, 『유라시아 유목제국사』, 사계절출판사, 1998년, 285~287쪽.
381) 르네 크루세, 『유라시아 유목제국사』, 사계절출판사, 1998년, 114~115쪽.
382) 르네 크루세, 『유라시아 유목제국사』, 사계절출판사, 1998년, 114~116쪽.
383) 르네 크루세, 『유라시아 유목제국사』, 사계절출판사, 1998년, 125~128쪽.
384) 르네 크루세, 『유라시아 유목제국사』, 사계절출판사, 1998년, 137쪽, 265쪽.

"그들의 외모는 고대 훈족의 외모를 연상시켰는데, 다만 훈족과 달리 아바르는 머리를 두 가닥으로 땋아서 등 뒤로 내려뜨렸다.……그들은 훈족을 자기 집단으로 동화시켰다. 아바르가 쇠퇴하고 7세기 2/4분기 동안은 훈족의 쿠트리구르와 연관된 것으로 보이는 불가르 인들이 코카서스 서북쪽에 강력한 국가를 세웠다."[385] 불가르는 단군조선의 변한과 연관이 있다. 즉, 변한=불한=불칸=발칸=불가르가 되는 것이다.

그리고 이 아바르와 불가르에 이어 흑해 연안에 카자르 제국이 등장한다. 이 훈족 계열의 카자르 제국의 위상은 이렇게 압축된다. 아더 쾨슬러는 "비록 유럽에서 훈족의 출현이 80년밖에 지속되지 않았지만 반면에 카자르 제국은 400년이라는 최고 전성기를 누렸다."[386] 고 말한다.

카자르 제국은 7세기에서 10세기까지 국력의 전성기를 누렸다.……카자르족이 처음으로 역사에 등장하는 것은 서기 448년이다. 비잔틴 제국의 황제 테오도시우스 2세는 프리스쿠스라는 이름의 수신사를 포함한 사절단을 아틸라에게 보냈다. 그가 아카트지르(Akatzirs) 인이라고 불리는 훈족의 지배를 받는 한 민족에 대한 일화를 소개했다.

여기서 아카트지르는 아크—카자르인으로 백색—카자르인이라는 의미로서 이에 대한 흑색—가자르인은 Kara—Khazar라고 한다.[387] 프리스쿠스의 연대기는 카자르가 약 5세기 중반에 훈족의 통치하에 있는 한 민족으로 유럽 역사의 장에 등장했고 마자르와 다른 부족들과 더불어 아틸라 유목민에게서 나온 후손으로 간주될 수 있음을 확증한다.[388]

그리고 아더 쾨슬러는 "훈족과 카자르인은 튀르크어파 사람이었다."[389] 고 했다. 여기서 튀르크어파란 곧 알타이어파를 의미한다고 보아야 할 것

---

385) 르네 크루세, 『유라시아 유목제국사』, 사계절출판사, 1998년, 264~266쪽.
386) 아더 쾨슬러, 『열세 번째 지파』, 최윤정 역, 에스라하우스출판부, 2010년, 13쪽.
387) 아더 쾨슬러, 『열세 번째 지파』, 최윤정 역, 에스라하우스출판부, 2010년, 18쪽.
388) 아더 쾨슬러, 『열세 번째 지파』, 최윤정 역, 에스라하우스출판부, 2010년, 18쪽.
389) 아더 쾨슬러, 『열세 번째 지파』, 최윤정 역, 에스라하우스출판부, 2010년, 16쪽.

이다. 즉, 우리 한국인과 같은 알타이어 계통이라는 말이다. 훈족이 유럽에 나타날 당시에는 튀르크족이나 몽골족이라는 말도 없었을 때이다.

그런데 아랍의 주요 사료 저자 중의 한 사람인 아랍 지리학자 아스타크리는 이들을 이렇게 말한다. "카자르인들은 투르크족과 닮지 않았다. 그들은 검은색 머리카락을 가지고 있었다."390)는 것이다. 카자르인이 투르크족과 인종적으로 다르고 몽골계라는 것이다. 즉, 카자르인은 한겨레와 인종적으로 가깝다는 의미이다.

그러나 인종적 문제는 크게 중요하지 않다. 과거 대제국을 이루었던 단군조선이나 고구려의 내부에는 퉁구스계와 몽골계뿐 아니라 투르크계의 민족들도 다수 참여했을 것이다. 따라서 우리 한겨레는 몽골계이니까 투르크계와는 인종적으로 다르다는 식으로 인종주의에 빠질 필요는 없다. 사실 한국인은 중국인과 일본인보다 피부가 희고 골격도 크다. 단군조선과 고구려, 백제, 신라는 이들 투르크족을 흡수하고 교류하는 과정에서 이들과 혼혈이 되었을 것이다.

한 아르메니아의 작가는 카자르인의 얼굴이 "거만하고, 거대하고, 속눈썹이 없는 얼굴에 여자같이 길게 늘어진 머리카락을 가진 카자르의 잔혹한 무리391)."라고 표현했다. 이 모습은 몽골족이나 만주족과 비슷한 것으로 보인다. 훈족의 잔존 세력은 같은 몽골계의 아바르인들에게 흡수되고 또 원래 훈족의 일파였던 카자르인들과 다시 재결합하는 것이다.

흔히 카자르인들을 투르크 일파로 보는 것은 투르크계도 동쪽에서 온 돌궐족의 일파로서 같은 기마 민족이고 또한 언어와 문화는 투르크계도 몽골계와 비슷하기 때문이다. 다만 인종적으로 다르며 장례 문화가 다르다는 차이가 있다.392)

---

390) 아더 쾨슬러, 『열세 번째 지파』, 최윤정 역, 에스라하우스출판부, 2010년, 15쪽.
391) 아더 쾨슬러, 『열세 번째 지파』, 최윤정 역, 에스라하우스출판부, 2010년, 15쪽.
392) 박원길은 투르크(Türk)족의 매장 의식을 다음과 같이 설명하고 있다.
　　투르크(Türk)족은 동양에서는 돌궐突厥로 알려진 종족이다. 그 장례 습속은 수서隨書 돌궐전突

이들은 훈족이 유럽에
서 패하여 힘을 잃었을 때
그 일파가 원래 훈족의 영
향권이었던 흑해와 카스피
해와 러시아를 잇는 바로
그 카자르 제국이 일어난
그곳에서 재결집하여 힘을
축적하다 마침내 다시 일
어난 것으로 볼 수 있는 것이다.

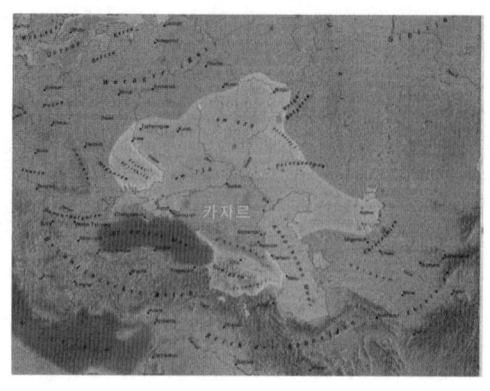

　아바르인들도 훈족에 이어 볼가 강에서 오스트리아까지를 군림했다.[393]
그리고 그 뒤를 이어 카자르 제국도 카프카스 산맥, 아랄 해, 우랄 산맥,
키예프 마을, 우크라이나 대초원 사이의 거대한 영역에 거주하는 삼십쯤
되는 다른 나라들과 부족으로부터 공물을 감독하거나 거두어들였다.……
카자르 왕국은 시기, 규모, 문명화 정도에 있어서 그전의 훈과 아바르 제
국, 그리고 카자르의 뒤를 이은 몽골 제국의 중간 단계에 위치하고 있었
다.[394] 그 카자르 제국의 영토는 지도[395]와 같이 흑해와 카스피 해와 아랄

　　順傳과 주서周書 돌궐전突厥傳에 나오는데, 그 내용은 비슷하다. 수서隨書 돌궐전突厥傳의 내
　　용별 세부 항목은 다음과 같다.
　　① 사람이 죽으면 유르트(Yurt : 帳) 속에 시신을 일정 기간 안치한다.
　　② 집안 식구나 친지들이 대부분 소나 말을 잡아 제사를 올린다.
　　③ 유르트를 둘러싸고 울면서 칼로 자신들의 얼굴에 상처를 내 피와 눈물이 섞여 흐르게
　　　하는데(얼굴에) 7번 상처를 낸 뒤 멈춘다.
　　④ 그리고 길일을 잡아 시신을 말 위로 안치한 뒤 태운 재를 모아 매장한다.
　　⑤ 푯말을 세워 무덤을 표시하며(그 앞에) 유르트(圖)를 세운다. 그 안에 죽은 사람의 형상 및
　　　그가 생시에 겪었던 전투 진형의 형상을 그려(봉안한다)
　　주서周書 돌궐전突厥傳에서 화장의 기록만 옮겨 보자.
　　⑨ 날을 잡아 죽은 사람이 타던 말과 그가 입던 의복 등의 물건을 시신과 함께 태운다.
　　⑩ 타고 남은 재는 길일을 잡아 매장한다.
　　박원길, 『유라시아 초원제국의 역사와 민속』, 2001년, 민속원, 335쪽.
393) 르네 크루세, 『유라시아 유목제국사』, 사계절출판사, 1998년, 259~261쪽.
394) 아더 쾨슬러, 『열세 번째 지파』, 최윤정 역, 에스라하우스출판부, 2010년, 13~14쪽.

해에 걸쳐 있고 위로는 러시아 아래로는 아랍 제국 왼쪽은 동유럽, 서쪽은 아시아에 걸쳐 있는 요충지의 광활한 지역이다. 이 지역은 훈족이 출발한 지역이며 훈족이 패한 후 돌아간 지역이기도 하다. 바로 이곳에 사바르국이 자리 잡았고 그를 이어 카자르국이 일어난 것이다.

또한 우리가 이미 살펴보았듯 부여에는 왕의 살해 전통이 있었다. 그리고 카자르 제국에도 왕의 살해 전통이 있었다. 이 두 민족에게서 공통적으로 나타나는 왕의 살해는 어떻게 이어질 수 있는 것일까?

이제 이 카자르 제국과 유태인과의 관계를 알아보자. 텔아비브대학교의 중세 유대 역사 교수인 폴리악(A. N. Poliak)은 그의 책 『카자리아Khazaria』의 서론에서 다음과 같이 주장했다.

"카자르 유태인 사회와 유대 공동체 사이의 관계에 대한 문제와 동유럽에서 가장 많은 유태인 정착의 핵심인 카자르 유태인 사회와 관련해서 우리가 얼마나 깊이 다룰 수 있는 지에 대한 문제로서의 새로운 접근……이 정착민들의 자손들—그들이 있었던 곳에 머물렀던 사람들, 미국과 다른 나라로 이민 간 사람들 그리고 이스라엘로 간 사람들—은 지금 세계 유태인 사회의 대다수를 차지한다."396)

폴리악(A. N. Poliak)은 카자르 제국의 후예들이 현재 세계 유태인 사회의 대다수를 차지한다는 것을 말하고 있다. 바로 이들이 아쉬케나지 유태인인 것이다.

카자르 제국의 국토는 아시아와 유럽과 러시아를 잇는 흑해와 카스피해 볼가 강에 걸쳐 있었으며, 아랍의 무슬림 국가와 러시아의 비잔틴 세력과의 중간 영역에 위치하는 광대한 지역을 아우르고 있었다. 소비에트 연

---

395) 아더 쾨슬러, 『열세 번째 지파』, 최윤정 역, 에스라하우스출판부, 2010년, 표지 지도
396) 카자르 유태인 사회의 기원에 관련된 가설에 대해 가장 파격적인 이론을 제출한 사람 중 한 명은 텔아비브대학교의 중세 유대 약사 교수인 폴리악(A. N. Poliak)이다. 그의 책 『카자리아 Khazaria』는(히브리어로 기술) 1944년 텔아비브에서 발행되었고 1951년 두 번째 판이 발행되었다. 그 책 서론에서 그는 다음과 같은 사실을 주장한다.
아더 쾨슬러, 『열세 번째 지파』, 최윤정 역, 에스라하우스출판부, 2010년, 12쪽.

방의 고고학자 아르타모노프의 말에 의하면,

"9세기까지 카자르는 흑해 북쪽과 인근 대초원, 그리고 드네프르 강의 삼림 지역에서 카자르의 우월성에 대적할 경쟁자를 가지고 있지 않았다. 카자르는 한 세기 동안 동유럽 남부 절반의 최고 지배자였으며, 아시아에서 유럽으로 들어오는 우랄-카스피 해 관문을 막는 거대한 형태로 나타났다."[397]

이들은 아랍 제국으로부터는 이슬람교, 러시아로부터는 기독교를 받아들이기를 요구받았다. 그러나 이들 카자르 제국이 이슬람교나 기독교를 받아들이면 정신적으로 아랍 국가와 기독교 국가의 예속국이 되는 것이다.

따라서 이들은 절묘한 선택을 한다. 즉, 이슬람교와 기독교 양쪽의 근원이 되는 종교인 유대교를 선택한 것이다. 이로써 이 기마 전사들은 아랍 국가나 기독교 국가들로부터 정신적으로 예속되지 않아도 되게 된 것이다. 참으로 당시 카자르 제국의 지정학적 위치에서는 최선의 선택이 아닐 수 없는 것이다.

그리고 나라를 잃은 유대 민족 전체에게는 "서기 약 740년에 카자르 제국이 유대교로 개종한 사건."[398]이야말로 유대교를 믿는 새로운 유태인의 나라가 탄생한 축복의 소식이었을 것이다.

카자르 제국은 당시 그 어떤 나라도 가지지 못했던 강력한 정규적인 상비군을 가지고 있었다. 즉, "이 왕은 군복무를 하는 12만 명의 병사를 가지고 있고 군사들 중 한 사람이 죽으면 그의 자리를 대신할 또 다른 사람이 즉시 선발된다."[399] 이 군사 제도는 카자르국의 전신인 사바르국이 10만 대군을 가지고 있었으며, 당대에 가장 강력한 무기를 가지고 있었다는 기록과 연결된다.

카자르 제국의 멸망은 965년에 시작했다. 키예프에 있던 러시아의 왕자

---

397) 아더 쾨슬러, 『열세 번째 지파』, 최윤정 역, 에스라하우스출판부, 2010년. 14쪽.
398) 아더 쾨슬러, 『열세 번째 지파』, 최윤정 역, 에스라하우스출판부, 2010년. 29쪽.
399) 아더 쾨슬러, 『열세 번째 지파』, 최윤정 역, 에스라하우스출판부, 2010년. 49쪽.

스바토슬라브는 카자르를 공격하고 돈 강 만곡부에 위치한 수도 카르켈을 점령했다. 그러나 바르톨르도 지적했듯 이러한 공격에도 살아남아, 적어도 볼가 강 하류와 쿠만·다게스탄 지역은 보전하였다. 1030년 하자르는 정치적 세력으로는 완전히 자취를 감추었다.[400] 그러나 쾨슬러는 카자르는 그 후 루스, 즉 러시아 민족이나 다른 민족에게 황폐화되었고 또 재건되었다가 12세기 중반까지는 줄어든 영토에서 남아 있었다고 한다.[401] 그리고 결정적으로는 동쪽에서 출현한 몽골족에 의해 완전히 나라를 잃어버린 것이다. 즉, "몽골족의 통치자 바투는 그의 수도를 이틸 지역에 세웠다."[402] 이틸은 카자르 제국의 수도였다.

나라를 잃은 이들은 폴란드와 러시아로 이주했다. 즉, "카자르인의 상당수가 폴란드로 이민 갔다는 것은 분명하게 성립되어 있다."[403] 그리고 이들은 다시 독일 등지로 이주했다.

오늘날 유태인들은 세파르디와 아쉬케나지로 나뉜다. 세파르디 유태인들은 15세기 말에 추방되어 지중해와 발칸 산맥 경계선에 있는 나라들과 정도는 작지만 서유럽에 정착할 때까지 스페인에서 옛날부터 살아왔던 유태인의 후손들이다.[404]

1960년대에 세파르디 유태인의 수는 50만 명으로 추산되었다. 아쉬케나지는 동시대에 약 천백만 명 정도 되었다. 그래서 통상적으로 유태인은 아쉬케나지 유태인과 동의어이다.[405]

쾨슬러는 "전반적으로 세파르디 유태인은 장두(긴 머리)이며 아쉬케나지 유태인은 단두(옆으로 넓은 머리)이다. 쿠세라는 이러한 차이점에서 카자르—아쉬케나지 유태인과 셈족—세파르디 유태인의 인종적 기원이 분리되어

---

400) 르네 크루세, 『유라시아 유목제국사』, 사계절출판사, 1998년, 272쪽.
401) 아더 쾨슬러, 『열세 번째 지파』, 최윤정 역, 에스라하우스출판부, 2010년, 125쪽.
402) 아더 쾨슬러, 『열세 번째 지파』, 최윤정 역, 에스라하우스출판부, 2010년, 125쪽.
403) 아더 쾨슬러, 『열세 번째 지파』, 최윤정 역, 에스라하우스출판부, 2010년, 156쪽.
404) 아더 쾨슬러, 『열세 번째 지파』, 최윤정 역, 에스라하우스출판부, 2010년, 180쪽.
405) 아더 쾨슬러, 『열세 번째 지파』, 최윤정 역, 에스라하우스출판부, 2010년, 180쪽.

있다는 더 많은 증거를 인지했다."406)고 한다.

물론 이 단두短頭는 우리 한국인과 만주와 몽골의 몽골로이드의 특징이며, 장두長頭는 유럽인들의 특징이다. 그러나 이런 인종적 분류는 이제 와서는 설득력이 그리 크지 않고, 나의 연구와도 관계가 적다.

중세 랍비 문학에서 아쉬케나지라는 히브리말은 독일 사람에게 적용되었다. 그래서 현대 유태인 사회가 라인 지방에서 유래되었다는 전설을 뒷받침해 준다.407) 폴란드에 집중되었던 유태인들이 독일로 재집결했음을 알 수 있게 해준다.

니체와 히틀러가 눈으로 직접보고 만났던 유태인들은 바로 이 카자르 제국 나아가 훈 제국의 후예일 수 있는 것이다. 과거 훈족은 게르만 민족의 의식에 결코 잊을 수 없는 깊은 상처를 남겼다.

즉, "라인 강 왼쪽 보름스와 마인츠 지역에 정주했던 부르군트족은 굴복하지 않았다. 게다가 몇 년 전에 그들은 로마와 훈족이 국경 수비대를 공격하기까지 했다. 이제 훈족의 복수가 시작되었다. 부르군트족은 블레다가 이끈 훈족의 공격을 받았고 패배했는데, 435년인지 436년인지 역사가들의 견해가 일치하지 않는다. 부르군트왕 군터는 전사했다. 부루군트는 게르만 민족의 의식에 깊은 상처를 남겨 놓았다. 역사적인 사실인 부르군트의 패배는 민담으로 전해졌고, 수백 년 후에 위대한 서사시 「니벨룽겐의 노래」로 만들어졌다.408)

니벨룽겐의 노래라는 서사시의 배경이 곧 훈족에 의한 라인 강 유역에서 부르군트족이 패배하여 국왕이 전사하는 사건이라는 점은 얼마나 훈족이 게르만족에게 큰 상처를 남겼는가를 알 수 있게 한다.

이들 훈족의 후예가 카자르족이며, 그 카자르의 후예가 바로 니체와 히틀러가 경멸하던 유태인일 수 있는 것이다. 그런데 이들 유태인은 곧 니체

---

406) 아더 쾨슬러, 『열세 번째 지파』, 최윤정 역, 에스라하우스출판부, 2010년, 184쪽.
407) 아더 쾨슬러, 『열세 번째 지파』, 최윤정 역, 에스라하우스출판부, 2010년, 180쪽.
408) 한스 크리스찬 후프, 『역사의 비밀』, 이민수 역, 오늘의 책, 2000년, 240쪽.

와 히틀러가 그토록 자랑스러워하던 금발의 야수 게르만 민족을 여지없이 격파하여 굴복시켰던 저 니벨룽겐의 노래의 위대한 정복자의 훈족의 후손일 수 있는 것이다.

이렇게 보면 "반유대주의라는 용어는 무의미하게 되는데, 이는 쾨슬러가 기술한 바에 따르면 반유대주의는 살해자와 피해자 모두의 오해에 기초한 것이기 때문이다.[409]."는 말은 수긍이 간다.

결국 니체와 히틀러에게서 남는 것은 '광기와 학살의 지배 법칙 −1＝99−100'밖에는 없게 되는 것이다.

(4) 한사상과 훈족과 카자르인의 윤리학과 정치·경영 철학

신라의 진흥왕은 다음과 같이 말했다.

"나라를 일으키기 위해서는 반드시 먼저 풍월도를 해야 한다."[410]

(王又念興邦國 須先風月道)

그리고 실제로 진흥왕은 풍월도를 일으킴으로써 신라를 고구려, 백제와 어깨를 겨루는 강국으로 등장시켰다. 그리고 최종적으로는 신라가 통일신라로 존재하게 된 원동력이 되었다는 사실을 알 필요가 있다. 이 풍월도風月道에서 풍風은 곧 순수한 우리말 '밝'이며, 월月은 '달'이다. 이는 곧 순수한 우리말 '밝달길' 또는 '배달길'이다. 마찬가지로 풍류도風流道[411]의 류流도 다다를 류로서 '달[412]'이다.

바로 이 배달길, 풍월도, 풍류도가 내가 이 책에서 말하는 한사상이다.

---

409) 아더 쾨슬러, 『열세 번째 지파』, 최윤정 역, 에스라하우스출판부, 2010년, 2쪽.
410) 三國遺事 : 彌鄒仙花
411) 삼국유사에서 풍류도라고 말한 것은 삼국사기에서는 풍류도라고 했는데, 이 역시 밝달길 또는 배달길이다. 즉, 안호상은 풍류도의 류는 흐를 류 자인 동시에 다다를 류 자이므로 이는 달이라고 했다『민족의 주체성과 화랑얼』, 배달문화연구원, 1967년, 141쪽). 이렇게 보면 풍류도는 곧 밝달길이요 배달길로 풍월도와 완전히 동일한 것임을 알 수 있다.
412) 안호상, 『민족의 주체성과 화랑얼』, 배달문화연구원, 1967년, 141쪽.

그리고 신라의 박혁거세가 처음으로 신라를 일으켜 세운 원리 또한 한사상이다.

삼국사기에 의하면 고조선의 유민遺民이 지금의 경상도 지방에 흩어져 살면서, 양산촌楊山村·고허촌高墟村·진지촌珍支村·대수촌大樹村·가리촌加利村·고야촌高耶村 등 여섯 마을을 형성하였다. 고허촌장 소벌공蘇伐公이 양산楊山 밑 나정蘿井 곁에서 말이 알려준 큰 알을 얻었는데, 깨 보니 그 속에 어린아이가 있었다. 알이 매우 커서 박과 같다 하여 성을 박朴이라 하였다. 13세가 되었을 때 매우 영특하여, 여섯 마을의 왕으로 삼고 국호를 서라벌이라 하였다. 413)이 서라벌이 곧 새밝이며 신라이다.

이 유명한 박혁거세의 신라 건국에 관한 기록에 대해 신비성을 제거하고 현실적인 내용만 추려 보자. 이들 여섯 씨족의 촌장들은 그들 내부의 모든 갈등을 제거하고 하나의 전체를 이루어 통합할 수 있는 정의와 도덕과 중용을 이루어 스스로 공적 영역을 만들어 스스로를 통제하고, 스스로 그 통제를 받아들이는 사적 영역을 만드는 질서 상태를 이루었음을 말하고 있다. 그리고 그 공적 영역의 중심이 되는 인물이 곧 박혁거세이다. 신라는 이렇게 민주주의를 바탕으로 세워진 것이다.

신라의 건국은 과정적 민주주의로서의 한사상을 잘 설명해 주는 것이다. 그리고 진흥왕이 말하는 풍월도風月道 역시 이 한사상을 설명하는 것이다. 또한 박혁거세가 태어난 알을 말이 알려주어 찾아냈다는 기록을 볼 때 이미 진한은 기마민족의 전통을 따르고 있다.

신라의 화랑이 보여 주는 죽음을 두려워하지 않는 전사로서의 기개는 훈족의 전사들이 유럽을 정복한 기개와 닮은 점이 있다. 공동체의 존속과

---

413) 始祖 姓朴氏 諱赫居世 前漢孝宣帝 五鳳元年 甲子 四月丙辰〔一日正月十五日〕 卽位 號居西干 時年十三 國號徐伐 先是 朝鮮遺民 分居山谷之間 爲六村 一日閼川楊山村 二曰突山高墟村 三日觜山珍支村〔或云干珍村〕 四曰茂山大樹村 五曰金山加利村〔加里村〕 六曰明活山高耶村 是爲辰韓六部 高墟村長蘇伐公望楊山麓 蘿井傍林間 有馬跪而嘶 則往觀之 忽不見馬 只有大卵 剖之 有嬰兒出焉 則收而養之 及年十餘〔三〕歲 岐嶷然夙成 六部人以其生神異 推尊之 至是立爲君焉 辰人謂瓠爲朴 以初大卵如瓠 故以朴爲姓

발전을 위해 두려움 없이 모든 것을 헌신하는 용감무쌍한 태도는 화랑과 훈족의 전사가 같다고 보아도 좋을 것이다. 아니, 훈족의 기마 무사들이 곧 신라의 화랑이었을지도 모른다.

① 훈족의 아틸라가 보여 준 '한의 기본 법칙 100=99+1'

아틸라는 훈 제국을 이루면서 정복한 게르만족을 비롯한 많은 부족들을 하나의 거대한 공동체로 만드는 능력을 보여 주었다.

훈 제국의 영토는 남쪽으로는 발칸 반도와 카프카스에서 북쪽으로는 발트 해안까지, 동쪽으로는 우랄산맥에서 서쪽으로는 알프스에 이르는 실로 광활한 지역이었으며 치하의 종족 수만도 45여 족에 이르렀다.[414]

이러한 아틸라의 능력은 세계사적인 전투인 카탈로니아(카탈라우눔) 전투에서 그 진면목이 나타난다. 이 전투에 동원된 훈족의 군대는 20만이었는데, 그중 훈족만으로 구성된 군대는 8천에서 1만에 불과했다는 것이다. 나머지 19만은 대부분 훈족에게 정복당한 게르만족이었다.

"아틸라는 451년 초 헝가리의 본거지에서 발진한 20만(훈 군대 8천~1만 명) 연합군을 이끌고 서정西征하여 6월 20일 카탈라우눔에서 역시 20만으로 응전해 온 서로마군과 24시간 대격전을 벌렸다. 그러나 대격전은 쌍방 모두가 16여 만 명의 전사자만을 내고 무승부로 끝나고 말았다."[415]

정복당한 나라를 공동체의 일원으로 받아들여 혈맹으로 만드는 능력이야말로 훈족의 아틸라가 가진 최대의 힘이었음을 알게 하는 것이다. 어떻게 이 같은 일이 가능했을까?

훈족은 정복한 민족들에게 관대했다. "예컨대 게피다이 족은 훈족의 지배 아래서 밀과 보리, 호밀, 콩, 다양한 과일 등을 재배했다.……훈족은 자기네가 점령한 땅에서 일종의 군사적 지배 계급, 혹은 귀족 계급이 되었

---

414) 정수일, 『고대문명교류사』, 사계절, 2001년, 276~278쪽.
415) 정수일, 『고대문명교류사』, 사계절, 2001년, 277~279쪽.

다.……그들이 다른 정복자들보다 더 잔혹하게 굴었다는 증거는 전혀 없다."416)

페트릭 하워스는 훈족이 다른 정복자들보다 잔혹하게 군 증거가 전혀 없다고 했다. 이는 대단히 관대했다는 말과 같다. 훈족은 자신을 따르는 부족에게는 자신들의 동반자로 대우한 것이다. 그 자신감은 훈족과 로마가 정면 대결하여 양측 병사 16만 5천 명이 사망했다고 전하는 유명한 카탈루냐 전투 전날에 있었던 아틸라의 연설에서 잘 나타난다. 즉,

"손발이 맞지 않는 여러 민족들로 이루어진 저 연합군은 오합지졸에 불과하다. 동맹에 의해 스스로를 지키려 하는 걸 보면 저들이 얼마나 겁쟁이들인지 알고도 남는다. 보라! 저들은 우리가 공격하기도 전에 지레 겁을 집어먹고 있지 않은가. 저들은 지대가 높은 곳을 찾아다니고, 언덕들에 포진하고 있다. 저들은 우리와 싸우게 된 것을 때늦게 후회하면서, 넓은 들판에서 전투를 벌이지 말고 높은 데에 몸을 숨기라고 소리치고 있다."417)라고 자신 있게 연설했다.

아틸라는 로마 연합군에 대해 손발이 맞지 않는 여러 민족들로 이루어진 저 연합군은 오합지졸에 불과하다고 조롱하고 있다. 그만큼 훈 제국의 연합군은 손발이 척척 맞는 정치철학으로 하나가 되었다는 자신감을 보여주고 있는 것이다. 바로 이것이 훈족 최대의 강점인 것이다.

과연 그 다음 날 전투가 벌어졌을 때 이 카탈루냐 전투에서 로마의 지휘관 아에티우스가 크게 의지한 "서고트인들은 토리스문트의 지휘 아래 그들의 동맹자들을 전장에 그대로 버려두고 떠났다."418) 이 서고트인들을 지휘한 토리스문트는 로마 동맹군을 버려두고 전투 중에 최종적인 승부가 나기도 전에 전장을 떠나 버린 것이다. 이 사건은 이유 여하를 막론하고 아틸라가 전투 전에 말한 로마인의 허약한 동맹군의 단결력을 잘

416) 페트릭 하워스 『(훈족의 왕) 아틸라』, 김훈 역, 가람기획, 2002년, 45~47쪽.
417) 페트릭 하워스 『(훈족의 왕) 아틸라』, 김훈 역, 가람기획, 2002년, 156~159쪽.
418) 페트릭 하워스 『(훈족의 왕) 아틸라』, 김훈 역, 가람기획, 2002년, 166~167쪽.

설명한다.

사실상 이 사건은 그날 전투에서 크게 불리했던 아틸라에게 결정적인 도움을 주었다. 그리고 아틸라의 동맹군은 전장을 떠난 동맹군이 없었다는 점에서 아틸라가 만든 전투 공동체의 강점이 무엇인지를 말해 준다. 이것이 곧 한사상의 힘이다. 즉, '한의 기본 법칙 100=99+1'이다.

② 훈족의 아틸라의 정의와 도덕과 중용 100=45+55

훈족이 하나의 살아 있는 생명체로서 공동체를 이루기 위해서는 반드시 정의와 도덕과 중용의 영역들이 최적화되어야 한다. 아틸라는 어떻게 이를 최적화하여 45개 부족을 하나의 공동체로 통합했을까?

1) 정의正義

아틸라가 훈 제국에서 거두어들이는 재물의 규모는 "동로마가……매년 지불해야 할 공물은 금 700파운드(약 229킬로그램)."[419]이었다는 기록만 보아도 알 수 있을 것이다.

훈 제국인 분배의 정의가 철저하게 이루어졌음은 프리스쿠스가 아틸라의 모습을 묘사한 것에서 알 수 있다.

"단지 깨끗하기 때문에 눈에 띄는 그의 옷 역시 단순했다. 혁대에 매달린 그의 칼에도, 야만족의 방식에 따라 착용한 샌들의 끈에도, 마구에도 훈족에게는 일상적인 금이나 보석이 장식되지 않았다."[420]

아틸라의 이 모습은 한마디로 청렴결백清廉潔白이다. 로마 제국으로부터 공물로 받고 또 여러 정복 전쟁을 통해 얻은 그 엄청난 황금과 보물을 아틸라 자신을 위해서는 조금도 사용하지 않은 것이다. 아틸라 자신은 재물에 대해 아무런 욕심이 없다는 것도 유감없이 드러나는 것이다. 공동체의

---

419) 한스 크리스찬 후프 『역사의 비밀』, 이민수 역, 오늘의 책, 2000년, 239쪽.
420) 한스 크리스찬 후프 『역사의 비밀』, 이민수 역, 오늘의 책, 2000년, 246쪽.

정의는 이처럼 지도자의 청렴결백으로부터 시작한다. 공동체의 구성원들이 생존하기 위해서는 의식주가 있어야 하고 이것을 얻을 수 있는 것은 황금이다. 이 황금을 공평무사하게 다룰 수 있다면 다른 정의는 볼 필요도 없는 것이다.

2) 도덕

훈족과 카자르 제국과 한겨레의 도덕은 비슷한 점이 매우 많다. 위대한 제왕이었던 아틸라가 백성을 대하는 모습을 역사가 오르나네스와 프리스쿠스는 이렇게 묘사했다.

"그는 백성들에게 공평하고 깨끗한 판결을 내리고 그의 하인들에게 부드러우며……"421)

유럽 역사가들은 이러한 아틸라를 이해할 수 없었다. 왜냐하면 이 아틸라를 이해하려면 한사상의 생명의 과정 전체를 이해해야 하는데, 유럽인들은 단지 플라톤과 아리스토텔레스의 이원론과 수직적 계층 구조밖에는 모르기 때문이다. 또한,

"아틸라는 민족을 위해 산 아버지처럼 검소하게 살았다. 그는 군인들 사이에 그들과 똑같이 살았고, 정의를 말하였고, 그들을 칭찬하고 꾸짖었다."422)

아틸라는 훈족의 아버지와 같았다는 말이다. 그리고 군인들 사이에 그들과 똑같이 살았다고 했다. 이것은 무엇인가? 바로 오기吳起의 오자병법의 핵심인 부자지병父子之兵이 아닌가?

우리나라의 이순신 장군과 현대중국의 모택동과 베트남의 호치민의 공통점이 바로 군대와 일반 대중의 마음을 얻는 오기의 부자지병이었다. 그리고 내가 사우디아라비아의 공사 현장에서 작업자 300명의 마음을 얻을

---

421) 르네 크루세, 『유라시아 유목제국사』, 사계절출판사, 1998년, 136쪽.
422) 르네 크루세, 『유라시아 유목제국사』, 사계절출판사, 1998년, 246쪽.

때 사용한 방법 또한 이 오기의 부자지병이었다.

바로 그 병법兵法을 놀랍게도 훈 제국의 아틸라가 역사상 그 누구보다도 먼저 사용하고 있었다. 오자가 전쟁을 지휘할 때 항상 병사들과 같은 옷을 입고 같은 군장을 지고 같은 음식을 먹고 함께 걸었던 바로 그 방법이 부자지병이다. 그는 역사상 가장 탁월한 전략가이지만 전략이 아니라 도덕을 사용했다는 점에서 전략을 뛰어넘는 지휘관이었다.

서양인들이 훈족에게 정복을 당한 것은 바로 이 병법에 굴복한 것이다. 그리고 1,600년 후 초강대국 미국은 똑같은 부자지병의 병법을 사용한 베트남의 호치민에게 치욕적인 패배를 당한 것이다. 물론 그 이전에 먼저 부자지병을 사용한 모택동에게 중국 대륙을 내주어야 했다.

아틸라가 이 부자지병, 즉 아버지로서 군대를 지휘하는 것은 그의 이름에서 이미 상징하고 있다. 즉, "고트어에서 아빠라는 의미의 아틸라."[423]라는 것이다. 아틸라는 아빠, 즉 아버지라는 이름의 친근한 표현으로 훈족의 언어가 아니라 고트족의 언어라는 말이다.

그리고 공정한 판결은 공동체의 정의의 상징이다. 하인에게 부드러운 태도를 보일 정도면 훈 제국 모두에게 언제나 부드러운 태도를 보여 주었다는 말이 된다. 서양인들의 눈에 비친 부드러운 태도는 한사상은 보다 자세하게 세분해서 설명한다.

그 부드러운 태도란 인仁·의義·예禮·지智·신信이다. 이는 인간의 존엄성을 보장해 주는 도덕의 요체이다. 이는 지배 수단이 아니라 인간의 삶의 목적인 것이다. 아틸라가 보여 준 누구에게나 부드러운 태도는 공동체 구성원 모두가 공감할 수 있는 도덕으로 공동체를 하나로 묶어 주는 강력한 힘인 것이다. 아틸라의 힘은 바로 이 도덕에 기초하는 것이다.

이번에는 카자르 제국의 도덕을 살펴보자. 우리 한겨레 공동체에 전해 오는 말에서 '가랑이를 찢어 죽인다'는 말이 있다. 그런데 그 말만 전하지

---

423) 르네 크루세, 『유라시아 유목제국사』, 사계절출판사, 1998년, 246쪽.

그 말이 왜 생겼고 그 말이 무엇을 의미하는지에 대해서는 오늘날 아는 사람이 없다. 그런데 그 말이 카자르 제국을 방문한 아랍인 저술가의 기록에 의해 밝혀진 것이다.

후한서後漢書 동이열전東夷列傳의 예濊조에서 고대 한국인의 부녀자들의 정조 관념을 설명하고 있다. 즉, "부녀자들은 정조와 믿음을 소중히 했다."424)

이 말은 지금 한겨레 공동체에도 여전히 유효한 정조 관념일 것이다. 이번에는 카자르인들 부녀자의 정조 관념을 살펴보자. 아랍인인 이브 파들란은 카자르 제국의 한 일원인 오구즈족과 불가리아족의 풍습을 다음과 같이 전한다.

"간통은 그들에게는 생소한 것이다. 비록 그들이 어떤 사람이 간통자라는 것을 발견했을 때 그의 몸을 두 쪽으로 나누었지만 말이다. 그들이 이렇게 두 나무의 가지를 함께 끌어당겨서 그를 가지에 묶은 후 놓아 버리면 거기에 묶여 있던 남자는 둘로 찢어진다."425)

놀랍게도 우리 한겨레 공동체에 전해지는 '가랑이를 찢어 죽인다'는 말의 원형의 무엇인지를 카자르 제국이 설명하고 있는 것이다.

여기서의 간통은 주로 남자를 처벌하는 것으로 보아, 여성의 정조와 믿음을 보호하는 관점에서 여성들에 의해 주도되는 것으로써 특히 강압적인 관계를 문제로 삼는 것 같다.

3) 중용

중용은 정의의 영역과 도덕의 영역을 소통하고 통합하는 영역이다. 이 중용이야말로 지금까지 아리스토텔레스와 동중서에 의해 오해되어 온 영역임을 우리는 이미 살펴보았다.

---

424) 기인종불상도 무문호지폐 부인정신其人終不相盜 無門戶之閉 婦人貞信.
425) 아더 쾨슬러, 『열세 번째 지파』, 최윤정 역, 에스라하우스출판부, 2010년, 34쪽.

우리의 역사에서 이 부분은 연개소문이 잘 설명한다. 즉,

"막리지는 임종에 남생·남건을 돌아보며, '너희들 형제는 서로 사랑하기를 물처럼 하렷다. 화살은 합치면 강하고 이를 나누면 곧 부러진다. 반드시 이제 이 죽으려는 사람의 말을 잊지 말고 천하 이웃나라 사람들의 웃음거리가 되지 않도록 할지니라.'고 하였다. 때는 곧 개화 16년 10월 7일이다. 묘는 운산의 구봉산에 있다."426)

우리의 민간에 잘 알려진 '세 개의 화살'의 내용이다. 그런데 이 화살의 교훈이 시대를 뛰어 넘어 현대의 아쉬케나지 유태인을 대표하는 세계적인 거부 로스차일드 가문의 문장에서 '다섯 개의 화살'로 되살아나 있다. 즉,

"아렌 회의 이후 로스차일드 가문은 메테르니히에게 개인적인 융자를 하는 등 더욱 깊이 관여했다. 이 때문에 합스부르크가의 오스트리아 제국은 1822년 일족의 다섯 형제는 물론 형제의 자손까지를 포함한 모두를 남작으로 추대하는 포고문을 내렸고, 귀족의 문장紋章도 허가했다. 중앙에 적색 방패를 새기고 다섯 형제의 결속을 상징하는 다섯 개의 화살을 잡고 있는 팔을 그려 넣은 로스차일드 가문의 문장이 정해진 것은 바로 이때이다."427)

연개소문의 세 아들은 이 교훈을 지키지 못해 고구려를 멸망시켰다. 그런데 골동품상의 아들인 로스차일드428)는 이 교훈을 다섯 아들들에게 전해 세계적인 금융 제국을 일으킨 것이다.

이 화살의 교훈은 활의 민족인 동이족의 분파들에게는 널리 알려진 것이다. 몽골 비사에는 아란고아라는 몽골의 여걸 이야기가 나오는데, 여기서 그녀는 다섯 아들에게 이 연개소문의 이야기를 그대로 반복한다.

426) 계연수, 『한단고기』, 임승국 역, 정신세계사, 1986년, 286쪽.
427) 요코야마 산시로, 『수퍼리치 패밀리』, 한국경제신문, 1995년, 88쪽.
428) 프레더릭 모턴, 『로스 차일드 가문』, 이은종역, 주영사, 2008년, 21쪽의 문장 그림.

이번에는 아틸라를 살펴보자. 프리스쿠스는 아틸라가 "그는 간청하는 사람에게는 연민을 보였고, 복종하는 사람에게는 자비를 베풀었다."429)고 했다. 이는 도덕과 정의를 하나로 통합하는 중용을 보여 준 것이다.

간청한다고 모두 들어주면 형평에 어긋난다. 그러나 연민을 보이고 해 줄 수 있는 범위 내에서, 균형을 깨지 않는 선에서 들어주는 소통을 통해 통합하는 영역이 중용이다.

전쟁에서 패배한 자는 노예가 되는 것이다. 그러나 복종한다고 한다면 친구가 될 수 있다. 이 역시 적과의 전쟁에서 이긴 사람이 진 사람에게 할 수 있는 최대한의 소통을 통해 하나로 통합하는 영역으로서의 중용이다. 아틸라에게 가장 큰 장점은 바로 이 소통과 통합의 영역인 중용中庸을 완벽하게 구사했다는 점이다.

③ 훈 제국을 움직인 역동성의 비밀

아틸라는 자신의 공동체 안의 정의와 도덕과 중용을 최적화하고 그것을 하나로 통합했다. 이제 그는 공동체 스스로가 스스로를 지배하고 스스로에게 복종하는 질서 상태를 만드는 것이다. 그는 바로 이 상태를 만들고 유지한 것이나. 또한 우리가 살펴본 바와 같이 훈 제국도 삼한 제도를 따르고 있었다. 이는 곧 질서 상태 정치 제도에 그대로 적용시킨 것이다. 즉, 도덕의 근원으로서의 선善과 정의의 근원으로서의 청淸과 행복을 위한 행동의 근원으로서의 후厚를 하나로 통합한 것이다.

1) 선善

서양의 역사가들이 아틸라에게 당황한 것은 다음과 같은 점이다.

"전쟁 자체에서도 그는 지휘관이라기보다는 지도자였다. 이런 모든 것은 이상한 형식적인 경향과 결합되었다. 그는 공식적인 관행에 따라 자신

---

429) 한스 크리스찬 후프, 『역사의 비밀』, 이민수 역, 오늘의 책, 2000년, 248쪽.

의 행동에 대한 외교적 구실을 얻어냄으로써 어떤 경우든 자신의 행동을 정당화하려고 하였다."430)

서양의 역사가들이 이처럼 어렵고 복잡하게 묘사한 아틸라의 행동은 우리 한국인의 눈으로 보면 간단한 것이며 상식에 속하는 것이다. 즉, 아틸라는 어떤 경우든 명분이 없는 일은 절대로 하지 않았다. 그리고 명분의 뒷받침 없는 제왕의 행동은 대중의 공감을 얻어 내지 못한다는 사실을 아틸라는 잘 알고 있었다. 그 공감은 곧 도덕의 바탕에서 이루어지는 것이다. 아틸라가 보여 준 모습은 한사상의 핵심을 그대로 설명하고 있다.

전쟁에서 이기고 지는 것을 언제나 있는 일이다. 그러나 공동체가 생명체로서 살아서 움직이기 위해서 지도자는 반드시 공동체의 공감의 영역의 중심이 되어야 한다. 정당한 명분이 없다면 어떻게 공동체의 공감을 확보할 수 있겠는가?

아틸라는 군대의 지휘관을 넘어 공동체의 지도자로서 행동한 것이다. 공동체 전체의 공감을 움직이는 바탕이 도덕이고 그 중심이 곧 선善인 것이다. 그는 이 선善을 잃지 않고 유지하려고 애를 쓴 것이다. 이원론적 생각을 가진 플라톤의 제자들로서는 도무지 이해가 가지 않는 행동이었을 것이다.

2) 청清

지도자가 공적 영역에서 깨끗함을 잃으면 그 공동체는 부정부패가 일어난다. 그와 같은 공동체는 더 이상 유지할 수 없다. 아틸라의 검소함과 청렴함은 다음과 같은 일화가 잘 말해 준다.

"여타의 사람들이 황금 접시로 식사를 할 때 나무로 된 접시를 사용했다."431)

---

430) 한스 크리스찬 후프, 『역사의 비밀』, 이민수 역, 오늘의 책, 2000년, 136쪽.
431) 르네 크루세, 『유라시아 유목제국사』, 사계절출판사, 1998년, 136쪽.

이런 사람이 지도자라면 그 공동체는 아무도 부정부패를 저지를 수 없다. 그야말로 모든 일은 공정 무사하게 이루어지게 되는 것이다.

한비자韓非子는 성군으로 불리는 요堯 임금에 대해 그의 저서 『한비자韓非子』의 십과편十過篇에서 이렇게 설명한다.

"제가 듣기에 옛날 요임금이 천하를 다스리실 적에는 흙 그릇에 밥을 담아 먹고 흙 그릇에 물을 마셨다고 합니다. 그러나 그분의 땅은 남쪽으로는 교지交趾에 이르고 북쪽은 유도幽都에 이르렀으며 동쪽과 서쪽은 해가 뜨고 지고 하는 곳까지 이르도록 신하로서 복종하지 않는 땅이 없었습니다."432)

성군 요堯 임금이 비록 흙 그릇에 밥을 먹고 물을 떠 마셨지만 동서남북 광활한 지역에서 그에게 신하로서 복종하지 않는 땅이 없었다는 기록이다. 물론 이 요 임금이 다스리는 나라의 신하들 중에서는 황금 접시에 음식을 담아 먹는 사람들도 있었을지 모른다. 그리고 요 임금의 궁전을 지키는 문지기도 요 임금보다는 나은 그릇에 밥을 먹었을 것 같다.

이 요 임금의 기록과 아틸라가 훈 제국의 신하들이 황금 접시로 식사를 할 때 겨우 나무 접시로 식사를 했다는 기록과 다른 점이 무엇인가? 요 임금이 비록 흙 그릇에 식사를 해도 그에게 복종하지 않는 땅이 없다는 말과 아틸라가 나무 접시에 식사를 해도 유럽에서 그에게 복종하지 않는 나라가 없었던 것과 다른 점이 무엇인가?

아틸라가 신라와 가야에서 왔다면 그는 한겨레이다. 요 임금이 다스리던 당시 동북아는 한겨레가 차지하고 있었다. 아틸라와 요 임금은 동일한 한사상으로 행동하고 있었던 것이다.

이번에는 고려의 충신 최영 장군을 살펴보자. 고려 때 충신 철성鐵城 최영 장군崔瑩將軍은 원명 교체기元明交替期에 사실상 무주공산인 요동을 수복하자는 웅장한 정책을 수행했으나 이성계의 탐욕과 소중화주의에 의한 위

---

432) 한비자韓非子, 『한비자韓非子』(『韓非子·荀子』, 대양서적, 1972년, 289쪽).

화도 회군에 의해 좌절된 비운의 영웅이다.

성현成俔이 지은 『용재총화慵齋叢話』에 의하면 그는 어렸을 때 '황금을 보기를 돌같이 하라'는 아버지의 교훈을 듣고 자랐다고 한다. 그는 아버지의 이 말씀을 한시라도 잊지 않게 하기 위해서 허리띠에 '견금여석見金如石' 네 글자를 큰 띠에 써서 종신토록 지니고 다녀 잊지 않았다고 한다. 그는 비운의 삶을 마감할 때 내가 탐욕한 마음이 있었다면 내 무덤 위에 풀도 나지 않을 것이라고 하였다. 그 무덤은 지금까지도 한 줌의 잔디도 없는 벌거벗은 무덤이라 홍분紅墳이라고 한다.[433] 소위 '최 씨 앉은 자리에 풀도 안 난다'는 속담의 유래가 바로 이것이다. 철성鐵城 최영 장군崔瑩將軍의 '견금여석見金如石'의 교훈은 이 세상 어느 공동체를 운영하든 동일하게 적용되는 금과옥조와 같은 것이다. 아틸라가 바로 이 '견금여석見金如石'의 교훈을 오래전에 실천하고 있었다.

3) 후厚

아틸라는 정의로 깨끗함을 확보하고, 도덕으로 선함을 확보했다. 이 양자가 하나가 될 때 후厚함이 된다.

정의와 도덕을 최적화했다면 이제 행복을 위해 행동을 해야 하는 것이다. 행동은 나에게는 박하고 남에게는 후하게 하는 것이다. 그럼으로써 공동체 전체가 하나가 되어 모두를 위해 행복을 위해 힘을 모아 움직일 수 있는 것이다.

카탈루냐 전투에서 아틸라가 불과 1만도 안 되는 병력으로 19배가 되는 19만 명을 하나의 공동체로 결속하여 20만 명이 하나의 전투 공동체가 되어 행동을 하게 만든 힘이 바로 이 후厚함이다.

아틸라가 박한 행동을 했다면 이 19만 명을 이루는 45개 부족 중 많은 부족이 이탈했을 것이다. 그러나 카탈루냐 전투에서 단 한 부족도 이

---

433) 성현成俔 『용재총화慵齋叢話』, 민족문화추진위 엮음, 솔출판사, 1997년, 67~68쪽.

탈하지 않았다고 한다. 이는 아틸라에게는 정의와 도덕이 살아 있으며 나아가 공동체 전체가 행복을 찾아 행동할 수 있게 하는 후함이 있었기 때문이다.

(5) 결론

단군조선이 전한 20여 권의 경전에 담겨 있는 한사상의 질서 상태 정치철학으로 응용되어 삼한 제도로 나타났다. 이 정치철학은 흉노족과 훈족, 그리고 카자르족에게 사용되고 있음을 확인했다. 특히 훈족의 아틸라는 한사상과 밀접한 관계가 있음이 확인되었다. 그리고 카자르 제국의 전신인 사바르국은 신라의 우리 말 이름 새밝과 같고 또한 여왕을 가지는 등 신라와 비슷한 점이 있었다.

단군조선과 신라·가야와 흉노족, 훈족, 카자르족은 분명 한사상으로 하나로 연결되고 있었다. 또 이 중에서 신라·가야와 훈족과의 관계는 고고학적이나 역사적, 인종적 등 여러모로 연결되고 있었다.

하지만 훈족도 많은 민족이 통합된 민족이고 카자르인과 아쉬케나지 유태인도 마찬가지다. 물론 우리 한국인도 많은 민족이 통합된 민족이다. 따라서 한국인과 훈족과 카자르인과 아쉬케나지 유태인을 인종적으로, 민족적으로 같거나 비슷하다고 말하기에는 너무도 많은 무리가 따른다.

그러나 한겨레와 유태인은 현재 가장 머리가 좋은 민족으로 전 세계에서 1위와 2위를 다투는 사이이다. 그리고 다른 민족들과 비교해 인물이 좋기로도 유명한 민족이다. 또한 잘 알려진 유태인들의 어머니인 '이디쉬 마마'는 우리 '한겨레의 어머니'와 비교할 수 있는 전 세계에서도 흔치 않은 어머니일 것이다. 두 민족의 어머니 모두 현명함과 강인함, 그리고 가족 사랑과 자식 사랑에 있어서 비교하거나 능가할 수 있는 대상이 전 세계에 많지 않을 것이다. 이 또한 세계에서 1위와 2위를 다투는 대상이 아닌가

한다.

무어라고 단정적으로 분명히 말하기는 어렵지만 한겨레와 유태인을 하나로 묶는 것이 있는 것은 틀림없다. 그리고 나의 이 연구에서 유라시아 대륙을 호령하던 사라진 국가와 민족들을 모두 지우면 현실적으로 국가를 가진 민족은 한겨레와 유태인 둘만 남는다.

그리고 신라인과 가야인들은 한반도 남부의 조그만 나라가 아니라 유라시아 대륙 전체를 영향권으로 하고 활동했던 나라로, 지혜와 기개와 용기를 가진 호쾌한 사람들이었음이 드러났다. 또한 초기 신라와 가야가 유라시아 북방 실크로드 문명의 중심이며, 또한 환동해 문명권의 중심이었음을 어렵지 않게 생각할 수 있다.

이는 그동안 동중서의 중화주의를 받아들여 우리나라를 소중화로 생각할 수밖에 없었던 삼국사기나 삼국유사식 역사관에서 벗어나 우리 한겨레의 본모습을 다시 생각할 수 있게 된 것이다.

그리고 우리는 신지비사라는 180글자의 경전에 담긴 진한·마한·변한을 설명하며 그 내용이 한사상의 질서 상태 이론을 설명하면서 단군 삼경의 정치철학으로 흉노 제국과 훈 제국과 카자르 제국을 하나로 묶는 모습을 보았다.

이 신지비사의 놀라운 내용이 고려와 조선에 와서 저 동중서의 이원론으로 서로를 편 가르기 하고 이간질하는 내용이 되어 우리 민족을 분열시키고 또한 저 한족의 풍수지리 이론으로 둔갑해 무려 1천 년간 우리나라에서 지역감정을 만들고 있는 것이다.

36. 한사상의 '과정적 민주주의'로 살펴본 5·18 광주민주화운동

1980년 5월, 광주민주화운동에서 시민들의 시위는 헌정 질서를 수호하

기 위한 정당한 행위로서 대한민국의 법원이 적법하다고 판결을 했다. 그
리고 그 광주 시민의 적법한 시위에 대해 병력을 동원하여 난폭하게 진압
한 행동은 국헌 문란에 해당한다고 판결했다.434)

광주민주화운동의 법적인 문제는 종결되었다. 그러나 학살의 아픔도 종

---

434) <시위 진압 행위가 국헌 문란에 해당하지 아니한다는 등의 주장에 대하여>
　　민주주의 국가의 국민은 주권자의 입장에 서서 헌법을 제정하고 헌법을 수호하는 가장 중요
　　한 소임을 갖는 것이므로, 이러한 국민이 개인으로서의 지위를 넘어 집단이나 집단 유사의
　　결집을 이루어 헌법을 수호하는 역할을 일정한 시점에서 담당할 경우에는 이러한 국민의 결
　　집을 적어도 그 기간 중에는 헌법기관에 준하여 보호하여야 할 것이고, 따라서 이러한 국민의
　　결집을 강압으로 분쇄한 행위는 헌법기관을 강압으로 분쇄한 것과 마찬가지로 국헌문란에
　　해당한다.
　　이 사건의 경우 피고인들의 국헌 문란 행위에 항의하는 광주 시민들은 주권자인 국민이 헌법
　　수호를 위하여 결집을 이룬 것이라고 할 것이므로, 광주 시민들의 시위를 피고인들이 병력을
　　동원하여 난폭하게 제지한 것은 강압에 의하여 그 권한 행사를 사실상 불가능하게 한 것이어
　　서 국헌 문란에 해당하며, 그렇지 아니하다고 하더라도 원래 국헌 문란의 죄에 있어서 강압의
　　대상과 폭동의 대상은 분리될 수 있는바, 피고인들이 국헌 문란 행위를 항의하는 광주 시민의
　　시위를 난폭하게 제압함으로써 헌법기관인 대통령과 국무위원들을 강압, 외포하게 하는 효과
　　를 충분히 거두었으므로, 이러한 측면에서도 피고인들의 시위 진압 행위는 국헌 문란 행위에
　　해당한다고 판단하였다.
　　생각건대, 헌법상 아무런 명문의 규정이 없음에도 불구하고, 국민이 헌법의 수호자로서의
　　지위를 가진다는 것만으로 헌법 수호를 목적으로 집단을 이룬 시위 국민들을 가리켜 형법
　　제91조 2호에서 규정하고 있는 '헌법에 의하여 설치된 국가기관'에 해당하는 것이라고 말하
　　기는 어렵다 할 것이나.
　　그리고 원심이 형법 제91조가 국헌 문란의 대표적인 행태를 예시하고 있다고 본 것도 수긍하
　　기 어렵다 할 것이다. 따라서 위 법률 조항에 관한 법리를 오해하여 헌법 수호를 위하여 시위
　　하는 국민의 결집을 헌법기관으로 본 원심의 조처는 결국 유추 해석에 해당하여 죄형 법정주
　　의의 원칙을 위반한 것이어서 허용될 수 없다고 할 것이다.
　　그러나 원심이 적법하게 인정한 바와 같이, 피고인들이 1980. 5. 17. 24:00를 기하여 비상계엄
　　을 전국으로 확대하는 등 헌법기관인 대통령, 국무위원들에 대하여 강압을 가하고 있는 상태
　　에서, 이에 항의하기 위하여 일어난 광주 시민들의 시위는 국헌을 문란하게 하는 내란 행위가
　　아니라 헌정 질서를 수호하기 위한 정당한 행위였음에도 불구하고 이를 난폭하게 진압함으
　　로써, 대통령과 국무위원들에 대하여 보다 강한 위협을 가하여 그들을 외포하게 하였다면,
　　이 사건 시위 진압 행위는 피고인들이 헌법기관인 대통령과 국무위원들을 강압하여 그 권능
　　행사를 불가능하게 한 것으로 보아야 하므로 국헌문란에 해당하고, 이는 피고인들이 국헌문
　　란의 목적을 달성하기 위한 직접적인 수단이었다고 할 것이다. 같은 취지의 원심의 사실인정
　　및 가정적인 판단은 정당하므로, 결국 앞서 본 원심의 잘못은 판결에 영향이 없다고 할 것이
　　다.
　　―'5·18'사건 대법원 판결문 요지, 『문화일보』, 1997. 04. 18―

결된 것은 아니며, 광주민주화운동에 담긴 중요한 철학적 의미를 밝히는 일은 오히려 이제부터 시작이라고 해야 옳을 것이다.

광주의 의미를 알기 위해 1697년에 프코스 산타 마리아라는 포르투갈 수도승이 쓴 글을 보자.

어떤 왕국이나 공화국에서 일단 이 강렬한 폭력의 불이 붙게 되면, 백성들은 공포에 사로잡히고 관리들은 정신을 차리지 못하고 정치 제도는 붕괴되고 만다. 정의는 더 이상 지켜지지 않고 생업도 중단된다. 가정은 그 일상을 잃고, 거리는 생기를 잃고 만다. 모든 것이 극도의 혼란으로 변하면서, 폐허가 된다. 그토록 무서운 재앙이 어마어마한 무게와 규모로 모든 것을 덮쳐 뒤흔들어 놓기 때문이다. 신분과 재산에서도 모든 차이가 없어진 사람들은 죽음의 슬픔에 잠겨 든다.……어제 장례식에 참석했던 사람이 오늘 무덤에 묻힌다.……연민마저 모두 위험한 것이기에 친구에 대한 연민도 표하지 못한다. 사랑과 인성의 모든 법칙들도 그 엄청난 혼란의 공포 속에서 사라지거나 잊히고 만다. 어린이는 부모와, 아내는 남편과, 형제와 친구들도 순식간에 갈라지게 된다.……사나이들도 타고난 용맹성을 잃고서 어떤 말을 따라야 할지도 모른 채, 걸음을 옮길 때마다 두려움과 만나는 절망에 빠진 맹인처럼 나아갈 뿐이다.[435]

이 예문은 강력한 폭력이 어떤 공동체를 덮쳤을 때 그 구성원들에게 나타나는 공통적인 행동의 틀을 설명하고 있다. 그 폭력은 혼란과 공포를 불러일으키면서 공동체를 이루는 가족과 친구와 친지들을 순식간에 분열시킨다. 그 분열은 서로가 서로에 대한 연민마저 위험한 정도가 되어 서로가 서로에게 침묵하게 된다는 것이다.

이 반응은 속임수와 폭력이 광기와 학살로 이어지는 그 순간부터 공동체는 그 위장된 정의와 도덕과 중용에 굴복하여 공동체가 분열되면서 서

---

435) 르네 지라르, 『희생양』, 김진식 역, 민음사, 1998년, 26~28쪽[Pco de Santa Maria, Historia de sagadas congregacoes.……(Lisbonne, 1697); cité par jean Delumeau, 112쪽].

로가 서로를 불신하고 분열하는 단계에 도달함을 의미한다.

1980년 5월, 광주를 덮친 폭력은 이미 폭력이 아니라 광기와 학살의 규모였다. 그러나 80만 광주 시민들은 이에 어떻게 대처했는가? 그 폭력과 학살에 굴복하여 공동체가 순식간에 분열하여 서로가 서로에게 연민마저 표현하지 못하고 침묵했던가? 사랑과 인성의 모든 법칙들이 사라졌는가? 정의가 사라졌는가? 사나이들이 타고난 용맹성을 잃었는가? 절망에 빠진 맹인처럼 되었는가?

광주 시민들은 오히려 그 정반대의 현상을 보여 주었다. 80만 시민이 스스로 자기 조직화하여 크게 하나가 되어 서로가 서로를 걱정하고 지켜 주고 함께 그 광기와 학살에 맞섰다. 또한 오랫동안 잠자고 있던 올바른 도덕과 정의와 중용이 오히려 기적처럼 되살아났다. 그리고 용기 있는 젊은 이들은 무기를 들고 목숨을 걸고 싸워 나갔다. 그리고 피의 진압이 끝난 후부터 오히려 더욱더 굳게 하나가 되어 오랜 세월 끈질기게 싸워 결국은 명예를 회복하는 법적인 판결을 얻어냈다.

내가 제시하려는 것은 이 야만의 법칙들에 대응한 80만 광주 시민의 행동에 내포되어 있는 그 한사상이다. 바로 그 행동에 오랜 세월 인류를 괴롭혀 온 야만의 법칙을 극복하는 방법론이 숨어 있었다. 우리는 그동안 바로 이 중요한 핵심을 놓쳐 온 것이다.

우리는 당시 광주 시민들이 무엇보다 먼저 한사상의 이론 체계 중 '한의 기본 법칙 100=99+1'로 누구도 배제하지 않고 전체가 하나가 되었음을 확인할 것이다. 그리고 광주 시민은 그 바탕 위에 시대 권력의 폭력과 학살을 참다운 정의로 바꾸고, 그들의 속임수와 광기를 도덕으로 바꾸었으며 나아가 그들의 선전·선동을 올바른 중용으로 바꾸었다. 그럼으로써 폭력과 학살, 그리고 속임수와 광기 나아가 선전·선동을 물리치고 이 정의와 도덕과 중용을 하나로 통합하여 '혼돈 상태 100=45+55'를 만들어 냈다.

그 혼돈 상태를 바탕으로 광주 시민들은 스스로가 스스로를 다스리는 공적 영역을 만들고, 스스로 그 공적 영역의 다스림을 받는 사적 영역을 만들었다. 그리고 그 공적 영역과 사적 영역이 하나가 되어 질서 상태를 만들어내 역동적으로 행동하기 시작했다. 이것이 질서 상태인 100=36+64 이다. 1980년 5월 80만 광주 시민은 세계사에서 그 누구도 가 보지 못한 길을 스스로 간 것이다.

우리는 이제 광주 시민이 당시에 사용한 한사상의 과정적 민주주의의 이론 체계와 1980년 5월 당시 광주 시민만이 실제로 행동했던 기록들이 일치하는지를 하나하나 살펴보기로 하자.

(1) 한의 기본 법칙 100=99+1과 광주

광주민주화운동은 무엇보다 먼저 누구도 배제하지 않고 모두가 하나가 되고 있다. 이 한의 기본법칙은 우리가 살펴본 바와 같이 지금까지의 철학에서는 단지 롤스의 『정의론』이 접근하고 있었을 뿐 누구도 설명하지 못한 것이다.

그리고 지금까지 존재한 세계사의 그 어떤 혁명도 그 사회의 구성원 전체가 자발적으로 빠짐없이 참여한 예를 찾기는 불가능하다.

광주 민주화 운동에는 남녀노소와 빈부와 귀천, 그리고 진보와 보수 등 각종 사상과 유불선과 기독교 등의 종교로 편 가르기 하는 일이 없었다. 오히려 이 모든 편 가르기와 차별을 극복하고 80만 광주 시민 전체가 하나가 되었다. 이는 세계사에서 광주 민주화 운동에서만 나타난 특별한 현상이었다.

단지 이 한 가지만으로도 이미 1980년 5월 광주는 30년 후인 2011년 7월 미국 월가에서 시작하여 전 세계와 우리나라에 까지 울려 퍼진 '우리는 99%'와 비교할 수 없는 철학적 차원인 '한의 기본 법칙 100=99+1'로 행동하고 있었다. 다시 말해 광주 시민은 '우리는 100%'로 행동한 것이다.

따라서 세계인들은 물론 우리나라의 지식계와 문화계에서도 지난 30년 동안 광주 민주화 운동에서 아직 아무 것도 배우지 못한 것이다. 바로 그 것이 당시 광주 시민이 위대한 이유 중 가장 기본적인 것이다. 물론 이 한 의 기본 법칙은 광주 시민이 행동한 과정적 민주주의 이론의 기본이 될 뿐 아직 과정 이론을 설명하는 것은 아니다.

그리고 광주 민주화 운동이 한의 기본 법칙이 아니라 외부 세력의 조종 에 의해 움직였다는 시각도 있다. 우리는 이점을 먼저 살펴볼 필요가 있다.

따라서 광주 민주화 운동에서 가장 먼저 살펴볼 내용은 첫째로 당시 광 주민주화운동이 누군가 외부의 지배 세력 또는 불순 세력에 의해 광주 시 민이 조종되지 않았나 하는 점이다. 여기서는 한때 사람들에게 큰 충격을 주었던 북한 특수 부대의 개입설을 살펴보자.

두 번째로 누군가에게 조종 받지 않았다면, 광주 시민 스스로 누구도 배 제하지 않는 공동체를 만들고 수평적 평등 구조로 이루어지는 공동체를 만들 수 있었는가 하는 점을 살펴보자.

① "5·18 광주 학살 북北 특수 부대가 했다. 광주에 최정예 전투원 1개 대대 투입"

5·18에 대해 가장 큰 오해는 간첩 등 불순분자들이 벌린 책동이라는 것이다. 이 주장에 따르면 광주는 극소수의 극렬분자 1%가 절대 다수인 99%의 광주 시민에게 속임수와 폭력을 사용해 만들어 낸 아무 의미 없는 폭동이 되고 만다.

이 문제는 "5·18 광주 학살 북北 특수 부대가 했다. 광주에 최정예 전 투원 1개 대대 투입"436)이라는 내용을 북한 인민군 출신 탈북자들의 모임 인 '자유북한군인연합'(공동대표 임천용·최중현)이, 2006년 12월 20일 서울

---

436) "5·18 광주 학살 北 특수 부대가 했다" 북한군 출신 탈북자들 "광주에 최정예 전투원 1개 대대 투입", 김남균 기자, NEWSKOREA, 2006. 12. 20.

정동에 위치한 세실레스토랑에서 열린 기자회견에서 주장했다.

"최 대표가 이덕선 씨의 말을 인용해 전한 바에 따르면, 5·18 당시 북한군 2군단 정찰 대대를 모토로 각 특수 부대들에서 선발한 최정예 전투원 1개 대대가 해상을 통해 남파됐다."437)는 것이다. 이 내용은 인터넷을 통해 급속히 퍼져 나가며 사람들에게 큰 의혹과 충격을 주었다. 그러나 당시 광주에 취재를 위해 현장에 있었던 조갑제 기자는 "광주 학생 운동이 북파 공작원에 의해 일어나거나 노동자들에 의해 일어난 것이 아니라 광주 시민들의 민주화 열망에 의해 일어난 것."이라고 덧붙이고……그 당시 가장 많이 불리고 큰 박수를 받았던 구호가 '김일성은 오판 말라'는 것이었다면서 "광주 운동은 반공 민주화 운동이었다."438)고 주장했다.

나는 6명이나 60명도 아니고 북한군 특수 부대원 일개 대대 600여 명이 광주에 침투했다는 말은 상식적으로 납득하기가 어려워서 그 기록을 확인을 해봤다.

문제의 내용이 담긴 『화려한 사기극의 실체』439)를 읽어 보니, 북한 인민군 출신 탈북 군인들의 증언이기는 하지만, 직접 광주를 다녀갔다는 사람은 한 사람도 없었다. 모두 남들에게서 전해들은 이야기로 증언하고 있었다. 그리고 그 증언자들 대다수가 실명을 사용하지 않고 있었다. 가령 이런 식이다.

"1980년 5월 18일 광주 사건 때에 북한군 특수 부대 요원들이 내려갔었다는 이야기는 북한 사회 전체가 알고 있는 사실이다.……우리나라 특수 부대 사람들이 참가하지 않았다면 며칠 동안 광주가 해방될 수도 없었고 남조선 사람들의 능력으로는 절대로 안 되는 일이지요."440)(전 북한군 항공사

437) "5·18 광주 학살 北 특수 부대가 했다" 북한군 출신 탈북자들 "광주에 최정예 전투원 1개 대대 투입" 김남균 기자, NEWSKOREA, 2006. 12. 20.
438) 김슬기 기자, 『인터넷 독립신문』, 2005. 02. 26.
439) 임천용, 『화려한 사기극의 실체』, 자유북한군인연합, 2009년.
440) 임천용, 『화려한 사기극의 실체』, 자유북한군인연합, 2009년, 165쪽.

령부 소속 여성 고사포 중대 중대장)

참으로 묘한 느낌을 주는 말이다. 우리 남한 사람들은 탈북자들에게 관심과 대화가 부족하지 않았을까? 탈북자들이야말로 남북통일과 통일 후의 통일에 있어서 중요한 역할을 해야 할 사람들이다. 우리들은 그분들에게 보다 더 넓은 세계를 보여 주고 보다 더 폭넓은 지식을 접하도록 해주어야 할 의무가 있는 것이다. 과연 우리가 그 의무를 다하고 있는가?

사실 80만 명의 광주 시민이 일어나고 또 수많은 시민들이 거리로 나온 상태에서, 그 거대한 군중들 속에 순수한 광주 시민들과 내외신 기자들만 있었다고 믿는 사람은 없을 것이다.

특히 북한의 고정간첩과 이른바 북한군 출신들이 말하는 남파 간첩들도 있었을지도 모른다. 아니 없다고 보는 것이 오히려 이상한 생각일 것이다. 그러나 문제는 숫자이다. 북한의 정규군 특수 부대 1개 대대 600명의 특수 부대원이 북한에서 내려와 광주에서 활동했다면 문제는 근본적으로 달라지는 것이다.

그러나 이 주장은 사실성에 있어서 문제가 있는 것으로 판명이 났다. CBS 권영철 선임 기자는 "책을 펴낸 자유북한군인연합 임천용 대표에게 600명이 넘어왔다는 얘기를 했나?'고 물었더니 '600명이라고 단정 지어서 얘기한 적이 없다'고 말했다. 임천용 대표는 주요 대도시에 침투해 게릴라 전을 하려면 1개 대대급 정도는 돼야 하는데, 북한의 대대 규모가 5~600 명일 수도 있고 1천명이 되는 데도 있는데, 최소 규모는 5~600명은 되어야 가능할 것이라고 말한 것이 자꾸 번져서 600명이 침투한 것처럼 나돌더라."441)라고 밝혔다.

결국 이 이야기는 와전된 것임이 드러났다. 80년 5월 광주 학살을 북한군 소행이라고 주장하는 '한미우호증진협의회' 대표인 서석구 변호사가 CBS 권영철 선임 기자와의 통화에서 600명이라고 주장하는 근거를 이렇

---

441) CBS 권영철 선임 기자, 『노컷뉴스』, 2011. 05. 19.

게 밝혔다고 한다.

"12 · 12, 5 · 18 수사 기록에 공수부대가 기밀 유지 하면서 작전을 하는데, 정체불명의 300여 명 되는 부대가 나타나 군 장비와 무기를 빼앗았다. 그리고 비슷한 시점에 300여 명이 아시아자동차에서 트럭을 탈취해 무기고를 습격한 사람이 300여 명이다. 두 사건을 합하면 600명이라고 추정을 했다."[442]

이 글을 읽고 북한 특수 부대 1개 대대 600명이 내려왔다는 주장이 사실이라고 믿을 수 있을까? 그리고 보수 단체인 '국가정체성회복국민협의회'(국정협) 등 보수 단체에 따르면 국정협과 '한미우호증진협의회' 소속 대표들은 최근 프랑스 파리 유네스코 본부를 찾아 5 · 18 기록물의 유네스코 세계기록 유산 등재에 반대한다는 내용의 청원서를 제출했다고 한다.[443] 실제로 국정협과 한미우호증진협의회가 제출한 청원서에는 다음과 같은 내용이 담겨 있다.

"살인자들은 한국군이 아니라 북한이 파견한 북한 특수 부대 군인들이었습니다. 북한군이 광주 시민과 남한 군인들을 이간질시키기 위하여 무고한 광주 시민을 사살하였기 때문에 광주 사건이 악화되었습니다."[444]

이 역시 광주 학살에 대한 여러 의견 중 하나이다. 하지만 받아들이기는 객관적인 증거와 설득력이 부족한 것으로 보인다. 그럼에도 불구하고 "5 · 18 기록물은 유네스코 세계기록 유산으로 2011년 5월 24일 등재되었다."[445]

결국 5 · 18은 전체 광주 시민 스스로가 자발적으로 행동한 것이지, 누

---

442) CBS 권영철 선임 기자, 『노컷뉴스』, 2011. 05. 19.
443) 윤샘이나 기자, 서울신문, 2011. 05. 17.
444) 윤샘이나 기자, 서울신문, 2011. 05. 17.
445) 지난 22일부터 영국 맨체스터에서 국제 자문 위원 14명이 참석한 가운데 유네스코 제10차 세계기록 유산 국제 자문 위원회가 열렸다. 자문 위원회의 심사가 마무리되고 유네스코 사무총장의 최종 승인을 받아 한국 시각 24일 밤 조선 후기 국왕의 동정이나 국정의 제반 운영 사항을 매일 일기체로 정리한 연대기인 일성록日省錄과 함께 5 · 18 기록물이 세계기록 유산으로 등재됐다. 연합뉴스, 2011. 05. 24.

군가에 의해 계획적으로 조종된 행동이라고 주장하는 내용들은 그 근거가 매우 불투명한 것으로 드러났다.

② 광주와 수평적 평등 구조

광주민주화운동에서 가장 기본적이면서도 가장 중요한 부분은 광주 시민 80만 중 최상위 1%를 대표하는 최고위 공무원들에서부터 최하위 1%를 상징하는 기층민인 구두닦이, 신문팔이, 창녀 등이 처음부터 끝까지 자발적으로 참여했다는 사실이다. 이는 세계사의 그 어떤 사회운동에서도 찾아볼 수 없는 수평적 평등 구조였다. 즉, 그 누구도 배제하지 않는 한의 기본 법칙에 처음부터 끝까지 충실했다는 점이다.

이는 광주민주화운동이 1과 99의 행동의 틀에 따른 '우리는 99%'와는 전혀 다른 상태의 집단행동임과 동시에 그 행동의 틀을 극복하는 '한의 기본 법칙 100=99+1'임을 보여 주는 것이다. 즉, '우리는 100%'이다. 바로 여기에서 1980년 5월 광주 시민들의 행동에 의해 신 코페르니쿠스의 대전환과 신 르네상스, 그리고 『45도의 혁명』이 이미 이론이 아니라 현실에서 이루어지고 있었다.

물론 그렇다고 당시 광주가 '한의 기본 법칙 100=99+1'을 완전히 만족시켰다는 말은 아니다. 윤리학과 정치철학에서 산술적인 100%란 있을 수 없는 것이다.

가령 당시 "가진 것 좀 있다는 부인네의 경우, 혹 화를 입지 않을까 두려워 남편 등 가족과 함께 남몰래 광주를 빠져나가느라 여념이 없었다." 446)는 기록이 있다. 물론 가진 것 없는 사람들도 화를 입을까 두려워 광주를 빠져나간 사람들도 없지는 않을 것이다.

문화방송 사회부 기자로 5·18 현장을 취재한 오효진 기자는 이렇게 말한다. "꽃이 되어 날아간 이들은 말이 없다. 산 사람도 무명용사가 되어

---

446) 나의갑, 「5·18의 전개 과정」(광주광역시 5·18사료 편찬위원회, 『5·18민중항쟁사』, 2001년, 244쪽).

말이 없다. 그런데 광주 밖에 있던 사람, 광주를 고양이처럼 빠져나간 사람 가운데, 광주를 혼자 지킨 것처럼 큰 목소리로, 또 호전적으로 떠드는 이는 없는가? 그들 속에서 혹시 먹물은 없는가?"[447]

사람 사는 세상에 완전한 것은 없다. 그리고 이런 사람들이 밉지 않을 리 없다. 그러나 광주는 이들 이탈자들의 힘까지도 하나로 합할 수 있었기 때문에 결국 더 큰 일을 이루었다고 본다. 광주의 참뜻 중 가장 기본적인 것은 시종일관 누구도 배제하지 않고 모두가 하나가 되었고, 그럼으로써 누구나 자발적으로 능동적으로 참여할 수 있음으로 해서 생명의 과정을 진행할 수 있는 '한의 기본 법칙 100=99+1'을 현실에서 충실하게 보여주었다는 점에 있을 것이다.

(2) 가능 상태와 광주

가능 상태는 어머니 몸속의 태아와 같은 상태이다. 광주민주화운동은 세상에 그 역동적인 모습을 드러내기 오래 전에 언제든 세상에 나올 수 있는 준비가 되어 있었다. 광주민주화운동의 그 강력한 역동성은 하루아침에 갑자기 만들어진 것이 결코 아니다. 오히려 그 가능 상태는 언제나 준비가 되어 있었다.

광주민주화운동 그 자체가 살아 있는 현실의 한사상이다. 그러나 이 한사상이 광주민주화운동에서 처음으로 나타난 것은 아니었다. 한사상은 한 겨레의 역사 전체에 구석구석 작용하고 있다.

즉, 우리의 역사에서 임진왜란 때의 의병 운동, 조선말에는 갑오농민전쟁 등이 있다. 또한 4·19와 6·10 민주화 운동, 부마항쟁 등이 있으며 또한 IMF 때 금 모으기는 물론 1002년 월드컵 응원에서도 한사상은 작용하

---

447) 오효진, 「나의 운명을 바꿔 놓은 광주」, 1980년 문화방송 사회부 기자로 5·18 현장 취재(한국 기자협회·무등일보·시민연대모임, 『5·18 특파원 리포트』, 도서출판 풀빛, 1997년, 175쪽).

고 있었다.

한겨레는 언제든 고요한 가능 상태를 벗어나 이 같은 역동적인 움직임을 만들어 낼 수 있는 것이다. 그러나 평소에는 조용한 가능 상태에 있는 것이다.

과거 임진과 정유의 왜란 당시 관군이 모두 도망친 허허벌판은 문자 그대로 무정부 상태였다. 국가가 백성들을 왜군에게 제물로 내어 준 것이다. 그리고 공무원들은 저만 살겠다고 도망친 것이다. 조선은 이미 국가이기를 완전히 포기한 것이다.

이때 그 무정부 상태에서 대중들이 스스로 일어나 스스로를 통치하고 또한 스스로에게 지배받으며, 크고 작은 수많은 의병 공동체를 세웠다. 그 의병들이 왜군과 싸워 스스로를 지키고 나아가 나라를 지켰다. 그들 대중이 나라의 주인이라는 사실을 한겨레 역사 전체를 향해 분명히 각인 시킨 것이다.

갑오농민전쟁을 살펴보자. 조선총독부의 일본인 촉탁이었던 무라야마 치준(村山智順)은 1894년 말 무렵, "이 조선 반도의 반 이상에서 모두 일어나고, 그 인원은 초토사 홍계훈의 상소에 있는 한 포의 인원 수의 최소치로 해도 실로 300만을 돌파했다고 상상할 수 있을 것이다."448)라고 했다.

이 갑오농민전쟁은 무려 300만 명의 대중이 스스로 일어나 스스로를 통치하고 스스로에게 지배를 받으며 만든 공동체이다.

그리고 혁명군에 의해 "1894년 5월부터 약 7개월간 전라도 지방에 설치되었던 집강소"449)는 역사가 기록한 이래 최초의 농민 통치를 민주적으로 이루어 냈다. "집강소는 한국 역사상 처음으로 농민이 권력을 장악하고 조선왕조 봉건사회의 구체제舊體制를 부수면서 그들이 원하는 신체계新體制의 수립을 향한 농민 통치를 실시한 농민의 통치기관이었으며 농민 혁명

---

448) 무라야마 치준(村山智順), 『조선의 유사종교』, 최길성·장상언 역, 계명대학교출판부, 1991년, 55쪽.
449) 신용하, 『東學과 甲午農民戰爭研究』, 일조각, 1993년, 246쪽.

의 지방 정권의 일 형태이었다."450)

1980년 광주는 이처럼 임진과 정유의 왜란 때 의병과 갑오농민전쟁을 일으켰던 그 의기가 살아 있었다고 보아야 할 것이다. 그러나 이 위대한 갑오농민전쟁은 내가 학교를 다닐 때까지만 해도 교과서에서 동학란東學亂으로 배웠다. 그리고 5·18 광주민주화운동도 얼마 전까지만 해도 광주 사태로 불렸다. 우리에게 역사 왜곡이 얼마나 심각했나를 알 수 있는 것이다.

임진과 정유의 왜란 때 의병과 갑오농민전쟁과 광주민주화운동 모두 한겨레가 한겨레로서 시작할 때부터 존재한 한겨레의 사고와 행동의 틀이 분명하게 나타난 사건들이다.

우리 한겨레 공동체에게 역사를 통해 무수히 많은 경험을 하면서 그것이 모두 가능 상태에 축적되어 있다. 그리고 그것은 현실에서 언제든 다시 활성화되어 역동적으로 움직일 준비가 되어 있는 것이다.

(3) 혼돈 상태와 광주

1980년 5월 광주 시민 전체가 만들어 낸 한사상의 '혼돈 상태 100=45+55'를 설명하는 일은 참으로 난감한 것이다. 왜냐하면 오늘날 세계의 이끌고 있는 미국의 월가에서 2011년에 겨우 '우리는 99%'를 외치는 상황에서 그 30여 년 전에 광주 시민들은 이미 '우리는 100%'보다도 훨씬 높은 차원의 혼돈 상태를 만들어 행동했기 때문이다.

1980년 5월 광주 시민들은 이미 행동으로서 아리스토텔레스 논리학의 동일률, 모순율, 배중률 그리고 가능태와 현실태의 이론을 혁명적으로 발전시켜 이원론을 통합론으로 혁신시키고 있었음은 의심의 여지가 없는 것이다.

혼돈 상태는 말하자면 태아가 어머니의 몸속에서 세상에 나오는 출산

---

450) 신용하, 『東學과 甲午農民戰爭硏究』, 일조각, 1993년, 251쪽.

과정을 말한다. 그러나 아직 머리가 활성화되어 몸과 마음을 움직이는 상태는 아니다. 인간도 출산 과정에서는 피를 흘린다. 광주민주화운동에서는 무자비한 유혈 진압에 저항하여 피를 흘리는 상황에서 바야흐로 광주 시민 전체가 하나가 되어 막 행동하기 시작하는 시점의 상태를 말한다.

즉, 광주가 폭력에 의해 정의가 짓밟히고, 속임수에 의해 도덕이 짓밟히고, 선전·선동에 의해 소통과 통합을 만드는 중용의 영역이 짓밟히면서 피를 흘리며 저항을 하기 시작한다. 그리고 오히려 참다운 정의와 도덕과 중용의 영역이 광주 시민 모두에 의해 최적화되면서 크게 하나가 되어 혼돈 상태를 이루는 과정이다.

대한민국의 고요한 가능 상태가 깨어진 것은 1980년 5월 광주에서였다. 12·12 신군부는 헌정 질서를 수호하기 위한 정당한 시위 행위를 하는 광주 시민에게 난폭한 진압으로 인명을 살상했다.

마침내 1980년 5월, 대한민국 국민의 존엄성과 생존권과 서로를 소통하고 통합하는 믿음의 영역이 광주에서 파괴된 것이다. 광주 시민은 이에 대항하여 스스로의 존엄성을 지키고, 생존권을 지키고, 소통과 통합의 영역을 활성화하기 시작했다. 이 세 영역이 하나가 되면서 비로소 가능 상태에서 혼돈 상태가 성립된 것이다.

① 정의로 위장된 폭력과 학살에 대응한 참다운 정의 5·18

힘을 가지되 정의롭지 못하면 그 힘을 누가 행사하든 폭력에 지나지 않게 됨으로써 공동체 전체의 지지를 잃게 된다. 당시 광주는 폭력과 학살로 생존권을 위협받고 있었다. 그리고 시민들은 스스로 정의를 회복하여 생존권을 지키기 위해 투쟁에 나섰다.

우리는 이미 이 책을 통해 국가의 정의에 있어서 군대가 차지하는 역할이 얼마나 막중한지를 이미 알고 있다. 이른바 '플라톤의 거짓말'로 만들어지는 수직적 계층 구조는 군대를 자기편으로 끌어들여 민중을 지배하려는 독재자의 술수에 불과했다. 군대가 최상위 1%를 위한 군대인가? 아니면 전체 대중을 위한 군대인가는 독재주의와 민주주의의 가장 중요한 차이점이 되는 것이다.

국가에서 국민의 생존권을 직접 담당하는 자는 군대이다. 분배의 정의와 같은 경제적 문제는 그 다음의 문제일 뿐이다. 국민의 군대는 자신들을 낳아 주고 길러 주고 가르쳐 준 국민의 생존권을 지키는 국가의 최고 정의를 실현하는 집단이다.

그런데 광주 학살에서 광주 시민들이 가장 근본적인 혼란을 느낀 부분이 바로 이 군대이다. 국민의 생존권을 지키기 위한 정의를 위해 존재하는 대한민국 군대가 자신들을 낳아 주고 길러 주고 가르쳐 준 대한민국 국민에 대해 백주의 광주 시내 도로에서 난폭한 유혈 진압을 한 것이다.

1997. 4. 17 대법원 판결도 이를 문제 삼고 있다. 즉, "피고인들이 1980. 5. 17. 24:00를 기하여 비상계엄을 전국으로 확대하는 등 헌법기관인 대통령, 국무위원들에 대하여 강압을 가하고 있는 상태에서, 이에 항의하기 위하여 일어난 광주 시민들의 시위는 국헌을 문란하게 하는 내란 행위가 아니라 헌정 질서를 수호하기 위한 정당한 행위이었음에도 불구하고 이를 난폭하게 진압함으로써……"[451]라고 밝히고 있다.

즉, 광주 시민들의 시위는 국헌을 문란하게 하는 내란 행위가 아니라 헌정 질서를 수호하기 위한 정당한 행위였음을 명백히 한 것이다.

그렇다면 이 국헌 문란의 난폭한 진압의 원천적인 책임은 누구에게 있는가?

수많은 민간인의 살상을 야기한 발포 명령은 누가 내렸는가?……오늘날까지도 그에 대한 명쾌한 해답은 없는 상태이다.[452]

---

451) '5·18' 사건 대법원 판결문 요지, 『문화일보』, 1997. 04. 18.
452) 최정기, 「5·18과 양민 학살」(광주광역시 5·18 사료 편찬위원회, 『5·18 민중항쟁사』, 2001년, 440쪽).

놀랍게도 아직까지 발포를 명령한 사람이 누구인지도 모른다는 것이다. 최정기는 『5·18과 양민 학살』에서 무엇보다도 먼저 국가 권력에 의해 아무런 법적 절차도 거치지 않은 채, 민간인들이 살해당했다는 점을 강조한다.[453]

말하자면 헌정 질서를 수호하기 위한 정당한 시위 행위를 하는 광주 시민을 아무런 법적 절차도 거치지 않은 채 살해한 것이다.

부마항쟁 때 대통령 경호실장 차지철은 "캄보디아에서는 300만 명의 반체제 인물을 죽였는데 (부산·마산에서) 1~2만 명 죽이는 것은 문제가 안 된다."고 하면서 "전차로 쓸어버린다."고 표현했다고 한다.[454] 이는 당시 권력의 중심에 정상적이지 않은 생각을 가진 사람들도 있었음을 말한다.

독일 슈트 도이체 자이퉁 특파원으로 5·18 현장을 취재한 게브하르트 힐셔는 도청 앞에 있는 작은 체육관인 상무관에서 광주 참사의 희생자로 신원이 밝혀진 사망자들을 위한 위령제가 울려 퍼지고 있을 당시의 상황을 이렇게 전한다.

> 한 젊은이가 미친 듯이 주먹으로 관을 내리치며 뼈에 사무친 목소리로 외쳤다. "내 동생이 이 안에 죽어 있소 도대체 어떻게 대한민국 군인들이 국민들을 향해 총을 쏠 수 있다는 말입니까?" 숨을 죽인 듯 조용한 가운데 수많은 인파가 상무관을 가득 채우고 있었다.[455]

---

453) 항쟁의 원인에 대한 여러 가지 입장 중 '과잉 진압설'이 초기 국면에서 계엄군의 과잉 진압에 의해 항쟁이 발생했다고 주장하여, 간접적이나마 당시 계엄군의 심한 폭력을 언급하고 있을 뿐이다. 그러나 국민들의 저항을 강조하기에 앞서서 더 절실한 것은 국가권력에 의해 아무런 법적 절차도 거치지 않은 채, 민간인들이 살해당했다는 점이다.……국민의 입장에서 5·18 문제는 민주정치의 위기에서 국민 주권을 확인하려는 국민의 의사표시가 야만적인 폭력으로 저지된 사건이다. 최정기, 「5·18과 양민 학살」(광주광역시 5·18 사료 편찬 위원회, 『5·18 민중항쟁사』, 2001년, 405쪽).
454) 최정기, 「5·18과 양민 학살」(광주광역시 5·18사료 편찬 위원회, 『5·18 민중항쟁사』, 2001년, 416쪽).
455) 게브하르트 힐셔, 「목가적 전원도시에서 펼쳐진 악몽」, 1980년 독일 슈트 도이체 자이퉁 특파원으로 5·18 현장 취재(한국기자협회·무등일보·시민연대모임, 『5·18 특파원 리포트』, 도서출판 풀빛, 1997년, 85쪽).

이 뼈에 사무친 대한민국 국민의 한마디 "도대체 어떻게 대한민국 군인들이 국민들을 향해 총을 쏠 수 있다는 말입니까?"는 대한민국에서 가장 중요한 정의가 광주에서 어떻게 짓밟히고 무력화되었는지를 정확하게 전하고 있다.

박찬승은 『선언문·성명서·소식지를 통해 본 5·18』에서 1980년 5월 24일 오후 3시 5만여 명의 시민이 참가한 제2차 시민 궐기대회에서 전남대학교 교수 일동 명의의 「대한민국 모든 지성인에게 고함」이라고 발표된 성명서의 내용을 전한다. 당시 전남대 교수들은 이렇게 말한다.

"지금 광주에서 일어나고 있는 모든 참상은 여러분들이 상상조차 할 수 없는 사실입니다.……몇 발자국 떨어져 있는 곳에서 내 나라 사람들이 이렇게 비인간적인 상황에서 죽어 가고 있는 것을 관망만 하고 있다면, 도대체 학문이 교육·양식이, 지식이 다 무슨 소용이겠습니까? 이 나라의 운명이, 이 나라의 장래가 어떻게 더 존재할 수 있겠습니까?"[456]라고 묻고 있다.

동서고금의 역사에 있어서 학문에 전념하는 고매한 학자가 한 말 중 이보다 더 엄숙하고 비장한 말이 달리 또 있었을까? 전남대 교수들은 대한민국 광주에서 광주 시민들의 생존권이 처참하게 유린당하며, 대한민국의 정의가 무참히 짓밟히고 있음을 한겨레 모두와 전 세계에 알리고 있다.

박찬승은 『선언문·성명서·소식지를 통해 본 5·18』에서 1980년 5월 22일 수만 명의 목포 시민이 참여한 궐기대회에서 채택한 「우리 겨레와 세계 자유민에게 보내는 목포 시민의 결의문」을 소개한다.

"우리는 지난 며칠 동안의 광주 사건을 조직적으로 감행된, 변명의 여지가 없는 명백한 양민 학살로 본다. 그날의 광주시는 흡사 인간 도살장이었다. 80만 시민이 숨 쉬는 도심지에 공수특전대를 투입한 사례를 어느 역사

---

456) 박찬승, 「선언문·성명서·소식지를 통해 본 5·18」(광주광역시 5·18 사료 편찬위원회, 『5·18 민중항쟁사』, 2001년, 393쪽).

에서 찾아볼 수 있단 말인가?"457)

이 결의문은 문제의 핵심을 잘 설명한다. 공수특전대는 유사시 비정규전 수행과 평상시에는 대간첩작전, 그리고 테러의 위협이 높아지면서 대테러 작전도 수행하는 대한민국의 최정예 부대이다.

그런데 과연 1980년 5월 광주가 이 공수특전대의 임무에 적합했는가를 묻고 있는 것이다. 즉, 주권자인 대한민국 국민인 광주 시민이 헌법 수호를 위하여 이룬 결집에 대하여 대한민국 최정예 부대를 동원하여 난폭하게 제지한 것은 단순한 시위 진압을 넘어선 것이라고 말하고 있는 것이다. 그리고 이를 양민 학살이라고 규정하고 있다.

그런데 동아일보 사회부 기자로 5·18 현장을 취재한 김충근 기자는 그 공수특전대의 뒤에는 저격용 총을 든 헌병이 그들을 겨누고 있었다고 한다.458) 이는 믿기 어려울 정도로 무서운 일이다.

우리는 광주민주화운동에서 진압군이었던 군인들에 대해서 좀 더 생각할 필요가 있다. 그들은 무엇보다도 먼저 우리와 같은 대한민국의 국민이기 때문이다. 누구라도 그들의 입장이 되었다면 그와 같은 역할을 하지 않을 수 없었을 것이라는 점에서 그들도 광주 학살의 피해자이다. 또 진압군들 중 실제로 목숨을 잃거나 부상을 당한 사람들은 이 엄청난 비극의 직접적인 피해자이다. 결국 이 사건으로 권력을 잡은 극소수의 최상위 1%를 제외한 전체 99%를 이루는 사람들은 모두 피해자일 수밖에 없는 구조였다.

---

457) 박찬승, 「선언문·성명서·소식지를 통해 본 5·18」(광주광역시 5·18 사료 편찬위원회, 『5·18 민중항쟁사』, 2001년, 387쪽).

458) 동아일보 사회부 기자로 5·18 현장을 취재한 김충근 기자는 이렇게 증언한다. "특히 놀라운 사실은 돌멩이와 화염병이 날라 다니는 시위대 속을 군인들이 행진해 들어갈 때 대오 앞 선두는 중위급 장교였으며 또 대오의 맨 뒷줄은 헌병 완장을 찬 군인이 저격용 총으로 무장하고 있었고 그 총구는 바로 자신들의 대열을 행했다는 점이다. 만약 이탈자가 있다면 배후에서 헌병이 처단하겠다는 의사 표시가 담긴 대오였다.
김충근, 「금남로 아리랑」, 1980년 동아일보 사회부 기자로 5·18 현장 취재(한국기자협회·무등일보·시민연대모임, 『5·18 특파원 리포트』, 도서출판 풀빛, 1997년, 222쪽).

1980년 5월 30일자 『슈트 도이체 자이퉁』지에 실린 게브하르트 힐셔 기자는 사설 '광주의 불길한 징조'에서 북한을 이롭게 한 용공 행위를 한 것은 공수부대가 자행한 무자비하고도 극심한 야만성이라고 고발한다.[459] 그리고 평화적 시위를 한 시민들이 총을 들고 일어나 무장 시민 항쟁으로 바뀐 것은 잔혹한 진압으로 인해 자연발생적으로 일어난 것이라고 말한 다.[460] 이는 공수부대가 자행한 야만성으로 인해 광주 시민들이 스스로의 생존권을 지키기 위해 무장 시민 항쟁을 전개한 것임을 말하는 것이다. 이 는 잔혹한 진압으로 짓밟힌 대한민국의 정의를 광주 시민이 스스로 회복 하기 위해 행동했음을 말하는 것이다.

그리고 당시 신군부는 광주 시민을 용공 분자로 몰아세웠지만 정말로 북한을 이롭게 용공 행위를 한 것은 광주 시민이 아니라 오히려 신군부라 는 날카로운 지적이다.

폭력과 학살에 대한 의사 표시가 짓밟혔을 때 광주 시민이 할 수 있는 행동은 무엇일까? 이 점에 대해 박찬승은 『선언문·성명서·소식지를 통 해 본 5·18』에서 시민군 일동의 명의로 나온 『우리는 왜 총을 들 수밖에 없었는가?』라는 성명서를 소개하고 있다. 시민군들은,

---

459) 최근의 항쟁을 북한으로부터 남파된 간첩 또는 소위 용공 분자들의 소행으로 돌리려고 하는 군부의 시도는 사실의 왜곡일 뿐 아니라.……만약 광주항쟁이 어떤 측면에서든지 북한을 이롭 게 했다고 항변한다면 그것은 바로 광주 시민들이 체험한, 발생 초기에는 매우 평화적이었던 시위를 진압하기 위해 파견된 공수부대가 자행한 무자비하고도 극심한 야만성이야말로 북한을 이롭게 한 점이라고 말할 수밖에 없을 것이다. 게브하르트 힐셔, 「목가적 전원 도시에서 펼쳐진 악몽」, 1980년 독일 슈트 도이체 자이퉁 특파원으로 5·18 현장 취재(한국기자협회·무등일보·시 민연대모임, 『5·18 특파원 리포트』, 도서출판 풀빛, 1997년, 86쪽)

460) 무장하지 않은 젊은 시위대(그중에는 다수의 고등학생도 포함되어 있었고 희생자 중에는 여학생도 많았다) 를 대낮에 겁에 질린 시민들이 빤히 바라보고 있는 가운데 대검으로 찌르고 총을 난사한 행위 가 단순히 계엄령 확대를 반대하여 일어난 시위를 무장 시민 항쟁으로 바꾸어 자연 발생적인 분노를 폭발시킨 직접적 원인이었다.

게브하르트 힐셔, 「목가적 전원도시에서 펼쳐진 악몽」, 1980년 독일 슈트 도이체 자이퉁 특파 원으로 5·18 현장 취재.(한국기자협회·무등일보·시민연대모임, 『5·18 특파원 리포트』, 도서출판 풀빛, 1997년, 86쪽).

너무나 무자비한 만행을 더 이상 보고 있을 수만 없어서 너도나도 총을 들고 나섰던 것."이라고 주장했다. 또 그들은 정부와 언론에서 자신들을 폭도라고 몰아치고 있는 데 대해 "잔인무도한 만행을 일삼았던 계엄군이 폭돕니까, 이 고장을 지키겠다고 나선 우리 시민군이 폭돕니까."라고 반문하고 있다.461)

시민군은 계엄군이 대한민국 국민의 생존권을 파괴한 데 대하여 시민의 생존권을 지키기 위해 정의로서 무기를 들었음을 말하고 있다. 그렇다면 이 무서운 광기와 학살에 총을 들고 대항한 시민군은 누구일까? 우리는 그들을 직접 보고 대화를 나눈 기자들의 기록을 살펴보자. 뉴욕타임스 서울 특파원으로 근무하다 5 · 18 현장을 취재한 헨리 스코트 스톡스의 말을 들어보자.

하지만 우리 셋이(필자 주 : 르몽드지 필립 퐁스 기자와 뉴욕타임스 심재훈 기자)그들의 거처로 들어가 만난 대학생 지도자들은 아이에 불과했다. 몹시 지치고 대단히 어려 보이는 젊은이들로, 무기를 어떻게 다루어야 좋을지도 모르고 있었다.……내가 받은 인상으로는 이 젊은이들은 훈련이라고는 한 번도 받아본 적이 없었다.462)

광주 학살에 대항하여 총을 들고 일어난 시민군의 실제 모습은 놀랍게도 바로 이것이었다. 이들 중 반은 대학생도 아니고 고등학생들이었다. 그 중에는 학생도 아닌 기층민들도 많았다. 이런 젊은이들이 총을 들고 그 무서운 광기와 학살에 대항해 사용법도 모르는 총을 들고 싸운 것이다. 이들이 과연 무서운 폭도이며, 북한에서 내려온 간첩이나 특수 부대원 또는 고

---

461) 박찬승, 「선언문 · 성명서 · 소식지를 통해 본 5 · 18」(광주광역시 5 · 18 사료 편찬위원회, 『5 · 18 민중항쟁사』, 2001년, 394쪽).

462) 헨리 스코트 스톡스(Henry Scott Stokesn), 「기자 사명과 외교 요청의 갈등 속에서」, 1980년 뉴욕타임스 서울 특파원으로 근무하다 5 · 18 현장 취재(한국기자협회 · 무등일보 · 시민연대모임, 『5 · 18 특파원 리포트』, 도서출판 풀빛, 1997년, 40쪽).

정간첩인가?

이들 자발적으로 총을 들고 목숨을 걸고 싸운 300명의 젊은이들로 구성된 시민군이 군인들의 학살에 맞서 전체 광주 시민의 생존권을 지키는 정의를 상징하고 있었다.

② 도덕으로 가장된 속임수와 광기에 대응한 참다운 도덕 5·18

세계사에서 지배자의 지배 도구로 변한 속임수로서의 도덕에 직접 대항하여 공동체 스스로 참다운 도덕을 회복하여 행동한 경우를 찾기는 어렵다.

5·18 광주민주화운동은 공동체를 이루는 모든 인간들의 존엄성을 하나로 연결해 주는 공감의 영역으로서의 참다운 도덕으로 되살려 내 그 힘으로 행동했다. 광주민주화운동이 세계사에서 일찍이 없었던 역동성을 가진 행동으로 나타난 이유 중 하나가 바로 특별한 도덕 공동체였다는 사실에 있다.

도덕의 바탕이 되는 공감은 인간과 인간 사이의 인仁·의義·예禮·지智·신信으로 나타난다. 광주에서는 진압군이 이 도덕을 파괴했으나 위대한 광주 시민은 이 도덕을 다시 회복하여 크게 하나가 된다.

그리고 지난 2천 년간 중화주의는 여성들의 도덕적 능력에 대해 남존여비로 폄하해 왔다. 서양에서는 아리스토텔레스 이래 여성을 무시해 왔고 마녀사냥에서 극단적인 여성의 무시와 혐오가 드러났다.

그러나 대한민국 광주에서는 수만 명의 여성들이 하나가 되어 그 무서운 학살의 현장에서 전 세계인이 보는 앞에서 공감에 바탕한 참다운 도덕의 회복에 앞장서고 있는 영웅적인 모습을 행동으로 보여주고 있었다. 이는 도덕에 대해 완전히 새로운 관점을 가지게 한 것이며 새로운 역사를 쓴 것이다.

AP통신 기자로 5·18 현장을 취재한 테리 앤더슨은 "그 후 몇 년 동안

나는 당시의 충격적인 악몽에 시달려야 했다."463)고 고백했다. 슈트 도이체 자이퉁 특파원으로 5·18 현장을 취재한 게브하르트 힐셔 기자는 그가 목격한 모습을 다음과 같이 전한다. "조선대학교 출신의 한 의사가 온몸을 부들부들 떨면서 말했다. '이것은 분명히 내란입니다. 너무나 잔인합니다."464)

외국인 기자를 몇 년 동안 악몽에 시달리게 하고, 조선대학교 출신 의사로 하여금 온몸을 부들부들 떨게 만들며 너무 잔인하다고 외치게 만든 이유는 무엇일까? 볼티모어 선의 블렉드리 마틴 기자는 이렇게 썼다.

> 병원 안에 줄줄이 놓여 있던 많은 관을 열어 그들의 사랑하는 친구와 친척들을 보여 주었다. 대부분 어린 학생들의 시체였는데 몽둥이에 맞아 죽었다는 것을 알 수 있었다. 그들의 머리는 온통 상처투성이였다. 치밀어 오르는 울음을 간신히 참으면서 이 비참한 광경을 필름에 담았다. 내 생애에 한 번도 이런 비슷한 상황을 목격한 적이 없었다.465)

그는 심지어 베트남 전쟁에서 종군 기자로 활동할 때에도 이렇듯 비참한 광경은 본 적이 없었다고 한다. 가슴이 너무나 꽉 막혀서 사진 찍는 것을 잠시 중단할 수밖에 없었다고 한다. 그는 왜 치밀어 오르는 울음을 참다 참다 결국 참지 못하고 사진을 찍는 것을 중단했을까?

문화방송 사회부 기자로 5·18 현장을 취재한 오효진 기자는 "광주에서 눈물을 흘리고 취재하고 다녔고, 서울로 돌아와서도 윗분들 앞에서 눈물을 흘리며 실상을 보고했다. 이때 우리의 보고를 듣는 이들도 눈물을 흘리며

---

463) 테리 앤더슨(Terry Anderson), 「날아오는 총알을 피하여」, 1980년 AP통신 기자로 5·18현장 취재(한국기자협회·무등일보·시민연대모임, 『5·18 특파원 리포트』, 도서출판 풀빛, 1997년, 28쪽).
464) 게브하르트 힐셔, 「목가적 전원도시에서 펼쳐진 악몽」, 1980년 독일 슈트 도이체 자이퉁 특파원으로 5·18 현장 취재(한국기자협회·무등일보·시민연대모임, 『5·18 특파원 리포트』, 도서출판 풀빛, 1997년, 86쪽).
465) 블렉드리 마틴, 「윤상원 그의 눈길에 담긴 체념과 죽음의 결단」, 1980년 볼티모어 선 서울 특파원으로 5·18 현장 취재(한국기자협회·무등일보·시민연대모임, 『5·18 특파원 리포트』, 도서출판 풀빛, 1997년, 157쪽).

들었다.'"466)고 말했다.

왜 5·18 현장을 취재한 기자들은 한결같이 이처럼 눈물을 흘렸을까? 물론 80만 광주 시민들의 슬픔의 눈물은 이루 말할 수도 없을 것이다. 이 치밀어 오르는 참지 못할 눈물은 무엇보다도 먼저 인간의 존엄성이 처참하게 파괴되었기 때문일 것이다.

동서고금을 막론하고 인간과 인간 사이에는 인간의 존엄성에 대해 어떤 경우에도 넘어서는 안 되는 기본적인 공감의 영역을 가지고 있다. 그것이 바로 도덕이다. 대한민국의 광주에서는 이 기본적인 공감의 영역으로서의 도덕마저도 무참하게 파괴된 것이다.

대한민국의 인·의·예·지·신으로서의 도덕을 무너뜨린 자는 광주에서의 계엄군이었다. 대한민국의 어린 학생들의 머리를 대한민국의 군인들이 몽둥이로 두들겨 패서 죽이는 것을 도대체 무엇으로 정당화할 수 있겠는가? 광주 시민들은 또 계엄군들의 부도덕한 모습을 보고 치를 떨었다. 즉, 동아일보 사회부 기자로 5·18 현장을 취재한 김충근 기자는 군인들이 젊은 청년에게는 무자비한 폭력을 가해 죽도록 두들겨 패고, 467) 젊은 여성들에게는 심각한 성적 수치심을 안겨 주는 폭력을 가했다.468)고 한다.

대한민국의 국민 그 누구인들 대낮에 자신들의 금쪽 같은 아들과 딸들

---

466) 오효진, 「나의 운명을 바꿔 놓은 광주」, 1980년 문화방송 사회부 기자로 5·18 현장 취재(한국 기자협회·무등일보·시민연대모임, 『5·18 특파원 리포트』, 도서출판 풀빛, 1997년, 106쪽).
467) 젊은 청년이 계엄군에 발각되면 일단 워커 발로 짓이기고 몽둥이찜질을 한다. 생명의 위험을 느낀 청년이 달아나면 끝까지 추적, 그 청년이 죽었는지 살았는지 더 이상 운신을 못할 때까지 갖는 폭력을 행사한다.
   김충근, 「금남로 아리랑」, 1980년 동아일보 사회부 기자로 5·18 현장 취재(한국기자협회·무등일보·시민연대모임, 『5·18 특파원 리포트』, 도서출판 풀빛, 1997년, 213쪽).
468) 젊은 여성의 경우 계엄군은 다짜고짜 블라우스 등을 찢어 걷어 내거나 대검으로 바지와 치맛자락을 찢어 여자를 거의 나체 상태로 만든 다음 폭행을 가했는데, 방망이나 구둣발길이 날라가는 신체의 부위가 상식적으로는 이해할 수 없는 곳이었다. 또 젊은 여자, 그것도 옷맵시가 제대로 갖추어져 있고 예쁘장한 여자 일수록 가해지는 폭력은 더 심했고 옷을 찢어발긴다거나 가격하는 신체 부위가 여성의 특정 부위에 집중되었을 때 그것은 어떻게 표현해야 되겠는가?
   김충근, 「금남로 아리랑」, 1980년 동아일보 사회부 기자로 5·18 현장 취재(한국기자협회·무등일보·시민연대모임, 『5·18 특파원 리포트』, 도서출판 풀빛, 1997년, 213쪽).

이 당하는 이 참상을 눈을 뜨고 보고만 있겠는가? 이것은 인간과 인간 사이에 반드시 지켜야 할 가장 기본적인 인仁·의義·예禮·지智·신信이 완전히 무너진 현장이었다. 광주 시민들이 격분을 참지 못한 것은 바로 이 도덕을 파괴하는 계엄군의 모습이었을 것이다. 이와 같이 계엄군은 인간이 어떤 경우에도 포기할 수 없는 인간의 존엄성을 파괴하고, 인간과 인간의 존엄성을 하나로 묶어 주는 인·의·예·지·신을 무참하게 파괴했다.

AP통신 기자로 5·18 현장을 취재한 테리 앤더슨은 "광주는 사실상 군인들에 의한 폭동이었다."[469]고 말했다. 대법원도 <시위 진압 행위에 폭동성이 없다는 주장에 대하여>에서 "계엄군이 난폭하게 광주 시민의 시위행위를 진압한 행위가 내란죄의 구성 요건인 폭동의 내용으로서의 폭행·협박에 해당함은 명백"[470]함을 인정하였다. 한사상으로 볼 때는 그 폭동 중 가장 근본적인 것은 대한민국 국민의 존엄성을 근본적으로 파괴하는 폭동이었다는 점이다.

그렇다면 이렇게 국가 권력이 인간의 존엄을 파괴하여 도덕을 짓밟았을 때 대한민국 국민은 어떻게 해야 할까? 놀랍게도 광주 시민들의 대응은 계엄군의 비도덕적인 행동과 정반대였다. 한겨레의 아름다운 도덕이 그 살벌한 현장에서 전면적으로 부활한 것이다.

광주 시민들 사이에는 인간의 존엄성을 지킨다는 공감이 이루어져 있었다. 그럼으로써 살아서 움직이는 도덕이 작용하고 있었다. 인간과 인간을 묶어 주는 인仁·의義·예禮·지智·신信이 자발적으로 살아나고 있었다. 즉, 이와 같은 도덕적 공감이 없으면 결코 일어날 수 없는 자발적인 행동들이 그 살벌한 광기와 학살의 현장에서 활발하게 전개되고 있었다. 안진은 『광주민중항쟁과 여성』에서 다음과 같은 장면을 기록하고 있다.

---

469) 테리 앤더슨(Terry Anderson), 「날아오는 총알을 피하여」, 1980년 AP통신 기자로 5·18 현장 취재(한국기자협회·무등일보·시민연대모임, 『5·18 특파원 리포트』, 도서출판 풀빛, 1997년, 23쪽).
470) '5·18' 사건 대법원 판결문 요지, 『문화일보』, 1997. 04. 18.

20일에 이르면서 할머니, 주부, 학생에 이르기까지 수만의 여성이 가두시위에 동참하였는데, 점차 격렬해짐에 따라 시위대의 여성들은 물수건, 치약을 나누어 주거나 대열 후위에서 보도블록을 깨서 청년들에게 날라 주는 식의 역할을 분담하여 효율적인 가두 투쟁 전술에 적극 협력하였다.[471]

1~2백 명이나 1~2천 명이 아니라 수만 명의 여성이 가두시위에 동참하고 앞장선 청년들을 도와주는 이 모습은 도대체 무엇인가? 이는 과거 임진왜란 때 행주산성에서 있었던 일의 재현이 아닌가? 놀랍게도 행주산성에서 여성들이 보여 주었던 맹활약이 광주에서 다시 부활한 것이다. 안진은 『광주민중항쟁과 여성』에서 더욱더 감동적인 장면을 다음과 같이 기록하고 있다.

의약품이 있는 경우는 의약품을 제공하였고, 시장의 노점상 아주머니들은 자신들이 파는 상품들 중 시위에 도움이 될 만한 것들을 아낌없이 내주었다. 매춘 여성들 또한 다수가 헌혈에 동참하였고 악취 나는 시체를 염하는 일 등 궂은일을 마다하지 않았다. 부상자의 간호나 운반에 있어서도 나이의 차이가 없었다.[472]

물론 이 일은 당시 광주의 남녀노소 모두가 한 일로서, 특히 여성들의 활약이 두드러졌다고 보아야 할 것이다.

이것이야말로 인간과 인간의 존엄성을 하나로 연결해 주는 참다운 도덕으로서의 인·의·예·지·신이 아니고 무엇이겠는가? 참다운 도덕이 거리에 나와서 수만 명과 함께 살아서 행동하고 있는 것이다. 이것이야말로 살아서 행동하는 도덕의 교과서가 아닌가?

---

471) 안진, 1991, 『광주민중항쟁과 여성』, 민중사, 32쪽(광주광역시 5·18 사료 편찬 위원회, 『5·18 민중항쟁사』, 2001년, 462쪽).
472) 안진, 1991, 『광주민중항쟁과 여성』, 민중사, 36쪽(광주광역시 5·18 사료 편찬 위원회, 『5·18 민중항쟁사』, 2001년, 463쪽).

광주 시민 모두에 의해 고통 받는 이웃에 대해 어진 마음인 인仁이 되살아난 것이다. 그리고 마땅히 해야 할 일을 목숨 걸고 하는 의義가 되살아난 것이다. 그리고 인간과 인간 사이에 반드시 지켜야 할 예禮가 되살아난 것이다. 또한 무엇을 해야 할지를 아는 참다운 지혜인 지智가 되살아난 것이다. 그리고 인간과 인간 사이에 없어서는 안 될 믿음인 신信이 되살아난 것이다. 이 도덕은 여성들이 앞장서서 80만 광주 시민 모두가 행동으로 보여 준 것이다. 그동안 아리스토텔레스의 여성 폄하 사상과 중화주의식 속임수 도덕인 남존여비의 사상이 얼마나 유치하고 어리석은 것인가를 이보다 더 잘 보여 준 예도 없을 것이다.

광주 시민은 플라톤과 동중서가 만든 속임수로서의 도덕을 버리고 인간의 존엄성을 추구하는 참다운 도덕을 새롭게 세운 것이었다. 광주는 인간의 존엄성을 추구하는 참다운 도덕이 그 모습을 드러낸 세계사적 현장이었다.

광주 학살의 현장에서 모든 사람들이 참을 수 없는 눈물을 흘린 것은 계엄군에 의해 인간의 참다운 도덕이 무너진 슬픔과 동시에 인간의 참다운 도덕이 전체 광주 시민에 의해 기적처럼 되살아난 감동을 동시에 느꼈기 때문일 것이다.

③ 짓밟힐 수 없는 중용中庸의 공동체

중용中庸은 정의의 영역과 도덕의 영역을 소통하고 통합하는 영역으로서 공동체를 하나로 통합하는 위대한 믿음이 바탕이 된다. 이 보이지 않는 소통과 통합의 힘, 그리고 이를 뒷받침하는 서로의 위대한 믿음이 공동체를 하나로 만드는 것이다. 광주는 평상시에도 이 중용의 영역이 살아 있었지만, 광주민주화운동 당시에는 폭발적으로 살아나 행동하고 있었다.

강만길은『근대 민족 운동의 전통과 광주』에서 "광주가 인구 100만을 헤아리는 대도시였지만, 아직도 시골의 작은 마을처럼 전통적인 유대감이

끈끈한 도시임을 간과했던 것이다."473)라고 말한다.

이는 광주가 언제든 하나의 전체로 뭉쳐서 스스로를 지킬 수 있는 성숙하고 강력한 힘을 가지고 있다는 말을 하고 있다고 보인다. 광주를 취재했던 동아일보의 황종건 기자는 광주의 비극은 전통적인 유대감이 끈끈한 도시임을 간과했던 것이 큰 문제였다고 했다.474)

이 글에는 당시 집권자들이 광주가 100만의 도시임에도 그 결속력이 마치 작은 마을과 같이 튼튼했음을 무시했다는 말과 같다. 이 유대감이란 무엇인가? 그것은 소통과 통합으로 서로를 결합하는 능력이다. 특히 정의와 도덕을 하나로 통합하는 위대한 믿음으로 이루어진 중용中庸의 힘이다. 이것이야말로 우리 한겨레가 역사에서 보여 준 강력한 능력이다.

이 한겨레의 능력을 광주 시민 모두가 가장 힘들고 비참한 순간에 되살려 서로 간의 위대한 믿음, 특히 정의와 도덕을 소통하고 통합하는 중용中庸을 보여 준 것이다. 이같이 강력한 중용中庸의 힘을 가진 광주 시민에게 집권자들이 일방적으로 주입시키는 프로퍼갠더로서의 선전·선동은 아무런 효과를 나타내지 못한 것이다. 오히려 이 같은 비열한 선전·선동은 더더욱 광주 시민을 하나로 결집시키는 힘이 된 것이다.

LA 타임스 일본 총국장으로 5·18 현장을 취재한 샘 제임슨은 계엄 통제 본부가 당시 광주의 폭동이 통제를 벗어나 광주 시민 15만 명이 성나 날뛰고 있다고 보도했음을 밝히고 있다.475) 이는 선전·선동이다.

---

473) 강만길, 「근대 민족 운동의 전통과 광주」,(광주광역시 5·18 사료 편찬위원회, 『5·18 민중항쟁사』, 2001년, 53쪽).

474) 9일 최초의 발포 사건이 터졌다. 광주가 인구 100만을 헤아리는 대도시였지만, 아직도 시골의 작은 마을처럼 전통적인 유대감이 끈끈한 도시임을 간과했던 것이다. 이로 인해 27일 새벽 계엄군에 의해 광주가 완전히 장악되기까지 약 287명이 숨지고 1459명이 부상당하고 2,335명이 연행되는 광주의 비극이 진행되었다.

황종건, 「신문 사진 한 장이 역사를 뒤바꾸기도 했건만」, 1980년 동아일보 사진부 기자로 5·18 현장 취재(한국기자협회·무등일보·시민연대모임, 『5·18 특파원 리포트』, 도서출판 풀빛, 1997년, 299쪽).

475) 21일 광주는 한국과 전 세계의 의식 속에서 폭발되었다. 계엄 통제 본부는 전면적 보도 검열을 끝내고 소위 광주의 폭동이 통제를 벗어났다고 공식 인정했다. 계엄 통제 본부는 광주 시민 5분의 1 가령인 15만 명이 무기 3,505개와 탄약 46,400발을 무기고에서 탈취하는 등 '성나 날뛰

독일 슈트 도이체 자이퉁 특파원으로 5·18 현장 취재한 게브하르트 힐셔 기자는 "당시 두 개의 지방지 중 하나였던 전남 매일신문사의 철문은 닫힌 채 유리창 몇 장이 박살나 있었다. KBS(국영)과 MBC(민영)의 지방 방송국 건물은 불에 타 있었다. 그 이유에 대해 "그들은 여기서 일어난 일들을 전혀 보도하지 않았습니다. 그래서 시민들이 분노한 것입니다."476)라고 말했다.

보도 매체들이 하는 일은 현장에서 일어나는 사실들을 그대로 국민들에게 전달하여 올바른 공론을 만들기 위해 조금도 균형을 잃지 않는 보도이다. 이는 곧 소통과 통합을 이루는 위대한 믿음의 영역으로서의 중용이다. 그러나 당시 우리나라의 매체들은 중용을 조금도 지키지 않았다. 사실을 사실대로 보도하지 않았고, 알면서도 침묵한 것은 중용을 지킴으로써 소통하고 통합해야 할 임무를 스스로 파괴한 것이다. 그리고 가장 중요한 위대한 믿음을 스스로 파괴한 것이다.

이러한 계엄 당국의 선전·선동에 대해 광주 시민들은 참다운 소통과 통합으로서의 중용의 영역을 스스로 확보하기 시작했다. 독일 슈트 도이체 자이퉁 특파원으로 5·18 현장을 취재한 게브하르트 힐셔 기자는 이러한 감동적인 장면을 기록했다.

다음 줄에는 여학생들이 모여 있었는데, 춘태여자상업고등학교 학생들이었다. 그들은 아직도 왜 자신들의 급우 한 명이 죽어 자신들 앞에 누워 있는지 이해하지 못하는 표정이었다. 여학생들은 쏟아지는 눈물에 목이 멘 채 이별의 노래를 불렀다. 그리고 그중 한 여학생이 몸을 돌려 제단을 향해 애절한

고 있다고 보도했다.
샘 제임슨, 「항쟁지도부 벽에 새겨졌던 '세계 평화'」, 1980년 LA 타임스 일본 총국장으로 5·18 현장 취재(한국기자협회·무등일보·시민연대모임, 『5·18 특파원 리포트』, 도서출판 풀빛, 1997년, 113쪽).
476) 게브하르트 힐셔, 「목가적 전원도시에서 펼쳐진 악몽」, 1980년 독일 슈트 도이체 자이퉁 특파원으로 5·18 현장 취재(한국기자협회·무등일보·시민연대모임, 『5·18 특파원 리포트』, 도서출판 풀빛, 1997년, 78쪽).

목소리로 호소했다. "친구의 죽음을 헛되게 하지 말아 주세요!" 그녀는 열일곱 살 먹은 박금희라는 여학생이었다. 그녀의 말이 끝나자 상무관을 가득 메운 모든 시민들은 애국가를 합창하고 만세를 불렀다. "대한민국 만세! 민주주의 만세!" 위령제에 참석한 유가족과 시민들은 숨 막힐 듯한 군사독재와 계엄군의 만행에 대한 항거를 공산주의자의 책동이라고 매도하며 광주의 명예를 더럽힌 정부 당국의 발표에 대한 저항과 애국심의 표현으로 애국가를 불렀다.477)

광주 시민들은 난폭한 진압에 대한 항거를 공산주의자의 책동으로 매도한 신군부의 선전·선동을 마치 진실인 것처럼 보도한 위장된 중용에 대항해 이를 참다운 소통과 통합의 중용으로 바꾸었다. 그리고 공동체의 위대한 믿음을 스스로 회복한 것이다.

여기서 80만 광주 시민들이 대한민국 만세와 민주주의 만세를 외치고 애국가를 불렀음은 광주 시민의 마음속 깊은 곳의 진심이 무엇인지를 잘 말해 준다.

또한 광주민주화운동 기간 내내 광주시에는 여러 명의 여성들이 메가폰을 잡고 광주시를 순회하며 계엄군의 선전·선동에 대항하여 올바른 소통과 통합을 위해 노력을 하고 있었다.

동아일보 사회부 기자로 5·18을 현장 취재했던 김충근은 『금남로 아리랑』에서 당시 광주 시민들에게 단호했고 논리 정연했으며 격정적이었고 선동적인 가두방송으로 시위대를 이끌었던 전옥주 씨에 대해 소개하고 있다. 전옥주 씨는 5·18 당시 김충근 기자에게 자신을 이렇게 소개했다고 한다.

"나는 조선대 무용과를 나와 현재 마산에서 무용 학원을 하고 있다. 애

477) 게브하르트 힐셔, 「목가적 전원도시에서 펼쳐진 악몽」, 1980년 독일 슈트 도이체 자이퉁 특파원으로 5·18 현장 취재(한국기자협회·무등일보·시민연대모임, 「5·18 특파원 리포트」, 도서출판 풀빛, 1997년, 86쪽).

인과 장성호에 낚시를 나왔다가 군인들이 광주 시민들을 죽이고 있다는 소문을 듣고 달려왔다. 나는 정치에는 아무런 관심이 없다. 그러나 국군이 양민을 이렇게 개 패듯 패고 죽일 수 있는가. 군과 시민 사이에 불신과 적대감이 있다면 나라는 끝장이다. 지금이라도 책임질 위치에 있는 사람이 군의 광주 시민에 대한 도발에 대하여 사과한다면 나는 바로 마산으로 돌아갈 것이다.[478]

나의갑은 『5·18의 전개 과정』을 통해 가장 결정적 시기였던 5월 27일에 광주 시내에 울려 퍼졌던 여성의 목소리에 대해 이렇게 소개한다.

'상무충정작전'이라 이름 붙인 계엄군의 진압 작전이 개시된 건 27일 오전 1시였다. 그 무렵 울부짖는 듯한 여자의 목소리가 온 광주를 깨우고 있었다. "시민 여러분, 지금 계엄군이 쳐들어오고 있습니다. 우리를 도와주십시오" 한밤중의 적막을 가르며 그 애절한 목소는 시민들의 가슴속에 아프게 파고들었다. "사랑하는 우리 형제자매들이 계엄군의 총칼에 숨져 가고 있습니다. 우리 모두 일어나서 계엄군과 끝까지 싸웁시다. 우리는 끝까지 광주를 사수할 것입니다. 시민 여러분, 우리를 잊지 말아 주십시오" 목소리는 아스라이 멀어져 가며 이어지고 있었다. 훗날 목소리의 주인은 송원전문대생 박영순과 목포전문대생 이경희의 것으로 밝혀졌다. 광주 사람들은 지금도 그 목소리를 가슴에 꿈결처럼 묻어 두고 있다.[479]

광주민주화운동 내내 광주의 정의와 도덕을 소통하고 통합하는 이러한 중용中庸의 힘은 자발적으로, 그리고 강력하게 작용하고 있었다.

그러나 광주의 진실이 대한민국의 다른 도시와 세계인에게 소통되지는 못했다. 지금 같은 인터넷과 SNS 시대에는 상상 못할 일이지만 당시에 광주는 통신과 도로가 끊겨져 국내와 국제적인 소통과 통합을 이루는 중용

---

478) 김충근, 「금남로 아리랑」, 1980년 동아일보 사회부 기자로 5·18 현장 취재(한국기자협회·무등일보·시민연대모임, 『5·18 특파원 리포트』, 도서출판 풀빛, 1997년, 217쪽).
479) 나의갑, 「5·18의 전개 과정」(광주광역시 5·18 사료 편찬 위원회, 『5·18 민중항쟁사』, 2001년, 254쪽).

의 영역은 완전히 무력화되었다. 그리고 신문과 방송은 광주의 진실을 왜곡하는 선전과 선동만이 넘쳐나고 있었다. 바로 이것이 시대적 한계였다.

(4) 성통性通과 광주

성통性通은 곧 질서 상태이다. 질서 상태는 말하자면 인간의 머리가 몸과 마음을 움직여 행동하는 상태이다. 이 상태는 동서고금의 그 어떤 철학자도 상상조차 하지 못한 철학적 경지를 설명한다. 1980년 5월 광주 시민들은 바로 이 질서 상태로 행동한 것이다.

그러나 아직 선진국인 미국조차도 1과 99의 행동의 틀을 벗어나지 못하고 2011년 미국의 월가에서 겨우 '우리는 99%'를 외치고 있는 상황이다. 현재 세계의 철학적 수준이 이 정도일 때 이미 30년 전 광주 시민들이 행동으로 보여준 질서 상태를 어떻게 설명할지 참으로 난감한 것이다.

하지만 30여 년 전인 1980년 5월 광주 시민들은 이미 누구도 배제하지 않고 하나가 되는 '우리는 100%'의 상태를 만든 다음 공동체가 정의와 도덕과 중용을 하나로 통합했다. 이 같은 상황에서 광주 시민 전체가 스스로 공적 영역을 만들어 사적 영역을 다스리고, 사적 영역은 스스로 그 다스림을 받아 바로 이 질서 상태로 행동한 것이다.

그리고 바로 이 질서 상태가 한겨레의 고유한 경전 20여 종에 공통적으로 담긴 핵심 이론이며, 또한 LG전자의 연구소에서 이루어진 실험의 핵심 이론이기도 하다.

즉, 광주민주화운동이 부정의와 부도덕과 선전·선동에 대항하여 참다운 정의와 도덕과 중용을 세우는 혼돈 상태를 이루었다면 그 혼돈 상태를 바탕으로 그 중앙에 스스로를 스스로가 다스리는 공적 영역을 세우고, 그 외부에 그 공적 영역의 다스림에 기꺼이 따르는 사적 영역이 드러난 것이다.

이 공적 영역과 사적 영역이 하나가 되어 공적 영역의 상상력과 판단력과 통찰력으로 사적 영역이 현실에서 직접 행동하게 되는 것이다. 이것이 한사상의 질서 상태이며, 당시 광주 시민이 행동한 바로 그 모습이다. 우리의 조상들은 이를 성통性通 또는 개천開天이라고 불렀다.

그러나 이 1980년 5월 광주 시민 80만의 행동은 지난 3천 년간 동서고금의 그 어떤 철학자도 상상조차 해본 적이 없는 영역의 것이다. 따라서 1980년 5월 광주 시민 행동은 기존의 철학으로는 도저히 설명할 수 없는 불가사의에 머물 수밖에 없었다.

① 스스로가 스스로에게 다스림을 받는 광주 시민—사적 영역

5·18 광주민주화운동이 참다운 과정적 민주화 운동이기 위해서는 반드시 증명해야 할 조건이 있다. 그것은 광주 80만 시민 스스로가 스스로를 다스리는 공적 영역이 분명히 있어야 하고, 또 그 공적 영역에 스스로 다스림을 받는 사적 영역이 분명히 있어야 하는 것이다.

따라서 광주가 참다운 과정적 민주화 운동이었다면 다른 무엇보다도 스스로 질서를 지키는 사적 영역이 제 역할을 했는가를 보면 공적 영역이 제 역할을 했는지가 증명되는 것이다.

미국의 경우 단 몇 시간의 정전 사고가 났을 때도 거의 폭동 수준의 혼란 속에 상점들이 약탈당한 예를 우리는 알고 있다. 예를 들면 "1977년 블랙아웃 때 미국 뉴욕은 약탈의 도시로 바뀌었다."480) 또한 "2003년에 당시 뉴욕의 대정전, 블랙아웃이 나오면서 이 사태로 엘리베이터, 지하철, 심지어 생필품을 파는 마트의 계산대까지 잠기는 바람에 일부 지역에서는 약탈이나 소요 사태까지 있었다."481)

---

480) 송홍근 기자, 『신동아』, 2012년 09월호 636호.
481) 이진우 기자, 『한국경제 TV』, 2012. 11. 20.

그런데 한두 시간이 아니라 1980년 5월 18일에서부터 계엄군이 진입한 27일까지 무려 열흘 동안, 수십만 명의 시민이 도로를 메우고 무기를 들고 전쟁을 벌이던 광주에서 약탈이나 피해가 없었다는 것은 무엇을 의미하는 가? 당시 광주는 미국의 정전 사고보다 수백 배, 수천 배 혼란한 상태였다.

1980년 5월 29일자 『동아일보』에는 광주 특별 취재반 정구종, 김재곤 차장, 최맹호 기자 등이 시민군의 항쟁이 끝나고 계엄군이 진주한 다음 광주를 돌아보고 작성한 다음과 같은 기사가 있다.

> 금요회 회장 이국식 한국은행 광주지점장은 "최근 사태로 제일은행, 상업은행 등 16개 점포의 유리창과 건물 일부가 파손돼 재산 피해를 입었지만 금융기관은 안전했다."……계엄군 진입 사흘째를 맞은 29일 광주 시내 중심가 금남로, 충장로 등의 모든 상가는 완전히 문을 열고 상품을 진열, 정상적인 영업을 시작했다. 중심가 상인들은 몇몇 점포의 진열장 유리만 깨졌을 뿐 피해품은 거의 없다고 말했다.……광주관광호텔 뒤 삼양백화점의 한 관계자는 "광주 시내 백화점들이 5·18사태로 약탈당하거나 피해를 본 것은 없는 것으로 안다."고 말했다.[482]

거대한 군중이 밀집했던 광주의 중심부인 금남로와 충장로의 은행 점포와 백화점, 그리고 일반 점포들 중 한 군데도 약탈당한 곳이 없다는 기사이다. 이 현상을 어떻게 이해해야 할까?

최정운은 『절대 공동체의 형성과 해체』에서 이렇게 밝히고 있다.

"광주 시민들 간에는 그 어느 때보다도, 국가 권력이 질서를 강제로 유지하던 때보다도 평온한 질서가 유지되었다. 식량, 담배 등이 부족하다는 소식에 많은 시민들은 서로 나누어 아껴 썼고 그 어느 때보다도 범죄는 적었고, 금융기관 등 우려했던 지역에서는 단 한 건의 범죄도 없었다."[483]

---

482) 광주 특별 취재반 정구종, 김재곤 차장, 최맹호 기자 등, 『동아일보』, 1980. 05. 29.
483) 최정운, 『절대 공동체의 형성과 해체』(광주광역시 5·18 사료 편찬 위원회, 『5·18 민중항쟁사』, 2001년, 331쪽).

5·18 현장을 취재했던 조선일보 서청원 기자는 "하지만 그런 혼돈의 와중에도 강·절도와 같은 범법 행위는 없었다. 금은방과 같은 고가품 상점은 전혀 손상이 없었다. 광주 시민들의 높은 시민 의식이 돋보이는 대목이었다."484)라고 말한다.

광주에서는 그 어느 때보다도 범죄는 적었고, 금융기관 등 우려했던 지역에서는 단 한 건의 범죄도 없었다는 것이다.

광주민주화운동은 광주 시민 80만 스스로가 스스로를 다스리는 공적 영역을 만들어, 광주 시민 스스로가 스스로에게 다스림을 받는 사적 영역을 만든 것이다. 이 공적 영역과 사적 영역이 하나가 되어 마치 살아 있는 한 사람의 인간처럼 스스로 생각하고 스스로 행동한 것이다. 누구도 약탈을 하지 않았고, 범죄가 평소보다도 적었다는 것은 바로 이 완벽한 질서 상태 있었음을 정확하게 증명하고 있는 것이다.

이 말은 무슨 말인가? 스스로가 스스로를 다스리고, 스스로가 스스로에게 다스림을 받는다는 것은 곧 광주의 주인은 광주 시민 80만 모두라고 말하는 것이다. 즉, 민民이 주인인 민주주의이다. 이것이 한사상이 설명하는 참다운 민주주의인 과정적 민주주의의 핵심 개념이다.

약탈은 남의 것을 내 것으로 빼앗는 것이다. 그러나 5·18 당시 광주의 주인은 광주 시민 80만 모두였다. 내가 내 것을 약탈하는 경우는 없다. 즉 주인이 주인의 것을 약탈하는 경우는 없다. 그러나 지금까지의 사고의 틀로 본다면 80만 광주 시민 모두 내가 광주의 주인이라고 말하기는 불가능하다.

가령 플라톤은 80만 광주 시민을 둘로 나누어 하나는 이데아의 영역으로서의 관리 계급과 현상계로서의 생산 계급으로 나눌 것이다. 마르크스는 80만 광주 시민을 부르주아와 프롤레타리아로 나누어 프롤레타리아 계급

484) 서청원,「아아, 광주여! 어두운 역사의 통곡이여」, 1980년 조선일보 사회부 기자로 5·18 현장 취재(한국기자협회·무등일보·시민연대모임,『5·18 특파원 리포트』, 도서출판 풀빛, 1997년, 273쪽).

은 자본가의 쇠사슬에 매여 노예처럼 착취당하고 있다고 주장할 것이다.

이들의 철학 이론으로는 80만 광주 시민 모두 주인이 되기는 어떤 경우에도 불가능하다. 그러나 광주 시민 80만은 바로 이 불가능한 일을 행동으로 가능하다고 말하고 있는 것이다. 명백하게도 5·18 당시 광주 시민 80만 전체가 모두 자신이 광주의 주인이라고 생각한 것이다. 그리고 주인으로 행동한 것이다.

그렇다! 광주 시민 80만이 행동으로 말한 것은 단순히 어떤 사실을 보여 주거나 설명하는 차원이 아니다. 이는 분명히 진리를 증명하고 있는 것이다. 이는 전 인류 차원의 과정적 민주주의의 실험에서 80만 광주 시민 목숨을 걸고 증명한 민주주의이며, 나아가 한사상의 질서 상태. 즉, '한의 제2법칙 100=36+64'이다. 즉, 이는 우리 한겨레의 고유한 경전 20여 권에 공통적으로 내장된 한사상과 동일한 이론 체계이다. 또한 내가 사우디 아라비아에서 노동자 300명과 함께 일을 하며 발견했던 한사상과 동일하며, 또한 LG전자의 실험실에서 통찰적 방법으로 한사상의 질서 상태 증명한 것과 동일한 결과이다.

사람들은 민주주의를 설명하는 어떤 정해진 이론이 있는 것으로 알고 있다. 그러나 민주주의의 원리는 아직 정해진 것이 없다. 사람들은 그리스가 민주주의의 발상지인지 알고 있지만 그곳에는 민주주의Democracy라는 이름 외에 다른 것은 없다. 그리스 철학에서 민주주의를 설명하는 내용은 하나도 찾을 수 없다. 우리가 살펴보았듯 플라톤의 이원론과 수직적 계층 구조가 있을 뿐이다. 이는 민주주의가 아니라 최상위 1%를 위한 귀족 정치이다.

그리고 지금까지 플라톤 이래 모든 정치철학 이론은 한사상의 혼돈 상태의 이론조차도 설명하지 못했다. 하물며 여기서 광주 시민에게서 나타난 한사상의 질서 상태는 동서고금의 그 어떤 정치 철학자도 감히 상상조차 해본 적이 없는 전혀 새로운 정치철학인 것이다.

나는 5·18 광주민주화운동에서 광주 시민 80만이 보여 준 행동이야말로 세계사에서 처음으로 드러난 과정적 민주주의의 새로운 교과서라고 생각한다.

혹 광주 시민들 가운데 불순분자가 있었다 하더라도 아니, 분명히 있었겠지만 그들은 이 같은 광주 시민 전체가 철통같이 지키고 있는 이 질서 상태 조금도 무너뜨릴 수 없었던 것이다.

지금까지의 세계사 전체를 통틀어 보아도 이같이 무자비한 광기와 학살이 진행된 현장에서 그것에 대항하여 싸운 시민들 스스로가 이토록 완벽한 질서를 지킨 예가 1980년 광주 이외에 다시 또 있었는지 나는 알지 못한다. 이것이야말로 기존의 모든 윤리학과 정치철학의 틀을 완전히 바꾸는 혁명적인 행동 철학의 이론 체계를 대한민국의 광주 80만 시민이 직접 행동으로 보여 준 것이다. 이곳이 대한민국의 광주였다.

② 스스로가 스스로를 통치하는 광주 시민─공적 영역

당시 광주 80만 시민 스스로가 스스로를 다스리고 스스로에게 다스림을 받았다면 그 다스리는 세력으로서의 공적 영역은 어떤 사람들에 의해 어떻게 움직였을까? 먼저 뉴욕타임스 기자로 현장을 취재한 헨리 스코트 스톡스는 광주가 잘못 알려진 바와 같이 무질서한 상태가 전혀 아니었음을 증언한다. 즉,

> 이제는 비밀이 해제되어 누구나 접할 수 있는 보고서를 보면,⋯⋯그(글라이스틴 미국 대사)는 1979년 12월 12일에 보인 전두환의 움직임을 곧바로 명칭만 다를 뿐 명확한 쿠데타로 보았다.⋯⋯광주에서 5월 18일 사건들이 터진 직후 글라이스틴은 워싱턴에 한국 군대가 길거리에서 시민들을 총검으로 찔러 죽인다고 보고했다. 정확한 말이었다.⋯⋯그럼에도 며칠 안 가서 광주에 대한 정책 결정을 위해 5월 22일에 열린 막중한 백악관 회의 직전에 글라이스틴은 자신이 했던 보고의 전체적인 무게를 바꾸어 버렸다. '15만 명의 사람들이 제

멋대로 날뛰고 있다', '소중한 재산이 파괴되고 있다' 이런 판단들은 당시에 나를 위시한 언론인들이 그곳에 내려가서 직접 목격하고 내렸던 판단과는 달리 너무나도 터무니없는 광주의 모습이었다.485)

뉴욕타임스의 서울 주재원으로 광주의 실상을 처음으로 세계에 알려 세계적인 특종을 한 심재훈 기자는 이렇게 말한다. "광주는 무질서와 폭력이 난무하는 곳이 아니었다. 시민들은 여자 · 노약자 · 어린이 가리지 않고 김밥과 각종 과일 등 음식물을 차에다 올려 주거나 양동이로 물을 길러 시민군들에게 제공했다. 광주 시민들에게서 느낀 첫인상은 폭동(Violence)이 아니라 봉기(Insurrection)였다. 나의 판단은 광주 시내를 여기저기 돌아보면서 확신으로 굳어졌다."486)

심재훈 기자는 광주는 시민들 스스로가 스스로를 통제하고 스스로에게 복종하는 고도의 질서 상태에 있었음을 세계에 알린 것이다. 그 질서의 구체적인 내용을 이렇게 전한다.

도청 앞 분수대 주위 광장에선 매일 오전과 오후 3차례씩 수만 명의 광주 시민들이 모여 군중집회를 가졌다. 군중집회에서 시민군 지도부는 중요한 상황을 시민들에게 보고하고 그들의 의견을 구해 방침을 결정해 나갔다. 계엄군과 시민군이 현재 상황을 보고하면 시민들은 향후 어떻게 대처할 것인가 활발한 토론을 벌렸고 집행부는 그 결론에 따라 행동했다. 이렇듯 어려운 가운데 광주 시민이 보여 주는 수준 높은 질서 의식과 도시의 기능 유지에 매우 깊은 인상을 받았다.487)

---

485) 헨리 스코트 스톡스(Henry Scott Stokesn), 「기자 사명과 외교 요청의 갈등 속에서」, 1980년 뉴욕타임스 서울 특파원으로 근무하다 5 · 18현장 취재(한국기자협회 · 무등일보 · 시민연대모임, 『5 · 18 특파원 리포트』, 도서출판 풀빛, 1997년, 56쪽).

486) 심재훈, 「광주 사건은 폭동이 아니라 봉기였다」, 1980년 뉴욕타임스 서울 주재 기자로 5 · 18 현장 취재. 1980년 5월 21일 광주의 실상을 뉴욕타임스에 보도해 세계적인 특종을 함(한국기자협회 · 무등일보 · 시민연대모임, 『5 · 18 특파원 리포트』, 도서출판 풀빛, 1997년, 66쪽).

487) 심재훈, 「광주 사건은 폭동이 아니라 봉기였다」, 1980년 뉴욕타임스 서울 주재 기자로 5 · 18 현장 취재. 1980년 5월 21일 광주의 실상을 뉴욕타임스에 보도해 세계적인 특종을 함(한국기자협

이는 80만 광주 시민의 공적 영역 중 하나였던 시민군의 행동을 잘 설명하고 있다. 이 세상 어떤 폭도들이 시민들에게 상황을 보고하고 시민들의 토론의 결과에서 결론을 구하여 행동을 하겠는가?

여기서 한 가지 놀랄 만한 의외의 사실이 전해졌다. 2010년 5월 6일 광주 CBS 조기선 기자는 "5 · 18 당시 행정기관의 역할이 유지됐다."는 사실을 보도했다.

> 5 · 18 당시 행정 공백이 빚어졌다고 알려진 것과 달리 전라남도 도청과 광주시청 등 행정기관의 역할이 일정 부분 유지되고 있었고, 공직자들도 적극적인 역할을 한 것으로 밝혀졌다. 6일 5 · 18 기념 재단에서 열린 '공직자의 시선을 통해 본 5 · 18' 구술사 연구 결과 발표 기자 간담회에서 전남대 5 · 18 연구소 오승용 연구 교수는 "연구 결과 5 · 18 당시 행정기관의 업무가 상당 부분 평소처럼 이뤄졌다고" 밝혔다. 오 교수는 "5 · 18 항쟁 기간에는 행정기관의 업무가 마비돼 행정 공백이 발생한 것으로 알려지고 있지만 실제로는 전남도청과 광주시청 등의 행정기관의 역할이 상당 부분 유지되고 있었다."고 말했다.……이밖에 오 교수는 "5 · 18 당시 양곡 방출이나 부상자 처리 등의 행정 업무에 있어 공직자들이 알려진 것보다 훨씬 적극적인 역할을 한 것으로 연구 결과 밝혀졌다."고 덧붙였다.[488]

이 사실은 의미를 지닌다. 우리는 임진왜란 때 왜군이 쳐들어오자 공무원들이 모두 도망간 그 허허벌판의 무정부 상태에서 의병이 일어났음을 알고 있다. 조선 정부는 국민을 왜군에게 제물로 내주었다. 비슷한 행동을 6 · 25때 이승만 정부가 서울 시민에게 저질렀다. 당시 얼마나 많은 서울 시민들이 이승만 정부를 믿었다가 피난을 가지 못해 피해를 입었던가?

그러나 광주에서는 5 · 18 당시 공무원들이 자리를 지키고 나름대로 역할을 충실히 하고 있었다는 것이다. 행정의 공백 상태인 무정부 상태가 아

회 · 무등일보 · 시민연대모임, 『5 · 18 특파원 리포트』, 도서출판 풀빛, 1997년, 70쪽).
488) 광주 CBS 조기선 기자, 『노컷뉴스』, 2010. 05. 06.

니었다는 것이다. 국민의 세금으로 먹고사는 공무원이 국가 혼란 상태에
제 역할을 한 것은 당연한 일이지만, 그 혼란한 상황에서 공무원이 자리를
지킬 수 있었음은 분명히 1980년 5월 광주의 저력 중 중요한 부분이 되는
것이다. 이들 공무원들은 분명 혼란한 광주의 공적 영역으로 나름대로 역
할을 하고 있었다. 결코 과소평가할 수 없는 일이라 할 수 있다.

나의갑은 『5·18의 전개 과정』에서 5월 22일 관료, 신부, 목사, 변호사
등 20여 명이 참여한 '시민수습대책위원회'에 대해 설명한다.

"(5월 22일) 오전 도청에 모인 유지급 인사들을 중심으로 시민수습대책위
원회가 구성된다. 수습위는 비교적 온건한 수습안을 만들었다.……그러나
계엄사령부와 협의하는 데 시간이 필요하다는 얘기만 들었을 뿐 성과는
없었다.……금남로를 꽉 채운 10만여 명에 이르는 시민들은 협상 대표 8명
이 차례로 분수대에 올라와 협상 내용을 설명했지만 탐탁스럽지 않은 반
응이었다."489)

이 내용에서 중요한 것은 그 혼란의 와중에서도 국가의 고위 공무원과
종교인 그리고 법조인들 20여 명이 모여 수습대책위원회를 구성하여 10만
대중 앞에서 수습안을 설명했다는 것이다. 비록 시민들이 적극적인 찬성을
하지 않았어도 분명히 이 위원회는 일정 부분 공적 영역으로서 작용하고
있었다고 보아야 할 것이다.

나의갑은 『5·18의 전개 과정』에서 보다 적극적이고 강력한 공적 영역
이 떠올랐음을 이렇게 설명한다.

"이런 분위기가 부력이 되어 그날 저녁 '학생수습대책위원회'가 떠오른
다. 전남대 송기숙, 명기근 교수 등의 지원을 받아 모두 15명으로 학생수
습위를 구성하고 김창길(전남대)을 위원장으로 선임했다."490)

전남대학교의 교수들의 지원을 받아 구성된 이 학생수습위원회는 당시

---

489) 나의갑, 「5·18의 전개 과정」(광주광역시 5·18 사료 편찬위원회, 『5·18 민중항쟁사』, 2001년, 244쪽).
490) 나의갑, 「5·18의 전개 과정」(광주광역시 5·18 사료 편찬위원회, 『5·18 민중항쟁사』, 2001년, 245쪽).

광주의 공적 영역을 이루는 여러 세력들 중에서 실질적인 세력이었던 것으로 보인다. 그들이 한 일 중에는 다음과 같은 것이 있다.

> (5월 23일) 시민수습위와 학생수습위는 도청에서 회합을 갖고 조직을 재정비했다. 그날 밤 시민군이 휴대하고 있던 총기의 절반가량인 2천 5백 정이 회수되는 것이다.[491]

학생수습위원회는 대단히 중요한 공적 영역의 역할을 수행한 것이다. 나의갑은 『5·18의 전개 과정』에서 이제 당시 광주의 공적 영역을 이루던 세력 중 가장 강력한 '학생시민투쟁위원회'가 등장함을 기록했다.

> (5월 25일) 재야인사들의 입장을 확인한 청년 운동권은 새로운 항쟁 지도부 구성을 서두른다.……그때 김창길 위원장이 나타나 "광주를 피바다로 만들 것이냐"며 따지다 상황이 자신에 불리함을 알아차리고 그날 밤 사의를 표명한다. '최후까지 투쟁'이 새 지도부의 목표였다. 명칭도 '학생시민투쟁위원회'로 바꾸고 조직도 개편했다. 학생수습위의 강경파와 청년 운동권, 그리고 무장투쟁 전면으로 부상한 기층 민중 출신이 핵심을 이룬다.[492]

그동안 전남대학교의 교수와 학생들로 구성된 이 학생수습위원회의 김창길 위원장이 사의를 표하고 대신 학생수습위의 강경파와 청년 운동권, 그리고 무장투쟁 전면으로 부상한 기층 민중 출신이 핵심을 이루는 '학생시민투쟁위원회'의 시민군이 앞에 나서는 것이다.

여기서 김창길 위원장이 "광주를 피바다로 만들 것이냐"라고 외치는 모습은 참으로 감동적이다. 비록 뜻을 이루지 못하고 물러났지만 공적 영역을 담당하는 사람으로서의 진정한 판단력과 통찰력이 없다면 할 수 없

---

491) 나의갑, 「5·18의 전개 과정」(광주광역시 5·18 사료 편찬 위원회, 『5·18 민중항쟁사』, 2001년, 247쪽).
492) 나의갑, 「5·18의 전개 과정」(광주광역시 5·18 사료 편찬 위원회, 『5·18 민중항쟁사』, 2001년, 252쪽).

는 말이요 행동으로 보인다.

나의갑은 『5·18의 전개 과정』에서 이제 광주의 공적 영역 중 가장 강력한 학생시민투쟁위원회의 모습을 다음과 같이 전한다.

새 항쟁 지도부, 그러니까 학생시민투쟁위원회의 사실상 리더였던 윤상원도 그날 밤 계엄군의 총에 맞아 숨진다. "지금은 우리가 패배할 수밖에 없지만 역사 속에서 우리가 영원히 승리하기 위해서는 끝까지 도청을 사수해야 한다."고 말한 뒤 최후 항쟁 현장에서 산화한 것이다.[493]

독일 NDR ARD TV 카메라 기자로 5·18 현장을 취재한 유르겐 힌츠페터는 광주민주화운동을 이끈 공적 영역 중 하나로 가장 강력한 투쟁을 학생시민투쟁위원회가 이 어떤 성격을 가진 집단이었는지에 대한 한 가지 단면을 다음과 같이 전했다.

도청에는 약 300명의 시민군들이 남아 있었다. 윤상원은 그들을 모두 집합시켜 놓고 여자들과 아직 고등학교조차 졸업하지 못한 나이 어린 투사들을 집으로 돌려보냈다. 결국 약 150명만이 도청에 남았다.[494]

당시 시민군 지도자 중 한사람이었던 윤상원은 최후까지 도청을 지킨 300명의 시민군 중 절반에 해당하는 고등학교도 졸업 못한 어린 학생들을 모두 집으로 돌려보냈다는 것이다. 이는 공적 영역이 가져야 할 중요한 판단력과 통찰력을 유감없이 보여 준 것이다.

한국현대사사료연구소 편 『광주 오월 민중항쟁 사료 전집』에는 다음과 같이 더 자세한 기록을 전한다.

---

493) 나의갑, 「5·18의 전개 과정」(광주광역시 5·18 사료 편찬 위원회, 『5·18 민중항쟁사』, 2001년, 254쪽).
494) 유르겐 힌츠페터, 「카메라에 담은 5·18광주 현장」, 1980년 독일 NDR ARD TV 카메라 기자로 5·18 현장 취재(한국기자협회·무등일보·시민연대모임, 『5·18 특파원 리포트』, 도서출판 풀빛, 1997년, 127쪽).

도청 상황실에서는 자폭하자는 의견도 있었으나, 한 청년이 눈물을 주먹으로 씻으며 말했다. "고등학생은 먼저 총을 버리고 투항하라. 우리야 사살되거나 다행히 살아남아도 잡혀 죽겠지만, 여기 있는 고등학생들은 반드시 살아남아야 한다. 산 사람들은 역사의 증인이 돼야 한다. 우리는 민주주의와 민족 통일의 빛나는 미래를 위해, 항쟁의 마지막을 자폭으로 끝내서는 안 된다. 자,……고등학생들은 먼저 나가라." 청년의 눈빛이 번득였다. 장내는 숙연해졌고, 수류탄을 움켜쥐고 있던 고등학생들은 흐느껴 울었다.[495]

이 기록은 광주민주화운동의 중심이었던 공적 영역을 이끌었던 세력들 중에서 가장 강력한 투쟁을 벌였던 300명 시민군들의 정신을 잘 말해 주고 있다. 그리고 우리 한겨레가 그 고난의 역사를 살아오며 그 모든 어려움을 극복할 수 있었던 저력이 무엇인지를 잘 말해 주는 대목이라 할 수 있다.

1과 99의 행동의 틀의 경우 집단행동에는 최상위 1%의 지도자가 있기 마련이다. 그리고 99%의 민중은 지배 세력과 피지배 세력으로 분열되어 서로 반목하고 싸우기 마련이다. 그러나 광주의 경우 이 1과 99의 행동의 틀을 넘어서 광주 시민 전체가 스스로가 스스로를 다스리는 공적 영역을 만들고 스스로가 스스로에게 다스림을 받는 사적 영역을 만들었다.

따라서 그 공적 영역은 결코 최상위 1%의 소수로 만들어진 것으로 볼 수 없다. 1980년 5월 광주에는 스스로가 스스로를 통제하는 공적 영역의 세력들이 여럿 존재하고 있었고 그 숫자도 다수이다. 그들 중 어느 한 세력이 80만 광주 시민을 이끌었다고 생각할 수 없는 것이다.

공적 영역을 이루던 세력들은 그 세력이 강하든 약하든, 그리고 그 효과가 크든 작든 상관없이 각자가 스스로의 입장에서 할 수 있는 역할에 자발적으로 최선을 다했다고 본다. 그러했기에 광주의 사적 영역에서 세계인이 놀랐던 질서와 역동성이 유지될 수 있었을 것이다.

---

495) 한국현대사사료연구소 편, 1990. 「광주 오월 민중항쟁 사료 전집」, 풀빛, 243쪽(광주광역시 5·18 사료 편찬 위원회, 『5·18 민중항쟁사』, 2001년, 156쪽).

우리가 살펴본 바와 같이, 광주 시민 80만이 한사상의 한의 기본 법칙과 혼돈 상태와 질서 상태를 자율적으로 만들어 내어 과정적으로 행동했다는 사실은 이처럼 명백하다. 1980년 5월, 광주 시민은 스스로 과정적 민주주의를 만들어 스스로 행동한 것이다.

그렇다면 이제 여기에서 공적 영역은 해체되었는가? 만일 여기서 광주의 공적 영역이 해체되었다면 광주민주화운동도 즉시 해체되고 말았을 것이다. 그러나 80만 광주 시민 공적 영역을 이루는 여러 세력들은 여기서부터 새로운 투쟁을 해 나가고 또한 사적 영역도 공적 영역을 따라 하나가 되어 행동하기 시작했다.

결국 광주 시민 80만은 대한민국 국민 전체와 함께 광주 학살이 불법이었고 그 불법에 항거한 광주민주화운동이 합법적이었다는 판결을 받아 낸 것이다. 광주 학살의 주범들을 법정에 세워 판결을 받아 낸 것은 물론이다.

물론 이 판결이 만족스러운 것은 아닐 것이다. 한상범은 『12·12, 5·18 재판과 저항권』에서 "전두환·노태우 누구도 법정에서 사죄하거나 참회하지 않았다.[496]"고 말하고 있다. 광주학살은 학살을 당한 광주 시민이 너그럽게 용서를 하고 싶어도 용서해달라고 빈 사람이 없다. 따라서 화해를 하고 용서를 할 대상조차도 없다. 참으로 허무한 일이 아닌가?

(5) 공완功完과 광주

공완功完은 말하자면 공동체가 스스로 다스리고 스스로 다스림을 받는 상태에서 더 나아가 더욱 더 자유롭고 평등하게 결집하여 대자연을 최적화하고 공동체를 최적화한 상태를 말한다. 식물로 말하자면 열매를 맺고 그것을 필요한 생명체에게 나누어주는 과정이다. 우리의 조상은 이를 재세이화, 홍익인간이라고 했다.

---

496)한상범외 2인 『12·12, 5·18 재판과 저항권』, 법률행정연구원, 1997년, 539쪽.

이제 광주 시민은 법적 판결을 받아 내고 법적 처벌을 하고 명예를 회복했다. 광주의 열사들을 망월동 국립묘지에 모시게 되었다. 광주 시민 80만이 역동적으로 움직인 생명의 과정은 이제 종결되었는가?

그러나 우리들은 이미 이 책에서 살펴보았듯이 질서 상태, 즉 성통性通 또는 개천開天은 한사상의 전체 과정에서 겨우 시작이다. 말하자면 질서 상태란 '나는 나다!'라고 주장한 것에 불과하다. 식물로 말하자면 이제 겨우 꽃을 피운 상태이다.

꽃은 열매를 맺기 위해 피우는 것이다. 그렇다면 광주의 경우는 과연 어떨 것인가? 어떤 열매를 맺을 것인가? 아니면 여기서 끝나는가?

하지만 여기서 멈춘다 해도 1980년 5월 광주 시민 80만이 '한의 기본 법칙'을 이루고 나아가 혼돈 상태와 질서 상태 이루어 전 세계에 행동으로 보여 주었다. 세계는 30년 후인 2011년에 와서도 겨우 '우리는 99%'를 외치고 있지 않은가? 1980년 광주는 어떻게 설명해야 할지 모를 정도로 시대를 압도적으로 앞서고 있었다. 이는 분명 살아 있는 한사상이었다. 과정적 민주주의였다. 지난 3천 년간 그 어떤 철학자도 생각해 낸 바가 없는 한사상으로 스스로 행동한 것이다.

이는 전 세계의 대학에서 인재들이 우리 한겨레 공동체에게 배우러 와야 할 지식이지, 우리나라의 인재들이 전 세계의 그 어느 대학에 가도 배울 수 없는 지식이라는 사실은 틀림없다. 광주 시민 80만이 목숨을 걸고 질서 상태인 성통까지 이루었다는 것은 다른 어디에서도 감히 상상도 하지 못한 일이다.

과연 광주에서 피운 꽃이 우리 한겨레 전체와 인류 전체를 먹여 살리고 행복하게 하는 재세이화와 홍익인간이라는 열매를 맺을 수 있을지의 여부에 대해서는 광주 시민 스스로 이외에는 그 누구도 말해 줄 수 없는 것이다.

(6) 호남과 지역감정

지역감정은 속임수와 폭력의 지배 법칙의 대표적인 실례이다. 그러나 지역감정의 문제는 당해 보지 않고는 그 끔찍한 정신적 폭력에 대해 상상조차 할 수 없다.

따라서 지역감정의 피해를 직접 입어 보지 않은 내가 이 글을 쓰는 것은 적당한 일이 아닐 것이다. 하지만 지역감정에 관해서 완전히 중립적인 입장이 될 수 있는 사람이 이 문제를 다루는 것이 옳은 것이라고 한다면, 나보다 더 적당한 사람을 다시 찾기는 어려울 것이다.

우리 집은 원래 서울 종로 인사동에 있었고, 우리 집안은 보기 드문 서울 토박이 집안이다. 그런데 나는 전북 군산에서 태어나 1년쯤 살다가 부산으로가 부산에서 초등학교 2학년까지 다녔다. 그리고 서울로 돌아와 살았다.

이러한즉, 나는 서울 사람이라고 해야 옳고 누구나 그렇게 안다. 하지만 내 마음속의 고향은 어린 시절 뛰놀며 자랐던 부산이다. 나는 지금도 부산의 그 깨끗했던 바다의 아름다운 풍광을 잊지 못한다. 그리고 부산 하늘을 수놓던 비늘구름, 뭉게구름, 양떼구름, 새털구름 등을 시간 가는 줄 모르고 바라보았던 기억이 아직도 생생하다.

하지만 전라도 역시 나의 고향이다. 내가 태어난 곳이 아닌가? 비록 태어나 1년 동안만 살아 아는 사람 하나 없지만, 내가 태어난 곳이라는 사실이 가지는 무게는 다른 어떤 것보다 가볍지 않다. 사실 내가 전라북도 군산에서 태어나 1년간 살지 않았다면, 지역감정에 대해 깊은 생각을 하지도 못했을 것이며, 이 글을 쓸 수도 없었을 것이다.

더구나 내가 평생 연구하고 있고 앞으로도 계속 연구할 대상인 한사상은 오래전부터 한겨레를 괴롭혀 온 지역감정을 극복하여 대통합과 과정적 민주주의를 이룰 수 있도록 만들어 주는 한겨레만의 고유한 이론 체계이다. 따라서 한사상을 연구하는 한사람의 학자 입장에서 보더라도 나는 이 지역감정을 수수방관하고 있을 수만은 없는 입장이다.

단군조선과 고구려와 발해 등 한겨레의 전통은 한겨레 내부는 물론 주변 민족까지도 대통합하여 재세이화와 홍익인간을 널리 펼치는 것이었다. 그러나 고려와 조선, 그리고 대한민국에 와서는 한겨레 공동체 내부의 통합을 스스로 무너뜨리며 힘을 내부적으로 소모하고 있었던 것이다.

고려와 특히 조선에 와서는 한겨레 공동체 안을 이원론과 수직적 계층 구조로 나누어 스스로를 꽁꽁 묶어 움직이지도 못하게 했다. 그리고 팔도의 인재를 모두 모아도 한겨레의 꿈을 펼치기에는 오히려 그 숫자가 적음에도 불구하고, 국가에서 일부 지역에서만 인재를 뽑고 나머지 여타 지역의 인재들은 재능의 꽃을 피워 보지도 한숨과 비탄 속에서 아까운 삶을 마쳐야 했다.

그리고 우리 한겨레가 내부 분열을 하면서 인재들이 사장되는 그 시대에 오히려 동북아 역사에서 한겨레 공동체의 주변에서 한 부분을 차지하던 민족이었던 글안족과 몽골족과 여진족과 일본족이 우리를 대신하여 세계적인 제국을 세워 우리 한겨레를 침략하는 어처구니없는 일들이 마치 자기들끼리 약속이라도 한 듯 연이어 일어났다.

이 모든 원인은 한겨레가 한겨레답게 살아온 한사상의 대통합의 사상을 버리고 동중서의 중화주의가 보여 주는, 분할하여 지배하는 이원론을 따른 결과인 것이다. 이제 이 고질적인 지역감정을 알아보자.

1960년대와 1970년대에 서울에서 살아 본 사람들은 호남 차별이 얼마나 극심했는지를 알 것이다. 나는 서울에 올라와서 성장하는 과정에서 호남 사람에 대한 악담을 많이 들었다. 그런 뒷담화를 들을 때마다 무어라 형용하기 어려운 불쾌감을 느꼈다. 그리고 크나큰 의문을 가졌다. 전라도 사람이 그토록 나쁘다면 그곳에서 태어난 나도 나쁜 것이 아닌가? 도대체 나의 어떤 면이 그렇게 나쁜 것일까? 순진했던 성장기에 이 문제는 풀 수 없는 큰 의문이었다.

　그러니까 이 지역감정 문제는 내가 철들면서부터 지금까지 늘 생각해 온 문제였다. 생각해 보면 한 사상에 대한 관심보다 이 지역감정에 대한 관심이 훨씬 더 오래전부터 내 마음속에 자리 잡고 있었던 것이다.

① 일본인의 민족 감정과 한민족의 지역감정

　나는 10대 후반에 일본의 저명 작가 고미카와 쥰페이(五味川純平)의『인간의 조건』을 읽고 말할 수 없는 불쾌감을 느낀 적이 있다. 이 소설 자체는 일본 군국주의의 피해자로서의 전쟁이 얼마나 인간의 구석구석을 괴롭히고 힘들게 하는가를 잘 설명하는 소설이다. 남녀 주인공인 가지와 미치코의 사랑 이야기도 아름다우면서도 슬프게 잘 그려냈다. 따라서 이제 나이를 먹어서 다른 기분으로 옛 생각을 하며 한 번 더 읽고 싶지만, 내가 이 책에 다시 손을 대는 일은 결코 없을 것이다.

　왜냐하면 이 작가는 이야기의 도중에 엑스트라 비슷한 인물을 하나 끌어들여 놓는데, 그가 바로 조선인이다. 그는 이 조선인을 조선인 전체를 상징하는 인물로 그렸다. 그런데 이 작가의 눈에 비친 조선인은 인간성이라고는 찾아볼 수 없는 인간으로서 오로지 생존 본능에 의해 악착같이 살아가며, 그 어떤 비열한 짓이라도 마다하지 않을 그런 인물로 그려 놓은 것이다.

　아직 순진하기가 이를 데 없던 청소년이었던 나는 그 내용을 읽고 너무나 큰 충격을 받았다. 나도 한국인인데 도대체 나의 어떤 면이 그처럼 악착같고 비열하단 말인가? 일본인이 생각하는 한국인, 이른바 그들이 말하는 조센징이란 바로 이런 인간을 말한다는 사실을 그때 알았다. 이른바 일본인이 말하는 조센징에 대한 선입감先入感과 고정관념固定觀念은 일본 사회에서 이렇게 알게 모르게 만들어지고 있었다.

　이 한국인 멸시에 담긴 법칙은 다름 아닌 '속임수와 폭력의 지배 법칙

1＝100−99'이다. 즉, 일본은 최상위 1%의 지배자들이 절대 다수의 민중 99%에게 살해당하지 않기 위해 속임수와 폭력으로 수직적 계층 구조를 만들 필요가 있다. 그 수직적 계층 구조의 최하위 1%가 바로 조선인과 불가촉천민이 될 것이다. 그들은 누가 되었던 그렇게 멸시하고 부정할 최하위 계층이 필요한 것이다. 그 논리에 이유가 있을 리 없고, 있다 해도 바로 그 이유가 속임수인 것이다.

이 속임수와 폭력이 한계에 도달하면 반드시 광기와 폭력으로 돌변한다. 그럼으로써 이 최하위 1%를 제물로 삼아 살해하여 희생시킴으로써 최상위 1%가 민중들에게 살해당하지 않고 권력을 유지하려 하는 것이다. 이것이 '광기와 학살의 지배 법칙 −1＝99−100'이다.

바로 그 사건이 1923년 관동 대지진의 혼란에서 조선인 6,600명이 제물이 되어 학살된 관동 대학살[497]이다. 우리가 이 책에서 여러 예를 살펴보았듯 이처럼 엄청난 광기와 학살은 어느 날 갑자기 우연하게 일어난 적이 없다. 반드시 그 이전에 '속임수와 폭력의 지배 법칙'이 오래전부터 대중들의 의식 속에 선입감先入感과 고정관념固定觀念을 만들어 확고하게 자리 잡고 있기 마련이다.

일본인의 한국인 멸시는 그들 사회가 가지고 있는 치명적인 1과 99의 야만의 법칙에 의해 나타난 것임이 분명한 것이다.

그런데 나는 초등학교 2학년 때 부산에서 서울로 올라와 성장하던 과정에서 일본인이 조선인을 멸시하듯 비호남 사람들이 호남 사람들을 멸시하는 모습을 본 것이다. 나의 경험으로는 이는 분명 영호남의 갈등 문제가 아니었다. 분명히 이는 호남 대 비호남의 갈등 문제였다.

이 현상은 우리 대한민국, 우리 한겨레도 일본과 동일한 1과 99가 만드는 야만의 법칙의 지배를 똑같이 받고 있다는 말이 된다. 도대체 우리 한

---

497) 일본이 적어도 지난해까지 "1923년 일본 간토(關東)지방에서 발생한 대지진 당시 조선인들에게 자행된 학살(관동 대학살)의 피해자는 6천 600명"이라고 가르친 사례가 공개됐다.
연합뉴스, 日教組 "관동 대학살 피해 조선인 6,600명", 2010. 1. 25.

겨레에게 언제 무슨 일이 어떻게 일어났던 것일까?

② 지역감정의 일반적인 역사적 인식

역사가 강만길은 『근대 민족 운동의 전통과 광주』에서 광주민주화운동의 원인에 대해 이렇게 설명한다.

> 광주민중항쟁은 조선 왕조 시대의 갑오 농민 항쟁·호남 의병 전쟁과 일제 식민지 시대의 광주학생운동 및 8·15 후의 각종 무장투쟁으로 이어지는 역사적 전통, 박정희 정권 말기의 중화학 공업 과잉 투자 등으로 인한 경제적 침체, 특히 박정희 정권의 정치적 목적에 의한 영·호남 사이의 지역감정 조장, 경제 개발 과정에서의 호남 지방의 정치적 낙후, '유신' 독재 체제 이래 'YH 사건', '부마 항쟁', '서울의 봄'으로 이어진 민주화 운동의 고조, 전두환이 중심이 된 신군부의 정권 장악을 위한 계엄 확대 및 김대중 체포에 대한 반대, 정권 장악에 나선 신군부의 힘의 과시를 위한 학생 시위 과잉 진압 등등의 원인이 겹쳐 터진 민중 항쟁이었다.[498]

과연 이 글 하나만으로도 광주항쟁의 원인에 대해 역사적으로 일목요연하게 알 수 있을 설명이라고 할 수 있겠다. 여기서 특히 당시 정권의 정치적 목적에 의한 영·호남 사이의 지역감정 조장, 경제개발 과정에서의 호남 지방의 정치적 낙후는 호남인에게 큰 어려움을 준 내용들일 것이다. 이에 대해 부르스 커밍스는 이렇게 말한다.

> 박정희의 한 가지 큰 실수는 자기 고향 지역을 이 모든 신흥 공단들로 화려하게 치장한 반면 전라도 지역을 푸대접한 것이다. 경상도 지역의 전역에 기와집과 텔레비전 안테나가 쑥쑥 솟아오른 반면 초가집에 사는 남서부의 전라도 농부들은 허리가 부러지는 고된 농사일을 계속하며 겨우 생계를 유지하거나

---

498) 강만길, 「근대 민족운동의 전통과 광주」(광주광역시 5·18 사료 편찬위원회, 『5·18 민중항쟁사』, 2001년, 53쪽).

아니면 다방이나 안마시술소에 취직시키려 자식들을 서울로 보내기도 했다.
앞으로 살펴보겠지만 박정희는 광주에서 그 대가를 치렀다.499)

라고 말한다. 여기서 박정희 전 대통령이 광주에서 그 대가를 치렀다는
내용은 광주민주화운동을 의미하는 것 같다. 이는 당시의 호남 차별이 광
주민주화운동의 원인이 된다는 인과 관계를 말하는 것 같다.

호남인의 시각에서 볼 때 산업화 과정에서 크게 소외감을 느낄 만하다.
오늘날과 같이 중국과의 교역의 비중이 커지면서 서해안이 중요시되는 것
과는 달리, 당시 미국과 일본이라는 해양 세력의 문물이 물밀 듯이 우리나
라로 밀려오던 때에 부산에서 서울까지의 경부 라인에 힘이 실리면서 호
남과 강원도는 소외되었다.

그런데 커밍스가 이 점에 대해 예로 든 것은 다소 지나친 점이 있다. 호
남 사람들이 자식들을 다방이나 안마시술소에 취직시키려 자식들을 서울
로 보낸 것은 그야말로 극단적인 예에 불과하다.

대다수의 호남 사람은 국가 발전을 위해 필요한 일자리로 찾아간 것이
다. 서울의 구로공단 같은 경우는 공단이 없었던 호남 사람들에게 좋은 일
자리를 제공했다고 보아야 할 것이다.

그리고 해외의 건설 현장도 공단이 없는 호남 사람들에게 매력적인 일
자리를 제공했다. 실제로 1981~1985년 동안 해외 건설 현장에서 나와 함
께 일한 근로자의 상당수는 호남 사람들이었다.

특히 내가 그 현장에서 철학 실험을 할 때 살아서 움직이는 한사상을
내 앞에서 직접 보여 주어 나에게 크나큰 감동을 준 사람들의 상당수도
다름 아닌 호남 출신 노동자들이었다. 그들이 나에게 직접 행동으로 한사
상을 보여 주지 않았다면 나는 우리의 고유한 경전들인 천부경과 삼일신
고와 366사 등을 해설할 수도 없었을 것이며, 나아가 한철학과 한사상의

---

499) 브루스 커밍스 『한국 현대사』, 김동노 외, (주)창비, 2001년, 73쪽.

422

체계를 세울 수도 없었을 것이다. 특히 그 노동자들의 상당수를 차지했던 호남 사람들의 자발적인 도움이 중요했다.

사실 우리가 사는 이 남한은 과거 삼한의 지역으로 단군조선 이래의 한사상이 여전히 살아서 숨 쉬는 곳이다. 따라서 이들 노동자들에게서 단군조선 이래 전해진 한사상이 다시 부활한 것은 이상한 일이 아니다. 특히 1980년 대 초반의 30대와 40대는 삼한 이래의 농업 공동체인 두레에 대한 체험을 한 세대들이라는 점에서 그들에게서 한사상이 부활한 것은 더더욱 당연한 일이다. 호남은 그중에서도 마한의 옛 땅으로 삼한 가운데에서도 가장 마지막까지 단군조선의 숨결이 보존되었던 지역이므로 더욱 그러하다.

이제 그렇게 어렵게 만들어진 한사상을 모든 분야에 적용하려고 하는 우리들 모두는 사우디아라비아 현장에서의 그 노동자들에게 많은 빚을 지고 있다는 점을 우리는 기억할 필요가 있다.

그러나 지역감정의 문제는 보다 더 복잡하게 얽혀 있다. 즉, 호남에 대한 비호남의 차별 구도는 일제 강점기 시대에 본격적으로 나타나기 시작했다.

전라도는 우리나라의 다른 곳과 달리 거대한 평지로 이루어진 한반도 최대의 곡창 지대로서 경작할 토지가 넓다. 따라서 일본인에게 한반도 최대의 곡창 지대로서의 전라도는 반드시 수중에 넣어야 할 수탈의 대상이었다. 일제 강점기 시대에 그 넓은 토지를 빼앗고 소수의 지주들 아래 있었던 많은 소작인들의 쟁의를 악질적이고 무자비하게 억누르며 수탈을 했다. 그 많은 소작인들은 일제의 탄압과 수탈을 못 견디고 생존을 위해 고향을 떠나 타지로 유랑하게 된 것이다.

호남인 중 많은 사람들이 당시 유랑민이 되는 불행에 빠진 것에는 또 다른 보다 근본적인 이유가 있다. 과거 임진과 정유의 왜란 때 일본군이 전라도에 발을 못 붙임으로서 결국 패배하고 돌아갔다. 이 사실은 일본인에게 전쟁의 패배에 대한 쓰라린 아픔과 원한을 가지기에 충분하다.

또한 동학혁명이 시작된 곳이 전라도이며, 동학군 300만[500] 중 가장 강력한 활동이 전라도에서 일어났을 뿐 아니라, 동학혁명군은 1894년 5월부터 약 7개월 간 전라도 지방에 집강소[501]를 설치해 성공적인 자치를 했다. 이 두 가지 사실로 볼 때, 일본 군국주의자의 입장에서 보면 호남인은 무슨 수단과 방법을 동원해서라도 반드시 짓밟아서 다시는 임진과 정유왜란의 패배와 동학혁명의 공포가 일어나지 않도록 철저하게 탄압해야 하는 대상이었다.

그러나 우리 한겨레의 입장에서 본다면 호남인이 왜란 때 전라도 땅에 일본군이 들어오지 못하게 물리치고 나아가 동학혁명을 일으킨 것은 한겨레 공동체에게는 크게 자랑스러운 일이었다.

따라서 전라도는 왜란을 막고 동학의 주도 세력이라는 점과 우리나라에서 가장 풍요로운 곡창 지대라는 바로 그 이유로 일제 강점기에 집중적인 수탈의 대상이 되고 또 엄청난 탄압을 당한 것이다. 남영신은 그의 『지역패권주의 한국』에서 이렇게 말한다.

> 한때는 국가 사회를 개혁하는 위대한 포부를 실천했던 전라도 사람들이 이제 헐벗고 초라한 모습으로 호구지책을 마련하기 위해 대처로 떠돌아다니는 신세가 되었다. 그러나 이 사회의 그 어디에도 이들을 따뜻하게 맞아 주는 곳이 없었다. 조선의 전체 사회가 피폐해 가고 있었기 때문에 이들을 훈훈하게 받아 줄 여유가 없었고, 막 산업사회로 이행하려는 사회 구조 밑에서는 없는 사람이 전혀 사람대접을 받을 수 없었기 때문이기도 했다. 따라서 이들은 대부분 서울 등지의 대처로 나가서 일찌감치 대도시의 하층 구조를 이루고 구차한 모습으로 외부 사회에 나타나게 된 것이다. 이는 이전의 시기에 사대부들에 의해 관념적으로만 편견의 대상이 되었던 전라도 사람들이 실제로 꾀죄죄

---

500) 무라야마 치준(村山智順), 『조선의 유사종교』, 최길성·장상언 역, 계명대학교출판부, 1991년, 55쪽.
501) 신용하, 『東學과 甲午農民戰爭研究』, 일조각, 1993년, 246쪽.

한 모습으로 외지의 사람들 앞에 서게 되었음을 의미하는 것이기도 하다. 동학의 아들딸들이 거지 모습으로, 때때로 지게꾼의 모습으로, 때때로 거짓말쟁이의 모습으로 외지에 나타났을 때 이 초라한 무지렁이들의 모습에서 무심한 외지의 백성들은 전라도에 대한 편견을 쌓기 시작하고, 특히 일제의 악의적인 선전과 이에 부화뇌동하는 무리들에 의해 전라도는 또다시 사회로부터 냉대를 받기에 이른다.502)

일제가 전라도 사람에게 악의적인 선전을 했다는 말은 수긍이 같다. 그리고 유랑민이 된 동학의 아들딸인 이 호남인들이 가족을 이끌고 아무도 반겨 주지 않은 서울로 와서 생활하며 생존을 위해 온갖 어려움을 겪는 과정에서 무심한 비호남 사람들에게 많은 편견을 받았을 것은 충분히 이해가 간다.

호남인 입장에서 생각해 보자. 호남 땅에서 더 이상 소작인으로 처자식과 함께 먹고 살길이 막연해 타지로 유랑하는 입장에서 호구지책을 마련 못해 자식들을 굶기게 되었다면, 그 부모 된 입장에서는 자식을 굶겨 죽이지 않기 위해 무슨 일이든 하게 될 것이다. 자식이 당장 굶어 죽어 간다면 어떤 부모든 자식을 살리기 위해 무슨 염치없는 일도 할 것이다. 안타까운 일이지만 이해할 수 없는 일은 아니다.

이는 호남 사람뿐 아니라 어떤 인종이든 어떤 나라의 어떤 지역의 사람이든 부모 된 입장에서는 동일한 행동을 하게 될 수밖에 없다. 바로 그것이 인간이고 부모이기 때문이다. 이 현상을 이해하지 못하는 사람이라면 그 사람은 인생을 진지하게 살아보지 못한 것이다.

그리고 이 지역감정이 우리 앞에 다시 나타난 것은 최근의 일이다. 즉 1960년대 이후 당시의 정권이 호남 출신 인재를 소외시키고 영남 출신의 인재를 중용하는 편파적 인사 정책에서 지역감정이 생겨났다는 것이다. 김

---

502) 南永信『지역 패권주의 한국 : 민족 사회 통합과 발전을 위한 苦言』, 새물사, 1991년, 90~91쪽.

종철은 『지역감정과 한국 사회』에서 이렇게 말한다.

> 50년대와 60년대의 지역감정은 주로 호남 사람의 인간적 품성을 겨냥한 것으로 그 피해가 호남 지역 전체에 미치는 것은 아니었다. 그런데 61년에 군사 쿠데타로 민선 정부를 뒤엎은 박정희 정권은 정통성과 도덕성이 없는 권력의 기반을 다지고 장기 집권을 추진하려는 목적에서 지역감정을 정치적으로 이용하기 시작했다.[503)

는 것이다. 그럼으로써 영남의 보수적 학자들을 어용으로 발굴하면서 호남 출신을 소외시키기 시작했다는 것이다. 이 같은 편파적인 인사는 당시 정권의 처음에는 심하지 않았지만 장기 집권이 시작되고 특히 10월 유신 이후 급격하게 심해졌고 그것은 전두환 정권까지 이어졌다. 이러한 차별 정책으로 지속된 인재와 자원의 편파적인 배분은 차별 당하는 호남인의 생존과 생활에 직접 영향을 미치면서 풀기 어려운 응어리가 되었을 것이다.

그러나 우리는 호남의 지역감정이 가지고 있는 보다 더 근원적인 문제를 생각할 필요가 있다. 즉, 우리가 지역감정을 해소하는 가장 근본적인 방법은 피해자인 전라도 사람의 입장이 되어 전라도 사람을 생각하는 것이다.

그러기 위해서는 물론 현실 정치에서의 공정과 공평이 중요하다. 하지만 그 이전에 전라도 사람들이 그동안 받았던 억울한 누명의 근원을 이해하고 그것이 얼마나 잘못된 것인가를 이해하는 것이 더 근본적인 일이다. 그래서 전라도 사람이 입었던 억울함을 충분히 이해할 수 있을 때 진정한 지역감정의 해소가 시작될 수 있을 것이다.

광주 학살이 이 지역감정과 연관이 있는 것이라면 그 지역감정의 철학

---

503) 김종철,최장집외, 「지역감정과 한국사회 (『지역감정 연구』,학민사, 1991년, 16~17쪽)

적 배경을 만든 철학자는 중화주의의 기초를 세운 동중서董仲舒이다. 하나의 전체를 둘로 나누어 서로 이간질한 다음 서로 싸우게 만드는 동중서의 그 음양오행론이 바로 이 지역감정의 철학적 근거이다.

그리고 우리나라의 지역감정에는 동중서를 뒷받침하면서 호남인을 악으로 만드는 선입감과 고정관념을 형성한 최소한 세 종류의 서적이 있다. 하나는 훈요십조이고 둘은 정감록이며 셋은 택리지이다. 우리는 이 선입감과 고정관념을 단지 관념적인 것이므로 실제적이고 직접적이지 않다고 생각할 수 있다. 그러나 이 선입감과 고정관념이라는 원인이 없다면 그토록 극심한 지역감정이라는 결과도 없다는 사실을 인식할 필요가 있다.

그리고 이 세 권의 책은 모두 풍수지리와 관련이 있는데, 특히 정감록의 풍수지리의 배경에는 놀랍게도 35절에서 설명한 『신지비사神誌秘詞』가 있다. 그리고 해방 이후 사회 유명 인사가 공개적으로 지역 편견 내지는 갈등을 유발한 최소한 세 가지의 사례가 있다.

③ 훈요십조

고려 태조가 전했다는 훈요십조의 제8조는 다음과 같다.

> 차현(車峴 : 車嶺) 이남, 공주강(公州江 : 錦江) 밖의 산형 지세가 모두 본주本主를 배역(背逆 : 금강의 유역이 남에서 북으로 역류함을 말함인 듯)하여 인심도 또한 그러하니, 저 아랫녘의 군민이 조정에 참여하여 왕후王侯, 국척國戚과 혼인을 맺고 국권을 잡으면 혹 나라를 어지럽게 하거나, 혹 통합(후백제의 합병)의 원한을 품고 반역을 감행할 것이다.[504]

504) 이병도, 「훈요십조」, 한국정신문화연구원, 『한국민족문화대백과사전 25』, 1996, 699쪽 이병도 「고려사, 고려사절요, 고려 시대의 연구」, 을유문화사, 1948, 김성준, 「십훈요와 고려 태조의 정치 사상」『한국사상대계 Ⅲ』, 대동문화연구원 ,1979). 이병도는 일본인 학자 가운데 훈요십조가 후인의 위조라는 주장을 소개하고 있다. 즉, 병란에 분실되었다가 최항의 집에서 얻어 바침으로써 세상에 알려지게 되었다는 것이며 그 과정에 의심의 소지가 있다는 것이다.

이 내용이 고려 태조 왕건의 것일 수 없는 이유는 분명하다. 이 훈요십조는 병란으로 불타 없어졌다가 8대 현종顯宗 때에 다시 나타났다. 문제의 훈요십조는 고려의 정치 세력이 구 백제계에서 구 신라계로 바뀌는 그 과정에서 등장한 것이다. 이 훈요십조가 누구에 의해 조작되었는가는 학자들 간에 의견이 여럿으로 나누어지지만, 분명한 것은 그 내용이 속임수에 불과하다는 것이다. 즉, 구 신라계가 구 백제계를 몰아내고 지배 세력이 되겠다는 것이다.

그 방법으로 금강 이남, 다시 말해 옛 백제 땅 사람들을 악으로 만들고 그 외 지역 사람들을 선으로 나눈 다음, 선으로 악을 부정하겠다는 그 상투적인 동중서식 이원론에 불과한 것이다.

문제는 이렇게 한 번 만들어진 속임수는 전 국민적인 선입감先入感과 고정관념固定觀念이 되어 버렸다. 이 훈요십조가 속임수라는 사실은 다음과 같은 몇 가지만 간단히 보아도 명백하다.

1) 고려 태조 왕건의 스승 도선이 전남 영암 사람이다.

고려 태조 왕건의 스승이었던 도선의 고향이 전남 영암이었다. 왕건이 전라도 사람을 스승으로 섬기면서, 전라도 사람을 쓰지 말라고 했다는 말은 앞뒤가 전혀 맞지 않는다.

2) 왕건의 부인인 정화 왕후 오 씨는 고려의 전략적 요충지인 나주 출신이다.

고려가 후삼국을 통일한 가장 결정적인 힘은 후백제를 세운 견훤의 영향권인 나주를 고려의 영토로 병합했다는 사실에 있다. 이로써 견훤은 북쪽으로 고려를 공격하려면 남쪽의 나주의 고려군이 배후에서 칠 것이며, 나주를 공격하면 북쪽의 고려군이 배후에서 치는 형국이 되었다. 이 나주의 도움으로 고려로서는 전략적인 핵심을 쥔 것이고 후백제는 뼈아픈 패배로 가는 길이 되었다. 또한 이 지역의 풍부한 물산으로 인한 재물과 부富는 왕건의 통일에 큰 힘이 되어 주었다.

그런데 이 나주의 토착 세력을 대표하는 사람이 곧 나주 출신의 왕건의 부인인 장화 왕후 오 씨이다. 그리고 그 아들 혜종惠宗이 고려의 제2대 왕이 된다. 왕건이 자신의 후삼국 통일을 결정적으로 도와준 나주 사람들과 나주 출신의 부인과 장차 자신의 후계자가 될 혜종을 무시하고 전라도 사람을 쓰지 말라고 한 것은 전혀 앞뒤가 맞지 않는 것이다.

3) 동서고금의 충신인 신숭겸 장군이 전남 곡성 출신이다.

동서고금에 영웅들이 자신의 왕국을 세우며 충신들의 도움을 받는 경우는 수없이 많다. 그러나 왕이 결정적인 위기를 당했을 때 자신의 목숨을 초개와 같이 버리고 왕을 구하는 충신은 극히 드물다.

신숭겸 장군은 왕건이 후백제군에게 팔공산 전투에서 패하여 죽음을 눈앞에 두고 있을 때 왕건의 옷을 대신 입고 싸워 왕건을 도피하게 하고 자신은 장렬한 죽음을 당한다. 이와 같은 충신은 동서고금의 역사상 극히 드문 예이다. 그는 전라도 곡성 출신이다. 왕건은 후삼국을 덕으로 통일한 훌륭한 군주로서 이런 충신이 태어난 전라도 출신 사람들을 쓰지 말라고 했음은 만에 하나도 있을 리 없다.

이제 훈요십조의 내용이 100% 속임수라는 것은 분명해졌다. 이 속임수는 폭력을 필요로 하는 것이다. 그리고 그것이 갈 데까지 가면 광기와 학살에 이르게 된다.

④ 정감록

정감록은 핍박받는 민간의 염원을 담아 피지배 이데올로기로서 긍정적인 면이 많았다. 그러나 부정적인 면이 우리 한겨레 공동체에 끼치는 문제의 핵심은 다름 아닌 엉뚱한 풍수지리 이론과 이원론을 우리 한겨레에게 본격적으로 도입했다는 사실에 있는 것이다.

그 풍수지리 이론의 최상단에 있는 것이 바로 우리가 35절에서 다루었던 신지비사이다. 이 신지비사의 삼한 제도는 곧 국가가 질서 상태의 역동성을 발휘하게 하는 한사상의 원리가 담겨 있다. 이는 흉노족과 훈족과 카자르족이 사용하여 그들의 국가를 대제국으로 발전시켰다.

고구려와 고려가 이 삼한 제도를 받아들여 고구려삼경과 고려삼경으로 만든 것은 바로 단군조선의 그 질서 상태의 원리를 사용하자는 것이었을 것이다.

그런데 이 신지비사에 담긴 한사상의 삼한 제도를 정감록은 풍수지리의 이론으로 사용하고 그것을 지역감정의 이론으로 만들었다. 정감록 중 하나인 삼한삼림비기에서는 이렇게 말한다.

> 영남 지방 칠십 개 주는 땅이 두텁고 산이 수려하여
> 인재들의 창고와 같은 곳이며
> 호남 지방은 산이 거슬려 달리는 까닭에 역적과
> 간사한 무리들의 소굴이므로
> 나라의 권한을 쥔 사람들은 호남 지방 사람들을 쓰기를
> 즐겨하지 말라.505)

이 삼한삼림비기는 플라톤과 동중서식의 이원론적 수직적 계층 구조에 철두철미하게 충실하다. 최상위 1%가 있고 나머지 99%는 영남과 호남이 대표한다. 그중 영남은 선이고 호남은 악이다. 이는 영남과 호남을 교묘하게 이간질하고 있다. 이는 훈요십조에 나타난 동중서식 이원론에 더욱더

---

505) 영지남 칠십주 토후산수 인재부고
　　　嶺之南 七十洲 土厚山秀 人材府庫
　　　오달지남 산다배주 적자간구지혈 사국병자 물회인용기인.
　　　湖之南 山多背走 賊子姦究之穴 司國柄者 勿喜引用其人.
　　　이병도 외, 삼성출판사,「삼한삼림비기」,『한국의 민속종교사상』, 1983년, 295쪽.

충실하다.

그리고 정감록은 호남 사람에 대한 선입감과 고정관념을 최악의 내용으로 재창조했다. 이 삼한삼림비기의 말미에는 이 책을 도선을 계승한 불교의 수도자가 만들어 전했다고 말하고 있다. 그러나 도선이 이처럼 어리석은 글을 남겼을 리는 만에 하나도 없다.

그리고 정감록은 호남 사람에 대한 고정관념을 창조했다. 호남을 역적과 간사한 무리들의 소굴이라고 명문화한 것이 그것이다. 내가 부산에서 서울로 올라와 들었던 호남 사람에 대한 악담이 정확하게 이런 종류의 것이다. 내가 들어왔던 호남인에 대한 악담과 정감록을 비교해 보자.

내가 들었던 호남인에 대한 악담에 대해 한겨레신문의 정치부 성한용 기자도 동일한 말을 한다. 그는 비호남 지역에서 태어나 자랐는데, "어릴 때 전라도 사람을 조심하라는 어른들의 말씀을 많이 듣고 자랐다. 전라도 사람은 언젠가 배신한다. 전라도 사람은 간사하다. 친구로 사귀는 것은 물론 결혼은 절대로 안 된다."[506)는 것이다. 따라서 이 호남인에 대한 악담과 그 배경을 이루는 선입감과 고정관념은 비호남인에게는 보편적인 것으로 보아도 무방할 것 같다.

내가 들었던 호남인 악담	정감록의 호남인 악담
호남 사람은 간사하다.	호남은 간사한 무리들의 소굴
호남 사람은 끝에 가서 배신한다.	호남은 역적의 소굴

이제 비호남인들에게 선입감과 고정관념의 바탕이 된 두 가지 악담의 출처가 정감록임이 밝혀진 것이다. '호남은 간사한 무리들의 소굴=호남 사람은 간사하다.'이다. 이는 문자 하나 틀리지 않고 일치한다. '호남은 역

---

506) 성한용, 『DJ는 왜 지역 갈등 해소에 실패했는가』, 도서출판 중심, 2001년, 6쪽.

적의 소굴=호남 사람은 끝에 가서 배신한다.'도 마찬가지이다. 처음부터 역적인 사람은 없다. 처음에는 충신인 척하다가 나중에 역적이 되는 것이다. 호남이 역적의 소굴이라는 말은 곧 호남 사람은 처음에는 잘하다가 나중에는 배신한다는 말과 정확하게 같다.

비호남인의 호남인에 대한 선입감과 정감록의 호남인에 대한 악담은 정확하게 일치한다. 이제 비호남인의 악담의 출처가 정감록이라는 사실을 부정할 수 있는 사람은 없을 것이다. 그리고 정감록의 악담의 원본은 다름 아닌 훈요십조인 것이다. 즉, 훈요십조에서 차령 이남의 산세가 배역背逆하므로 인심도 배역한다는 것이다. 그래서 장차 반역할 것이라는 것이 그것이다.

나에게 이 악담을 말해 준 사람들은 주로 내 또래의 서울 친구들이었다. 그런데 지금 와서 생각해 보면 도대체 그들은 전라도 사람과 만날 기회조차 변변히 없었을 것이다. 그들의 호남인 악담은 분명히 그들이 직접 보고 경험한 내용이 아닌 것이다. 그들은 누군가에게서 그 악담을 들은 것이다. 그리고 그 들은 내용이 그들에게 선입감을 형성한 것이다. 그리고 그 선입감에 의해 호남 사람을 만나기도 전에 상상하여 판단하게 된 것이다. 그리고 그 선입감은 결국 고정관념으로 굳어져 버린 것이다. 이렇게 한 번 고정관념이 되어 버린 선입감은 평생 바뀌지 않는다. 그 선입감을 만든 사람을 추적하면 바로 훈요십조와 정감록과 택리지가 나오는 것이다.

이제 우리는 누가 왜 무엇으로 한겨레에게 호남인에 대한 악담을 만들어 우리 한겨레의 한사상을 파괴함으로써 기분 나쁜 호남의 선입감을 만들었는지를 알게 되었다. 그리고 그것이 어떻게 비호남인과 호남인 전체에게 고정관념화 되었는지를 알게 된 것이다.

그런데 놀랍게도 이 삼한삼림지기는 우리가 이미 다루었던 신지비사의 내용을 바탕으로 하고 있다. 즉, 신지비사는,

"땅을 저울대, 저울추, 저울 그릇으로 나누니 이것이 단군 삼경檀君三京

432

이다. 저울 그릇을 백아강, 저울대를 소밀랑, 저울추를 안덕향으로 삼아 균형을 이루면 70개 국이 항복하여 조공을 보낸다."507)는 기록이다. 그리고 신지비사의 70개 국은 정감록에서 격암유록까지의 예언서 중 하나인 삼한산림비기三韓山林秘記에 그대로 복사되어 나타난다. "영남 지방 칠십 개 주는 땅이 두텁고 산이 수려하여 인재들의 창고와 같은 곳이며, 호남 지방은 산이 거슬려 달리는 까닭에 역적과 간사한 무리들의 소굴."이라고 한 것이다. 신지비사의 70개국이 정감록에서 70개 주로 바뀌어 나타나 있다.

여기서 단군조선은 단군 삼경을 다스린다면 70개 국을 거느릴 수 있다고 했고, 흉노족과 훈족과 카자르족 등은 이 삼한 제도를 따라 해, 많은 속국을 거느린 세계적인 대제국을 이루었다.

이들 우리나라 예언서 안에 담긴 기본적인 골격은 한사상의 이론 체계이다. 한족漢族의 풍수지리 이론으로는 그와 같이 심오한 내용이 나타날 수 없다. 따라서 이 정감록류의 예언서는 중국과 일본에는 없는 우리만의 독특한 이론과 정서를 담고 있는 것이다. 예언서를 자세히 보면 한사상의 깊은 내용들이 분명이 구절구절 숨겨져 있다. 우리의 조상들은 고려와 조선에서 한사상이 힘을 잃고 탄압을 받자 예언서라는 새로운 장르를 통해 한사상을 전하려고 한 것이다. 그러나 그와 같은 좋은 목적은 사악한 목적을 가진 사람들에게 의해 여지없이 파괴되고 악용되었다. 그들은 이 한사상에 한족漢族의 이원론을 적용한 것이다

그런데 고려와 조선은 이 한사상에 한족漢族의 엉터리 정감록 풍수지리 이론에 적용한 것이다. 그것도 동중서식의 이원론을 적용하여 영남을 70주로 설정하여 단군조선 전체를 상징함으로써 선으로 설명하고, 호남은 그 외부의 악의 소굴로 설정한 것이다. 한사상의 핵심 이론을 너무나 황당한 선악 이원론으로 바꾼 것이다.

이 예언서의 저자들이야말로 한사상을 왜곡하여 한겨레의 호남과 영남

---

507) 최동환, 『천부경의 예언론 제1권』, 지혜의 나무, 2000년, 196쪽.

그리고 호남과 비호남을 이간질한 간사하기 이를 데 없는 사기꾼이 아닌가? 이들이야말로 한겨레 공동체 전체를 뒤에서 음험하게 배신한 배신자가 아니면 누가 배신자이겠는가?

무엇보다도 이 내용은 신지비사에 담긴 역동적인 한사상을 최악의 동중서식 이원론으로 악용한 것이다. 이 간사한 배신자들인 고려와 조선조의 예언서 저자는 한사상의 진리를 최악의 지역감정으로 타락시킨 것이다. 같은 물도 독사가 마시면 독이 되고, 소가 마시면 우유가 되는 것이다.

이러한즉 동일한 신지비사의 삼한의 이론으로 세계적인 대제국을 세워 유럽을 정복했던 나라들과 동일한 이론을 지역감정으로 악용한 고려와 조선이 비교되지 않을 수 없는 것이다.

그러나 우리가 이미 살펴보았듯 영남에 자리 잡았던 신라인과 가야인들은 결코 이 같은 이원론을 사용하지 않았다. 그들은 오히려 역동적인 한사상을 사용했으며, 특히 화백이 말해 주듯 누구도 배제하지 않는 민주주의를 실현하고 있었다. 그리고 훈족이 신라와 가야에서 출발했다는 독일학자의 연구가 옳다면 신라와 가야인들은 신지비사의 삼한 제도를 정치철학으로 사용해 유럽을 지배한 것이다. 그리고 신라와 가야인들은 유라시아 대륙을 대상으로 웅장한 기개를 펼쳤던 사람들임에 틀림없다.

따라서 영남인들이 이 같이 어리석고 앞뒤가 꽉 막힌 속 좁은 동중서식 중화주의 이원론과는 그 어떤 인연도 없었을 것은 틀림없는 사실이다. 그리고 영남과 호남을 동중서의 이원론으로 이간질하는 모습이 영남인들의 모습일 리는 만에 하나도 없다.

결국 이 예언서를 쓴 세력은 영남과 호남을 분열시켜 영남인으로 하여금 호남인을 부정하고 공격하도록 유도하고 있다. 그럼으로써 최상위 1%의 지배자는 99%의 민중들에게 살해당하지 않는 대신 힘 안 들이고 가만히 앉아서 지배자가 될 수 있다.

이는 결국 '속임수와 폭력의 지배 법칙 $1=100-99$'이다. 이 역시 끝까지 가면 광기와 학살에 이르게 됨을 우리는 이미 여러 예로 살펴보았다.

한사상에 대해 공감을 가지는 사람들이라면 어떤 경우에도 사람을 미워해서는 안 될 것이다. 우리가 미워해야 할 대상은 철학적 살인을 하게 만들고 나아가 정말로 인간을 학살하게 만드는 못된 선입감과 고정관념과, 그것을 가능하게 하는 철학 이론들 그 자체이다. 그 못된 이론들은 보는 즉시 조금도 주저하지 말고 무시해 버릴 필요가 있다. 그리고 우리의 한사상이 이처럼 악의적으로 왜곡되지 않고 정상적인 사람들에 의해 정상적인 과정을 통해 정상적으로 설명되면 이 모든 부작용은 자연히 사라지는 것이다.

⑤ 이중환의 택리지擇里志

택리지의 전라도 편에는 그 시작에서 이렇게 말한다.

> 후백제의 견훤은 신라 말기 이 땅을 점거하여 고려 태조를 여러 번 공격하여 그를 수차례 위태롭게 하였다. 고려가 견 씨를 평정하게 되자, 백제인을 미워한 나머지 차령 이남의 물이 모두 배주한다고 하고 "차령 이남인은 채용하지 말라."고 임종 때 분부하였다.508)

이중환은 훈요십조를 고려 태조 왕건이 정말로 임종 시에 말한 것이라도 되는 것처럼 아무 비판 없이 기록하고 있다. 한 번 속임수를 사용하여 시간이 지나면 그것이 마치 확실한 사실처럼 고정관념이 된다는 사실을 택리지는 잘 말해 주고 있다. 또한 그는 호남인에 대해 이렇게 말한다.

> 전라도는 오로지 교활함을 숭상하여 그른 일에 움직이기 쉽다.509)

우리는 이미 만에 하나라도 고려 태조 왕건이 그 같은 말을 한 적이 없

---

508) 이중환, 『택리지』, 대양서적, 노도양 해설, 1972년, 130쪽.
509) 이중환, 『택리지』, 대양서적, 노도양 해설, 1972년, 196쪽.

음을 알고 있다. 그러나 이중환도 호남인에 대한 악담을 그대로 책에 담아 전하고 있다. 즉, "전라도는 오로지 교활함을 숭상한다=전라도 사람은 간 사하다." 그리고 "그른 일에 움직이기 쉽다=배역한다=끝에 가서 배신한 다."이다. 정감록과 똑같은 말을 하고 있는 것이다. 이 또한 새로운 유형의 민족적 사기꾼과 배신자의 모습이 드러나고 있는 것이다.

우리는 지난 1천 년간 이중환과 같이 한겨레 전체에게 지역감정의 선입 감과 고정관념을 심어 준 사람들이 팔도강산에 얼마나 많았는가를 생각할 필요가 있다. 사실 지역감정이 이토록 오랫동안 우리 사회에서 사라지지 않는 것은 그 지역감정으로 이익을 보는 세력이 있기 때문이다.

그러나 대다수의 영남인과 호남인은 지역감정의 피해자일 뿐이다. 호남 인은 당연히 직접적인 피해자이지만, 아무 잘못 없이 지역감정의 가해자 소리를 듣는 대다수의 영남인 또한 간접적으로 지역감정의 피해를 입고 있다고 보아야 할 것이다. 그리고 이미 오래전에 생겨 굳어진 선입감과 고 정관념은 이 시대를 사는 영남인들의 잘못이 아닌 점도 분명하다.

⑥ 사회 유명 인사가 공개적으로 지역 편견 내지는 갈등을 유발한 세 가지의 사례

첫째, 1959년에 시인 조영암은 전라도인을 하와이 근성을 가진 사람들 이라고 매도했다.

둘째, 1979년 소설가 오영수는 각 도인의 부정적인 특성을 골라 발표하 면서 특히 전라도인을 심하게 매도하였다.

셋째, 1989년 정치인 김용태는 국회의원 선거에서 전라도 사람이 민정 당 후보를 하나도 뽑지 않았다고 해서 전라도 사람들에게 본때를 보여 주 겠다고 엄포를 놓았다.[510]

---

510) 南永信, 『지역 패권주의 한국 : 민족 사회 통합과 발전을 위한 苦言』, 새물사, 1991년, 30쪽.

여기서 첫 번째 조영암이 전라도인을 폄하하여 하와이 근성을 가지고 있다는 말은 잡지 『야화』에서 「하와이 근성 시비」라는 제목으로 다음과 같은 내용을 담고 있었다.

하와이(호남인)들은 "우선 인류권에서 제외해야겠고, 동료권에서 제외해야겠고, 친구에서 제명해야겠기에……"511)

조영암의 전라도 사람 폄하는 최악의 경우라고 할 수 있을 것이다. 그러나 이 내용은 전체 99%의 대한민국의 민중을 둘로 나누어 하나는 내 편이고 하나는 제외해야 할 호남인으로 편 가르기를 하는 이원론을 사용하고 있음을 알 수 있다. 이는 동중서식 이원론이다.

두 번째 오영수의 전라도인의 매도는 그가 "문학사상 1월호에 기고한 특질고特質考에서 각 지방민의 특질을 소개하면서 전라도인을 표리부동하다, 신의가 없다, 입속의 것을 옮겨다 줄 듯 사귀다가도 헤어질 때는 배신을 잘한다, 전라도에서 돈 벌어 온 놈을 구경했나 등으로 묘사한 것이다."512)

이 역시 기존의 정감록과 택리지에서 드러난 민족적 사기꾼과 배신자의 글을 확대재생산 한 것에 지나지 않는다. 결국 이 악의에 찬 모함들은 100% 속임수이며 허구이다. 남영신은 그의 『지역 패권주의 한국』에서 전국의 지방을 통계로 살펴보았을 때 이 같은 말은 허구임이 설명하고 있다. 가령 조선시대에 경상도 지역에서 일어난 반란 회수가 12회인데 전라도에서 일으킨 횟수는 그 3분의 1인 네 번밖에 되지 않음을 비롯해 각 시대별로 전라도에서 반란이 상대적으로 적게 일어났음을 통계적으로 증명했다. 513)

---

511) 김동운, 『전남조은뉴스』, 2008. 08. 05.
512) 『매일경제』, 1979. 01. 22.
513) 南永信, 『지역 패권주의 한국 : 민족 사회 통합과 발전을 위한 苦言』, 새물사, 1991년,

뿐만 아니라 이들 모두는 신지비사에 나타난 한사상의 대통합을 바탕으로 국가가 역동적으로 행동하는 원리를 단순한 동중서의 중화주의식 이원론으로 바꾸어 내부적 분열을 일으킨 것에 지나지 않는다.

그리고 전라도 사람들이 이미 살펴본 바와 같이 전라도가 풍요로운 땅이고, 왜란 때 일본군을 결정적으로 좌절시키고, 조선말 동학혁명의 중심이 됨으로서 일본 군국주의자들의 미움을 받아 핍박당하고 수탈당한 결과 다수가 유랑민이 되었다. 그 과정에서 설혹 다른 지방 사람들에게 어느 정도 민폐를 끼친 일이 있을 수 있었을 것으로 생각할 수 있다.

그러나 그 같은 일이 있었다 하더라도, 대한민국의 유명 인사라면 마땅히 이를 이해하고 포용하는 한겨레다운 통합적 역사의식이 있어야 했다. 그럼에도 불구하고 이처럼 앞장서서 편 가르기를 하여 지역감정을 확대시킨 것은 어떤 경우에도 우리 한겨레와 대한민국의 이끌어 가는 세력이 될 자격이 없는 것이다.

⑦ 호남 차별과 광주민주화운동의 인과관계

역사를 보라! 고려 때 처음 나타난 훈요십조의 속임수를 막지 못하자 그 내용이 정감록에 치명적인 악성의 내용으로 다시 나타났다. 그리고 택리지 등에서 동일한 내용이 마치 사실처럼 굳어져 나타났다.

당시 훈요십조가 고려에서 구 신라계 세력이 구 백제계 세력을 몰아내기 위한 술책이며 유언비어라는 사실은 누가 보아도 명백하다. 문제는 어이없게도 당시 이 훈요십조로 큰 타격을 입은 후백제 사람들이 아무런 집단적 대응을 하지 않았다는 점이다. 바로 여기서 전라도 사람에 대한 1,000년 동안의 악의적인 폄하의 문제가 발생한 것이다.

악의적인 유언비어를 퍼뜨린 사람도 문제지만, 그 유언비어에 대해 아무런 방어도 하지 않고 지난 1,000년 동안 수수방관함으로써 이 유언비어

39~82쪽.

가 확대 재생산되어 오늘에 이르게 한 것은 다른 누구보다도 그 역사를 살았던 호남의 지식인과 지도층의 중대한 책임일 것이다. 그러나 지난 1,000년간 이 문제는 이미 선입감과 고정관념으로 굳어졌기 되었기 때문에 이 시대에 와서 이를 극복하고 스스로를 정당화하는 일은 생각처럼 간단한 문제가 아니게 되어 버렸다.

즉, 이 내용은 고려와 조선을 통해 무려 천년을 민간에서 떠돌아다녔다. 이제 이 속임수는 더 이상 속임수가 아니게 된 것이다. 글줄깨나 읽는 사람들은 이 내용을 지난 1천 년간 훈요십조와 택리지와 정감록 등에서 보았다. 그리고 확신을 하게 되며 고정관념이 된다. 고려와 조선에 있어서 책이 가지는 권위는 지금과는 천지 차이였기 때문이다.

이제 호남 사람들이 문제가 있다는 이 속임수는 마치 움직일 수 없는 사실이라도 되는 듯 무려 천 년간 전국적인 선입감과 고정관념이 되어 비호남 사람들 모두가 공감대를 이루게 된 것이다.

세계사에 나타난 학살들은 공통점이 있다. 즉, 먼저 제물이 될 희생자에게 속임수와 폭력이 덮어씌워진다. 그리고 점차 더 큰 속임수와 폭력이 나타나다가 선입감과 고정관념을 형성하고 결국은 광기와 학살로 이어지는 것이다. 이 야만의 과정은 이미 세계사에서 하나의 공식이 되었다.

그리고 훈요십조 이후 호남인에게 1천 년간 속임수와 폭력이 축적되면서 선입감과 고정관념이 만들어지며 이어지는 이 일련의 야만의 과정이 세계적으로 발생한 다른 학살 사건들의 경우와 다르다고 해야 할 이유를 찾을 수 있는가? 그리고 1980년 5월의 광주 학살은 이 야만의 과정에서 예외인가?

⑧ 호남과 피해 의식

『희생양』의 저자 르네 지라르는 이렇게 말한다.

'희생양'이라는 말은 희생물의 무고함과 함께 희생물에 대한 집단 폭력의 집중과 이 집중의 집단적 결과를 동시에 가리키고 있다. 박해 기록의 논리에 갇힌 박해자들은 그 논리에서 벗어나지 못하고 있다.……이 집중화는 집중을 받은 사람에게는 아주 강한 제약을 가하고 있기 때문에, 희생물이 스스로를 정당화한다는 것은 거의 불가능하다. 514)

희생양이 된 희생물이 스스로를 정당화한다는 것은 거의 불가능하다는 르네 지라르의 말은 지난 1,000년간 전라도 사람의 입장을 잘 말해 주고 있다고 본다. 아무리 스스로를 정당화하려고 해도 이미 비호남 사람들에게는 선입감과 고정관념이 되어 아무도 들어주지 않는 것이다.

비호남인이 호남인을 이해하는 방법은 호남인의 입장이 되어 보는 것이다. 그러나 호남인의 입장이 되어 보는 것은 결코 말처럼 쉬운 일이 아니다. 가령 60~80년대에 호남 사람이 서울에 와서 취직을 하려고 해도 서류 심사에서 본적이 호남 사람이면 입사를 시키지 않거나, 입사를 해도 승진에 어려움을 주고 또 직장 생활에서 보직 등에서 여러 가지 차별을 당했다. 직장은 생존의 기본이다. 이는 생존 그 자체가 위협받은 것이다.

김종철은 심지어 호남 사람 중 서울의 대학에 합격한 청년들이 하숙집을 구하는 데도 거절을 당하는 경우가 잦았다고 말한다. 그리고 그가 군대 생활을 할 당시 내무반의 시계나 귀중품이 없어지면 선임하사나 분대장들이 먼저 지목하는 용의자는 호남 출신 사병이었다고 한다. 그러면 대부분의 소대원들은 아무런 증거도 없이 그를 범인으로 단정하는 것이었다고 한다.515)

이렇게 집단적으로 그리고 집중적으로 차별을 당하는 입장에서 차별을 하는 사람들에게 아무리 자신의 정당성을 주장한다 해도 그것이 통했겠는가? 같은 한겨레끼리, 같은 대한민국 국민끼리 이럴 수가 있는가? 세상에

514) 르네 지라르, 『희생양』, 김진식 역, 민음사, 1998년, 71~73쪽.
515) 김종철·최장집 외, 「지역감정과 한국 사회」(『지역감정 연구』, 학민사, 1991년, 16쪽).

이보다 더 분하고 억울한 일이 어디에 있었겠는가?

이러한즉 어떻게 호남 사람들이 스스로 지역감정 문제를 해결할 수 있었겠는가? 대단히 어려운 문제가 아니라 사실상 불가능한 문제였던 것이다. 이 같은 억울함은 호남인뿐 아니라 비호남인들 역시 충분히 공감할 수 있는 일일 것이다. 지역감정 해소의 길은 비호남인이 이와 같은 호남인의 입장을 이해하는 일에서 시작될 것이다.

100년이나 200년이라 해도 너무 긴데, 무려 1천 년이 넘도록 전라도 사람은 악하다는 이 속임수가 마치 사실처럼 우리나라에 선입감과 고정관념으로 굳어져 있는 것이다. 내가 정말로 걱정하는 것은 이같이 호남인을 악으로 몰고 가는 이 뻔뻔한 속임수를 호남인이 사실로 믿게 되는 현상이다.

우리는 마녀사냥에서 보았듯이 수많은 여성들이 상상도 못할 처참한 고문 끝에 화형을 당할 때 그녀들 중 일부는 자신들이 정말로 마녀인 것으로 믿었다는 사실이다. 우리는 이미 그 많은 여성들 중 단 한 명의 마녀도 없었음을 너무도 분명히 알고 있다. 그렇다면 자신을 마녀로 믿은 여성들은 도대체 무엇인가? 얼마나 고통스러웠으면 그런 망상을 했겠는가? 인간은 의외로 대단히 나약한 면이 있는 것이다.

호남 사람에게 무려 1천 년 동안 비호남 사람들 전체가 거듭해서 '너는 악이야, 악이야, 악이야.'를 외친다면 정말로 자신들이 악인 것으로 믿을 수도 있는 것이다. 특히 마음이 약한 사람들이 그럴 수 있을 것이다.

이 모든 지역감정의 문제는 명백하게도 대한민국의 문제이며 한겨레의 문제이다. 호남인 비호남인을 떠나 대한민국 전체가 '속임수와 폭력의 지배 법칙 1=100−99'의 지배를 받고 있다는 사실만큼 대한민국을 수치스럽게 만드는 일이 또 있는가?

그리고 한사상을 창조하고 한사상으로 역사를 살아온 한겨레가 동중서가 세운 하찮은 중화주의 이원론의 꼭두각시가 되어 1천 년 동안 스스로 분열하고 반목하고 다투고 있는 것이다.

⑨ 마땅히 가져야 할 호남인의 드높은 자존심과 떳떳한 자부심

사람은 그가 한 행동에 의해 평가받아야 한다. 그러나 행동이 아니라 단지 어느 지역에서 태어난 사실로 인간의 인격이 판단되는 것은 그 자체가 속임수로서 야비하고 야만스러운 것이다. 이는 훌륭한 인격으로 훌륭한 행동을 하는 사람이 멸시받고, 아무런 바람직한 행동 없이 포악하고 비열한 행동으로 살아가는 사람이 지배자가 되어 존경받는 사회가 되는 것이다. 이는 병든 사회이며, 죽어 가는 공동체인 것이다.

나는 아직 지역감정에 대한 선입감先入感이 자리 잡지 않은 학생들이 지역감정에 대한 선입감이 생겨나고 그것이 고정관념固定觀念으로 뿌리내리기 전에 그것이 근본적으로 잘못된 속임수임을 분명히 교육시킬 필요가 있다고 생각한다.

그리고 이미 잘못된 선입감과 고정관념을 가지고 있는 비호남인과 호남인 전체에게 그것이 속임수이며 잘못된 철학에 바탕을 둔 것임을 거듭거듭 알릴 필요가 있다고 본다. 속임수가 조금이라도 남아 있다면 이 1과 99가 만드는 악순환은 언제든 재발할 수 있는 것이다. 속임수를 근본적으로 폭로하고 그것을 생명의 과정으로 전환한다면 선입감과 고정관념이 사라지고 나아가 폭력은 자연히 사라지고, 광기와 학살은 원천적으로 소멸한다.

그리고 호남 사람들은 그 오랜 세월 동안 이 어처구니없는 뻔뻔스러운 속임수와 왜곡된 역사와 불충분한 역사의 이해 그리고 잘못된 철학으로 인해 자존심과 자부심에 이루 말할 수 없는 상처를 입었다. 그러나 호남 사람은 그동안 그렇게 상처를 입어야 할 이유가 아무것도 없었다. 이는 분명히 잘못된 것이며 반드시 바로잡아야 하는 것이다.

따라서 호남 사람들은 그 속임수가 100% 거짓임을 누구보다 먼저 호남 사람들 자신부터 철저하게 인식할 필요가 있다. 그래서 다시는 이 유치하고 얄팍한 속임수에 속지 말아야 하는 것이다. 그리고 왜곡되고 불충분하게 인식하고 있는 호남의 역사를 올바로 알아야 한다고 본다. 또한 그 올바른 역사를 통해 호남인이 보여 주었던 위대한 철학적 행동들을 스스로 이해하고 남에게 설명할 수 있어야 할 것이다. 그럼으로써 호남 사람들이 얼마나 떳떳하고 자랑스러운 사람들인지를 호남 사람 자신부터 스스로 분명하게 인식하고 또한 다른 사람들에게 분명하고 체계적으로 설명할 수 있어야 할 것이다.

이 과정을 통해 호남 사람들은 무엇보다 먼저 한겨레 공동체의 그 어느 지역 못지않은 드높은 자존심과 떳떳한 자부심을 회복해야 할 것이다. 이미 오래 전 당연히 가졌어야 할 드높은 자존심과 당연히 누렸어야 할 자부심을 지금이라도 당장 회복하여 가지고 누릴 수 있어야 할 것이다. 이 일이야말로 가장 시급한 일로 보인다. 나는 이 자존심과 자부심의 회복이야말로 지역감정을 극복하는 일에서 다른 무엇보다도 중요하고 또 근본적인 일이라고 생각한다.

그래서 오래된 이 지역감정의 고리를 우리가 사는 이 시대에 반드시 끊어야 한다고 본다. 이 지역감정의 문제를 해결하지 못하면 남북문제도 해결하기가 불가능할 것 같다. 그렇지 않은가? 우리 한겨레가 함께 동고동락하는 남한 내에서의 지역감정도 극복할 능력이 없다면 어떻게 해방 이후 오랫동안 떨어져 살았고 또한 비참한 전쟁을 통해 서로가 서로를 죽이고 또한 서로 적대시하여 총을 겨누고 살았으며 이념까지 다른 북한 동포와 하나가 될 수 있겠는가?

그리고 이 문제는 1과 99의 행동의 틀이 만드는 악순환의 대표적인 실례이다. 이는 철학의 핵심 문제로서 윤리학의 문제이다. 또한 정치철학의 문제로서 과정적 민주주의의 문제이다. 이는 공개적인 학문의 차원에서 그리고 국가적 교육 차원과 국가의 정책으로 극복해야 할 과제이지, 지금처럼 마치 이 문제가 존재하지 않기라도 한 것처럼, 이 지역감정 문제를 애써 무시하거나 회피한다고 해서 해결될 문제가 전혀 아닌 것이다.

(7) 결론

나는 광주 학살이 1과 99의 행동의 틀이 만드는 악순환의 최종 단계인 광기와 학살에 의한 것임을 먼저 설명했다. 그리고 인류가 인류이기 시작한 이래 진행된 이 1과 99의 악순환의 광기와 학살을 아우슈비츠가 상징함을 설명했다.

생각해 보면 유태인의 아우슈비츠 학살과 1968년 일어난 프랑스 68혁명은 세계를 뒤흔들었고 그 이후 지금까지도 세계의 지식계를 움직이고 있다. 그러나 5·18 광주민주화운동은 이 두 사건 이후 세계의 지식계가 아직도 해결하지 못한 철학적 문제를 전면적으로 해결하고 있다. 그러나 광주민주화운동은 1980년 이래 지난 30여 년간 세계적으로는 물론 국내적으로도 그 어떤 철학적 가치도 인정받지 못하고 있다.

도대체 우리나라의 지식계와 문화계는 지난 30여 년간 미국과 유럽의 철학적·문화적 흐름을 받아들이는 일에는 그토록 열성이면서 무슨 이유로 정작 우리나라에서 일어난 세계적인 사건인 5·18 광주민주화운동에 대해서는 철학적으로 조명하고 설명하려는 그 어떤 움직임조차 없었는가? 나는 이 사실을 도저히 이해할 수도 없고, 받아드릴 수도 없다.

그러나 명백하게도 지난 3천 년간 인류를 그토록 괴롭히던 속임수와 폭력 나아가 광기와 학살의 야만의 법칙을 극복하는 한사상의 과정적 민주주의의 이론 체계와 1980년 5월 광주 시민 80만이 죽음을 무릅쓰고 증명한 5·18 광주민주화운동의 과정적 민주주의는 일치하는 것이었다. 나는 이 사실을 증명했다.

광주민주화운동은 역사에서 1과 99의 행동의 틀의 악순환의 고리를 끊었다는 점에서 의의를 찾을 수 있다. 이제 1980년 5월 광주 이후 우리나라에서 다시는 이 같은 광기와 학살로 정권을 만들거나 유지하려는 독재자는 나타나지 않을 것이다.

뿐만 아니라 이 광주민주화운동은 전 인류적 차원에서 볼 때 세계사적으로도 광기와 학살의 악순환을 종식시킬 수 있는 중요한 계기를 마련했다는 점에서 의의가 있다. 또한 한사상의 과정적 민주주의가 보여 주는 대통합과 역동성이 어떤 것인지를 세계인이 보는 앞에서 80만 광주 시민이 직접 설명했다는 점에서도 큰 의의가 있다.

따라서 나는 5 · 18 광주민주화운동이 세계 철학사에서 결정적으로 중요한 전기가 되지 않을 수 없다고 본다. 그리고 5 · 18 광주민주화운동이 프랑스 68혁명에 이어 장차 세계의 지식계와 문화계를 이끌어 가는 중심이 되지 않는다면 그보다 더 이상한 일은 없을 것 같다.

이제 한사상의 '과정적 민주주의'로 살펴본 5 · 18 광주민주화운동을 마치면서 두 가지 의문을 가져 본다. 대한민국 국민 중 한 사람의 자격으로 나아가 세계 시민의 한 사람으로 곰곰이 생각해 볼 때, 대한민국의 광주는 이제 막 꽃을 피운 것이지 열매를 맺은 것은 아니다. 광주는 출발점을 도착점으로 바꾼 것이 아닐까?

꽃을 피우는 상태와 열매를 맺는 상태는 존재 방식이 전혀 다르다. 광주는 미래를 창조하기 위해 사용해야 할 방법 대신 지금까지 사용해 온 방법을 계속 사용하고 있는 것이 아닐까?

결론

1. 우연에 기댈 것인가? 준비된 설계도와 행동 원리로
   행동할 것인가?

한사상은 이미 우리 한겨레가 시작할 때 세상에 드러나 그동안 우리 한겨레에게서 한시도 떠난 적이 없는 행동의 틀이다. 그리고 기존의 그 어떤 철학자도 설명할 수 없었던 생명의 과정을 담고 있었다.

그러나 우리 한겨레에게 위기가 닥쳤을 때 한겨레가 반드시 한사상으로 행동하리라는 보장은 그 어디에도 없다. 가령 동학혁명이나 3·1운동, 그리고 광주민주화운동은 한사상으로 행동했다고 볼 수 있을 것이다. 하지만 우리가 일본에게 나라를 빼앗긴 사건의 경우에는 치명적인 민족적 비극임에도 우리는 한사상으로 행동하지 못했다. 그 대가는 너무나 큰 것이었다.

그리고 한겨레가 한사상으로 행동할 때조차도 공동체 전체가 한사상으로 행동할 뿐 개인이 한사상에 대해 이해하고 설명할 수 있는 수준에서 스스로 생각하여 스스로 행동한 것은 전혀 아니다.

이 같은 사정은 적어도 지금까지는 한겨레가 위기에 봉착했을 때나 새로운 역사를 창조할 때 한철학의 사고의 틀로 미래를 설계한 설계도와 한사상의 행동의 틀로 마련한 행동 원리를 가지고 행동하는 것이 아니라 단지 우연에 의지할 수밖에 없었음을 말한다.

이렇게 민족적으로 국가적으로 중요한 일을 함에 있어서 우연하게 한사상이 발현되기만을 기대한다면, 우리는 우리 한겨레에게 과연 학문으로서의 철학이 왜 필요한가에 대해 근본적인 의문을 가지지 않을 수 없는 것이다.

나는 30년 전에 이 문제에 봉착했었다. 즉, 당시에 나는 사우디아라비아의 공사 현장에서 300명의 노동자들과 함께 한사상으로 행동하여 성공적으로 공사를 끝냈었다.

물론 집단적 행동으로 그 300명이 움직인 것은 분명히 한사상이었다. 하지만 그 집단적 행동에 주도적으로 참여한 개인으로서의 나는 내가 한 한사상적 행동에 대해 그 어떤 이해도 할 수 없었고, 그 어떤 설명도 할 수 없었다. 그동안 우리나라에 있었던 한사상적인 사건들에 참여한 많은 분들도 나와 동일한 경험을 했을 것으로 생각한다.

따라서 그 공사의 성공은 단지 우연이었을 뿐 그 똑같은 상황이 다시 닥쳤을 때 똑같이 한사상으로 행동할 수 있는 설계 능력과 행동 능력을 전혀 가지고 있지 못했던 것이다.

이는 우리 한겨레가 동학혁명이나 3·1운동, 그리고 5·18 광주민주화운동에서 공동체 단위로 행동함에 있어 한사상으로 행동했지만, 그 행동에 참가한 개인들 중 그 누구도 그 행동 원리와 그 바탕에 깔려 있는 설계 원리와 행동 원리를 설명할 수 없었던 것과 동일한 이치이다.

하지만 이제부터 우리 한겨레는 공동체로서 행동하는 한사상의 행동 원리를 개개인이 미리 이해하고 설명할 수 있는 능력을 가지고 행동 할 필요가 있다. 위기가 닥쳤을 때나 새로운 역사를 창조하려 할 때 우리가 한겨레가 행동하는 원리로서의 한사상을 미리 이해하고 행동하는 것과 전혀 이해하지 못하면서 오로지 우연에 기대는 것과는 천지 차이가 있다.

지금까지처럼 우리 한겨레의 개개인이 한사상으로 행동하는 설계 원리도 모르고 그 행동 원리도 이해하지 못하는 상태에서 큰 위기가 닥쳤을 때, 우리는 위대한 한겨레이니까 위기를 극복할 수 있을 것이라고 생각하는 것은 민족과 국가의 운명을 우연에 기대는 것과 같이 위험천만한 일이다.

내가 지난 30년간 오로지 한 가지로 생각해 오고 연구해 온 과제가 바로 이것이었다. 나는 그동안 사우디아라비아에서 직접 300명의 노동자와 함께 경험한 한사상의 설계 원리와 행동 원리를 스스로 이해할 수 있고 또한 그것을 남에게 설명할 수 있도록 하는 일에 전념했었다.

그리고 이 설계 원리로서의 한철학과 행동 원리로서의 한사상은 우리 한겨레가 시작한 이래 연구되어 이미 20여 권의 경전에 그 원리가 담겨 있었다. 즉, 우리 한겨레의 조상들은 이 설계 원리와 행동 원리를 알고 역사를 창조하고 운영해 왔으며, 그것을 후손인 우리들에게 전하려고 경전을 만들어 전한 것이다.

나는 그 경전에 담긴 원리를 이 시대에 맞게 복원함으로써 내가 경험한 한사상을 이해하고 설명할 수 있게 되었다. 그리고 그 원리를 대기업의 연구소에서 에어컨 설계에 적용하여 과학적 실험을 통해 증명하기에 이르렀다. 그리고 그 한사상의 행동 원리가 5·18 광주민주화운동에서 80만 광주 시민이 행동한 원리와 일치함을 알고 설명할 수 있게 된 것이다.

이제 우리는 더 이상 우리 한겨레가 어떤 위기가 닥치거나 새로운 역사를 창조할 때 우연에 기대지 않아도 되게 된 것이다. 이제 우리는 한겨레 모두가 공감하고 행동할 수 있는 설계 원리를 개개인이 미리 알고 그것으로 설계한 설계도를 만들 수 있게 된 것이다. 이 설계 원리는 인류 전체가 받아들일 수 있는 보편적인 원리이면서도 한겨레의 고유한 사고의 틀에 만족해야 한다. 그것이 곧 내가 말하는 한철학이다.

그리고 공동체는 설계 원리만으로 움직일 수 있는 것은 아니다. 그 설계 원리를 바탕으로 행동할 수 있는 행동 원리가 필요하다. 이 역시 인류 전체가 이해할 수 있는 보편적인 원리이면서도 반드시 한겨레의 고유한 행동의 틀에 의해 만들어져야 한다. 그것이 곧 내가 말하는 한사상이다.

우리는 이제 한겨레가 행동하는 설계 원리로서의 한철학과 그 원리를 바탕으로 행동할 수 있는 행동 원리로서의 한사상을 가지게 되었다고 떳떳하게 말할 수 있게 된 것이다.

이제 우리는 민족적으로 국가적으로 중요한 일을 함에 있어서 한철학의 사고의 틀로 미래를 설계한 설계도와 한사상의 행동의 틀로 마련한 행동 원리를 가지고 행동할 수 있게 된 것이다. 그럼으로써 한겨레의 위대함이 어떻게 해야 발현되는지를 미리 알고 그 위대함이 더욱더 강력하고 효과적으로 발현될 수 있도록 최적화하여 행동할 수 있는 길을 열수 있게 된 것이다. 따라서 이제 더 이상 민족과 국가의 운명을 우연에 기대는 것과 같이 위험천만한 일을 피할 수 있게 된 것이다.

이 사고와 행동의 틀을 한겨레의 개개인들이 이해하고 습득하는 일은 가장 중요한 일이지만 현실적으로는 쉽지 않은 일이다. 이 능력을 갖기 위해서는 이미 굳어진 기존의 1과 99의 사고와 행동의 틀을 바꾸어야 한다. 그런데 개인들이 기존의 사고와 행동을 틀을 바꾸는 일은 개인들이 가지고 있는 기존의 우주를 새로운 우주로 바꾸는 일과 같다. 이 일은 쉬운 일이 아니다.

그리고 아무리 머리가 좋고 능력이 있는 사람도 그것은 기존의 사고의 틀 안에서 가지는 능력일 뿐 전혀 다른 사고의 틀에서는 아무 쓸모없는 능력일 수 있다.

또한 공부를 많이 한 사람일수록 기존의 사고의 틀이 다른 사람들보다 더 굳어져 있기 때문에 그것을 바꾸는 일이 오히려 더 어려울 수도 있다.

따라서 이 모든 것이 생각으로는 얼마든지 가능하지만 냉엄한 현실에서는 결코 쉽지 않다는 사실을 누구나 이해할 수 있을 것이다.

그동안 내가 책이나 강의를 통해 도움을 주려고 했던 핵심적인 부분은 지식의 이해가 아니라 기존의 사고의 틀을 바꾸어 한철학의 사고의 틀로 세상을 보고 느끼고 생각하는 방법을 가지게 하는 일이었다. 하지만 정작 이 중요한 부분을 이해하고 받아들이도록 이끄는 일은 생각보다 훨씬 더 어려운 일이었다.

적어도 아직까지는 한철학의 사고의 틀로 세상의 일을 보고 느끼고 생각함으로써 이 설계 원리를 사용해 위기의 극복과 새로운 역사를 창조할 설계도를 만들거나, 이미 만들어진 설계도를 이해하여 각 분야에 활용할 수 있는 능력을 가진 사람은 단 한 사람도 만날 수 없었다. 한사상의 행동 원리는 말할 나위가 없을 것이다. 한사상의 행동의 틀은 이제 겨우 이 책을 통해 처음으로 설명되기 때문이다.

하지만 우리 한겨레 공동체 안에는 이미 오래전부터 한철학적 사고의 틀과 한사상적 사고의 틀이 살아서 움직이고 있었다. 우리 모두 이미 알고 있었고 그것으로 행동하고 있었다. 다만 그동안 외래 정신이 그것을 억누르고 있었고 또한 치열한 생존경쟁 속에서 자신의 본모습을 알아보지 못하고 스스로를 보살피지 못했을 따름이다.

따라서 우리 한겨레가 우리 자신의 내부에 존재하는 자신의 본모습을 이끌어 내는 일에 대해 진심과 정성을 다해 노력한다면 그 설계 원리와 행동 원리를 가지고 생각하고 행동하는 일은 어려운 일이 아닐 것이다.

우리가 우리의 본모습을 회복한다면, 비록 우리가 중국과 일본보다 영토도 좁고 인구도 적지만 지금의 상태로도 세계의 그 어떤 민족 그 어떤 나라보다 더 현명하고 강력한 힘을 가지고 세계를 이끄는 나라가 되는 일은 그리 어려운 일이 아닐 것이다. 더 나아가 새로운 문명을 이끌고 갈 지도력을 확실하게 가질 수 있을 것이다. 물론 개개인들은 더욱더 역동적이며 행복한 삶을 살 수 있게 될 것이다.

이제 우리는 우리 자신에게 이렇게 물어야 한다. 즉, 우연에 기댈 것인가? 준비된 설계도와 행동 원리로 행동할 것인가?

2. 인간은 행동을 하기 위해 생각을 한다.

우리는 이제 2011년 뉴욕의 월가에서 시작되어 전 세계로 퍼져 나간 '우리는 99%'의 구호가 무엇을 의미하는지를 알게 되었다. 그것은 전혀 새로운 것이 아니었다. 그리고 이 운동이 무엇을 어떻게 세상을 바꾼다 해도 그것은 1과 99의 사고와 행동의 틀 자체를 바꾸는 것은 아니라는 사실을 알 수 있다.

따라서 그 변화가 아무리 크다 해도 결국 새로운 속임수가 등장할 것이며 그것은 폭력에 의해 지탱되리라는 것이다. 그리고 그것은 결국은 새로운 광기와 학살을 낳게 되는 새로운 주기가 시작되었다는 사실을 말해 줄 뿐이다.

우리가 이미 살펴보았듯 1과 99로 이루어지는 행동의 틀도 일종의 과정을 가진다. 그러나 그 과정은 인간의 원시적 행동의 틀을 넘지 못하는 단순한 악순환에 불과하다.

하지만 당장 소수의 지배 집단이 다수를 지배하는 공동체를 만들기에는 편리하다. 그러나 그 경우 지속이 불가능하므로 결국 소수와 다수 모두에게 고통스러움이 불가피하고 또한 시간의 낭비만을 가져올 뿐이다.

이 책에서 설명한 한사상은 월가에서 시작된 1과 99의 새로운 주기의 새로운 악순환의 시작을 미연에 방지하는 것이다.

이와 같은 한사상은 새로운 것으로 생각하기 쉽지만 언제나 한사상은 세상을 움직이는 행동 원리였다. 또한 이미 롤스가 한의 기본 법칙에, 그리고 토플러가 혼돈 상태에 접근하고 있었다. 또한 스티글리츠는 정부와 시장의 조화를 물음으로써 질서 상태가 장차 국가의 운영 원리로 절실하게 필요함을 말했다. 특히 한사상의 질서 상태는 정보화 문명의 다음 문명을 설명하는 핵심 원리를 제시하고 있다.

그리고 이 한사상은 생명의 과정이라는 선순환의 이론 체계가 이미 완성된 상태로 존재하고 있었으며 또한·이 시대에 맞게 다시 복원되어 그 모습을 드러내고 있다. 한겨레 문명이라고 하는 뿌리 깊은 나무는 바람에 흔들리지 않을 뿐 아니라 변함없이 열매를 맺어 우리에게 주는 것이다.

인간으로서의 개인과 국가와 문명은 행동을 하기 위해 생각을 한다. 행동 철학으로서의 한사상은 개인과 국가와 문명의 행동의 근원이다. 확신할 수 없는 행동을 아무리 빨리 그리고 열심히 한다 해도 그 행동은 단지 시간과 노력의 낭비가 될 수 있다. 왜냐하면 잘못 설계된 행동은 대체로 시작점으로 되돌아와 처음부터 다시 시작해야 하기 때문이다. 그 경우 그 행동은 하지 않은 것보다 훨씬 못한 것이다.

따라서 살아서 움직이는 대상 전체를 통찰하여 어떤 난관에 부딪쳐도 흔들리지 않을 확신을 가지고 해야 할 행동을 미리 설계하고 그 행동방법을 미리 정하는 일이야말로 중요하다. 그 준비 기간이 다소 길다 해도 그 준비가 오히려 가장 빠르고 효과적인 행동이 될 것이기 때문이다.

쉽지 않았을 이 책을 끝까지 읽어 주신 독자들에게 감사드린다. 끝.

참고 문헌

E. 프롬 · H. 포핏츠 1983. 『마르크스의 인간학』. 김창호 역. 동녘.

H. J. 슈퇴릭히. 1988. 『세계철학사』. 임석진 역. 분도출판사.

J-F 리오타르 1993. 『지식인의 종언』. 이현복 역. 문예출판사.

J. G. 프레이저. 2007. 『황금가지』. 신상웅 역. 동서문화사.

계연수. 1986. 『한단고기』. 임승국 역. 정신세계사.

김관도 · 유청봉. 1994. 『중국문화의 시스템론적 해석』. 도서출판 천지.

니체. 1981. 『도덕의 계보』. 박준택 역. 박영사.

니체. 2009. 『비극의 탄생 · 즐거운 지식』.곽복록 역. 동서문화사.

동중서董仲舒. 2005. 『춘추번로春秋繁露』. 남기현 해역. 자유문고.

광주광역시 5 · 18사료 편찬위원회. 2001. 『5 · 18 민중항쟁사』.

디오게네스 라에르티오스 2008. 『그리스철학자열전』. 전양범 역. 동서문화사.

레너드 쉴레인. 2004. 『알파벳과 여신』. 조윤정 역. 파스칼북스

레너드 쉴레인. 2003. 『자연의 선택 지나 사피엔스』. 강수아 역. 들녘.

르네 지라르.1998. 『희생양』. 김진식 역. 민음사.

리오타르 1992. 『포스트모던의 조건』. 유정완 · 이삼출 · 민승기 역. 민음사.

리처드 도킨스 2010. 『이기적 유전자』. 홍영남 · 이상임 역. 을유문화사.

마르키 드 사드 2011. 『악덕의 번영』. 김문운 역. 동서문화사.

마크 판 뷔흐트 · 안자나 아후자. 2011. 빅맨. 웅진씽크빅.

모리스 버만. 2002. 『미국 문화의 몰락』. 심현식 역. 황금가지.

몽테스키외. 1991. 『법의 정신』. 유미영역. 일신서적.

미르치아 엘리아데. 1996. 『종교형태론』. 이은봉 역. 한길사.

반고班固. 2005. 『백호통의』. 신정근 역주. 소명출판.

볼프강 벤츠 『홀로코스트』. 2002. 최용찬 역. 지식의 풍경.

비트겐슈타인. 2011. 『논리철학논고』. 김양순 역. 동서문화사.

소광희. 2008년. 『자연존재론』. 문예출판사.

소광희 외 2인. 1983년. 『철학의 제 문제』. 지학사.

스티글리츠 보고서. 2010. 『조지프 스티글리츠-세계통화와 금융 체제 개혁을 위한 유엔총회
전문가 위원회』. 박형준 역. 도서출판 동녘.

아더 쾨슬러. 2010. 『열세 번째 지파』. 최윤정 역. 에스라하우스출판부.

아리스토텔레스 2010. 『정치학』. 천병희 역. 도서출판 숲.

에드워드 기번. 1988. 『로마제국 쇠망사』. 강석승 역. 동서문화사.

에드워드 윌슨. 2002. 『인간의 본성에 관하여』. 이한음 역. 사이언스북스

에드워드 버네이스 2009년. 프로파간다. 강미경 역. 공존.

역사문제연구소·역사학연구소·제주 4·3 연구소·한국역사연구회 편. 제주 4·3 제50주년
　　기념사업 범국민위원회 간. 1999. 『제주 4·3 연구』. 역사비평사.

앨빈 토플러. 1986. 『제3의 물결』. 홍갑순·심정순 역. 동아문예.

오리시마 쓰네오 1998. 『마녀사냥』. 조성숙 역. 현민시스템.

월터 리프먼. 2011년. 『여론·환상의 대중』. 오정환 역. 동서문화사.

와다히끼 히로시. 1994. 『세계역사의 큰 줄기 작은 줄기』. 이희건·이선아 역. 가서원.

유스터스 멀린스 2003. 『미국은 점령되었다』. 강영길 역. 동서문화사.

이광식. 2011. 『천문학콘서트』. 더숲.

이희수. 1996. 『터키사』, 대한교과서주식회사.

임승필. 2009. 칸트의『형이상학자의 꿈에 비추어 본 시령자의 꿈』(철학 제98집, 한국철학회).

임천용. 2009. 『화려한 사기극의 실체』. 자유북한군인연합.

자크 모노. 1982. 『우연과 필연 』. 김용준 역. 삼성판 세계사상전집 31.

장 메이메. 2002. 『흑인 노예와 노예상인』. 지현 역. 시공사.

정수일. 2001. 『고대문명교류사』. 사계절.

정재서. 2010. 『이야기 동양신화』. 김영사.

제주 4·3 사건 진상 조사 보고서 작성 기획단. 2003. 『제주 4·3 사건 진상 조사 보고서』.
　　제주 4·3 사건 진상 규명 및 희생자 명예 회복 위원회.

조지프 스티글리츠 2003. 『세계화와 그 불만』. 송철복 역. 세종연구원.

조지프 커민스 2011. 『잔혹한 세계사』. 제효영 역. 시그마북스

최동환 해설. 1996. 『366사(참전계경)』 초판. 도서출판 삼일.

최동환 해설. 2007. 『366사(참전계경)』 개정판. 도서출판 삼일.

최동환 해설. 1991. 『삼일신고』 초판. 하남출판사.

최동환 해설. 2000. 『삼일신고』 개정판. 지혜의 나무.

최동환 해설. 2009. 『삼일신고』 2차 개정판. 지혜의 나무.

최동환 해설. 1991. 『천부경』. 초판. 하남출판사.

최동환 해설. 2000. 『천부경』 개정판. 지혜의 나무.

최동환 해설. 2008. 『천부경』 2차 개정판. 지혜의 나무.

최동환. 1992. 『혼역』. 강천 지혜의 나무.

최동환. 2004. 『한철학1-생명이냐 자살이냐』. 지혜의 나무.

최동환. 2005. 『한철학2-통합과 통일』. 지혜의 나무.

최동환. 2006. 『한사상과 다이내믹 코리아』. 지혜의 나무.

최동환. 2010. 단군과 예수의 대화. 지혜의 나무.

최호근. 2005. 『제노사이드』. 책세상.

칼 마르크스 2008. 『경제학철학초고·자본론·공산당선언·철학의 빈곤』. 김문현 역. 동서문
　　화사.

칼 마르크스 고타강령 초안 비판. 1990. 칼 맑스·프리드리히 엥겔스 저작선집 제4권. 박종철
　　출판사.

칼 세이건. 2001. 『악령이 출몰하는 세상』. 이상헌 역. 김영사.

칸트. 2001. 『실천 이성 비판』. 최재희 역. 박영사.

칸트. 2004. 『순수 이성 비판』. 최재희 역. 박영사.

케빈 필립스 2004. 부와 민주주의. 오삼교·정하용역. 도서출판 중심.

프리드리히 엥겔스 1985. 『가족의 기원』. 김대웅 역. 도서출판 아침.

풍우란(馬友蘭). 2007. 『중국철학사 상』. 박성규 역, 까치글방

플라톤. 1986. 『플라톤 전집』. 최민홍 역. 성창출판사.

플라톤. 1997. 『국가』. 박종현 역. 서광사.

플루타르크 2000. 『플루타르크 영웅전 전집 Ⅰ』. 이성규역. 현대지성사.

플루타코스 2010. 『플루타코스 영웅전 1』. 이다희역. Human & Books.

하워드 진. 2001. 『오만한 제국』. 이아정 역. 당대.

한국기자협회·무등일보·시민연대모임. 1997. 『5·18 특파원 리포트』. 도서출판 풀빛.

한나 아렌트 2006. 『예루살렘의 아이히만』. 김선욱 역. 한길사.

히틀러. 1988. 『나의 투쟁』. 이명성 역. 홍신문화사.

색인

456

457